유통시장조사론

이상윤 · 박한혁 공저

도서출판 두남

머리말

Preface

유통시장의 급속한 성장과 기술혁신에 의한 유통업이 비약적으로 발전되어 소매유통업의 매출은 증가하지만 시장에서 경쟁은 치열해지고 있습니다. 이러한 환경변화와 치열한 경쟁관계에서 환경변화 동향에 관한 관심과 경쟁업체보다 차별화되는 가치를 제공하는 것이 유통업계의 급선무가 되었습니다. 이러한 업계의 고민 해결을 위한 방안으로 시장조사는 필수적이고 기본적인 사항이라고 생각되어 이 책을 출간하게 되었습니다.

본 유통시장조사론은 급변하는 유통환경에서 유통업에 종사하기를 희망하는 학생 및 유통업 종사자에게 가장 기본이 되는 시장조사 가이드입니다. 아울러 현재 유통업체에 근무하는 직원들에게 시장조사의 이론적인 지식제공으로 효율적인 유통영업 관리를 위한 기본지식을 제공하고자 출판하였습니다. 특히 업계의 실용적인 지식과 학계에 이론적인 지식을 반영한 소매점 시장조사 기법을 융합하여 소매점 창업과 매장관리 산학연계 현장에서 즉시 접목 가능한 시장조사 노하우를 제시 하고자 하였습니다.

내용구성은 총 4부 12장으로 1부 시장조사 입문, 2부 상권 분석, 3부 고객 분석, 4부 유통시장조사 성과분석으로 구성되었습니다. 유통업계 실무현장에서 사용가능한 시장조사에 관한 많은 내용을 12장으로 구성하고 각 장별로 3절 구성하여 대학에서 1학기 과정에 학습할 수 있도록 정리하여 시장조사의 이론과 실무지식을 단기간에 학습할 수 있도록 했습니다.

유통시장조사론의 출간은 기존에 출간한 판매관리론, 소매점 창업론과 함께 저자들이 유통업계 종사 30년간의 현장 및 교육경험을 바탕으로 유통 현장관리 실무지식을 총정리하는 계기가 되었습니다. 독자들의 조언을 통하여 지속적인 보완으로 유통교육의 기본서가 되도록 노력할 것을 약속드립니다. 본서를 완성하기까지 도움을 주신 유통업계 선후배님들에게 감사드립니다. 특히 출판에 도움을 주신 도서출판 두남의 전두표 사장님, 이승구 상무님과 관계자들에게 진심으로 감사드립니다.

소매점과 인연 30주년 기념

2016. 8. 15

이상윤·박한혁 올림

Contents

차 례

Part I 시장조사 입문

Part III 고객 분석

Part IV 유통시장조사 성과분석

〈표 목차〉

〈그림 목차〉

PART I

시장조사 입문

Chapter 01 유통시장 현황

제 1 절 유통업태 현황

1. 업태의 개념

유통업에 있어서 영업 형태를 세분하면 업태(types of operation)와 업종(types of business)으로 나눌 수 있다.

1) 업종

업종이란 소매업에서 "비즈니스의 타입" 내지는 "소매업의 종류"라는 의미로 '무엇을 판매하고 있는가(what to sell)'를 의미한다. 즉 컴퓨터판매점, 가전판매점, 채소가게, 생선가게, 정육점, 의류점, 가구점, 완구점 등 상품의 종류에 의한 분류 방법이다. 그래서 업종은 생산과 밀접한 관련이 있다.

2) 업태

업태는 상기에서 말한바와 같이 "소매업의 형태"라는 의미로 '어떠한 방법으로 판매하나(How to sell)'를 의미한다. 즉 백화점, 편의점, 전문점, 슈퍼마켓, 드럭스토어 등 상품의 종류보다는 소비자의 구매행동과 관련된 판매시스템과 밀접한 관련이 있다(표 1-1 참조).

[표 1-1] 업종과 업태 비교

구분	업종(types of business)	업태(types of operation)
의미	무엇을 판매하고 있는가(what to sell).	어떠한 방법으로 판매하나(How to sell)
종류	컴퓨터판매점, 가전판매점, 채소가게, 생선가게, 정육점, 의류점, 가구점, 완구점 등	백화점, 편의점, 전문점, 슈퍼마켓, 드럭스토어 등
관점	생산과 밀접한 관련	소비자의 구매행동과 관련된 판매시스템과 밀접한 관련

2. 소매업태 정의

1) 백화점(Department store)

취급상의 종합성을 갖고 각종 서비스를 제공하고 부문별 조직형태를 채택하고 문화 및 여가기능을 제공하는 점포를 말한다. 규모는 7,000제곱미터 이상으로 취급상품은 주로 패션잡화, 의류등과 식품류 등 다양한 상품을 취급한다. 또한 매장을 주로 직영으로 운영하는 점포를 칭한다.

2) 할인점(Discount Store)

상시 낮은 가격으로 판매하기 위하여 저 마진을 유지하기 위해 건물이나 인건비 일반관리비 등을 낮게 운영하고 상품회전률이 기존 업태보다 높으며 셀프서비스 등 인건비 절감 등을 중시하는 업태이다. 할인점은 원래 미국에서 일용잡화. 내구소비재 등을 판매하는 소매점이다. 하지만 국내에서 칭하는 할인점은 광의의 해석이다. 즉, 상시 할인 판매하는 모든 소매점을 말한다. 즉 우리나라 실정에 맞게 설명한다면 슈퍼마켓(SM), 대형슈퍼마켓(SSM), 종합슈퍼마켓(GSM), 할인백화점, 아울렛 등을 말한다.

3) 슈퍼마켓(Super Market)

슈퍼마켓은 학자에 따라 다소 차이는 있지만 크게 세 가지 슈퍼마켓(SM), 대형슈퍼마켓(SSM), 종합슈퍼마켓(GSM)으로 구분 할 수 있다. 이를 살펴보면 다음과 같다.

(1) 슈퍼마켓(SM)

슈퍼마켓(Super Market)은 1,000제곱미터 미만이다. 주로 식품을 취급하며 일반소매점보다 저렴한 가격을 유지하는 셀프서비스 방식의 소매점포를 말한다(표 1-2 참조).

[표 1-2] **슈퍼마켓 종류**

구분	슈퍼마켓	대형슈퍼마켓	종합슈퍼
효시	삼풍 슈퍼마켓(1967)	한양스토어(1984)	이마트 창동 점(1993)
특징	1,000제곱미터 미만	1,000~3,000제곱미터 미만	3,000제곱미터 이상
주요업체	홈플러스 익스프레스	GS슈퍼, 롯데슈퍼	이마트, 롯데마트, 코스트코

(2) 대형슈퍼(Super Super Market)

대형슈퍼마켓(SSM)은 1,000제곱미터~3,000제곱미터 미만의 영업매장 점포이다. 주로 식료품과 공산품 및 잡화류를 취급하며 일반소매점보다 저렴한 가격을 유지하는 셀프서비스 방식을 채택한 소매점포를 말한다.

(3) 종합슈퍼마켓(General Super Market)

종합슈퍼마켓은 규모가 3,000제곱미터 이상이다. 주로 식료품과 공산품, 잡화류, 가전제품, 생활용품 등 다양한 상품을 취급하며 일반소매점보다 저렴한 가격을 유지하는 셀프서비스 방식으로 운영하는 소매점포를 말한다. 종합슈퍼마켓은 불특정 다수의 고객을 대상으로 하는 슈퍼센터(혹은 하이퍼마켓)형과 가입한 특정의 회원을 대상으로 하는 회원제 도소매점(MWC: membership wholesale club)형으로 구분한다.

4) 전문점(Specialty Store)

전문점이란 신사복, 가전제품, 구두, 악기, 가전제품, 스포츠용품 등 특정 상품만을 취급하는 소매점포를 말한다. 전문점은 크게 의류 및 패션상품을 취급하는 의류전문점과 가전 전자제품만을 취급하는 가전전문점, 기타전문점으로 서적, 사무용품 등 생활문화 상품을 취급하는 전문점으로 나눌 수 있다. 특히 가격수준에 따라 특정 상품부문에 전문화하고 그 상품은 타 점포보다 다양하고 풍부한 상품과 저가격 수준을 유지하는 소매점으로 저가 상품을 취급하는 카테고리킬러 형 매장과 아울렛 등을 포괄적으로 할인전문점이라고도 칭하기도 한다.

5) 편의점(Convenience Store)

편의성 내지 편리성을 의미하는 소비자의 입장에서의 표현으로서 연중무휴, 심야영업, 주거지 근처에 위치, 20~40평의 소형 점포, 식료품과 일용잡화를 중심으로 하는 2,500~3,000개 내외의 상품을 취급하는 소매점포 이다.

6) 드럭스토어(Drug Store)

대부분의 의약품을 중심으로 한 상품을 취급하지만 화장품 및 담배, 일용잡화 등 일상용품도 취급하고 약품을 제외하고는 셀프서비스 방식으로 판매하는 방식으로 매장면적은 300제곱미터 내외이다.

7) 무점포소매업(Non Store Retailing)

무점포소매업은 TV홈쇼핑, 인터넷쇼핑몰, 기타 소매업으로 나눠서 설명할 수 있다.

TV홈쇼핑이란 TV를 보면서 가정에서 방송 또는 안내책자 등 상품정보를 활용하여 구매하도록 하는 소매업을 말한다. 인터넷쇼핑몰은 인터넷상에서 상품정보를 활용하여 구매하도록 하는 소매업을 말한다. 기타소매업은 카탈로그, 자동판매기, 방문판매 방식에 의해 상품 정보를 제공하고 이를 통하여 구매하도록 하는 소매업을 말한다.

8) 쇼핑센터(Shopping Center)

쇼핑센터는"각종 소매점포가 밀집한 건물로서 즉석에서 대다수 소비자의 욕구가 충족될 수 있는 상품이 취급되는 건축시설물"로 규정하고 있다.

다시 말해 쇼핑센터는 하나의 업태로 구분할 수 없으며 규모와 입지환경 등으로 구분하는 것이기 때문에 타 업체처럼 상품별, 규모별, 환경별 제반 특성을 보고 업태를 구분하지 못하므로 쇼핑센터는 별도의 개념으로 보아도 무방할 것이다. 결론적으로 쇼핑센터란 모든 업태를 수용할 수 있는 업태의 집합건축물이다. 이를 자세히 설명하면 아래 [표 1-3]과 같다.

[표 1-3] **쇼핑센터 유형**

구분	근린 형 (neighborhood)	지역 형 (community)	광역 형 (regional)	초광역 형 (super regional)
매장(임차)면적	2,000~3,000평	10,000평 이내	30,000평 이내	30,000평 초과
테넌트 수	10~30개	40개 이내	150개 이내	150개 초과
상권범위 (매출60~80)	3만 명 내외	7만 명 내외	30만 명 내외	50만 명 이상
콘 셉	편의성	일반상품/편리성	패션/구색상품	상품구색/패션/오락
핵 점포	대형슈퍼마켓/ 슈퍼마켓	종합슈퍼마켓/ 전문점	백화점/ 종합슈퍼마켓	백화점/서비스 및 오락시설
주요점포	지역 상가	전자랜드	테마폴리스	롯데월드

9) 상점가(Shopping Street)

여러 점포들이 밀집한 상가 또는 쇼핑몰을 말한다. 한편 쇼핑몰이란 원래 자동차를 못 들어오게 하는 보행자 전용 상점가를 말한다. 따라서 업종점이 어느 지역에 밀집하여 집합한 상점가를 의미한다. 한편 상점가에는 쇼핑센터 내에서 여러 테넌트의 집합체로 구성되기도 한다.

10) 시장(Market)

보통 재래시장이라고 일컬어지는데 상품 및 서비스를 판매하는 다양한 점포들의 집합체를 말하다. 원래 시장은 업태라기보다는 업종의 집합체로 봐야 정확하다. 그러나 최근에 시장의 개발과 더불어 업태의 개념이 도입되고 있다. 즉 시장은 현대식 또는 재래시장(상설시장, 정기시장) 등을 말한다.

3. 유통산업 법 업태 정의

1) 대형마트

대형마트는 유통산업발전 법 제2조에 정의된 “대규모점포”에 해당되며, 다음 각 목의 요건을 모두 갖춘 매장을 보유한 점포의 집단으로써 법의 별표에 규정된 것을 말한다.

가. 하나 또는 대통령으로 정하는 둘 이상의 연접되어 있는 건물 안에 하나 또는 여러 개로 나누어 설치되는 매장일 것

나. 상시 운영되는 매장일 것

다. 매장면적 합계가 3천 제곱미터 이상일 것

이러한 대규모점포 중 대형마트는 대통령령으로 정하는 용역의 제공 장소(이하 “용역의 제공 장소”라 한다)를 제외한 매장면적의 합계가 3천 제곱미터 이상인 점포의 집단으로서 식품·가전 및 생활용품을 중심으로 점원의 도움 없이 소비자에게 소매하는 집단으로 정의하고 있다.

2) 기업 형 슈퍼마켓

기업 형 슈퍼마켓(Super Super Market: SSM)은 유통산업발전 법 제2조에 “준 대규모점포”로 규정되어 있다. 동법에 의하면, 준 대규모점포란 다음 각 목의 어느 하나에 해당하는 점포로써 대통령령으로 정하는 것을 말한다.

가. 대규모점포를 경영하는 회사 또는 그 계열회사([독점규제 및 공정거래에 관한 법률]에 따른 계열회사를 말한다)가 직영하는 점포

나. [독점규제 및 공정거래에 관한 법률]에 따른 상호 출자제한 기업집단의 계열회

사가 운영하는 점포

다. 가목 및 나목의 회사 또는 계열회사가 동법 제6호 가목에 따른 직영점 형 체인사업 및 같은 호 나목에 따른 프랜차이즈형 체인사업의 형태로 운영하는 점포

직영점 형 체인사업과 프랜차이즈 형 체인사업의 점포가 준 대규모점포로 인정되는데, "직영점 형 체인사업"은 체인본부가 주로 소매점포를 직영하되, 가맹계약을 체결한 일부 소매 점포에 대하여 상품의 공급 및 경영 지도를 계속하는 형태의 체인사업 의미하며, "프랜차이즈 형 체인사업"은 독자적인 상품 또는 판매, 경영기법을 개발한 체인본부가 상호, 판매방법, 매장운영 및 광고방법 등을 결정하고, 가맹점으로 하여금 그 결정과 지도에 따라 운영하도록 하는 형태의 체인사업이다.

3) 전통시장

전통시장이란 전통시장 및 상점가 육성을 위한 특별법 제2조 1항 자연발생적으로 또는 사회적 경제적 필요에 의하여 조성되고, 상품이나 용역의 거래가 상호 신뢰에 기초하여 주로 전통방식으로 이루어지는 장소로써 다음 각 목의 요건을 모두 충족한다고 특별자치도지사, 시장, 군수, 구청장(구청장은 자치구의 구청장을 말한다. 이하 "시장, 군수, 구청장"이라 한다)이 인정하는 곳을 말한다.

가. 해당구역 및 건물에 대통령령으로 정하는 수 이상의 점포가 밀접한 곳일 것

나. 유통산업발전 법 시행령 제2조에 따른 용역제공 장소의 범위에 해당하는 점포수가 전체 점포수의 2분의 1 미만일 것

다. 그 밖에 대통령령으로 정하는 기준에 맞을 것이라 정의하고 있다.

4. 국내 소매업태 분류

국내의 주요 소매 업태를 구분한다면, 업태를 어떻게 구분하느냐에 따라 분류된 내용이 달라질 것이다. 아직 제대로 분류방식이 정립되어 있지 않기 때문에 에매한 부분이 없지 않아 있다.

특히 외국과 달리 소매 업태는 외국의 소매업태가 그대로 들어오는 것이 아니라 국내실정에 맞게 변형되어 들어와서 성장하였기 때문에 외국의 소매 업태와는 용어가 같아도 실제 내용은 다른 경우가 많다.

따라서 국내실정에 맞게 아래 [표 1-4]와 같이 분류하고자 한다. 국내의 주요 소매업태 중에서도 국내에서 운영 중인 업태를 중심으로 서술하고자 한다. 단, 쇼핑센터, 상

점가, 대형마트 등은 업태와 다르거나 광범위한 개념이다. 그러나 주요한 개념임으로 별도로 추가하여 설명하고자 한다(표 1-4, 1-5 참조).

[표 1-4] **국내주요 소매 업태의 분류**

구 분			국내 주요 소매 업태
유점포소매점	백화점		• 가격, 입지, 상품으로 백화점을 구분 • 고급백화점 롯데, 신세계, 현대백화점
	슈퍼마켓	슈퍼마켓 (super market)	• 체인스토어형, 독립점포 형 구분 • 해태슈퍼, 한화슈퍼, 일반 재래슈퍼 점
		대형슈퍼마켓 (super super market)	• 슈퍼마켓의 대형화 • 롯데 슈퍼, GS슈퍼, 이마트에브리데이, 데스코 익스프레스
		종합슈퍼마켓 (general super market)	• 슈퍼센터(하이퍼마켓) 형,MWC 형 • 이마트, 월마트, 까르프 등과 코스트코 등
	전문점	의류	• 패션매장 형과 아울렛매장 형 주로 가격, 상품으로 구분 • 패션백화점 앤비와 2001아울렛 등
		가전	• 가전제품 종합매장으로 전자랜드, 하이마트 등
		생활문화	• 북 센터, 문구센터, 기타 카테고리 형 매장
	편의점		• 편의품 중심 주거 밀착형 매장 • 세븐일레븐, 패밀리, 미니스톱 및 독립편의점
	드럭스토어		• 주거 밀착으로 편의품과 의약품을 취급하는 매장 • CJ올리브영, GS왓슨즈 등
무점포소매점	인터넷쇼핑몰		• 인터파크, 삼성몰, 옥션 등
	TV홈쇼핑		• CJ홈쇼핑, GS홈쇼핑, 롯데홈쇼핑, 농수산TV, 현대홈쇼핑
	기타		• 카탈로그 판매업, 자동판매기, 방문판매업

[표 1-5] **소매업태 분류 유형**

구분		분류내용
상품의 계열별		종합소매점, 한정구색소매점, 식생활용품소매점, 일상편의 소매점, 서비스소매점
가격대별		저가소매점, 중가소매점, 고가소매점
점포 유무별	무 점포판매	주문판매업(홈쇼핑, 인터넷쇼핑몰, 카탈로그), 자동판매기, 방문판매업
	유 점포판매	백화점 등 전통적인 점포 형 판매방식
판매방법별		대면판매 , 셀프판매
시스템 통제 방법별		레귤러 체인, 볼런터리 체인, 프랜차이즈 체인

5. 유통산업 효용과 역할

1) 유통업의 효용

유통(distribution)이란 상품을 생산자로부터 최종 소비자에게까지 전달하는 중간기능이며 모든 경제활동 이다. 즉 생산자에서 소비자까지의 중간과정에서 상품과 서비스의 흐름을 가교하는 효율창출 활동이다. 유통경로는 특정상품과 서비스가 생산자로부터 중간상을 거쳐서 최종 소비자에게 유통되는 과정에 참여하는 모든 개인 및 회사의 집합체를 말한다. 유통경로에 참여하여 유통기능을 수행하는 개인 및 회사를 유통기관이라 한다. 유통업은 유통기능을 수행하는 유통기관들로 구성되는 산업을 말한다.

(1) 유통업의 기능

① 거래 기능

생산자에서 최종소비자까지 각 단계별로 전달하기위한 구매 및 판매기능

② 물적 유통기능

생산자가 상품을 생산한 시점과 수요발생 시점까지 차이기간동안 상품운송기능, 보관기능, 구색확보기능

③ 마케팅 기능

정보수집, 상품분류, 금융기능, 판매촉진기능

유통업은 경제전체의 거래에 따르는 비용을 줄여주고 여러 가지 효용을 제공하며, 생산자와 소비자를 위해 효용을 창출하는 기능을 수행한다.

유통업은 생산 활동과 더불어 국민경제의 효율성을 높여주는 중추적 역할을 수행하고 있다. 특히 경제가 발전해서 소득수준이 높아지면 높아질수록 유통업의 상대적 비중은 커지게 마련이며, 그 결과 유통업 및 유통업 종사자의 사회적 지위도 높아지게 된다.

2) 소매업의 역할

소매업은 상품의 흐름과정에서 생산자와 소비자를 원활히 연결시켜주는 다양한 기능을 수행한다. 즉 소매업은 생산자와 소비자에게 장소. 시간. 소유 그리고 때로는 형태효용을 제공하며, 이러한 효용의 창출은 거래기능. 물적 유통기능 및 촉진기능을 적극적으로 수행함으로써 이루어진다. 여기서는 소비자에 대한 역할과 생산 및 공급업자에 대한 역할을 구분하여 설명하기로 한다.

(1) 소비자에 대한 역할

① 양질적가의 상품을 제공한다.

소매점의 역할 중 가장 본질적인 역할로 상품을 소비자에게 제공하는 기능을 수행한다. 소매업은 생산 및 공급부분으로부터 제공되는 많은 상품 중에서 품질이 좋고 가격이 적당한 상품을 소비자를 대신해서 엄선하여 소비자가 안심하고 선택할 수 있도록 준비하는 일이다. 물론 생산 및 공급부문에서 사회로 공급되는 여러 상품들이 모두 불량한 상품이라는 것은 아니며, 대부분의 생산단계나 도매단계에서 일단 엄선된 것이다.

그러나 소매단계에서 행하는 검토는 단순히 기능이나 재질면에서만 결점을 체크하는 데에 그치는 것이 아니라 종합적으로 상품의 가치를 평가하고 살펴보는 것이다. 어떠한 경우라도 소매단계는 소비자와 직결되며 , 따라서 소매단계 이후에는 상품에 대한 검사기관이 소비자 자신 이외에는 존재하지 않기 때문에 소매업의 상품에 대한 검토는 중요한 것이다.

② 상품의 구색을 갖춘다.

소매점은 소비자의 요구에 부응하는 다양한 상품의 구색을 갖추도록 하여야 한다. 소비자는 소매점에 상품의 구색이 없다면 그 점포에 물건을 사러가지 않을 것이다. 오늘날의 소비자는 가능하면 좀 더 많은 상품 중에서 자신의 구매목적과 구매동기, 소득, 자신의 기호와 라이프스타일에 알맞은 상품을 구매하려고 한다. 같은 종류의 상품 중에서도 상품의 유형. 재질. 가격 등에서 소비자가 요구하며 필요로 하는 충분한 구색을 갖추는 것이 소매업의 중요한 역할이 된다.

③ 필요한 재고를 보유한다.

소매점은 개개의 소비자에게 신속하게 대응 할 수 있는 재고의 확보와 유지가 필요하다. 소매업 중에는 예비재고를 거의 보유하고 있지 않아서 고객이 구입해 가고나면 바로 품절이 되거나, 고객이 대량구매를 요구할 때에도 이에 응하지 못하는 경우가 있다. 물론 과도한 재고를 유지하는 것은 경영 효율을 저하시키고 불필요한 재고 비용을 부담해야 하므로 사회적으로 바람직한 일이 못되지만 안전재고를 전혀 갖지 않아서 소비자의 상식적인 구매욕구조차도 충족시킬 수 없다면 소매업 본래의 역할을 수행하는 것으로 볼 수 없다. 그러므로 적정한 재고를 보유하고 유지하는 것이 필요하다.

④ 상품정보를 제공한다.

상품의 종류나 소매업의 형태 그리고 영업방법에 따라 다르기는 하지만 소매업이

상품만을 제공하는 것은 아니다. 소매업은 상품의 판매기관 일뿐만 아니라 상품정보. 유행정보. 생활정보와 같은 무형의 가치까지도 함께 제공해준다. 실제로 이러한 정보는 상품진열. 광고. 인적판매. 각종행사활동을 통해서 소비자에게 전달된다.

그중에서도 중요한 의미를 지니는 것은 상품의 진열과 대인 판매이다. 진열을 단지 판매를 위한 점포내외의 분위기 조성이나 재고보유 수단만으로 생각해서는 안 된다. 진열된 상품의 특성과 용도 및 기능 그리고 구색상황과 가격조건 등의 정보를 소비자에게 전달하는 수단이 되는 것이다. 매장에 판매원을 배치하는 소매업의 경우 판매원은 직접 소비자에게 상품에 관련된 여러 가지 정보를 제공한다. 즉 판매원의 판매활동은 진열, 포장, 판매 기능으로 끝나서는 안 된다. 판매원은 신뢰도 있는 각종 정보의 전달자로서 그리고 전문적인 구매상담자로서 소비자에게 마케팅커뮤니케이션 역할을 해야 한다.

소매업의 소비자에 대한 지식과 정보 전달의 역할은 상품의 종류가 다양해지고 상품의 정보 및 변화가 급변하는 환경에서 더욱 중요해지고 있다.

⑤ 쇼핑의 장소를 제공한다.

소매업의 종류에는 인터넷쇼핑, 홈쇼핑과 같은 무점포 판매도 있지만 아직까지는 소매판매의 대부분은 특정위치에 점포를 오픈하고 소비자를 맞이하는 점포 판매방식에 의존하고 있다. 특정위치에 점포를 오픈하는 것은 그 지역의 소비자에게 근처에 적당한 쇼핑장소를 제공한다는 뜻이 된다. 최근 인터넷, 홈쇼핑 등 무점포판매가 늘고는 있지만 아직은 점포판매 방식이 주류를 이루고 있기 때문에 소매점이 쇼핑장소를 제공하는 역할을 하는 것이다.

⑥ 쇼핑의 즐거움을 제공한다.

소비자는 폭넓은 상품의 구색과 신뢰할 수 있는 정보의 제공을 바라고, 접근하기 쉬운 점포위치와 함께 점포 내외의 즐거운 분위기와 청결한 구매환경을 기대한다. 그러므로 판매원은 소비자에게 정보전달자로서의 역할과 함께 소비자의 즐거운 쇼핑을 돕는 환경조성자로서의 역할을 수행해야 한다.

⑦ 쇼핑의 편의성을 제공한다.

소비자를 위한 점포내외에서의 쇼핑환경조건은 점포규모와 구조, 점포의 실내장식, 진열기구 및 진열상품, 주차 및 접근의 용이성 등의 물적 요소뿐만 아니라 판매원의 접객서비스인 인적요소에 의해서도 형성된다. 따라서 판매원은 풍부한 상품지식과 전문성을 겸비한 전문가로서 고객의 쇼핑을 도와줌과 동시에 항상 서비스마인드로 고객을 접객하는 쇼핑편의성을 제공한다.

⑧ 부가서비스를 제공한다.

소매업은 상품을 판매하는 역할이외에도 상품의 배송서비스, 사후서비스, 품질보증과 같은 부가적 서비스를 해준다는 것은 누구나 생각할 수 있다. 이처럼 소매업은 형태, 입지조건, 경영방침에 따라 소비자에게 배송서비스 등 부가적인 서비스를 제공할 수 있다.

(2) 생산 및 공급업자에 대한 역할

① 판매활동을 대신해 준다.

판매활동은 유통기관이 가지는 가장 기본적인 활동이다. 소매업은 소비자에 대한 판매를 전문화 하여 생산업자나 도매업자가 각자 본연의 업무에 전념할 수 있도록 해준다. 그렇게 함으로써 각자의 분업과 전문화의 장점을 가질 수 있게 하여준다.

② 정보를 전달한다.

소매업이 물건을 구입하는 도매업자 내지는 제조업에 대한 역할로 지적할 수 있는 것은 상품에 대한 소비자의 여러 가지 요구(가격, 품질, 성능, 디자인 등)에 관한 최신 정보를 생산자나 도매업자에 전달해 준다는 것이다. 유통경로에서 소매업은 소비자에 가장 가깝게 위치하고 있으며 소비자와의 접촉이 생산자나 다른 유통기관보다 월등이 많다. 따라서 소매업은 소비자에게 물건을 판매하는 과정에서 소비자들의 충족되지 않는 욕구를 누구보다 잘 파악할 수 있으며, 이런 최신 정보를 생산 및 공급자에게 전해 주는 것이다.

③ 물적 유통기능을 수행한다.

소매업은 상품의 구입 시점부터 판매시점까지 물건을 보관해야하며 이에 따르는 각종 위험과 비용을 부담해야 한다. 경우에 따라서는 소매업이 운송과 설치기능을 수행하기도 한다. 소매업이 이러한 물적 유통기능을 수행하는 만큼 도매업자나 생산자는 부담을 덜게 되는 것이다. 특히 부패하기 쉬운 상품이나 특별한 주의를 요하는 상품의 경우, 이런 기능은 더욱 큰 의의를 갖는다.

④ 금융기능을 수행한다.

유통과정에서 상품의 흐름과는 반대방향으로 상품대금지불이 이루어지고 이 과정에서 소매업은 금융기능을 수행하게 된다. 만약 생산자가 소비자에세 외상판매를 한다면 생산자는 외상매출금을 회수할 때까지 자금의 압박을 받게 될 것이다. 그러나 이런 부담을 소매업이 대신해 주는 금융기능으로 생산자는 미리 받은 판매대금을 활용하여 자금순환을 용이하게 할 수 있다.

⑤ **촉진기능을 수행한다.**

소매업은 판매실적을 올리기 위해 소매업자가 자체적으로 소비자들에게 광고, 홍보, 판매촉진활동을 하게 된다. 그런데 이 활동은 간접적으로 생산 및 도매업자들의 판매촉진활동을 도와주게 되어 그들의 노력을 덜어 주는 효과가 있다.

제 2 절 유통시장 현황

1. 유통산업 발전

1) 유통업의 국가경제 비중

유통은 생산자와 소비자를 연결하여 경제활동이 효율적으로 이루어지도록 하는 역할을 하기 때문에 중요한 산업이라 할 수 있으며 이러한 유통산업의 국민 경제적 위치를 경제활동별 GDP비중을 통해 가늠할 수 있다.

한국은행에서 발표한 국민계정 자료를 이용하여 각 산업의 비중을 살펴보면, 2008년 현재유통업은 GDP에서 7.7%를 차지하는 것으로 나타났다. 다른 산업과 비교해 보면 조립가공업(12.0%), 기초 소재업(9.9%), 유통업(7.7%), 건설업(6.3%), 소비재업종(3.0%)의 순으로 나타나 유통업은 국민경제에서 차지하는 비중이 세 번째로 높은 것을 알 수 있다.

[표 1-6] **경제활동별 GDP 비중**

	농림어업	제조업				전기·가스·수도 사업	건설업	유통업
			소비재업	기초소재업	조립가공업			
1997	4.7%	22.8%	4.5%	8.4%	9.3%	1.8%	9.3%	7.6%
2000	4.1%	25.2%	4.8%	8.1%	11.7%	2.3%	6.2%	8.6%
2004	3.3%	24.9%	3.7%	9.1%	11.8%	2.1%	7.0%	7.4%
2008	2.3%	25.3%	3.0%	9.9%	12.0%	1.6%	6.3%	7.7%

자료: 한국은행

여기에서는 유통산업이 국민경제에서 차지하는 비중을 살펴보았다. 그러나 한국은행에서 발표한 국민계정은 유통업을 도소매업으로 합하여 보고 있기 때문에 소매업만 국민경제에서 차지하는 위치를 파악하는데 한계가 있다.

2. 대형마트·SSM의 성장

대형마트의 점포수는 2000년 171개에서 2010년 437개로 증가되었고, 이 중 상위 3사의 2010년 점포수는 343점포로 전체의 78%를 점유하고 있다. 매출액은 2000년 10.6조에서 2010년 35.6조로 신장하였다. 매출액에서도 상위 3사의 매출액이 29조 2천억원으로 82%를 점유해 대형마트의 성장과 대기업으로 시장 과점에 중소상인의 반대를 피할 수 없음을 알 수 있다(표 1-7, 1-8 참조).

[표 1-7] **연도별 대형마트 점포수**

구분	2000	2001	2002	2003	2004	2005	2006	2007	2008	2009	2010
국내	171	201	235	261	278	306	337	363	394	409	437
해외	1	2	2	2	3	7	11	13	49	121	127

자료: 유통업체연감(2011).

[표 1-8] **대형마트 매출액 및 신장률**

구분	매출액(원)	성장률(%)	신규출점수	총 점포수
이마트	12조 6,000억	8.7	3	132
홈플러스	10조 7,300억	8.8	7	121
롯데마트	5조 8,800억	21.6	7	90
뉴코아아울렛	2조 1,820억	14.2	2	19
코스트코홀세일	1조 5,790억	29.7	-	7
이천일아울렛	1조 1,080억	-1.1	-	12
하나로크럽	8,400억	2.9	-	6
메가마트	6,400억	7.0	1	6

자료: 유통업체연감(2011)

대형마트 시장의 포화 및 정체로 대기업이 슈퍼마켓 사업에 집중하여 2008년 이후 급격한 증가세를 보였다. [표 1-9]에서 볼 수 있듯이, 주요 기업의 SSM 점포수는 2008년 349점에서 2012년 6월 1,019점으로, 2008년 대비 290% 이상 증가하였으며, 중소상인의 저항과 반발에도 출점을 증가시켜 사회적 이슈가 되고 있다.

[표 1-9] **주요 대형마트·SSM 증가현황**

구 분		2008	2012.6	2008년 대비 증가율(%)
대형마트	이마트	114	139	21.9
	롯데마트	63	96	52.4
	홈플러스	109	129	18.3
	전체	286	364	27.2
SSM	이마트 에브리데이	34	75	120.6
	GS슈퍼	103	244	136.9
	롯데슈퍼	110	372	238.2
	홈플러스 익스프레스	102	328	221.6
	전체	349	1,019	291.9

자료: 류인철 외(2013), 대형유통업체와 중소상인의 상생방안 연구, 산업경제연구, 26(1), 302P.

3. 골목상권의 위기

골목상권이란 대기업이나 대기업 브랜드를 출점하지 아니한 2개 이상의 점포로 구성된 상권이라고 골목상권 살리기 소비자 연맹은 정의하고 있다. 골목상권을 정리해 보면, 소상공인이 밀집되어있는 전통 상업지구, 주거지역, 근린상업지역 등 주택이 밀집한 상권을 의미한다.

골목상권이 대형마트의 확산과 집중화 SSM 출점 증가로 어려움에 직면하게 된 것은 여러 연구와 한국 슈퍼마켓 협동조합, 요식업 중앙회 등의 주장으로 확인할 수 있다(표 1-10 참조).

[표 1-10] **재래시장과 대형마트 비교 연구**

연구자	내용
박성용(2003)	중소 소매업자 생존방법은 직접 경쟁보다는 고객밀착, 서비스, 상품개발 필요
정난호 외(2006)	소비자들의 소매업태 만족도 결과, 대형마트, 중형마트, 재래시장 순으로 재래시장 변화 요구
지성구(2007)	재래시장 개선 요구사항: 주차장 확장, 시설 현대화, 신뢰 상품 확대, 친절의식, 카드취급
임영균(2007)	상생협력의 바람직한 형태는 대형 유통 점과 중소유통점이 필요에 의해 스스로 협력하는 형태
곽원일 외(2009)	재래시장 소비자 확신성 증대 필요: 신속, 친절서비스 필요
박주영 외(2010)	SSM 사업 확장에 따른 중소상인의 경쟁력 강화방안 필요

4. 동반성장 필요

정부는 기업 간 동반성장을 추구하여 경제 활성화와 사회적 양극화 해소를 위하여 2010년 9월 29일 대·중소기업 동반성장 추진대책을 발표하고 동반성장 위원회를 출범하였다. 대·중소기업 상생협력 촉진에 관한 법률 제20조에 의하면, 대·중소기업간 동반성장과 관련한 민간부문의 합의를 도출하고, 동반성장 문화를 조성 및 확산을 도모하는 역할을 하는 것이다. 동반성장위원회의 설립은 사회적인 합의정신을 기초로 한 민간위원회인데, 동반성장지수의 산정 및 공표, 중소기업의 적합업종 합의 도출 및 공표, 민간부문의 동반성장 추진 등의 기능을 하는 것이다.

중소기업 적합업종 지정 내용 중 서비스업 15품목을 보면, 음식점과 제과점의 포함이 논란이 되고 있다. 2013년 5월 27일 동반성장위원회가 발표한 내용은 표(1-11)에서 보듯이, 대기업은 역세권, 복합다중시설 및 상업지역을 중심으로 신규점포를 개설하고 골목상권을 침해하지 않도록 적합업종 권고사항을 준수하고, 외식업의 세계화, 고급화, 다양화 등에 주력하고, 중소상공인들의 주요메뉴에 대해 가급적 출시를 자제하는데 목적이 있다.

제과점의 경우에는 확장자제와 진입자제를 권고하고 있는데, 적용범위는 프랜차이즈형과 인스토어 형 제과점이며, 대기업은 2012년 말 기준으로 점포수 총량을 확장자제하고, 프랜차이즈형은 매년 전년도말 점포 수 2% 이내에서 가맹점 신설만 허용되며, 이전 장소에서 재 출점과 신설 때는 인근 중소 제과점과 500m이내 출점을 자제해야 한다는 내용이다. 또한 대기업은 신규진입은 물론 인수/합병이나 업종변경 등으로 인한 진입도 자제하도록 했다.

이러한 서비스업을 포함한 중소기업 적합업종제도는 중소기업 적합업종 및 품목을 선정하여 중소기업과 대기업의 합리적인 역할 분담을 유도함으로써 중소기업의 고유 영역을 보호하는 것인데, 이는 대기업에 대한 동반성장의 사회적 요구라 할 수 있다. 그러나 중소기업 적합업종·품목제도는 2006년에 이미 시장에서 실패가 검증되어 폐지된 중소기업 고유 업종제도와 유사한 제도라는 평가와 중소기업 사업영역보호에 치중하여 중소기업 자생력이 약화될 소지가 있다고 보는 견해도 있으며, 대기업에 대한 역차별 요인이 충분히 반영되지 않는다는 의견도 있다(강창동 외, 2012).

[표 1-11] **대기업 음식점 업 적합업종 권고사항**

구 분	세부내용	비 고
역세권	• 역세권은 기차역, 지하철역, 고속버스터미널, 공항, 여객터미널 등의 교통시설의 주변지역으로 함 • 대기업은 수도권 및 광역시에서 교통시설 출구로부터 반경 100m이내, 그 외 지역은 반경 200m이내 지역에서 출점 가능 • 패밀리 레스토랑의 경우 나대지 출점 가능	-
복합다중시설	• 복합 다중시설은 등기부 등본 상 연면적 기준 • 상호출자 제한 기업은 연면적 2만 평방미터, 중견기업은 1만 평방미터 이상의 건물 및 시설에서 출점 가능	-
상업지역	• 국토의 계획 및 이용에 관한 법률에서 토지이용 목적상 상업지역은 역세권, 복합다중시설과 관계없이 출점허용	신규브랜드 전면허용

5. 소매업 혁신

혁신은 소매업의 주요 화두다. 업체들은 저마다 데이터 모델링, 소비자 조사, 리스크 통제를 통해 새로운 성장기회를 잡으려 한다. 그러나 경우에 따라서는 타 업체 콘셉트를 모방함으로써 효과적으로 혁신을 달성하기도 한다. 월마트는 슈퍼세터를 처음 고안한 것은 아니었지만, 1988년 슈퍼센터 1호점을 개장하고 2005년 말까지 1천7백개 이상 확장하여 대단한 성공을 누렸다.

혁신의 여지는 소매업 전반에 걸쳐 존재한다. 2004년 벨기에 델하이즈 그룹(Delhaize Group)산하 푸드 라이온(Food Lion)은 블름(Bloom)이라는 매장을 개점했다. 블름매장은 혁신적 디자인, 머천다이징 단순화, 첨단 소매 테크롤리지의 결합체다. 신선식품 비중을 늘리고, 푸드 라이온과 같은 그룹 내 업태보다 훨씬 이국적이고 고급스런 상품을 판매한다. 델하이츠 측은 블룸을 새로운 아이디어와 혁신을 위한 인큐베이터로 이용하고 있다.

테스코는 혁신적 테크놀로지를 채택해 소비자 욕구에 부응함으로써 지속적인 성장의 발판을 마련했다. 테스코의 다양한 클럽 고객들은 해마다 매출 증대를 위한 새로운 방안을 개발할 수 있는 엄청난 양의 데이터를 제공하고 있다. 테스코는 늘 새로운 접근법을 모색한다. 런던대학교 지리학과와 공동으로 통계에 대한 새로운 접근법을 연구하였다.

혁신은 다양한 형태로 일어난다. 많은 경우, 혁신은 주목을 덜 받았거나 간과 되었던 시장 니즈에 접근하는 것에서 시작된다. 베스트 바이는 몇 개의 실험매장을 운영하면서 고객성향을 파악하고 있다.

제 3 절 유통시장 미래

1. 유통환경변화

우리나라 유통산업은 매우 오랜 역사를 가지고 있다. 그러나 전통적인 농경문화와 유교의 영향으로 상업천시 사상이 오랜 관념으로 이어져 유통산업은 그 존재가 미비했다. 아울러 60년대 이후의 비약적인 경제성장도 수출을 중심으로 한 제조업위주의 성장방식이어서 도·소매업은 오늘날 까지도 전반적으로 낙후성을 면치 못하고 있는 실정이다. 그렇기 때문에 아직까지도 몇 가지 내재적 문제점을 해결하지 못하고 있는 상황이다.

먼저 제조업과 유통업간 효율적인 연계가 부족하다는 것이다. 이에 따라 제조업체들은 제품판매를 일반 도·소매업체에 의뢰하는 개방적인 유통경로 보다는 대리점 또는 자사의 직영판매망을 이용한 전속적 또는 통합적 유통경로를 선호하게 되었다.

이러한 제조업의 유통업 참여는 단기적 안목에서는 효율적으로 보인다. 그러나 이러한 직영판매망을 지닌 업체는 대부분이 독과점 기업체들로 배타적 유통과정 점유에 따른 중소기업 판로확보 곤란을 야기 시킨다.

아울러 전문적 유통기능의 결여로 말미암아 유통비용 증가분을 소비자 가격에 전가시킨다거나 대리점과의 거래상 우월적 지위를 이용한 불공정거래를 야기할 뿐더러 체인사업자의 가맹 점포에 대한 제조업체의 직거래 등 여러 가지 문제점을 노출하고 있다.

그렇다면 이처럼 유통산업의 낙후 상을 초래한 원인은 어디에 있을까? 여러 가지가 지적될 수 있겠지만 부존자원이 빈약한 국토에 과밀한 인구를 보유하고 있는 우리 경제의 특성상 60년대 이후 지속되어온 대외 지향적 경제성장정책과 국내 도·소매업에 대한 잘못된 인식 때문이다.

즉, 부가가치를 창조하는 미래지향적 서비스산업으로서 보다는 잠재실업의 풀(pool)로서만 인식했던 경향도 유통산업을 낙후시킨데 적지 않은 영향을 미쳤던 것이다.

이러한 현실 속에서 유통산업은 1990년대 중반이후부터 새로운 변화의 조짐이 일기 시작했다. 이러한 변화는 국내 유통 산업계에 자각과 도약의 기회를 마련했을 뿐만 아니라 새로운 차원으로 발전 할 수 있는 기회를 제공하게 되었다.

1) 유통산업 대외 전면개방

경제 구조적으로 대외 의존도가 높은 우리나라로서는 이러한 전면개방에 대해 과거와 같이 국내유통산업의 보호 등의 이유로 더 이상 이를 지원할 수 없는 실정이다. 따라서 국내 유통산업의 대외경쟁력강화가 시급히 요청되고 있다.

2) 정보화

금융기관의 온라인화를 배경으로 한 신용카드 보급은 광범위한 잠재 소비자시장을 창출했으며 소형 컴퓨터 급속한 보급과 이동통신의 대중화로 홈 쇼핑과 모바일 쇼핑시대가 도래 했다. 이러한 제반 현상은 생산자와 소비자 간의 거리를 크게 단축시켜 유통거래 형태에 새로운 변화를 가져오고 있다.

3) 유통산업 생산성에 관심고조

경제규모의 급속한 팽창과 함께 상품유통량이 급증함에 따라 증가하는 물류비용에 효과적으로 대응하기위한 물류체계의 구축이 필요하게 됐다. 아울러 재고 및 상품관리, 판매 손실의 절감과 효율적인 상품기획 등을 위해 POS(판매시점 정보관리 제도)의 도입이 활기를 띠는 등 유통산업에 있어서 생산성 향상에 대한 관심이 고조됐다.

4) 가치소비증가

건강, 무공해 식품의 수요증대와 외식산업의 번창, 24시간 영업을 하는 편의점의 성장, 편의성이 강화된 기성복의 인기상승 등의 현상이 바로 그것이다. 경제수준의 향상과 도시화 고학력화의 진전에 따라 소비생활에 있어 이러한 개성과 삶의 질을 추구하는 가치소비가 더욱 가속화될 것으로 예상된다.

5) 신업태 출현

현재의 소비자 들은 다양한 소매업태 출현으로 소비자의 욕구 충족이 가능해졌다. 새로운 소매업태가 출현하는 이유는 첫째, 소비자의 변화하는 쇼핑패턴이 서로 다른 업태를 불러오고 있다. 예를 들면 가치 지향적, 가격 지향적, 편의 추구 형 소비자의 출현으로 소매기업들이 새로운 업태로 진출 하도록 하게 되는 것이다. 둘째, 소매업체들이 스스로 내부 강점에 가장 적합한 점포유형을 발전시키기 위해 결정한다. 이 때 기업들은 경쟁에서 상대적인 이점을 확보 할 수 있다. 셋째, 제조업체의 역할변화이다. 즉, 공급과잉이 소매업체의 가격할인 용인이 될 수 있고 이런 요인은 소매업체들이 기회주의적으로 상품을 구매하도록 만드는 것이다.

2. 편의점 성장

1) 컴비니언스 스토어 발전

컴비니언스 스토어는 미국 댈러스에 본부를 둔 사우스랜드(Southland)사에 의해 시작되었다. 동사는 1920년대 텍사스 사막지대를 통행하는 여행자에게 얼음 판매 사업부터 출발했다. 곧 토템스토어(totem store)로 불리는 소형 점포를 운영하게 되어 비수요기인 겨울을 지탱하기 위해 빵, 밀크 등을 아울러 판매하게 됐다.

1940년대까지는 인구가 도시에 집중하고 있어 교외에 입지한 컴비니언스 스토어는 그다지 발전을 보지 못했다. 1950년대 들어와 전국적인 도시, 교외의 재편성 과정에서 크게 확산되기 시작했으며, 특히 지역개발계획에 수반해 발전하기 시작했다.

이 지역개발계획은 도시의 과밀, 쇠퇴 및 도로망 확장 등을 배경으로 발생한 중산계급의 교외로 이동 현상과 밀접한 관련을 갖고 있다. 인구의 교외 이동에 따라 소매업도 계획적 개발을 촉진하여 고속도로 주변에는 넓은 주차장을 갖춘 대형 쇼핑센터가, 교외 시가지에는 슈퍼마켓 또는 드럭스토어를 핵 점포로 하는 네이버후드 형 쇼핑센터가 또 주택지 지역에는 컴비니언스 스토어를 개설하게 되었다.

(1) 컨비니언스 스토어 콘셉트

1950년부터 컨비니언스 스토어 성장의 주된 요인인 소비자 니즈에 적응한 콘셉트를 기본으로 하여 경영전략을 전개하는데 있다. 즉 편리성이라는 콘셉트인데 구체적으로 3가지로 집약 할 수 있다.

① 시간적 편리성

고객의 요구에 언제든지 대응할 수 있다. 현재 대부분 컴비니언스스토어는 24시간 연중무휴 영업을 하고 있다.

② 거리적 편리성

주택지역에 입지해 걷거나 자전거로 구매하러 갈 수 있는 거리에 있다.

③ 구매 편리성

점포는 면적이 2천-2천5백 평방피트(56-70평)로 소형이며 구매하고자 하는 상품이 금방 눈에 띤다. 또 고객의 1회당 구매량이 소량이기 때문에 계산대에서 줄서서 기다리지 않아도 된다.

(2) 컨비니언스 스토어 성장배경

① 도시화

② 소득수준 향상

③ 맞벌이 및 1인 가구 증가

2) 편의점 성장

국내 편의점은 1989년 첫 체인화 편의점인 세븐일레븐 올림픽 선수촌 점 개점을 시작으로 17년 만에 점포 수 1만개를 기록 하는 등 도입 초기부터 빠른 성장을 이루어

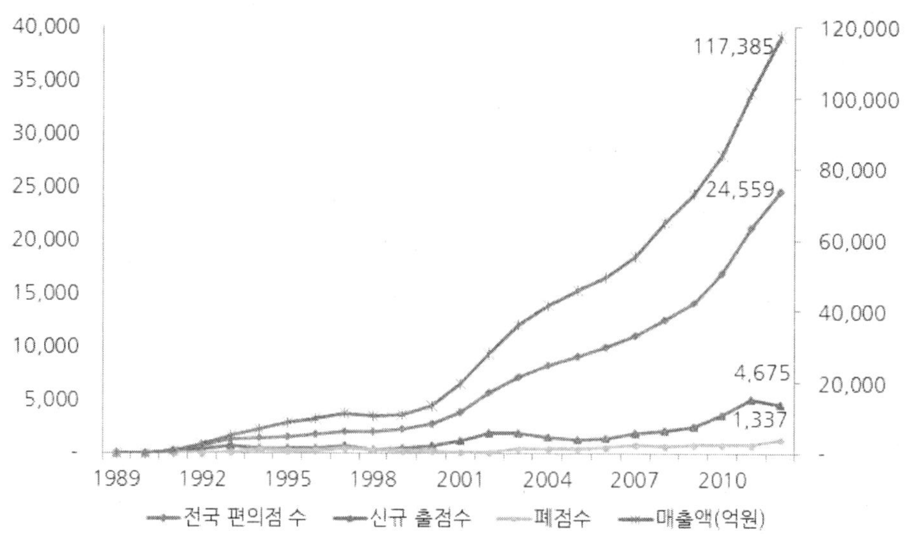

자료: 이동일 외(2014)

[그림 1-1] **국내 편의점 수 및 매출액 동향**

왔다. 2000년대 후반에 있었던 글로벌 경제 위기에도 불구하고 지속적인 두 자리 수 성장률을 유지하였으며 [그림 1-1]과 같이 2012년에는 총 점포 수 24,559개 총 매출액 11조 7천억 원을 달성하는 등 현재 국내 소비시장의 한 축을 담당하는 업태로 성장하였다. 특히 편의점은 비교적 소규모의 자본으로 운영 할 수 있는 소매점으로 창업시장에서 역할이 중요하다고 할 수 있다.

3. 홈쇼핑의 성장

1) 홈쇼핑 개념

TV홈쇼핑은 방송과 유통이 결합된 형태로 백화점, 대형마트, 슈퍼마켓 등 일반소매점과는 다른 프로세스를 거치는데 그 과정은 아래와 같다(그림 1-2 참조).

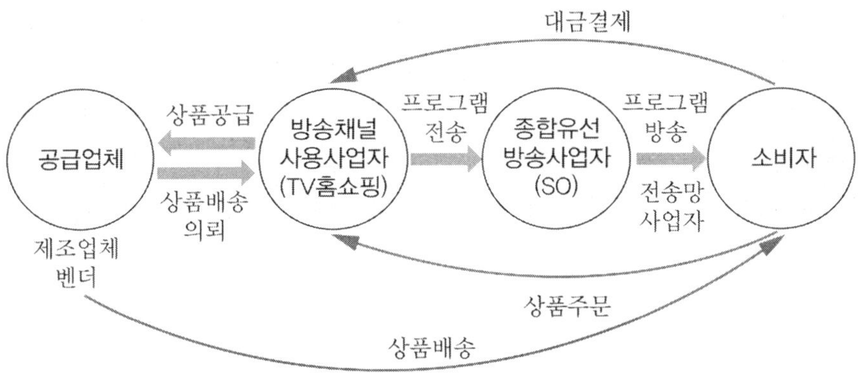

[그림 1-2] TV홈쇼핑 프로세스

위 그림에서 보는 것처럼 TV홈쇼핑은 방송채널사용사업자, 종합유선방송사업자, 전송망사업자로 구성되는데 방송채널사용권을 획득하기 위해서는 방송통신위원회의 승인이 필요하다.

방통위로부터 방송채널사업자로 승인을 받은 TV홈쇼핑업체는 프로그램을 제작하여 종합유선방송사업자에게 송출수수료를 지급하고 프로그램은 전송망을 통해 소비자에게 방송된다. 이 방송을 본 소비자는 상품을 구매하고 TV 홈쇼핑업체는 의뢰받은 상품을 공급업체에 상품배송 의뢰를 하여 소비자가 상품을 수령한다.

방송채널사용사업자인 TV홈쇼핑 업체는 지상파방송사업자와 종합유선방송사업자 또는 위성방송사업자와 특정채널의 전부 또는 일부 시간에 대한 전용사용계약을 체결하여 그 채널을 사용하는 사업자를 말한다. 이들은 방송법 제9조 5항에 의해 방통위로부터 상품소개와 판매에 관한 전문편성을 행하는 방송채널사용업자로 승인을 받아야한다. 또한 '상품소개 및 판매 방송심의에 관한 규정'에 따라 사전에 자율심의를 해야 하며 방송통신심의위원회의 프로그램 공정성과 공공성 점검을 위한 사후 심의를 받아야 한다.

2) TV홈쇼핑의 발전

국내TV홈쇼핑은 1995년 GS홈쇼핑과 39쇼핑(현CJ홈쇼핑) 2개 사업자가 서비스를 시작하면서 출범하였고 2000년대 들어서 TV홈쇼핑 시장에 유통대기업들이 본격적으로 참여하기 시작하면서 급성장 하였다.

중소기업용으로 승인된 39쇼핑이 2000년 대기업인 CJ에 매각되고 2001년 현대홈쇼핑, 농수산홈쇼핑, 우리홈쇼핑의 3개 업체가 추가로 승인 받았다. 20005년 GS홈쇼핑, CJ홈쇼핑이 재승인 이 이루어 졌으며 2006년에는 롯데가 우리홈쇼핑의 최대지분을 인수하여 본격적으로 대기업 중심으로 시장이 재편되었다. 이후 2011년 6월 중소기업전용 홈쇼핑채널인 홈&쇼핑이 등장하여 현재의 6개사 체계가 완성되었다.

TV홈쇼핑이 성장하게 된 원인으로는 2000년대 초반 신용카드확대와 케이블TV보급 그리고 택배서비스의 개선 등의 영향과 2009년 이후 신종플루, 월드컵 등과 같은 사회적 현상도 TV홈쇼핑 고객기반을 확대시키는데 기여하였다. 앞으로 기술적으로 진보된 IPTV/디지털TV를 상용화하여 고객참여 형 홈쇼핑을 도입하고자 계획하고 있으며, 중국 및 인도 등 글로벌 시장에 진출하여 제2성장기를 도모하고 있다.

4. 쇼핑채널 통합화(Omni Channel)

온라인, 오프라인, 모바일 등 소비자를 둘러싸고 있는 모든 쇼핑채널들이 유기적으로 연결돼 고객이 마치 하나의 매장을 이용하는 것처럼 느끼도록 매장의 쇼핑환경과 사용자 경험을 융합하려는 경향이 증가 되고 있다.

2008년 글로벌 금융위기 이후 아마존, 이베이 등 온라인 유통업체가 소비자들의 위축된 소비성향과 가격민감성을 공략하면서 급성장하게 되자 오프라인 유통업계도 다각화된 유통채널을 개발하게 되었다. 온라인쇼핑이 활성화되기 이전의 소비자들은 전통적인 유통채널인 오프라인 매장에서 상품을 구매해왔다. 이후 인터넷의 활성화 등으로 온라인 유통의 출현으로 소비자들은 보다 다양한 쇼핑채널에서 상품을 소비할 수 있게 됐다. 오프라인 점포는 물론 컴퓨터를 통한 온라인 매장 등 다양한 채널을 통해 상품을 소비하는 형태를 멀티채널이라고 한다. 하지만 이후 스마트폰의 등장으로 모바일앱을 통한 소비자들의 모바일 구매가 활성화 되자 온라인을 포함하여 보다 다양한 형태의 유통채널관리가 필요하게 되었고, 주도권도 제조업에서 유통업으로, 다시 유통업에서 소비자들의 손안으로 이동하게 되었다. 따라서 유통업체들은 소비자, 즉 구매자 중심의 채널로 모든 것을 통합하는 새로운 형태의 방식인 옴니채널 시장 개척에 앞 다투어 나서고 있다. 멀티채널에서 한 단계 더 진화한 형태가 옴니채널 이다.

이러한 옴니채널의 발달이 고객들의 소비문화에 미치는 영향은 매우 크고 그 파급력도 상당할 것으로 예상된다. 우선 옴니 채널을 통해 개인 소비자들은 불합리한 구매와 충동성 구매를 줄이면서 합리적인 소비를 하게 될 것이고, 이를 통해 남은 금액을 다른 곳에 투자하는 기회가 생길 수 있다. 또한 시장에서 과도한 가격경쟁을 중단하고 기업들은 상품가격의 합리화를 통해 기업의 수익도 높일 수 있다. 이처럼 옴니채널 형태의 유통에 의해 소비자 중심의 가치가 더욱 커질 것이고, 기업도 공정한 경쟁과 합리적 가격을 통해 사회의 공익을 실현시킬 수가 있을 것으로 예상된다.

모바일과 온라인 거래가 늘어남에 따라 롯데쇼핑은 모바일 앱이나 PC로 상품을 주문하고 찾아갈 날짜를 선택하면 온라인 픽업데스크에서 찾아 갈 수 있는 서비스를 개시했는데 이러한 옴니채널 서비스는 고객들에게 쇼핑시간을 줄이고 온라인 쇼핑의 불편한 점을 보완하는 새로운 온오프라인 통합 채널의 사례라 할 수 있다(사진 1-1 참조).

자료: 한국경제(2016)

[사진 1-1] 롯데쇼핑 옴니채널 마케팅

제1장 유통시장 현황 연습문제

01. 유통업의 업종과 업태에 대하여 설명하시오.

업종이란 소매업에서 "비즈니스의 타입" 내지는 "소매업의 종류"라는 의미로 '무엇을 판매하고 있는가(what to sell)'를 의미한다. 즉 컴퓨터판매점, 가전판매점, 채소가게, 생선가게, 정육점, 의류점, 가구점, 완구점 등 상품의 종류에 의한 분류 방법이다. 그래서 업종은 생산과 밀접한 관련이 있다.
업태는 상기에서 말한바와 같이 "소매업의 형태"라는 의미로 '어떠한 방법으로 판매하나(How to sell)'를 의미한다. 즉 백화점, 편의점, 전문점, 슈퍼마켓, 드럭스토어 등 상품의 종류보다는 소비자의 구매행동과 관련된 판매시스템과 밀접한 관련이 있다.

02. 대형마트에 대한 정의를 설명하시오.

대형마트는 유통산업발전 법 제2조에 정의된 "대규모점포"에 해당되며, 다음 각 목의 요건을 모두 갖춘 매장을 보유한 점포의 집단으로써 법의 별표에 규정된 것을 말한다.

가. 하나 또는 대통령으로 정하는 둘 이상의 연접되어 있는 건물 안에 하나 또는 여러 개로 나누어 설치되는 매장일 것

나. 상시 운영되는 매장일 것

다. 매장면적 합계가 3천 제곱미터 이상일 것

이러한 대규모점포 중 대형마트는 대통령령으로 정하는 용역의 제공 장소(이하 "용역의 제공 장소"라 한다)를 제외한 매장면적의 합계가 3천 제곱미터 이상인 점포의 집단으로서 식품·가전 및 생활용품을 중심으로 점원의 도움 없이 소비자에게 소매하는 집단으로 정의하고 있다.

03. 소매업의 소비자에 대한 역할을 설명하시오.

① 양질적가의 상품을 제공한다.
② 상품의 구색을 갖춘다.
③ 필요한 재고를 보유한다.
④ 상품정보를 제공한다.
⑤ 쇼핑의 장소를 제공한다.
⑥ 쇼핑의 즐거움을 제공한다.
⑦ 쇼핑의 편의성을 제공한다.
⑧ 부가서비스를 제공한다.

04. 용어설명

- 기업 형 슈퍼마켓
- 쇼핑센터
- 컴비니언스 스토어
- 옴니채널

Chapter 02 시장조사

제 1 절 시장조사 방법

1. 상권측정이론

1) 베버(A. Weber)의 최소비용이론

공업입지는 생산과 판매에 있어 최소운송비가 드는 지점에서 이루어진다는 최소비용이론을 주장하였다.

수송비는 원료와 제품의 무게와 수송되는 거리에 의해 결정된다는 원칙을 적용하여 이론을 전개하였다.

(1) 전제조건

① 원료산지, 동력산지, 소비시장은 고정되어 있다.

② 노동력은 지역적으로 한정되어 있고 비 이동 적이나, 공급은 무제한이다.

③ 운송체계는 균일하며 운송비는 거리와 중량에 비례한다.

④ 생산자는 최대이익을 얻으려고 하는 합리적인 경제인이다.

(2) 최적입지

① **운송비 지향**: 원재료 운송비와 상품운송비를 합한 총 운송비가 최소인 지점에 입지한다.

② **인건비 지향**: 임금이 저렴하여 노동비의 절약분이 운송비의 증가분보다 큰 경우에는 임금이 저렴한 곳에 입지한다.

③ **집적 지향**: 집적에 의한 생산비 절감효과가 클 때에는 집적이익 지점으로 입지가 이동한다.

(3) 입지삼각형(locational triangle)

① 입지삼각형은 두 개의 원료산지와 하나의 시장에서 최소운송비지점을 구하기 위해 베버가 고안한 간단한 도해모형이다(아래 그림 참조).

② 운송비와 인건비를 고려한 비용최소화의 관점에서, 최적입지를 구하는 모형이다.

③ 이상적인 평면상에 두 개의 원료산지와 하나의 시장이 있을 경우, 총 운송비가 최소가 되는 지점은 입지삼각형 안에 있게 된다. 이점을 P점이라 한다.

④ [그림 2-1]에서 M1과 m2는 원료산지이며 K는 시장지역이다. 단위당 운송비는 P지점으로부터 멀어짐에 따라 더 많이 들게 된다.

⑤ 최적입지는 운송비 변수만을 고려할 때, 최적공장입지는 (ax+by+cz)값이 최소인 지점으로 결정된다.

⑥ 베버는 집적의 경제, 저렴한 인건비, 세제상의 혜택, 기타 요인에 의해 최적입지가 최소운송비지점(P지점)에서 벗어날 수 있는 가능성도 설명하고 있다.

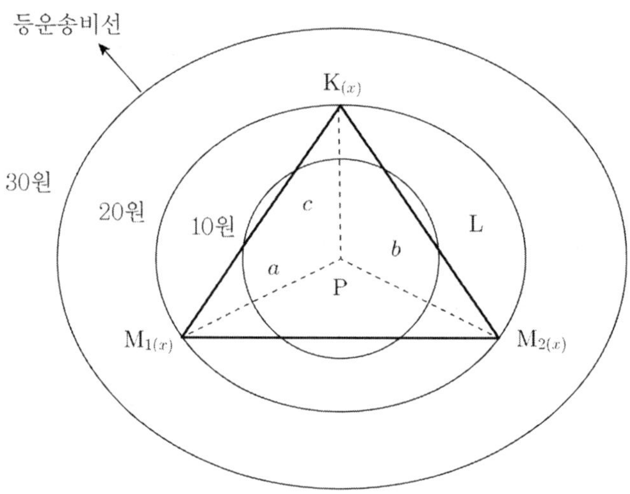

- K : 소비시장
- M_1, M_2 : 원료산지
- P : 공장입지
- L : 노동비 절감입지
- a, b : 원료산지로부터 공장입지까지 거리
- c : 공장입지로부터 소비시장까지 거리
- x, y : 원료의 무게
- z : 완제품의 무게

[그림 2-1] **입지삼각형**

2) 뢰쉬(A. Losch)의 최대수요이론

뢰쉬는 베버의 입지론이 너무 생산비에만 치우쳐 있음을 지적하여 이의를 제기하였다.

비용최소화의 원리에 입각한 베버의 입지론은 기업이 궁극적으로 꾀하는 이윤극대화의 원칙과 배치되므로 모순이라 지적하였다.

따라서 이윤극대화를 위해 공장의 입지는 시장 확대 가능성이 가장 풍부한 곳에 이루어져야 한다고 하였다.

(1) 전제조건

① 원료는 균일하게 분포되어 있다.

② 모든 방향으로 동일한 운송비가 드는 동질적인 광활한 평지를 가정한다.

③ 모든 개인은 농업에 종사하고 균일하게 분포되어 있으며 취미, 기술적인 지식, 경제적인 기회가 동일하다.

④ 운송비는 거리에 비례하며, 상품의 가격은 생산비와 운송비에 의해서 결정된다.

(2) 최적입지

① 뢰쉬는 이윤극대화를 꾀하기 위해서 공장의 입지는 시장의 확대 가능성이 가장 풍부한 곳에 이루어져야 한다고 보았다.

② 뢰쉬의 산업입지 및 공간구조 론의 요체는 이윤을 추구하는 기업의 입지는 개개의 시장지역의 중심부가 최적입지가 되고, 개개 시장지역의 형태는 자유경쟁을 통해 정육각형 패턴의 공간조직이 이루어진다는 것이다.

③ 즉, 시장지역이 육각형 구조가 될 때, 최대 다수의 기업이 입지하게 되고 운송거리가 가장 짧아 판매가격이 가장 저렴하며, 그 결과 수요가 최대로 유발됨으로써 소비자와 기업이 다 같이 유리하게 된다는 것이다.

(3) 수요원추형

① 거리와 수요량과의 관계를 나타낸 것으로, 중심지에서 멀어질수록 수요량은 감소하고 거리가 가까울수록 수요량은 증가한다.

② 뢰쉬는 육각형의 상권체계로의 3단계 발전과정을 보여주고 있다(아래 그림 2-2 참조).

Ⓐ **1단계**: 공장과 고객과의 거리가 멀어지면 운송비가 증가함으로 가격이 상승하며, 가격이 상승할수록, 즉 중심에서 멀어질수록 수요는 감소하며 일정지점에서는 수요가 0이 된다. 아래 그림에서 생산자의 상권의 규모는 O지점을

중심으로 OB를 회전했을 때 만들어지는 원모양이 되며, 전체 판매액은 OAB를 회전할 때 생성되는 원추의 체적에 의해 주어진다.

Ⓑ **2단계**: 다수의 생산자가 원형의 상권으로 경영을 하지만 모든 잠재 시장에 상품을 공급할 수 없으므로 그 생산자들 사이에 빈 공간으로 다른 생산자들이 시장에 진입하고 있는 모습을 보여주고 있다. 이러한 신규 생산자들의 시장진입은 균형 상태를 달성할 때까지 계속된다.

Ⓒ **3단계**: 생산자의 지속적인 시장진입에 따른 경쟁으로 정상이윤의 초과분이 사라지고 벌집모양의 완전한 육각형의 상권체계를 형성함으로써 균형 상태에 도달한 모습을 보여주고 있다.

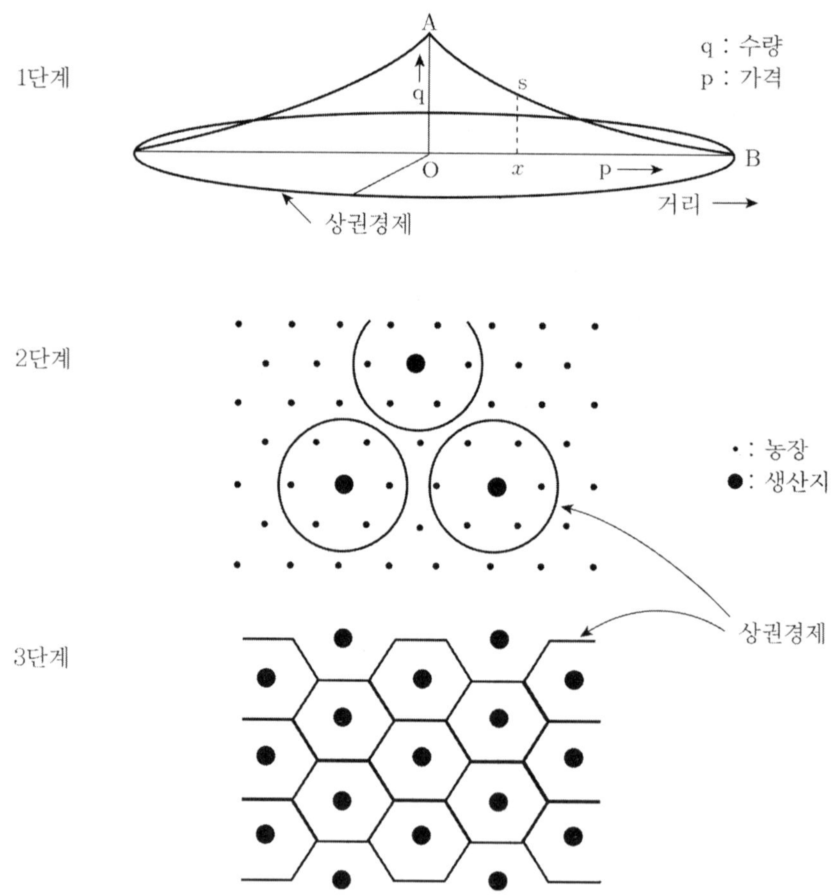

[그림 2-2] **뢰쉬의 육각형 상권체계로의 3단계 발전과정**

3) 상점 분포 이론

고전적인 상점분포이론은 다른 조건이 동일할 경우 비 내구적인 상품(일용품)의 단위가격이 비쌀수록, 소비단위가 많을수록, 저장비용이 클수록 구매주기는 단축되며 구매빈도는 높아진다고 하였다.

즉, 근린상가에서는 구매빈도가 높은 상품, 저장비용이 높은 신선도를 요구하는 식품을 취급하는 상점이 많아질 것이고 지역 상가는 구매빈도가 낮고 저장하기 쉬운 준내구재를 취급하는 상점이 많아질 것이다.

장기균형조건에서는 구매빈도가 높은 상품을 취급하는 점포의 밀도는 높아지며 점포의 고정비용이 높을수록 점포 밀도는 낮아진다. 즉 백화점과 같이 고정비용이 높은 점포는 구매빈도가 낮은 상품을 취급하게 된다.

철물점이나 가구점 등은 높은 고정비용과 낮은 구매빈도로 인하여 점포 밀도는 낮아지게 된다.

고전적인 상업입지의 단점은 소비자들이 한 번의 구매행동으로 여러 가지 물건을 구입한다는 현실적인 면을 간과하고 있는 것이며, 이러한 교통비 절감행동은 현대적 쇼핑센터나 상점군의 출현을 설명하는 주된 요소이다. 이러한 소매센터들은 가격경쟁뿐만 아니라 소비자들에게 가장 유리한 상점의 혼재를 제공함으로써 서로 경쟁하게 된다.

4) 중력모형

두 중심지 사이에 위치하는 소비자에 대하여 상권이 미치는 영향력의 크기는 그 두 중심의 크기(상점가의 크기, 대체로 상점 수)에 비례하여 배분된다고 볼 수 있다. 이 점에 착안하여 두 중심지 사이의 상업지역의 구분을 최초로 시도하여 체계화 시킨 사람이 레일리 이다.

A도시와 B도시 간의 크기(인구)가 같다면 두 도시간의 상권의 경계는 중간지점이 될 것이고, A도시가 B도시보다 2배 크다면 상권의 경계가 되는 분기점은 B도시보다 A도시 쪽으로부터 1.4배 정도 더 떨어진 장소가 된다.

도시 A와 도시B 사이에 작은 마을 C가 있다고 가정할 경우, C 마을에 살고 있는 소비자들의 A, B 도시에서의 구매지향비율은 A, B 도시의 인구의 비에 비례하고 A, B까지의 거리의 제곱에 반비례한다.

5) 넬슨(Nelson)의 소매입지이론

(1) 현재의 지역후보의 적합지점

입지하려고 하는 지역의 상권을 결정하고, 인구, 소득, 소비지출내역 등을 조사하여 그 지역에서 개점하는 것이 어느 정도로 소매입지로서 적당한가를 판단하여야 한다.

(2) 잠재적 발전성

입지는 가급적 인구나 수입이 증대하고 있는 상업지역내 이어야 한다.

(3) 고객의 중간유인

상업지역에 가는 도중의 고객을 중간에 유인하기 위하여 그들의 주거지와 전에 다니던 장소의 중간에 점포를 개점하는 것이 유리하다.

(4) 상거래 지역에 대한 적합지점

자발적 판매, 공유적 판매, 충동적 판매를 고려하여 현실적으로 그 점포가 충분한 고객을 확보할 수 있는 가를 판단하여야 한다.

(5) 집중흡인력

떨어져 독립적으로 존재하는 것보다 동종의 점포가 서로 집중된 것이 업종에 따라 유리한 경우가 많다. 동류의 점포나 보조적인 점포 간에 적용된다.

(6) 양립성

구매객의 유동을 방해하지 않고 고객이 충분히 이동할 수 있도록 배려하여야 한다. 양립성이란 서로 다른 인접점포가 고객을 주고받는 현상을 의미한다. 넬슨은 특히 이 원칙을 강조하고 있다.

(7) 경합성의 최소화

상업용지는 경합이 가장 적은 장소를 택하여야 한다.

(8) 용지경제학

투자하는 자본에 대해 생산성과 장래의 성장을 가장 확실하게 보장해 주는 용지를 택한다.

6) 입지효과의 시간법칙

좋은 상업입지는 투자한 자본과 노력에 대하여 충분히 이익을 주지만, 이러한 이익은 개점과 더불어 즉각적으로 나타나는 것은 아니고 충분한 시간적 여유를 가진 장기적인 것이라는 원칙이다. 이를 특히 후버의 상업입지의 시간법칙이라고 한다.

2. 시장분석

1) SWOT 매트릭스

보스턴 컨설팅 그룹에서 개발한 이론으로 사업외부의 기회요인, 위협요인과 사업내부의 강점과 약점에 따라 사업의 성장과 확장을 위한 전략적 계획을 수립하는 수단이다. SWOT분석은 외부 환경 분석에서 도출되는 기회와 위협, 내부 여건분석에서 도출되는 강점과 약점을 하나의 틀 속에 결합해서 전체 상황을 평가하고 전략적 의사결정을 추진하는 것이다. 첫 번째 단계는 환경요인을 명확하게 추출하고 두 번째는 기본전략을 정리하여 마지막으로 실현가능성과 위험 등을 고려하여 선택하거나 기각하는 것이다(표 2-1 참조).

[표 2-1] SWOT 매트릭스

구분	강점(Strength)	약점(Weakness)
기회 (Opportunity)	SO전략 • 강점과 외부의 기회를 활용한 성공 가능 전략 • 바람직한 포지셔닝 ex) 성장위주의 공격적 전략	ST전략 • 외부의 강점을 이용하고 내부 약점 극복 전략 • 외부로부터 기술도입 ex) 강점 활용 & 위기극복 다각화 전략
위협 (Threat)	WO전략 • 외부 위협을 피하고 내부의 강점 활용전략 • 경쟁사 전략을 내부 여량으로 기회 포착 ex) 약점극복& 기회포착 전략적 제휴, 우회전략	WT전략 • 의협과 약점 극복 전략 • 사업축소/폐업 ex) 약점극복 & 위기극복 방어전략

2) 사업 포트폴리오 매트릭스(Business Portfolio Matrix): BCG매트릭스

보스턴 컨설팅 그룹에 의해 개발된 효율적인 자원배분 전략으로 성장과 점유 매트릭스라 정의된다. 경쟁력과 시장매력도를 축으로 매트릭스를 표시하는 것으로 경쟁력의 지표는 상대적 시장점유율을 사용하고 시장 매력도의 지표로는 시장 성장률을 사용한다(표 2-2 참조).

[표 2-2] BCG 매트릭스

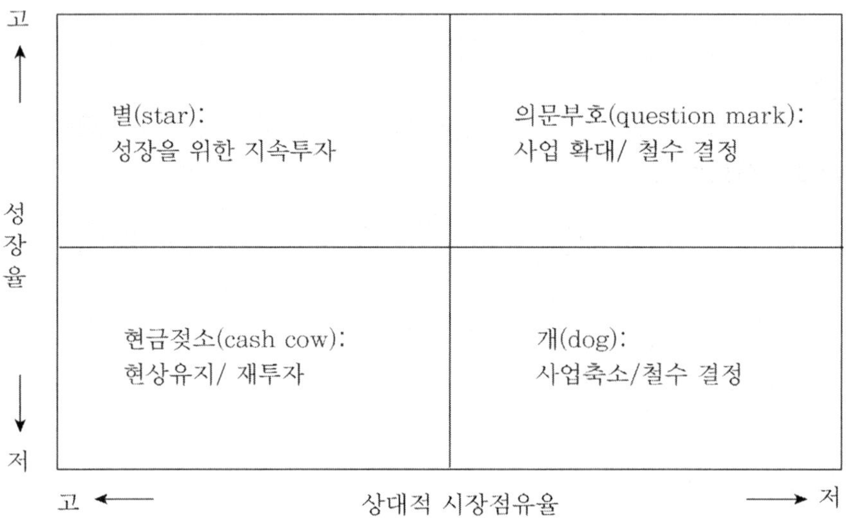

보스턴 컨설팅 그룹의 매트릭스는 시장 성장률의 높고 낮음과 상대적인 시장점유율의 높고 낮음에 따라 Question Mark, Star, Cash Cow, Dog의 4개 부분으로 나눠지는데 특징과 전략 방향은 아래 [표 2-3]과 같다.

[표 2-3] 사분면별 특징 및 전략방향

분면	전략
별	• 시장점유율이 높고 시장성장률도 평균보다 높은 경우 • 높은 시장점유율과 높은 수익 창출 • 미래의 성장 가능성
현금 젖소	• 자사 시장점유율은 높으나 해당시장 성장성 낮은 경우 • 현금 유동성 확보 • 대체 투자전략 필요
의문부호	• 자사의 시장점유율 낮지만 시장 성장률 높은 경우 • 이익 현실화 의문 • 성장전략이나 축소전략으로 대응
개	• 자사 시장점유율도 낮고 해당시장 성장률도 낮은 경우 • 해당사업 철수 검토

3) 시장 점유율(Market Share) 분석

시장점유율은 특정 산업이나, 시장에서 특정기업이 차지하는 비율을 말한다. 시장점유율은 시장의 판도를 정확하게 파악하는 지표가 된다. 시장점유율 분석은 특정한 산업의 규모와 성장성을 파악하고 자사의 위치 및 도전자 등을 파악하여 업적을 평가하고 향후 전략적 의사결정의 중요한 요인이라 할 수 있다.

(1) 시장 점유율 산출

① 산업 및 경쟁업체의 시장규모 파악 한다.

$$\text{시장점유율} = \frac{\text{자사매출}}{\text{전체 시장 규모}} \times 100$$

② 지역별, 시계열별, 상품군 등 비교하고자하는 공신력 있는 자료를 수집한다(통계자료/연구업체 자료/공시자료/합법적 자료 수집).

③ 분석하고자하는 시장전체에서 커버되는 시장을 파악해서 구분하는 것이 중요하다.

④ 커버되는 시장을 시장 침투율(Market penetration)로 보고 커버되지 않은 시장을 공략대상으로 파악 할 수 있다.

[표 2-4] **시장 침투율**

전체 시장 (100%)	시장 침투율 (80%)	자사 시장점유율 (20%)
100%	20%(not coverd)	
	80%(coverd market)	경쟁사 60%
		자사 20%

(2) 시장점유율 활용

① 시장점유율은 자료의 출처와 기준을 명확하게 하여 신뢰도가 있어야 객관적인 평가가 가능하다.

② 조사 비용대비 효율성을 고려한 사전 분석이 필요하다.

③ 공정거래법상의 문제점 및 법의 테두리를 위반하지 않는 선에서 관리하는 것이 필요하다.

④ 시장점유율 증감과 전체시장의 규모 증감을 동시에 관리하여 전략적 의사결정을 하는 분석이 필요하다.

3. 경쟁상황에서 의사결정

1) 게임이론

게임이론은 노이만(J. Von Neumann)과 모르겐스턴(O. Morgenstern)이 주장한 이론으로 두 사람 이상의 참여자가 상대방의 경쟁행동을 고려하여 자신의 수익을 최대화 하려고 하는 의사결정 방법을 수학적으로 설명한 이론이다. 게임이론 중 죄수의 딜레마는 게임 참여자의 행위가 총이익을 극대화시키지 않는다는 점을 설명해주는 이론이다.

죄수의 딜레마는 두 사람의 죄수를 별도로 감금하고 아래와 같이 성과 표를 보이며 범죄에 대하여 추궁하면 죄수들은 게임의 원리에 의하여 두 사람 모두 자백하는 전략을 선택하게 된다. 두 사람 모두 자백하지 않으면 모두에게 좋은 대안이 있어도 상대가 자백하게 되면 더 큰 형량을 받게 된다는 점으로 각각 자신의 이익에 최선이 되는 자백을 하게 되는 것이다. 이러한 현상을 죄수의 딜레마라 한다(표 2-5 참조).

[표 2-5] 죄수의 딜레마

구분		을 전략	
		자백	자백안함
갑 전략	자백	5년, 5년	1년, 10년
	자백 안함	10년, 1년	2년, 2년

2) 프로스팩트이론

전통적인 효용이론은 절대적인 이익인 부의 수준에 의하여 효용이 결정된다고 주장한다(그림 2-3 참조). 불확실한 상황에 놓이면 합리적인 판단은 효용의 기대치에 의하여 이루어진다고 생각하는 것이다. 그러나 여러 심리적인 연구에서 소비자들의 선택은 기존의 효용이론과 다르게 나타나는 것을 발견했다. 그 대표적인 이론이 프로스팩트 이론이다.

프로스팩트 이론에 의하면 불확실한 상황에 직면하면 사람들은 효용이 아니라 가치에 바탕을 두고 의사결정을 하게 된다고 한다. 의사결정의 가치판단의 기준은 준거의존성, 민감도 체감성, 손실회피의 세 가지 특징을 보인다고 한다.

불확실한 의사결정 환경에서 개인이 준거점을 가지고 평가대상의 가치가 결정된다는 것이다. 준거의존성은 의사결정 시 개인은 절대치가 아닌 상대적인 준거점에 의하여 반응한다는 이론이다. 예를 들어 100만원 가지고 있는 사람이 10만의 손실이 발생된다면 90만원에 대한 효용을 느끼는 것이 아니라 10만원에 대한 부의 효용을 느끼는 것이다.

민감도 체감성은 준거점으로부터 멀어질수록 효과가 줄어드는 것을 말한다. 이익이나 손실의 가치가 작은 경우에는 변화에 민감하여 작은 변화에도 상대적으로 큰 가치의 변화를 느끼게 된다. 그러나 이익이나 손실의 가치가 커질수록 작은 변화에 대한 가치의 민감도는 점차 감소하게 된다. 예를 들어 두 사람이 2만원 씩 동일한 금액을 잃어버려도 지갑 속에 10만원 있었던 사람이 20만원 있었던 사람보다 느끼는 손실의 크기가 크다는 것이다.

손실회피성은 일반적인 효용함수에서는 일관성 있게 위험에 대한 태도를 가정하지만 프로스팩트이론은 준거점을 기준으로 이익의 영역에서는 오목함수를 손실의 영역에서는 블록함수를 가정한다. 의사결정시 이익보다는 손실에 더 크게 반응하는 함수로 손실영역에서는 가파른 모양으로 손실회피경향을 보인다. 이득 영역에서는 위험을 회피하는 경향을 보이고 손실영역에서는 이와 반대로 위험 추구 성향을 보인다. 모든 구매고객에게 5천원 사은품을 주는 것과 50% 확률로 1만원 주는 대안에서 선택하게 하면 이익영역에서는 5천원 사은품을 수령하는 고객이 더 많다는 것이다. 반대로 1만원 잃거나 50% 확률로 2만원을 잃는 대안 중 선택하게 하면 50% 확률로 손해를 보는 위험 추구 성향을 보인다는 것이다. 동일한 가치를 이익영역과 손실영역에서 서로 상이한 태도를 가지고 준거점에서 멀수록 한계효용이 낮으므로 이익은 나누고 손실은 합하는 것이 유리하다는 주장이다. 그러므로 복수의 이익은 나누어 지급하고 복수의 손실은 합하여 제시하는 것이 필요하다(그림 2-4 참조).

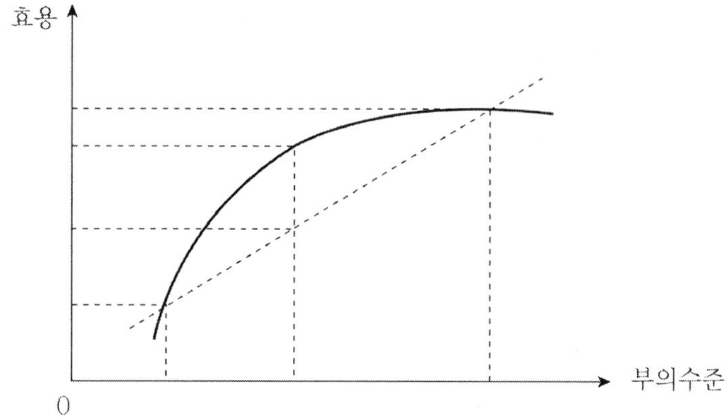

[그림 2-3] **전통적 효용함수**

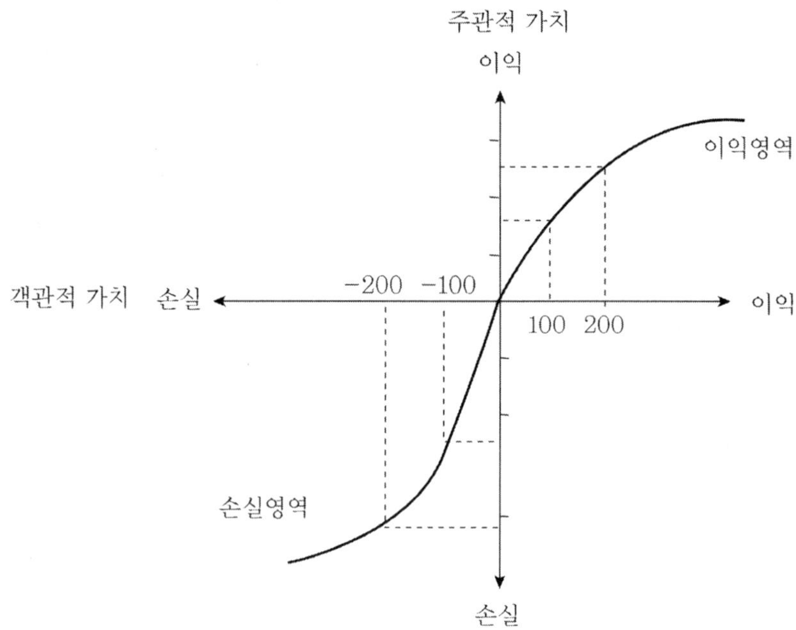

자료: 박영봉 외(2015)

[그림 2-4] **프로스팩트이론**

제 2 절 유통계량조사

1. 점포 계수분석의 필요성

1) 매출 및 손익계획 수립과 실적분석을 통한 관리개선
2) 손익을 극대화하기 위한 판매가격의 신속한 결정
3) 매출증대를 위한 판매목표관리
4) 손익관리를 위한 목표판매액 설정관리
5) 손익관리를 위한 목표 매출이익 관리
6) 상품재고 효율적 관리를 위한 방안 강구
7) 생산성 향상관리
   (1) 종업원 1인당 생산성
   (2) 시간당 생산성

(3) 면적당 생산성

(4) 고객단위당 생산성

8) 경비절감 대책

2. 생산성분석

생산성은 분수로 표기한다. 아래 수식에서 가리키는 것처럼 그 의미는 투입한 자원 (사람, 물건, 자금)이 어느 정도의 성과(매출액, 상품이익)을 산출하는지를 나타내고 있다.

$$생산성 = \frac{성과(매출액, 상품이익)}{투입자원(인원, 물적자원, 자금)}$$

위식에서 생산성을 증대시키는 것은 매출액 도는 상품이익 액을 증가시키는 방법과 사람, 물적 자원, 자금의 투입을 감소시키는 결과로 생산성을 극대화 시킬 수 있다. 즉 생산성은 매장생산성, 인당생산성, 상품생산성의 관점에서 관찰하는 것이 가능하다.

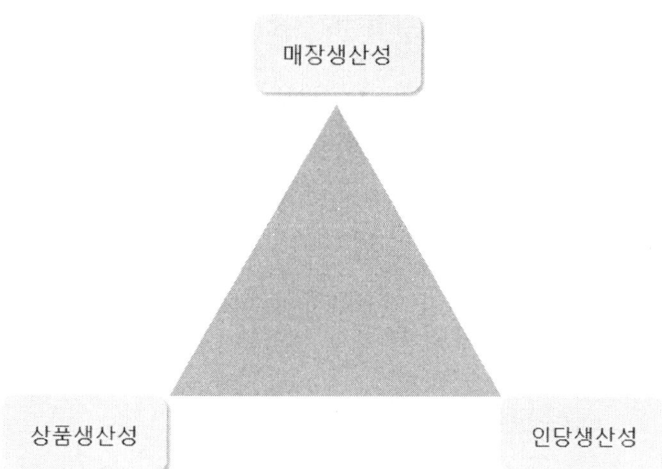

[그림 2-4] **생산성지표**

1) 매징생산성

매장의 생산성을 표현하는 지표로 앞서 언급한 평당 매출액이 이 있다. 평당 매출액을 다시 한 번 산식으로 표현하면 매출액 /매장평수가 된다. 이 의미는 현재의 매장

1평당 어느 정도의 매출액이 일어나고 있는가라는 의미가 된다.

2) 인당생산성

투입인원의 생산성을 표현하는 지표로 인당매출액이 있다. 이 인당매출액을 산식으로 표현하면 매출액/ 총 종업원 수가 된다. 이 의미는 종업원당 어느 정도의 매출액이 있는가라는 의미이다.

소매점의 일평균 매출액이 1천만 원인 경우 종업원이 5명이라면 일 200만원이라 할 수 있다. 이러한 인당매출은 업계평균이나 동종업체의 계수로 상호 비교하여 관리 되어야 한다.

3) 상품생산성

상품의 생산성을 표현하는 지표로서는 교차비율이 활용된다. 이교차비율의 산식은 교차비율= 상품회전율*상품이익 율이 된다. 교차비율의 의미는 현재의 재고가 어느 정도의 상품이익을 실현시키는지 설명이 가능하다.

$$\begin{aligned}\text{교차비율} &= \text{상품회전율} \times \text{상품이익액} \\ &= \frac{\text{매출액}}{\text{재고}} \times \frac{\text{상품이익액}}{\text{매출액}} \\ &= \frac{\text{상품이익액}}{\text{재고}}\end{aligned}$$

4) 자본생산성

자본생산성은 투자에 대한 생산성 지표로서 투자자본, 면적 등으로 판단한다.

(1) 평당 생산성 $= \dfrac{\text{매출액}}{\text{매장면적}} = \text{단위면적당 매출액}$

(2) 자본이익률 $= \dfrac{\text{이익액}}{\text{투자자본}} = \dfrac{\text{이익액}}{\text{매출액}} \times \dfrac{\text{매출액}}{\text{투자자본}} = \text{이익률} \times \text{자본회전율}$

5) 고객생산성

고객생산성은 내점고객에 대한 분석지표로서 판단한다.

(1) 고객수 증가율 = $\dfrac{\text{당기 고객수} - \text{전기 고객수}}{\text{전기 고객수}} \times 100$

(2) 객단가 증가율 = $\dfrac{\text{당기 객단가} - \text{전기 객단가}}{\text{전기 객단가}} \times 100$

(3) 객단가 = $\dfrac{\text{매출액}}{\text{고객수}}$

3. 비율 분석

계수의 신속한 판단을 위해서 실제계수간의 비율분석이 선행되어야 한다.

1) 구성 비율

매출액을 100으로 한 각 항목의 구성비

구성 비율 = $\dfrac{\text{항목금액}}{\text{매출액}} \times 100$

2) 증감률

기간대비 증감정도의 비율

증감률 = $\dfrac{\text{당기실적} - \text{전기실적}}{\text{전기실적}} \times 100$

3) 달성율

계획 또는 목표대비 달성도의 비율

당기율 = $\dfrac{\text{당기실적}}{\text{당기목표}} \times 100$

4. 공헌도 분석

1) 매출 공헌도

(1) 매출증가 기여율

일반적으로 매출증가율을 분석할 경우 단순히 각 부문별 매출 신장률만으로 비교하고 결론을 내리는 경우가 많다. 그러나 같은 신장율의 상품이라도 매장전체의 매출액 증가에 대한 기여율이 다른 경우가 많다. 즉 매출신장률이 높더라도 매출구성비가 낮으면 매출증가 기여율이 그다지 높지 않게 된다. 이 때 기여지수를 백분율 구성비로 나타낸 것이 매출 공헌도 분석이다.

활용방법으로는 단순히 상품별 공헌도를 산출할 뿐만 아니라 상품의 그룹별, 사업 부문별, 거래 선별, 매장별, 코너별, 판매원별 매출액이나 이익률의 데이터만 얻어지면 각각 어느 정도 매출증가에 기여했는지 분석할 수가 있다.

(2) 매출증가 기여율 산출방법

① 1단계

매출대비가 될 수 있는 두 기간의 상품별 매출액 실적을 기입한다.(최소한 6개월에서 1년간의 실적)

② 2단계

전년매출 구성비를 산출하고 분석표에 기입한다.

③ 3단계

두 기간의 상품별 매출액을 대비하여 증가율을 계산한다.

④ 4단계

전년 매출구성비와 금년매출 증가율을 곱하여 매출 증가 기여지수를 구한다.

⑤ 5단계

각 상품별 매출액 증가 기여지수 합계를 백분비로 하여 구성비를 구한다.

(3) 분석사례(표 2-6 참조)

[표 2-6] **매출증가 기여율**

(단위: 천원)

구분	00년 매출액	매출 구성비①	ΔΔ년 매출액	신장률②	①×② 매출증가 기여지수	매출기여 구성비(%)
1	29,265	10.1	91,600	213	2,151.3	48.2
2	120,813	41.6	145,238	20.2	840.3	18.8
3	57,233	19.7	80,858	41.2	811.6	18.2
4	3,054	1.0	12,936	323.6	323.6	7.3
5	3,170	1.1	11,968	289.7	318.7	7.1
6	4,555	1.6	7,099	55.9	89.4	2.0

구분	00년 매출액	매출 구성비①	ΔΔ년 매출액	신장률②	①×② 매출증가 기여지수	매출기여 구성비(%)
7	43,808	15.1	45,623	4.1	61.9	1.4
8	66	0.0002	26	Δ60.6	Δ0.01	-
9	1,899	0.7	106	Δ94.4	Δ66.1	Δ1.5
10	26,496	9.1	24,502	Δ7.5	Δ68.3	Δ1.5
합계	290,359	100.0	419,951	44.6	4,462.4	100

(4) 사례에 대한 분석 및 대책

	평가 및 대책
1	
2	
3	
4	
5	

2) 이익 공헌도

(1) 이익 공헌도 분석

이익 공헌도 분석은 상품의 효율성과 수익성을 종합적으로 비교 할 수 있는 것으로 교차주의 비율과 매출구성비율의 적수로 구한다.

① 1단계

최근 1년간의 상품별 매출실적, 매출 이익률, 상품 재고 액을 기재한다.

② 2단계

각 상품별 매출 구성 비율을 구하여 기재한다.

③ 3단계

각 상품별 상품회전율을 구하여 기재한다.

④ 4단계

각 상품별 교차주의 비율을 구하여 기재한다.

⑤ 5단계

교차주의 비율에 매출 구성 비율을 구하여 공헌비율을 구하고 기재한다.

⑥ 6단계

공헌비율의 구성비를 구하고 기재한다.

(3) 분석사례(표 2-7 참조)

[표 2-7] **이익 공헌도**

구분	매출액	이익률	평균재고	매출 구성비	상품 회전율	교차주의 비율	공헌비율	공헌비율 구성비
A	29,600	18.5	6,100					
B	16,300	11.2	1,200					
C	26,800	21.2	4,300					
D	44,900	13.4	12,400					
E	24,000	23.2	8,400					
F	17,800	27.6	9,500					
합계	159,400		41,900	100%				100%

(4) 분석내용

구분	분석 및 대책
A	
B	
C	
D	
E	
F	
종합	

5. DEA를 통한 효율성 분석

1) 효율성과 DEA[1)]

효율성(efficiency)에 대한 개념과 정의는 매우 다양하다. 기본적인 개념은 투입(input)에 대한 산출(output)의 비율을 의미한다. 즉, 효율성이란 투입이나 산출 어느 한 측면에 관련된 것이 아니라 양자의 관계에 초점을 맞추는 것으로서 효율성에 대한 어떠한 개념 정의도 이러한 입장에서 벗어나지 못한다. 일반적으로 효율성을 특정 조직단위가 주어진 자원을 활용하여 결과물을 얼마나 창출해 내는가를 나타내는 개념으로 연구되어져 왔으며, 이를 수식으로 나타내면 아래와 같다

$$\text{효율성} = \frac{\text{산출물 가중합}}{\text{투입물 가중합}} = \frac{\sum_{m=1}^{M} (\text{산출가중치}u \times \text{산출}m)}{\sum_{i=1}^{I} (\text{투입가중치}v \times \text{투입}i)} \leq 1$$

DEA 모형의 출발점이 되는 효율성 개념은 Debrue(1951)와 Koopmans(1951)의 연구를 기초로 하여, Farrel(1957)이 체계적으로 기업의 생산 과정에 산재하는 상대적 효율성(또는 비효율성)을 그 기업이 효율적인 집합에서 떨어져 있는 거리로 측정하는 방법을 제시하였으나, 비율비효율성(mix inefficiency)을 측정하지 못하였다. 이후 Charnes et al.(1978)에 효율성을 완전한 형태로 측정할 수 있는 선형계획기법의 제안하였는데 이것이 DEA(Data Envelopment Analysis; 자료포락분석)이다

DEA 모형은 Charnes et al.(1978)에 의해 개발된 단일 측도(single value)를 도출하는 선형계획기법(Linear Programming Technique)의 일종으로 하나 이상의 투입물(inputs)과 하나 이상의 산출물(outputs)로 이루어진 의사결정단위(Decision Making Units; DMU)를 유사한 속성을 가진 집단 내에서 평가하는 상대적 평가기법이다(Charnes et al., 1978). 모수(parameter)를 추정하는 접근방법인 회귀모형과 달리 비모수적 접근방법인 DEA기법은 구체적인 함수형태를 가정하며 투입과 산출의 명확한 인과관계를 밝히기 어려운 의사결정단위(DMU)의 상대적 효율성을 평가할 수 있다. 따라서 DEA는 분석하는 DMU들의 효율성을 제공할 뿐만 아니라 투입요소와 산출물간의 자료를 이용하여 경험적인 프론 티어(frontier)를 도출한 후 평가대상들이 효율적인 프론 티어 상에서 얼마나 떨어져 있는지의 여부로서 비효율성을 측정한다. 또한 비효율적인 DMU가 모범으로 삼아야 할 DMU를 제시해 줌으로써 성과관리를 위한 구체적인 방향

1) 최인식 외(2013), 중소기업연구 35(2).

을 설정하고 지원해 준다.

DEA 모형은 효율성 개념의 단일비율모형에서 Charnes et al.(1978)에서 제시한 DEA모형을 CCR모형이라고하고, 기존의 DEA모형을 확장하여 규모의 효율성을 감안한 DEA모형을 Banker et al.(1984)가 개발하였는데 이를 BCC모형이라고 한다. 이들의 특징은 규모수익의 불변성(Constant Returnto Scale; CRS)이라는 가정 하에서 효율성을 평가하는 CCR모형과 규모수익의 가변성(Variable Return to Scale; VRS)을 반영 할 수 있는 BCC모형이 있다. 두 모형은 지금까지 대부분의 DEA 모형의 기초가 되고 있다.

2) DEA 모형의 유용성

효율성은 계량경제학적인 분석 등 여러 가지 방법으로 측정될 수 있으나, 다수의 투입요소를 사용하여 다수의 산출물을 생산하는 DMU를 평가하는 것은 DEA가 거의 유일하다. 또한 아래 [표 2-8]에 제시한 바와 같이 일반적인 회귀분석(regression analysis)과 같은 계량경제학적 분석에서는 생산함수를 추정하기 위해 잔차의 분포에 대한 통계적 가정이 필요하지만, DEA에서는 잔차에 대한 통계적 가정이 없이 주어진 자료만으로 생산관계를 추정하여 효율성을 계산하기 때문에 최근 20년간 DEA 분석은 경영분석 및 경제성 분석의 주요한 분석 방법으로 활용되고 있다.

[표 2-8] DEA와 계량경제학적 분석의 비교

구분	자료포락분석(DEA)	계량경제학적 분석
비교 방법	효율적인 프론티어 선상에 있는 벤치마킹 DMU를 찾아내고 효율적 프로티어 하부에 있는 비효율적인 DMU와 비교함으로 측정	평가 대상인 모든 DMU의 평균과 평가 대상의 DMU 평균과 비교
장점	• 다수의 투입요소 및 다수의 산출요소 가능 • 투입 및 산출요소의 측정단위에 자유로움 • 비모수적 방법으로 함수/오차항 가정 불필요 • 투입요소에 대한 가격의 정보 불필요 • 극단치(Outlier)에 민감하나, 유사한 DMU 만 영향을 받음 • 효율적인 DMU가 되기 위한 투입요소 계산 가능	• 측정오차와 같은 잡음에 큰 영향을 받지 않음 • 효율성 점수가 1에 가까워지지 않으므로 설명변수의 낮은 상관관계가 문제되지 않음 • 변수 선정 적합성을 통계적으로 검증할 수 있음
단점	• 통계적 오차가 측정된 효율성에 포함됨	• 다수의 산출물 분석 불가능 • 투입 및 산출요소의 동일단위만 사용 • 함수/오차항의 분포에 대한 가정 필요 • 투입요소에 대한 가격의 정보 필요

제 3 절 출점 조사

1. 출점예정지 조사

1) 상점가 성격조사

상점가는 일반적으로 선매품 상점인가 또는 편의품 중심 상점가인가의 성격 등으로 구분하는 경우가 있는데 이 경우 상점가를 구성하는 점포 중 50%이상을 점하는 업종이 선 매품 중심인가, 편의품 중심인가에 의해 그 성격이 결정된다.

일반적으로 도시의 중심 상점가는 선매품 상저가의 성격이 강하고 주변 상점가는 편의품 상점가이므로 전문점의 입지로서 편의품 상점가는 그다지 유리하지 않다. 그러나 교외 형 디스카운트 중심 전문점의 경우는 예외이다.

전문점이 효율 높은 경영을 하기 위해서는 선매품 상점가가 아니면 안 된다. 거꾸로 편의품 점이 높은 효율의 경영을 하기 위해서는 주변 상점가 쪽이 좋고 중심 상점가는 그다지 유리하지 않다. 왜 이와 같은 결과가 되느냐하는 것은 편의품과 선매품의 구매동기가 완전히 다르기 때문이다.

2) 상점가 형상파악

상점가에는 직선적인 상점가, T형, 십자형, 또는 면형 등의 종류가 있으나 전문점의 입지로서 가장 유리한 것은 선매품 상점가를 포함하는 음식오락 상점가, 편의품 상점가 등이 조합되어 그것이 면상으로 개빌되어 있는 경우이다.

면상으로 개발된 중핵 상점가가 유리한 것은 내가자가 그 상점가를 회유하고, 체류기간이 길기 때문에, 구매기회가 증가하기 때문이다. 이에 대해서 같은 선매품 상점가에서도 선상의 상점가는 통과하는 내가자가 많아짐으로 인해 회유성이 저하됨으로서 면상상점가와 대비해서 큰 마이너스가 된다.

회유성, 체류성과 함께 상점가 환경의 정비 상황도 입지를 좌우하는 중요한 요인이 된다.

3) 상권 내 소비자 의식조사

출점예정지를 중심으로 업종별 대상범위별 소비자를 대상으로 앙케트 조사를 행한다. 샘플 수는 최소한 100세대 정도의 조사가 필요하다.

4) 흡인력 조사

(1) 양립성이 있는 핵 점포 유무

고객흡인과 상권의 범위는 전문점의 집결만이 아니라 핵이 되는 대형점포가 그 상권에 있는지가 매우 중요한 요인이다. 그러나 단순히 핵이 되는 대형점이 있느냐의 문제만이 아니라 그 성격도 중요하다.

(2) 주차장의 흡인력

상점가 있어서 주차장은 필수 불가결한 것이 되어 그 유무가 고객흡인력을 크게 좌우하게 되었다. 그러나 대부분의 상점가는 스페이스의 확보와 자금조달 등의 문제로 잘 해결되고 있지 않다.

2. 상점가 집적도 양립성 조사

1) 집적도 높은 입지 유리 성

동업자가 많은 지역을 격전지라 하며, 그다지 유리한 입지가 아니라는 생각을 하는 경우가 있으나 실제는 그 반대로 동업자가 많을수록 목적 구매고객은 증가되고, 매출이 증가된다. 이것은 이론적으로도 'Nelson의 양립성 법칙'에서도 증면이 되었다.

2) 양립성 높은 입지 유리 성

양립성은 한 점포로 독립하여 존속하는 것보다 다수의 소매점이 모여 있는 상점가 및 쇼핑센터를 구성하고 있는 것이 유리하다는 것은 말 할 필요도 없다.

이것은 각 점포의 흡인력이 합쳐져서 높은 흡인력을 나타나게 된다. 상점가를 구성하는 업종에 있어서도 경합하는 것이 양립하는데 있어서 유리한 경우가 있다.

양립의 형태를 다음과 같이 5단계로 나누어 볼 수 있다.

① 고 양립점(상호 10% 이상의 고객을 교환하고 있는 점포)

② 중 양립점(상호 5-10%를 교환하고 있는 점포)

③ 저 양립점(상호 1-4%를 교환하고 있는 점포)

④ 불 양립점(상호 고객을 교환하지 않는 점포)

⑤ 비 양립=경쟁점(상호이해가 상반되는 점포)

3) 동업자간 고객교류 유리 성

선매품점, 편의품점은 공히 동업자와의 양립성이 높다는 것을 알 수 있다. 결국 동업자가 많은 입지가 경쟁은 격심하나 점포별 차별화전략에 따른 상품, 서비스의 배려가 있으면 매우 유리한 것을 이해할 수 있다.

3. 시스템적 출점검토

1) 출점방침 확인

출점을 시스템적으로 검토 한다는 것은 출점방침, 출점입지조사, 점포경영계획의 3가지 서브시스템이 성립된다.

2) 방침에 맞는 규모 선정

출점방침은 기본조건과 기본계획으로 나누어서 생각할 수 있다.

먼저 기본안건으로는 출점하는 경우의 업종(종합점인가, 전문점인가 등)과 업태(Self 판매, 대면판매, 또는 각각의 조합 등)를 결정하여 그것을 어느 정도의 규모(매장면적)로 무엇을 어떻게 누구에게 판매할 것이냐에 따른 상점구성을 구체화하는 것이다.

그중에서도 중요한 것은 규모와 입지이다. 점포는 00평으로 어떠한 상점가 또는 쇼핑센터라고 하는 입지조건을 결정하여 그 방침을 기준으로 규모와 입지를 선정한다.

(1) 구매력에 의한 규모 산정

상권 내 흡인가능 세대수에 세대 당 상품구매 지출을 곱하여 상권규모를 설정한 다음 평당 목표 매출액으로 적정규모를 산출한다.

$$\text{적정면적} = \frac{\text{상권 내 흡인가능세대} \times \text{세대 당 상품구매 지출액(월)}}{\text{월 평당 매출목표}}$$

(2) 유사지역과 비교

후보지와 동일규모 지역의 점포 매장 점유율을 비교하여 추정한다.

(3) 점포규모 산정 시 고려사항

① 자금의 규모 : 보증금, 권리금, 인테리어, 상품대금, 운영자금 등
② 적정 매장면적 추정
③ 법정 가능한 매장: 용적률 및 건폐율을 고려한다.
④ 순 현재가치를 고려한다.: NPV가 양(+)의 값이어야 한다.

3) 방침에 맞는 입지선정

상점가나 쇼핑센터는 근린 형, 지구 형, 광역 형으로 구분하는데 이중 전문점이 성립될 수 있는 것은 지구형 이상으로서 적합하며 편의품의 경우는 근린 형이 기본이 되고 있다. 또한 전문점은 가능하다면 지구형보다는 광역 형이 더욱 바람직하다. 전문점도 어떠한 형태의 점을 구성하느냐에 따라 지구형인가 또는 광역형인가의 입지가 다르게 된다.

향후 쇼핑센터의 시대가 되면 아케이드형 상점가는 재개발이 되지 않는 한 전문점의 출점은 바람직하지 못하다.

4) 기본계획 수립

기본계획으로서는 자금계획, 인원계획, 이익계획, 매출계획의 4가지 사항에 대해 검토가 필요하다.

자금 계획 중 자기자금은 1/3이상을 준비하여야만 무리한 경영이 되지 않는다.

4. 출점입지 조사

1) 방침과 불일치되는 출점중지

출점입지의 양부는 절대적 판단이 되는 것이 아니므로 점포의 출점방침과 대비하여 종합적으로 결정하여야 한다. 누가 보아도 좋은 입지일지라도 보증금이 너무 비싸다던가. 규모가 너무 작다던가. 자점의 계획에 맞지 않는다던가 하면 좋은 입지라고 할 수 없다. 입지조건 하나 만에 집착하여 출점하게 되면 무리한 출점이 되어서 효율적인 경영이 되지 않는다.

2) 상권조사 실제 확인

출점입지 조사는 여러 개 항목으로 이루어지나 이것은 환경조사와 쇼핑센터의 조사

로 나누어서 정보를 수집하여 검토하지 않으면 안 된다. 환경조사라는 것은 출점후보지의 환경으로서 거시적 조사이다.

3) 인구동태와 잠재구매력 분석

인구동태에 대해서는 증가 경향인 곳이 바람직하며 대규모 세대보다도 핵가족화 되어가는 지구가 구매력이 높다.

$$\text{흡인력} = \frac{\text{특정업종의 상업통계판매액}}{\text{특정업종과 관계있는 가계지출} \times \text{세대수}} \times 100\%$$

4) 쇼핑센터 조사

쇼핑센터 그 자체의 조사도, 그 성격, 규모, 업종구성, 업종배열에 따른 자점의 출점 위치, 경합상황을 구체적으로 조사하여야 한다. 쇼핑센터의 성격에 대해서는 크게 근린 형, 지구 형, 광역 형의 3가지 타입으로 나눌 수 있으나 규모 그 자체만으로 구분하는 것은 무리가 있다. 규모가 좀 작더라도 광역형의 성격을 갖고 있는 것도 있다.

5) 채산성분석 최종결정

다음은 출점을 최종적으로 결정하는 단계이다. 중요한 것은 외부조건인 보증금, 임대료, 기타 부과금과 내부조건인 투자총액, 인원계획, 비용예산을 배경으로 한 이익계획, 매출목표가 계획대로 달성될 수 있느냐 하는 문제이다.

5. 쇼핑센터 출점검토

1) 쇼핑센터 유리 성

(1) 쇼핑센터 시대 도래

상점가로서 필요한 조건 전부를 만족시키는 것이 본래적인 쇼핑센터이다. 여기서 쇼핑센터라는 것은 이와 같은 기능이 이루어지는 것을 뜻하며 간판만 쇼핑센터라고 하는 재래시장형태를 말하는 것은 아니다.

본격적인 쇼핑센터는 '계획적으로 건설되고 계획적으로 업종구성 업종배열을 하고 마치 하나의 점과 같이 통일적으로 관리운영하며 넓은 주차장을 갖고 있는 상업 집단'이라는 조건을 갖추고 있는 것을 말한다.

(2) 쇼핑센터 성격분류

쇼핑센터의 어느 곳에 출점하는 것이 양호하나 보다 전제한 양립성이 더욱 중요함으로 그것을 충분히 이해하여야 한다.

먼저 쇼핑센터를 유형화하면 다음의 3가지로 구분 할 수 있다.

① **근린 형 쇼핑센터**(Neighborhood Shopping Center): 슈퍼마켓이 핵 점포로 편의품점 또는 편의성이 높은 선매품점, 음식점등이 20점 전후이다.

② **지역 형 쇼핑센터**(Community Shopping Center): 백화점이나 종합대형점이 핵 점포로서 전문점과 다소의 음식점 등이 있다.

③ **광역 형 쇼핑센터**(Regional Shopping Center): 백화점 종합 대형점 등 대형 핵 점포가 복수이며 전문점도 100여 점포 이상이며 고급식당 등도 다수 입점 되어있다.

(3) 출점의 불 채산은 양립성 무시의 출점

쇼핑센터에 출점한 전문점 등이 불 채산 등을 이유로 퇴점 하는 것은 그 전문점 자체의 문제도 있으나 기본적으로 핵 점포와의 양립성이 있느냐 하는 것이 중요한 검토사항이 된다. 일반적으로 슈퍼마켓이 핵 점포인 쇼핑센터에 고급전문점이나 일반 전문점의 경영효율은 핵 점포보다 좋을 수 없다. 출점 시에는 핵 점포와의 양립성, 입점 업종과 양립성 등이 필히 검토되어야 한다.

2) 쇼핑센터 출점채산 계산법

(1) 투자회수에 필요한 매출액 산출

쇼핑센터 등의 출점은 충분한 손익검토가 이루어져야 하는데 첫째로 검토해야 할 것은 '투자회수에 필요한 매출액'이다. 투자회수의 재원은 세후이익과 감가상각비이다. 이를 위한 필요매출액은 아래의 산식에 의해서 구 할 수 있다.

$$\text{투자회수매출액(간 편법)} = \frac{\text{투자액}}{\text{회수연수} \times \text{매출총이익대 경상이익율} \times \text{매출이익률}}$$

주: 매출총이익 대 경상이익률= 매출액 대 경상이익/매출총이익률

(2) 필요매출액을 손익분기점으로 산출

소매점의 성장은 한 점포의 규모 확대만으로는 필히 한계에 달하기 때문에 성장을 위한 신규 점을 검토하지 않으면 안 된다. 그러나 쇼핑센터에의 출점은 '예상 이상으로 경비가 높고 상대적으로 이익이 발생되지 않는다'든가 '생각했던 것보다 매출달성

이 되지 않아 적자경영'이라는 등의 후회를 하기 전에 출점 전 손익을 신중하게 검토하여야 한다.

먼저 경비면의 채산계획의 검토이다. 이것은 출점의 경우 어느 정도의 매출이 필요하며 그것이 달성가능한가의 검토이다.

$$\text{손익분기 매출액} = \frac{\text{고정비}}{1 - \text{변동비율}}$$

$$\text{필요매출액} = \frac{\text{손익분기 매출액}}{\text{경영안전율}}$$

(3) 투자자본 회수 가능 연수 산정

쇼핑센터에의 출점은 손익 면만의 채산검증뿐만 아니라 자금 면에 의한 필요매출액의 가능성에 대해서도 검토할 필요가 있다. 그것은 출점을 위해 투자한 자본의 회수가 가능한가 어떤가에 대한 검토이다.

자기자금에 여유가 있어서 투하자본의 회수 등을 고려하지 않아도 좋은 점은 비용면의 채산이 맞으면 출점이 가능할 수 있으나 원칙적으로는 투자자본의 회수에 대한 검토를 신중하게 하지 않으면 안 된다.

$$\text{투자자본 회수매출액} = \frac{\text{고정비} + (2 \times \text{회수 필요 액})}{1 - \text{변동비율}}$$

(4) 장기회수계획에서 초년도 필요매출액

장기적인 관점에서 초년 도에 어느 정도의 매출을 유지 하여야 하는가에 대한 계산은 아래 [표 2-9]와 같다.

[표 2-9] **필요매출액**

	매출(지수)	신장률	계산방식
초년도	1X		
2년도	1.1X	10%	1×1.1
3년도	1.21X	10%	1.1×1.1
4년도	1.331X	10%	1.21×1.1
5년도	1.464X	10%	1.331×1.1
합계	6.105X		

주: 초년도의 매출액은 X로 각 년도의 매출액을 구한다.
5개년의 필요매출액을 357,814,000원이라면
초년도 필요매출액은 6.105X=357,814,000, X=58,609,000원

투자자본회수의 측면에서 산출된 매출액이 비용과 안전율 측면에서 산출된 매출액을 크게 상회하고 그것이 효율적으로 보더라도 현저하게 높고 도저히 실현 불가능한 것으로 판단되면 투자 자본을 전제로 하여 출점은 불가능한 것으로 판단하여야 한다.

제2장 시장조사 연습문제

01. 시장점유율 분석에 관해 설명하시오.

시장점유율은 특정 산업이나, 시장에서 특정기업이 차지하는 비율을 말한다. 시장점유율은 시장의 판도를 정확하게 파악하는 지표가 된다. 시장점유율 분석은 특정한 산업의 규모와 성장성을 파악하고 자사의 위치 및 도전자 등을 파악하여 업적을 평가하고 향후 전략적 의사결정의 중요한 요인이라 할 수 있다.

$$시장점유율 = \frac{자사매출}{전체\ 시장\ 규모} \times 100$$

02. 매출 공헌도에 대하여 설명하시오.

일반적으로 매출증가율을 분석할 경우 단순히 각 부문별 매출 신장률만으로 비교하고 결론을 내리는 경우가 많다. 그러나 같은 신장율의 상품이라도 매장전체의 매출액 증가에 대한 기여율이 다른 경우가 많다. 즉 매출신장률이 높더라도 매출구성비가 낮으면 매출증가 기여율이 그다지 높지 않게 된다. 이 때 기여지수를 백분율 구성비로 나타낸 것이 매출 공헌도 분석이다.
활용방법으로는 단순히 상품별 공헌도를 산출할 뿐만 아니라 상품의 그룹별, 사업부문별, 거래 선별, 매장별, 코너별, 판매원별 매출액이나 이익률의 데이터만 얻어지면 각각 어느 정도 매출증가에 기여했는지 분석할 수가 있다.

매출증가 기여율 산출방법

① 1단계
매출대비가 될 수 있는 두 기간의 상품별 매출액 실적을 기입한다(최소한 6개월에서 1년간의 실적).

② 2단계
전년매출 구성비를 산출하고 분석표에 기입한다.

③ 3단계
두 기간의 상품별 매출액을 대비하여 증가율을 계산한다.
④ 4단계
전년 매출구성비와 금년매출 증가율을 곱하여 매출 증가 기여지수를 구한다.
⑤ 5단계
각 상품별 매출액 증가 기여지수 합계를 백분비로 하여 구성비를 구한다.

03. 매출 공헌도를 작성 하시오.

04. 용어설명

- 최소비용이론
- BCG매트릭스
- 고객생산성
- 흡인력조사

Chapter 03 경쟁점 조사

제 1 절 점포 상권 입지조건 및 A급 점포 판별법

1. 입지조건

입지조건 분석은 개개 점포의 성패를 파악하는 것이다. 상권분석은 상권 전체를 놓고 상권 자체의 성쇠 여부를 파악하는 것이고, 입지조건 분석은 한 상권 안에서 개개 점포의 성패 여부를 파악하는 것이다.

당연히 입지조건 분석에서는 개개 점포의 구조, 규모 및 업종 등 점포 자체의 조건 분석이 더 따르게 된다. 입지조건에 따라서 상권의 범위는 다르다. 즉 접근성과 가시성이 좋은가 나쁜가에 따라서 상권이 좋은가 나쁜가가 판가름되는데 보통 A, B, C 세 등급정도로 분류하고 있다. 위치가 좋으면 당연히 상권의 범위가 넓을 것이며(A 급지), 위치가 그 상권에서 제일 나쁘면 상권의 범위가 좁을 것(C 급지)은 불문가지이다. 이렇게 점포의 위치(입지)를 분석해보면 A, B, C 세 급지로 나뉜다.

1) A 급지는 상권의 범위가 넓다

A 급지는 어느 상권에서든지 상권의 범위가 넓다. 즉 점포 앞으로 지나다니는 유동인구는 물론 배후지에 거주하는 주민까지 흡수할 수 있다. 따라서 같은 상권 안의 B, C 급지 보다 입지조건이 월등히 좋다. 당연히 점포 보증금과 권리금도 매우 높다.

(1) A 급지는 주택지 상권이든 역세권이든 대개 버스정류장이나 지하철역 대로변에서부터 골목 초입까지에 주로 형성된다.

[그림 3-1]처럼 A 급지는 대체적으로 버스 정류장 앞이나 지하철 앞 또는 사거리 주위이다. 그림에서 사거리 왼쪽은 대로변과 골목 초입까지만 A 급지이다. 그렇다면 사거리의 오른쪽 상권은 어떨까? 버스 정류장을 끼고 있어 A 급지가 왼쪽 상권보다 넓다. 여기에서 유심히 살펴볼 것이 있다. 바로 버스 정류장은 대개 그 지역의 중심지에 있다는 사실이다. 따라서 6m 골목길은 먹자골목으로 형성될 가능성이 높다.

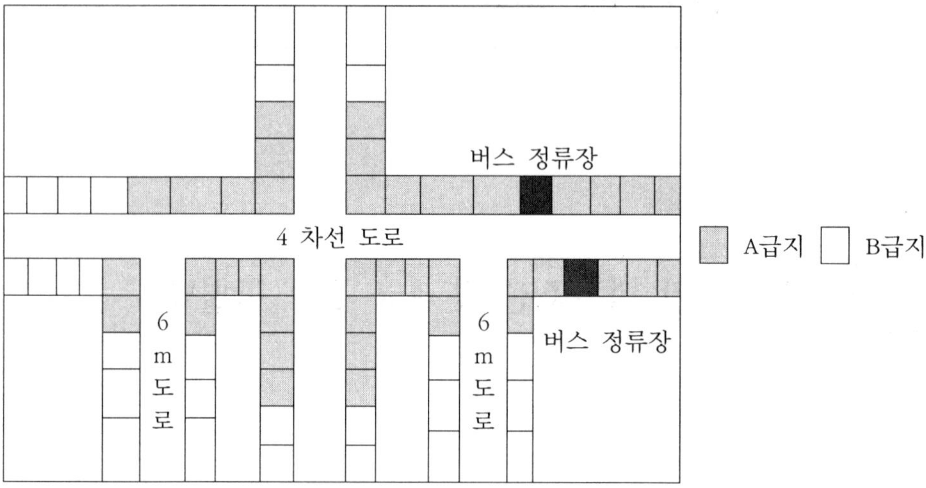

[그림 3-1] **A급지 입지조건(Ⅰ)**

(2) [그림 3-1]에서 살펴본 6m 골목길이 50~100m 이내에서 다른 인도(4~8m 이내의 도로)와 교차하고 있는 경우에는 그 사거리까지 A급지에 속한다.

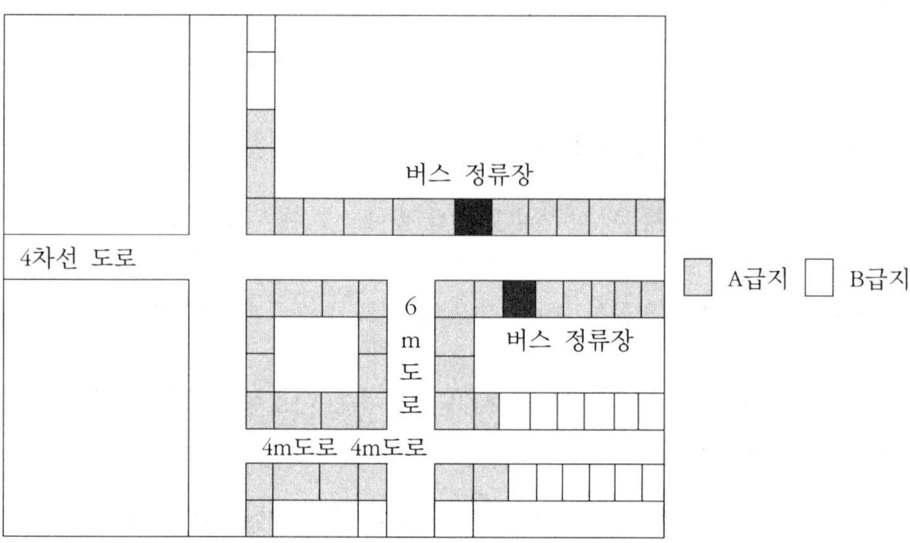

※ [그림 3-1]에서 6m골목길의 급지 변화를 나타낸 그림

[그림 3-2] **A급지 입지조건(Ⅱ)**

[그림 3-2]에서 보듯 6m 골목이 50~100m 이내에서 다른 인도와 교차하여 상권이 형성되면 그 상권은 매우 활발해진다. 따라서 대로변에서 먹자골목 사거리까지가 A급지에 속한다. 이와 같이 먹자골목이 A급지가 되는 경우는, 상권이 좋은 역세권이나 대학가에서는 흔히 볼 수 있다. 주택지에서는 이 정도로 상권이 활발한 곳이 그리 많지 않다.

2) B 급지는 A 급지보다 상권의 범위가 좁다

B급지는 A급지보다 상권의 범위가 좁다. A급지는 유동인구를 흡수하고 있지만, B급지는 유동인구의 일부만 흡수하며 배후지에 거주하는 주민을 흡수하는 것은 A급지와 같다. 따라서 같은 상권 내의 A급지 보다는 입지조건이 좋지 않지만 C급지 보다는 낫다.

B급지는 유동인구를 상대하는 판매업보다는 맛으로 승부할 수 있는 음식점이 적합하다. 즉 음식점으로서는 B급지가 A급지만큼 유용성이 있다.

(1) 대로변이라도 버스정류장이나 지하철역을 끼지 않은 상권은 B급지인 경우가 많다. B급지는 A급지와 연결된 골목길인 경우가 많다.
(2) 먹자골목길이 50~100m 이내에서 다른 인도와 교차하고 있는 경우, 그 사거리를 지난 다음부터가 B급지에 속한다.
(3) 이 골목길이 50~100m 이내에서 다른 차도와 교차하고 있으면 그 교차사거리까지의 골목길이 B급지다.

3) C 급지는 상권의 범위가 매우 좁다.

주택지 상권의 C급지에서는 소규모로 장사를 하되 반드시 시설비가 들지 않는 업종을 선택해야 한다. 특히 이곳에서 체인점을 한다면 그 순간 망하는 길로 들어선 것이나 마찬가지이다.

(1) 버스정류장이나 지하철역이 대로변 중 배후지에 거주인구가 적을 때는 이 대로변은 거의 C급지에 속한다.
(2) 또한 먹자골목이 50~100m 이내에서 다른 차도와 교차하고 있는 경우, 그 교차사거리 건너편은 C급지가 된다.
(3) A급지든 B급지에서든 곧바로 15°이상 경사진 오르막길은 C급지에 속한다.
(4) A급지가 아닌 대로변에 이어진 주택가 골목길은 거이 C급지에 속한다.

어쨌든 점포의 구조와 규모는 다음을 파악하여야 한다.

① 전용면적 : 등기부등본 등재면적
② 점포 전면 길이와 점포 모양 : 점포의 전면이 길수록 좋다. 당연히 간판의 홍보 효과도 크다.
③ 출입구의 위치와 크기, 창문의 위치와 크기
④ 기둥의 위치와 크기 : 기둥의 활용도 고려
⑤ 층의 위치, 계단의 위치와 넓이 및 경사도
⑥ 천장의 높이
⑦ 건물 및 영업시설의 노후상태
⑧ 건물 전체 규모와 업종구성 내용

4) 주택지 상권의 입지조건과 업종분포

(1) A급지

은행, 대형 판매시설, 금은방, 안경점, 유명의류 직매점, 약국, 커피 전문점, 제과점, 화장품 가게, 가전제품 대리점 등 주로 선매품이나 고급품을 취급하는 판매업종이 밀집해 있다.

(2) B급지

사진관, 꽃가게, 문구점, 완구점, 책방, 속옷가게, 신발가게, 슈퍼마켓, 유아복 및 유아 용품점 같은 생필품을 취급하는 업종이 주류를 이루며 각종 음식점이 밀집해 있다.

(3) C급지

카센터, 우유대리점, 표구점, 수석가게, 이발소, 철물점, 자전거 및 오토바이 가게, 지물포, 부동산 중개업소(최근에는 부동산 중개업소도 A급지에 입지하는 경우가 드물지 않다), 낚시용품점, 신문 보급소, 중화요리점 등 판매업종이나 음식점보다는 기술 위주의 업종이 주류를 이룬다.

① 음식 업이나 판매업은 그 상권에 같은 업종이 50~60% 정도 분포되어 있을 때 장사가 오히려 잘 된다. 30% 안팎에 불과하면 음식 업이나 판매업이 안 되는 상권이므로 피하는 것이 좋다. 반면, 서비스업은 같은 업종이 적을수록 좋다.
② 역세권의 유명상권은 가게수가 대부분 200개 이상으로서 각 상권마다 독특한 특징이 있어 업종분포를 보면 호황, 불황인 업종을 알 수 있다. 그러나 주택지에서는 그 상권만의 독특한 특징이 없고 모든 업종이 골고루 분포되어 있어 업종분포에 큰 의미는 없다.

5) 상가는 오른쪽보다는 왼쪽이 잘 된다.

대개 먹자골목을 보면 양쪽으로 상가들이 형성되어 있다. 그런데 대부분의 사람들이 들어가는 방향(반대방향에서는 많이 들어오지 않는다.) 즉 주동선 에서 보았을 때 오른쪽보다는 왼쪽에 있는 상가가 더 잘 된다. 우리는 어렸을 때부터 좌측통행에 길들여져 왔고 횡단보도를 건널 때에도 먼저 왼쪽부터 살핀다. 이러한 것이 습관이 되어 골목을 걸으면서도 시선은 왼쪽을 살피게 되는 것이다.

단 사통팔달인 곳에서는 상관이 없고 주로 주택지 상권 등과 먹자골목 일부에서 통용되는 법칙이다.

6) 점포는 낮은 지대 선정

어느 지역이든 전체가 논바닥처럼 평평한 곳은 한 군데도 없다. 모두가 약간은 높고 낮게 연속적으로 이어져 있다. 그렇다면 어떤 곳이 좋은 상권인지 살펴보면 말할 필요 없이 낮은 곳이 좋다. 교통망도 대부분 낮은 곳을 중심으로 형성되어 있다. 특히 학원 등은 그야말로 "땅 짚고 헤엄치기"이다. "언덕길에 있는 상가는 피하라"는 말도 같은 원리이다. 보통 상권은 도로(차도가 아닌 6~8m 정도의 인도) 양쪽에 형성되어 있는데 도로도 역시 높고 낮은 데가 있게 마련이다. 이때 역시 약간이라도 낮은 쪽에 있는 점포가 유리하다.

7) 상가의 연속성을 끊는 시설들

상가의 연속성을 끊는 것으로는 창고시설 같은 것이 있다. 이삿짐센터, 카센터, 우유 대리점, 표구점 등이 대표적이다. 이와 같은 시설들은 상가의 흐름을 끊는데 특히 밤에 보면 그것이 극명하게 드러난다. 각종 상점들은 조명과 간판, 불빛으로 손님을 유인하고 있는데 위와 같은 시설이 있으면 그 주위가 어둡고 음습해지는 것이다. 당연히 손님들은 그 앞쪽에서 상품을 구입하거나 이용하고 만다. 어둡고 음습한 곳 너머까지는 안 간다는 말이다. 따라서 그 뒤쪽에 있는 상가는 유동인구가 감소하여 앞쪽보다 상권이 죽는다.

8) 좋은 입지 나쁜 입지 일반적 유형

(1) 좋은 점포 입지

① 유동인구가 많은 곳
② 접근하기 편한 곳

③ 대형 사무실 보다는 5층 이하 사무실이 많은 곳
④ 편의 시설 등이 있는 곳
⑤ 출근길 보다 퇴근길 방향에 있는 곳
⑥ 주차장이 있는 곳
⑦ 버스 정류장이나 지하철역을 끼고 있는 대로변
⑧ 코너상가
⑨ 대규모 아파트 단지의 중심상권
⑩ 중소형 아파트 단지 상가
⑪ 낮은 지대의 중심지
⑫ 권리금이 있는 곳
⑬ 주변에 노점상이 많은 곳
⑭ 비어 있는 가게가 없는 곳

(2) 나쁜 점포 입지

① 상권이 필요 이상 확대되는 곳
② 4차선 이상의 도로가 상권을 양분하는 곳
③ 유동인구가 그냥 지나가는 곳(소위 "흐르는 자리")
④ 주변 가게가 기술 또는 저가 상품 위주인 곳
⑤ 업종이나 주인이 자주 바뀌는 곳
⑥ 주변 가게의 간판이 낡거나 변색된 점포가 있는 곳
⑦ 점포 전면이 좁거나 간판 설치가 어려운 곳
⑧ 주변 도로가 지저분한 곳
⑨ 편도인 도로변이나 맞은편에 점포가 없는 곳
⑩ 빈 가게가 많은 곳
⑪ 언덕 위나 상가의 연속성이 끊긴 곳
⑫ 주변에 공터가 있는 곳
⑬ 막 다른 골목 끝인 곳
⑭ 300~500m에 대형유통시설이 있는 곳
⑮ 권리금이 없는 곳
⑯ 주변에 큰 규모의 동일 업종이 있는 곳
⑰ 건물주가 장사하는 곳
⑱ 보도 폭이 좁은 곳

2. A급 점포판별법

지금까지 우리가 배웠던 상권분석, 입지조건 분석도 결국 이 A급 점포를 찾기 위한 목적 때문이었다. 우선 상권 및 입지조건 분석에서 언급했던 A급지와 지금 설명할 A급 점포와의 차이점을 살펴보고자 한다.

A급지란 입지조건만을 분석한 것이다. 그런데 A급 점포란 점포의 입지조건뿐만 아니라 권리금까지 분석한 것이다. 즉 A급 점포가 되기 위해서는 어떤 조건보다도 반드시 권리금이 낮아야 한다. 아무리 점포위치가 좋아도 권리금이 비싸면 좋은 게 아니기 때문이다.

즉 다음과 같은 경우를 A급 점포라고 한다.

- 입지조건이 좋고(↑) 권리금이 낮은(↓) 점포
- 투자대비수익률이 높고(↑) 권리금이 낮은(↓) 점포

권리금이 싸면 그만큼 총투자비용이 내려간다. 투자대비수익률은 당연히 투자비용이 내려간 만큼 올라간다. 결국 이 둘은 서로 유기적인 관계에 있다. 한편 영업이 잘되어 투자대비수익률이 높은 C급지의 점포도 A급 점포라고 할 수 있을지는 지금까지 상권분석과 권리금 분석에서는 C급지에 있는 이런 점포는 좋지 않고 권리금도 제대로 평가해서는 안 된다고 했다. 당연히 절대기준으로 보면 A급 점포가 아니다.

하지만 무엇보다도 자기자금에 맞추어서 점포를 구하는 것이 최우선이다. 절대적으로 좋은 A급 점포도 있지만, 자기자금에 맞는 곳 중에서 가장 나은 점포를 찾아내는 일이 더욱 중요하다. 한마디로 말하면 같은 조건에서 상대적으로 좋은 점포도 A급 점포라고 할 수 있다.

1) A급지에 있고 권리금이 낮으면 A급 점포

어느 상권이든 A급지에서는 영업이 잘 된다. 그리고 영업이 잘 되는 곳은 권리금이 높다. 하지만 일반적으로 그렇다는 것이지 상황에 따라서 권리금이 싼 점포도 있다. 점포 주인이 욕심이 없어서 그럴 수도 있고 불가피한 사정이 있어서일 수도 있다.

어쨌든 A급지에서 권리금이 시세보다 약간 낮게 매물이 나왔을 경우 자금만 댈 수 있다면 무조건 잡는 것이 좋다. 세세한 업종은 그런 다음에 생각해도 늦지 않다. 좋은 자리는 매물로 잘 나오지도 않지만 나오더라도 권리금이 비싸다.

2) 같은 입지조건에서 권리금이 낮으면 A급 점포

A급지가 아닌 B, C급지의 경우는 당연히 입지조건에서만 보면 A급 점포라고 할 수

없다. 하지만 이런 곳에 있는 점포라도 주변의 시세에 비해 권리금이 싸면 그것도 A급 점포이다.

3) A급지와 B, C 급지 간의 경합은 투자대비수익률 평가

A급지 점포와 B, C급지 점포는 입지조건에서 애당초 비교가 되지 않는다. 당연히 A급지 점포가 A급 점포이다. 하지만 실제로는 이론처럼 되지 않는 경우가 많다. 막상 점포를 하려고 보면 갈등할 일이 많다. A급지에 있는 점포는 다 좋은데 권리금이 비싸고, B급지에 있는 점포는 손님이 적지만 권리금 또한 적어서 괜찮은 것 같고 이럴 때는 복합적으로 우열을 가려야 한다.

(1) 투자대비수익률이 비슷하면 A급지 점포가 A급

우선 투자대비수익률이 비슷하다면 당연히 A급지 점포가 낫다. 왜냐하면 이런 경우 입지조건이 우선이기 때문이다. 예를 들어 A급지 점포는 10평에 보증금 5,000만 원, 월세 150만 원, 권리금이 1억 원으로 시세도 그렇다. 영업은 A급지로서는 그럭저럭 되는 편으로 월 순이익이 500~600만 원 정도 된다. 그리고 B급지 점포는 10여 평에 보증금 3,000만 원, 월세 80만 원, 권리금은 시세와 같은 5,000만 원이고 영업은 그런대로 되어 월 순이익이 300만 원 정도 된다. 이때 어느 점포를 선택하는 것이 좋을까는 A점포의 투자대비수익률은 총 투자비용 1억 5,000만 원에 월 순이익이 500~600만 원이므로 3.3%~4%이다.

B점포의 투자대비수익률은 총투자비용 8,000만 원에 월 순이익이 300만 원이므로 약 3.7%이다. 이와 같이 투자대비수익률이 비슷하고, 점포 크기도 같고 다른 조건도 비슷하면 입지조건이 좋은 A점포가 낫다.

투자대비수익률이 B급지 점포가 월등하면 B급지 점포가 A급지와는 반대로 A급이다. 흔한 일은 아니지만 종종 이런 경우가 있다. 위의 예에서 만약 B급지 점포의 순이익이 500만 원 정도이고 앞으로도 그럴 가능성이 높다든지 순이익은 300만 원이지만 권리금이 5,000만 원에서 3,000만 원으로 낮아진다면 당연히 투자대비수익률이 월등히 나은 B급지 점포가 좋다.

(2) A 급지 점포는 작고 B 급지 점포는 클 때는 경험 활용

초보자는 A급지의 작은 점포를 경험자는 B급지의 큰 점포를 선택하는 것이 좋다.

한정된 자금에 맞추어 점포를 구하다 보면 다음과 같은 경우가 많이 발생한다. 즉 A급지 점포는 작고 권리금이 시세와 같거나 비싸며, B급지 점포는 크고 시세보다 권리금이 싸서 총 소요자금이 비슷하게 든다. 예를 들어 A급지 점포는 8평에 권리금이 7,000만 원(시세와 같다)이고, B급지 점포는 20평에 권리금이 시세보다 2,000만 원 싼 6,000만 원이다. 이때 총투자비용과 월 순수익 역시 비슷하다면 어떤 것이 나을지 살펴봐야 한다.

이런 경우에도 초보자는 입지조건을 우선해야 한다. 즉 A급지 점포를 잡아야 한다. 8평이면 점포가 너무 작아 매출에 한계가 있는데도 꼭 그래야 하는 이유 때문에 갈등하는 사람이 많다. 20평이면 점포크기도 알맞아 B급지 점포라도 괜찮은 편이다. 또한 권리금이 상대적으로 싸다는 이점도 있다.

그러나 초보자에게는 무엇보다 목이 중요하다. 그 다음에 다른 부대조건을 감안해야 한다. 예를 들어 업종 자체가 8평 크기로는 도저히 할 수 없는 경우에는 초보자라도 B급지 점포를 선택해야 한다.

물론 경험자라면 B급지가 낫다. 점포크기도 무시할 수 없는 조건이기 때문이다. 어쨌든 본인의 조건에 맞추되 그래도 입지조건이 최우선임을 명심하여야 한다.

4) 같은 조건·매출이면 손익분기점이 낮은 점포가 A급 점포

만약 입지조건이 다르다면 손익분기점으로 파악할 이유가 없다. 그럴 때는 투자대비수익률로 비교하면 된다. 입지조건이 A급지이면 인건비, 임대료 등 고정비 지출이 커져 당연히 손익분기점도 B, C급지 보다 높다. 애초부터 손익분기점은 논의의 대상이 되지 않는다.

입지조건과 점포크기가 같을 때는 손익분기점도 거의 비슷하다. 그러므로 매출이 같을 때는 당연히 손익분기점이 낮아야 순이익도 많아지므로 좋은 점포이다. 다시 말해 입지조건, 점포크기, 매출이 같을 때는 손익분기점을 낮출 수 있는 점포가 더 낫다.

손익분기점을 낮출 수 있다는 것은 결국 인건비를 줄여도 되는 업종과 좀더 궁합이 맞는 점포를 의미한다.

같은 입지조건이라도 약간의 차이가 있다. 즉 음식업 중 분식점이나 소규모 판매업종에 유리한 곳이 이에 해당된다. 불경기일수록 손익분기점이 낮아야 좋기 때문에 점포를 구할 때는 짚고 넘어가야 한다.

5) 투자대비수익률이 높고 권리금이 낮으면 A급 점포

투자대비수익률이란 총투자비용(보증금 + 권리금 + 기타 시설비)에 대한 월 순수익의 비율이다. 투자대비수익률이 높다는 말은 당연히 월 순수익이 좋다는 뜻이다.

앞에서도 말했지만 B, C급지에 있는 점포에서도 영업을 잘 하여 수익률이 높고 권리금이 낮으면 이것 역시 A급 점포이다. 그리고 A급지와 B, C급지 간에 경합을 할 때는 투자대비수익률을 기준으로 삼는다. 물론 이때도 입지조건을 우선 고려해야 하며, 권리금이 시세보다 낮아야 하는 것은 당연하다.

예를 들어 역세권 C급지에 있는 A점포는 10평 크기에 보증금 1,500만 원, 월세 60만 원, 권리금은 시세보다 200~300만 원 싼 2,000만 원, 월 순수익은 200만 원 정도 된다. 그리고 역시 C급지에 있는 B점포는 보증금 1,500만 원에 월세 65만 원, 권리금 2,000만 원, 월 순이익이 150만 원 정도이다.

이때 A점포는 B점포에 비해 상대적으로 투자대비수익률이 높고(A점포는 약 6%, B점포는 약 4%) 권리금도 시세보다 낮으므로 A급 점포이다. 이처럼 같은 입지조건에서 투자대비수익률이 높고 권리금이 낮으면 A급 점포이다.

제 2 절 경쟁점 조사

1. 스토어 컴패리즌

1) 사실을 정확하게 포착

점포를 보는 법, 조사하는 법을 모르는 사람에게는 자기 점포의 문제점을 해결할 자격이 없다.

사실을 솔직하게 파악하고 사실을 가로, 세로, 대각선으로 분석해 점포 연구와 개선 방법을 파악하는 것이 스토어 컴패리즌(경쟁점 조사)의 의미이다.

2) 사실을 솔직하게 보고 정기적 관찰

가격이나 매장면적 등을 조사하는 것만이 스토어 컴패리즌의 목적은 아니다.

지금 중요한 것은 자기 점포가 안고 있는 고민(고객의 불만이기도 하다)을 해결하는 실마리를 발견하는 것이다. 그러기 위해서는 매장의 현실을 관찰하고 점포의 사고(스토어 콘셉트)을 유추할 필요가 있다.

스토어 컴패리즌은 눈에 보이는 것을 분석하고, 눈에 띠지 않는 것을 아는 수단이기 때문이다. 그것이야 말로 점포의 진짜 노하우이며 점포 수준의 향상에 연결된다.

말하자면 어떠한 사고에 근거해서 상품구성이나 진열, 레이아웃, 건물 설비가 정해졌느냐는 것을 아는 것이 중요하다. 사고방식을 알면 업태나 점포규모가 다른 점포를 봐도 도움이 된다.

입지나 고객, 경합점이 다른데도 단순히 가격이 비싸다, 싸다, 매장면적이 넓다, 좁다, 점포 느낌이 좋다, 나쁘다고 평가해 봤자 자기 점포에는 아무런 도움이 되지 않는다.

형태 등 현상만을 보고 감개해도 곧 바로 모방해서는 안 된다. 점포의 사고방식이 다르면 고객에게 기여하는 자기 점포의 포지셔닝(역할)은 변하기 때문이다.

자기 점포의 역할이나 업태(판매방법)가 다르면 활용방법도 다르다. 점포는 문제의식을 가지고 보지 않으면 주마간산이 돼 시간과 코스트의 낭비를 가져와 나아가서는 자기 스스로의 성장을 저해하는 것이 된다.

어떤 대형 슈퍼마켓 체인에서는 '경합 점에서 판매된다는 것은 자기 점포에서 취급해도 확실히 판매된다는 그 무엇보다도 확증이 된다'고 생각해 정기적인 스토어 컴패리즌을 빠뜨리지 않고 실시한다고 한다.

겉핥기로 스토어 컴패리즌을 해서는 단지 '해 본적이 있다'는 것밖에는 아무런 의미가 없다. 거기에 든 비용, 시간만큼 '반드시 선물을 가지고 돌아온다'는 의식을 가져야 할 것이다.

3) 가로, 세로, 대각선으로 사실을 분석

점포는 많은 사람들의 지혜로 결집 된 곳이다.

우리들이 점포를 보러 가고, 조사하러 가는 것은 지혜를 접할 수 있기 때문이며, 자신의 지혜 부족을 보충하기 위해서 이다.

이것은 '지혜의 창조는 누구라도 기회가 주어져 있다'는 것이다,

다만 스토어 컴패리즌은 점포를 보기 전의 준비(마음가짐)단계에서 이미 시작돼 있는 것으로서 바른 관찰방법, 바른 활용방법을 거쳐 지혜를 만들어내는 힌트가 된다.

(1) 준비(점포에 가기 전의 마음가짐)

목적은 무엇인가? 도구는 있는가? 기준은 어떤가? 라는 것 따위이다.

업태가 다른가 하면 업종도 다르고, 보는 입장도 다른 것임으로 이 3 가지가 없으면 쉽게 점포에 가지 말아야 할 것이며(구매하러 가는 것은 무방하다), 점포가 좋고 나쁘다를 쉽게 논하지 않는다고 깊이 새겨 둬야 할 것이다.

① 목적이 없으면 점포 비교를 위해 가지 않는다.

㉠ 자신은 담당자로서 무엇에 고민하고 있는 것일까 무엇을 알고 싶은 것인가.

㉡ 기업(점포)이 현실적인 상황, 해결하지 않으면 안 되는 것은 무엇인가.

㉢ 주차장의 적정 대수를 알고 싶은가, 슈퍼 슈퍼마켓의 비식품취급 내용을 알

고 싶은가, 디스카운트 스토어의 중심가격과 그것을 가능하게 하기 위한 로 코스트 및 로 코스트 오퍼레이션 또는 경합 점 대책의 구체적인 방법 따위 목적을 확실하게 하는 것이 필요하다.

② 도구가 없으면 점포조사를 하지 않는다.

㉠ 어떤 방법으로 조사해서 점포를 낱낱이 알아내며 점포의 현실을 포착할 것인가.

㉡ 상품구성 그래프나 머천다이징 차별화 조사표, 레이아웃 기입 양식, 조명도 측정기(점내의 조명도를 조사하는 기기), 미니 스케일 등 도구는 평소부터 공통적인 것이 준비돼 있는가.
예를 들면 [표 3-1]과 같은 매장 체크리스트를 사용해 경합 점과 자기 점포를 비교하면 차이점을 잘 알 수 있다. 복잡한 도구가 좋은 것은 아니다.

[표 3-1] **매장 체크리스트**

점 명		매장명		연월일	
담당자명					
체크 항목	5점 평가				
1. 매장을 보고 어디에 어떤 상품이 있으며 무엇을 제안하고 있는지를 안다.					
2. 매장 내 통로는 들어가기 쉽고 거닐기 쉽다(고객동선).					
3. 프라이스 카드는 상품에 맞는 크기, 읽기 쉬운 글씨, 정해진 위치에 붙여져 있다.					
4. 첫째로 접근하기 쉬운 위치에 중점 상품이 설정되어 있다.					
5. 프레젠테이션을 보고 무엇을 보여주며 무엇을 판매하고 싶은지를 안다.					
6. 관련 상품이 연결 진열되어 있다.					
7. 중점 상품은 진열량 재고가 풍부하다.					
8. 상품은 그 용도, 특징에 맞추어 보기 쉽고, 고르기 쉬우며 비교하기 쉽게 구분하고 있다.					
9. 상품이 정리 정돈되어 진열되고 있다.					
10. 계절성이나 화제성을 감안한 매장이 돼 있다.					
11. 후방작업장(백 야드)은 매장과 부문별로 연관성 있게 되어 있다.					
12. 종업원 동선(작업동선)은 짧게 설계되어 있다.					
합계 점수 60점 만점 (42점 이상 합격)					

③ 기준이 없으면 점포를 논하지 않는다.

㉠ 무엇을 가지고 좋다, 나쁘다고 판단하는 것인가.

㉡ 자기 점포가 겨냥하는 목표 고객의 복장은 어떠한가.

㉢ 자기 점포에 비해서 중점상품(현재 가장 많이 판매하지 않으면 안 되는 상품)은 어떠한가.

㉣ 단순히 로 코스트만으로 좋은가, 세련된 점포 만들기를 우선 할 것인가.

㉤ 당도가 같은 과일의 맛과 가격은 어떻게 다른가. 기준이 다른 데 가볍게 평가는 안 된다.

(2) 관찰방법, 조사방법(관찰 할 때의 마음가짐)

고객의 눈과 견학자의 눈은 다르다. 견학 자가 좋다고 생각해도 고객이 좋다고 생각하지 않으면 불량한 점포이다. 그러므로 구매 고객입장이 돼 가지고 구매하면서 관찰 할 것이다(표 3-2 참조).

[표 3-2] **스토어 컴패리즌 3가지 관점**

고객의 관점	조사자 및 견학자의 눈과 구매 고객의 관점은 같은 것을 봐도 전혀 느낌이 다르다. 그러기 때문에 쇼핑 바구니나 쇼핑 카트를 사용해서 상품을 산다. 또는 중점상품을 정해 구매할 생각으로 본다(결국 구매하지 않아도 좋다).
사회인의 관점	예의를 지킨다. 다른 사람 집에 들어가는 것과 같은 것임으로 자기 집(점포)에 누가 들어오면 어떨까 생각한다. 점내에서는 노트를 내놓고 기록, 그림 등 모사하거나 촬영은 엄금이다. 구매 고객에게 방해가 되지 않도록 한다.
정책적인 관점	평상시의 오퍼레이션(매장관리) 상황을 냉철하게 본다. 개점 시의 분주한 때는 정상적인 것이 아니며, 점포력은 평상시에 안다.

① 규모가 큰 것, 진귀한 것에 과도한 감동을 하지 않는다.

대중매체나 평론가들의 평판 있는 점포는 실험점포라는 이름의 점포가 많다.
이런 것은 사업으로서 채산에 대한 사고방식은 희박하다. 아이디어는 좋으나 일시적인 겉보기로 끝나기 일쑤이다.

② 부분만을 보지 않는다.

개발담당자라 하더라도 상품이나 서비스, 구매고객이 동태는 반드시 살펴보아야 한다. 고객은 점포의 최종평가를 부분이 아니고 레지스터의 응대를 포함한 점포전체의 인상으로 결정하기 때문이다.

③ 배경에 있는 골격도 생각한다.

저가격을 안정되게 유지할 수 있는 구조는 무엇인가. 기본구조를 수반하지 않는 일과성이나 잔재주로 대응해서는 오래 존속되지 못한다. 상품구성을 압축하는 것은 좋고, 압축하지 않는 것이 나쁘다는 것은 어리석다. 이는 상품지식을 유지하는 기본구조가 있는가 없는가라는 것이다.

(3) 활용방법(관찰한 뒤의 마음가짐)

모방한 것은 배우는 것으로 통하지만 형태를 그대로 모방하는 것이 아니라 사고방식을 모방해야 할 것이다. 업태나 지향해야할 방향도 다른데 형태를 모방해도 의미는 없다.

① 자기 점포고객은 누구인가?

목표고객이 다른데 아무리 조사점포의 상품구성이 좋아도 자기 점포에는 활용할 수가 없다. 연령, 소득, 지역특성, 점포에 대한 기대(요망사항포함)가 다르면 상품이나 판매방법, 진열방법이 변하지 않으면 안 되기 때문이다.

② 자기 점포(또는 매장)은 무엇을 지향하고 있는가?

저가격을 철저하게 추구하는 점포인가 접객이나 서비스를 포함한 고감도를 겨냥하는 점포인가 또한 사이즈나 용도 따위 기능성을 추구하는 점포인가 패션이나 트렌드(신제품으로 판매예측을 할 수 없는 것. 하이패션은 이에 속한다), 정보발신 따위 정서 성 상품의 충실을 지향하는 점포인가 자기점포의 콘셉트는 있는가?

③ 자기점포는 무엇이 돼 있는가?

배울 것은 많아도 자기점포 규모로 무리 없이 할 수 있는 경영자원은 구비되어 있는가 자기점포(회사)에서 해야 할 일과 하지 않을 일(타 점포나 타 기업에 맡기는 것이 좋은 일)을 정하고 있는가.

2. 경쟁 점 조사 - 상품판매력 중심

1) 판매경쟁력 조사 개요

(1) 경쟁력 조사·분석 항목

[표 3-3] 경쟁력 조사·분석 구조

	팔리는 조건	조사·분석항목
경쟁력 조사	판매전략	• 전단 공간분석 • 중점강화 상품분석 • 전단분석
	품 질	• 산지, 브랜드분석 • 미각테스트 • 규격
	가 격	• 상시가격 • 특매가격 • 가격선, 가격대
	선 도	• 선도, 온도관리 • 내구테스트
	상품구성	• 품절 • 선반할당 • 볼륨진열 • 개점진열량 • 진열라인
	진열·연출	• POP • 조명 • 대면, 측면판매, 시식판매
	쇼핑의 편의성	• 레이아웃 • 가격 포인트(적정가격선) • 적정량
	청 결	• 종업원 제복 • 냄새 • 오픈 쇼케이스
	기본적인 서비스	• 접객태도 • 상품화기술

(2) 경쟁 집과 자집 차이분식

① 경쟁 점에 있고, 자점에 없는 인기상품(NB)의 대응

② 경쟁 점에 있고, 자점에도 있는 상품(NB)의 가격 정책

③ 구색을 위해 발주한 상품의 미납에 대한 대응
④ 구색 중의 상품의 선도·품질·용량·포장·가격
⑤ 구색 중의 상품의 진열·연출 방법
⑥ SB(store brand) 대 SB의 상품내용(상기④))의 분석과 대응
⑦ 중점품목의 스페이스 구성비, 관련품 소구, POP
⑧ 중점품목(인기상품 등)의 품목수와 진열수량의 변화추적 등.

(3) 경쟁 점 조사표

[표 3-4] **경쟁 점 조사 평가표**

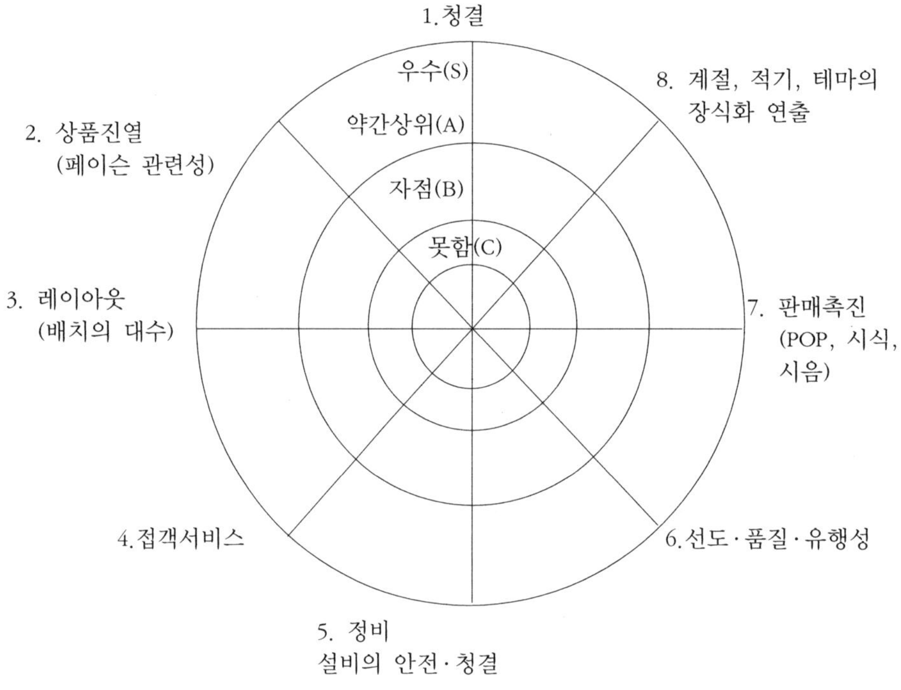

회사명	점포명

조 사 시 간	
월 일( )	시~ 시

조사자	부문	성 명

[표 3-5] **매장 개선·향상 액션플랜**

매장의 개선·향상에 관한 사항					
	개선, 도입하고 싶은 사항			언제까지	어떻게
장점	1. 2. 3. 4. 5.				
	NO	품명	판매가	선도·품질	비고
중점 10 품목	1				
	2				
	3				
	4				
	5				
	6				
	7				
	8				
	9				
	10				

2) MD 차별화 조사중점상품(군) 냉장고(조사일 ○○년 △△월 □□일(목)

내 용 \ 점포명	자 점	경 쟁 점 A
상품구성 - 어떤 상품을 어느 정도 취급하고 있는가	• 150ℓ 이하 4대 • 200ℓ-299ℓ 2대 • 300ℓ-349ℓ 3대 • 350ℓ-399ℓ 5대 • 400ℓ-449ℓ 9대 • 450ℓ 이상 2대 • 프라자 0대 • 품목수 25대 400ℓ 이상의 구성비가 높다.	• 150ℓ 이하 16대 • 200ℓ-299ℓ 6대 • 300ℓ-349ℓ 3대 • 350ℓ-399ℓ 6대 • 400ℓ-449ℓ 7대 • 450ℓ 이상 3대 • 프라자 4대 • 품목수 45대 300ℓ 이하의 소형 구성비가 높다 48.9%

내 용 \ 점포명	자 점	경 쟁 점 A
매장 만들기 - 어디에 어떻게 진열되어 있는가	• 가전매장 안쪽 눈에 띄지 않음 • 처분품이 전면에 진열되어 있음	• 매장의 안쪽코너인데 입구에 들어서면 볼 수 있음. (그 앞에 상품의 집기가 낮다)
가격의 강조점 - 상한, 하한, 중심 가격	• 상한 • 중심 • 하한	• 상한 • 중심 • 하한
판매촉진방법 - 판촉테마, 세일의 내용	• 구품처분코너의 이유 있는 바겐 실시 • 절전형의 소구(전기료 표시)	• 특별초대세일의 특매품설정 • 「순간의 선택이 십년을 좌우한다」의 표시
진열 · 연출 - POP · 도구 · 시식용의 내용	• 가격POP 표시는 크게 보기 쉽게 • 기능POP 전기료 표시	• 기능POP 사이즈를 그림으로 표시 • 가격POP 표시가 크고 보기 쉬움 • 메이커 판촉물이 많음
접객서비스	• 처분 · 할인료 • A지구 배달료	• 배달무료 • 당일배달

3) 경쟁 점 상품가격조사

年 月 日 時 기록자 ( )

코너	품목	규격	자점 매가	경쟁 점 A	경쟁 점 B	비 고
(예) 셀러드	오 이	3개	1,000원	950원	1,050원	
	토마토		원	원	원	
	양상추		원	원	원	
			원	원	원	
			원	원	원	
			원	원	원	
			원	원	원	
			원	원	원	
			원	원	원	
			원	원	원	
			원	원	원	
			원	원	원	

4) 상품 진열 유무조사

年　　月　　日　　時　기록자 (　　　　)

품 목	규 격	구색의 유무			비고(매장레이아웃)
		자점	경쟁 A	경쟁 B	
(예) 수박	1 통	○	○	×	1개 1980원으로 평대에 대량 진열

5) 부문별 경쟁 점 상품조사

부문	

(　　)월 (　　)일 조사 시간(　　) 조사자 (　　　)

A. 매장의 크기
a 점포(　　)자 × (　　)대 × (　　)단
b 점포(　　)자 × (　　)대 × (　　)단
c 점포(　　)자 × (　　)대 × (　　)단
d 점포(　　)자 × (　　)대 × (　　)단
e 점포(　　)자 × (　　)대 × (　　)단

B. 가장 강한 품목 수는 몇 개인가?
a 점포 (　　) 품목수
b 점포 (　　) 품목수
c 점포 (　　) 품목수
d 점포 (　　) 품목수
e 점포 (　　) 품목수

C. 가장 강한 코너와 대표적인 코너는 어디인가?
a 점포 (　　)와 (　　)
b 점포 (　　)와 (　　)
c 점포 (　　)와 (　　)
d 점포 (　　)와 (　　)
e 점포 (　　)와 (　　)

D. 가장 강한 상품 군과 그 다음 상품 군을 열거하라.
a 점포 (　　)와 (　　)
b 점포 (　　)와 (　　)
c 점포 (　　)와 (　　)
d 점포 (　　)와 (　　)
e 점포 (　　)와 (　　)

E. 가장 강한 품목과 그 다음 품목을 열거하라.
a 점포 (　　)(　　) b 점포 (　　)(　　) c 점포 (　　)(　　)
d 점포 (　　)(　　) e 점포 (　　)(　　)

6) 중점 상품 비교 조사

조사 항목 / 상품	비 고					
	자 점			경쟁 점( )		
	페이스수	진열위치	진열단수	페이스수	진열위치	진열단수
	수 량	가 격	POP 사이즈	수 량	가 격	POP 사이즈

7) 경쟁 점과의 품목 비교 조사

경쟁점명		평

부문		조사월일		조사자	

중분류	소분류	당 사		경쟁 점		경쟁 점에 있는데 당사에 없는 단품	당사에 있고 경쟁 점에 없는 단품
		품목	갯수	품목	갯수		
소 계							
소 계							
합 계							

8) 주력상품 경쟁 점과의 비교조사

점				주력상품 경쟁 점 비교						조사자			
경쟁 점										조사일 월 일( )			
자 점							경 쟁 점						
상품명	외관	볼륨	가격	선도	맛	종합평가	상품명	외관	볼륨	가격	선도	맛	종합평가

주 : ① 〈상품명〉 자점의 주력상품
② 〈외관〉 ㅇ, △, X로 평가
③ 〈볼륨〉가격과 볼륨의 균형ㅇ, △, X로 평가
④ 〈가격〉단품별 비교
⑤ 〈선도〉변색 등 ㅇ, △, X로 평가
⑥ 〈맛〉복수평가 ㅇ, △, X로 평가
⑦ 〈종합평가〉ㅇ, △, X로 평가

9) 경쟁 점에 대한 점장의 조사항목

(1) 고객관련조사

① 청결유지를 위한 제 방법은 무엇인가

② 점장은 어떠한 사람이며, 어떠한 응대를 하고 있는가?
③ check-out의 특별한 응대는 무엇인가
④ POP 및 BGM(back ground music)의 특징은 무엇인가
⑤ 특별 서비스 장소는 있는가?

(2) 점포운영조사

① 작업할당의 방법은 어떻게 하고 있는가?
② 입하, 검품, 보충에 특별한 방법을 사용하고 있는가?
③ 정찰기, 라벨프린터, 포장설비 등의 특색은 어떠한가?
④ 대략의 레이아웃을 기억하여 메모처리 하는가?
⑤ 통로 폭과 갯수를 메모 처리하는가?

(3) 상권조사

① 경쟁 점의 상권과 고객층은 어떠한가?
② 조사대상점의 입지여건은 어떠한가?
③ 상권에 대한 판매촉진의 특징은 무엇인가

(4) 정책조사

① 고객에 대한 방침은 어떠한가?
② 종업원에 대한 내용은 어떠한가?
③ 거래선 과의 관계는 어떠한가?
④ 가격정책의 내용은 어떠한가?
⑤ 부문구성과 상품정책은 어떠한가?

10) 경쟁 점 전문조사자의 조사항목

(1) 상권조사

출점 전 상권조사 후, 경쟁 점 상권조사에 대하여 장래성을 포함하여 전술의 각 기법을 정리하여 정밀한 상권조사 및 분석을 하여 자점의 대응책을 강구한다.

(2) 머천다이징조사

① 부문별 매출액과 담당인원 수를 조사하여 매출액을 추정
② 점포 전체의 매출액을 추정(레지스터 대수, 매장면적, 직원 수 등을 조사)

③ 부문별로 주력상품을 선정하여 매가를 조사
④ 중점품목의 내용과 특징
⑤ 가격대

(3) 레이아웃조사

① 매장구성의 특징, 상품진열기법의 특징
② 부문별 구성과 면적
③ 대상 부문의 통로 폭

(4) 판매촉진

① 인적판매, POP, BGM, VMD(visual merchandising) 등의 특징
② 이벤트의 특징
③ 광고, 선전의 방법과 특징

제 3 절 상권 입지 진단 및 종합평가

1. 상권·입지 진단 조사항목

1) 점포 확인

2) 점포 형태를 파악한다.

(1) 점포의 전면은 (　　)면 (　　)m 정도이다.
(2) 평수는 (　　)평이다.
(3) 출입구에 계단이 (　　)계단이다. (계단이 없다)
(4) 점포건물이 주변건물선과 (돌출, 일치, 들어감) 점포건물의 도로와의 거리가 (거리없음, (　　)m)

3) 점포 주변 환경을 파악한다.

(1) 점포 좌·우측 10m내에 도로가(없다, 있다) 점포 전면에 도로가 (　　)차선이다.
(2) 점포 앞 및 주변에 주차가 (　　)대 가능하다.(정차, 불가능)

(3) 점포 입지가 점포 배후 및 주변도로의(내리막, 평탄, 완만 오르막, 오르막길) 이다.

4) 점포 주변 상권을 파악한다.

(1) 배후 500m내와 건너편 100m를 1차 조사하면서 지도에 주요시설을 표시한다.
(2) 버스, 지하철, 건널목, 학교(학원), 편의점, 슈퍼마켓, 소매점을 표시한다.
(3) 음식점(술집), 숙박시설, 극장, 노래방 등
(4) 건물, 금융기관, 병원, 교회(공공기관), 독서실(소규모 학원) 등 기타

5) 점포 입지형태를 파악한다.

(1) 점포는(주거, 사무실, 유흥, 학교)지역에 위치한다.
(2) 주변 환경을 고려하여 점포의 상권영향 반경을 선으로 지도에 표시한다.
좌우(　　)m, 배후(　　)m, 건너편(　　)m
(3) 예상되는 객 단가는 (　　)원 정도이다.

6) 상권 반경 내 세대수를 파악한다.

(1) 상권내의 세대수는 (　　)세대 정도이다.
(2) 주거지의 출입구에 (입구위치, (　　)m거리)에 입지한다.
(3) 점포 입지 도로가 (주통행로, 부통행로, (주, 부)의 (　　)m)입지.

7) 상권 반경 내의 학교를 파악한다.

(1) 대학교, 중·고교, 초등학교, 대형 학원(　　)
(2) 학생 수는 (　　)명 정도이다.
(3) 점포 입지 도로가 (주통행로, 부통행로, (주, 부)의 (　　)m)입지.

8) 시간대별 인원을 파악한다.

9) 점포 위치도

2. 상권 평가요인

1) 인구규모 특징

① 총규모　　② 연령별
③ 평균교육수준　　④ 자가 보유 비율
⑤ 총가처분소득　　⑥ 1인당 가처분 소득
⑦ 직업별 분포　　⑧ 앞으로의 추세(경향)

2) 노동공급 가능성

고·대졸자 수 및 이들의 유출비율과 평균임금의 분석을 통한 관리자 후보 및 판매요원 등의 충원 가능성

3) 구매처 근접성

① 배송 코스트
② 배송 소요시간
③ 제조업자 및 도매점수
④ 구매가능성과 신뢰성

4) 촉진

① 매체의 이용 가능성과 빈도
② 코스트
③ 유효 오디언스

5) 경제적 기반

① 지배적인 산업
② 다각화 정도
③ 성장전망
④ 경제적 내지 계절적 변동으로부터 자유도
⑤ 신용 및 금융기관 이용 가능성

6) 경합상황

① 기존 경합점포 수와 규모
② 전경합점의 강약점 평가
③ 단기적 및 장기적 전망
④ 포화 수준

7) 점포입지 이용 가능성

① 입지 수와 유형
② 교통수단의 근접성
③ 소유 대 임차 기회
④ 구획정리(도시계획)상 제약
⑤ 코스트

8) 규 제

① 세금
② 면허
③ 영업신고, 허가
④ 최저임금
⑤ 상업지역 조정(zoning)

3. 입지와 부지 평가요인

1) 보행객 통행량

① 통행인 수 ② 통행인 유형

2) 차량 통행량

① 차량통행 대수 ② 차종
③ 교통밀집 정도

3) 주차시설

① 주차장 수 ② 점포와 거리
③ 종업원 주차 가능성

4) 교통

① 대중교통 수단의 이용 가능성 ② 주요 도로 근접성
③ 배달 용이성

5) 점포구성

① 점포수와 규모 ② 자점과의 유사성
③ 소매 구조상 균형성

6) 특정 부지

① 시각성 ② 입지 내에서 위치
③ 대지의 크기와 모양 ④ 건물 크기와 모양
⑤ 대지와 건물의 조건과 사용 연수

7) 점유조건

① 소유 또는 임대조건 ② 운영 및 유지비
③ 세금 ④ 도시계획과 관련
⑤ 임의규정

4. 입지조건 평가표 예

1) 후보물건으로부터 주요도로를 따라 차로 20분 정도 달려본다. 그 범위 내에 매장 3백 평 이상의 동업점이 있는가?

2) 동일한 20분 권내 2백 평 이상의 동업점이 앞으로 개점하지 않는다고 확신할 수 있는가?

3) 동일한 20분 권내 후보건물보다 나은 유리한 입지조건을 가진 불링장이나 빈 땅은 없는가? 빈 건물이 아니라 영업을 하고 있다 하더라도 앞으로 점포로 전환될 가능성은 있다.

4) 건물은 산업용 간선도로가 아니라 지역 내 간선 도로변에 있는가? 즉 모든 차는 시속 50km 이하로 달리고 있는가?

5) 도로의 한쪽 편에 1.5차선 정도의 폭이 있는가?

6) 자신이 직접 차를 운전하여 주차장에서 좌회전하여 쉽게 나올 수 있는가? 일요일 및 평일의 낮에 실험해 보아 위험을 느끼지는 않았는가?

7) 차를 타고 그 건물에 들어가려 할 때 후속 차에 의한 추돌의 위험성은 없는가?

8) 그 건물에 점포 대 간판을 달 경우 적어도 2백m 거리의 달리는 차에서 잘 보일 것인가?

9) 그 건물에서 10분권을 상권으로 본다. 개점 후 실현할 수 있는 최저 연간판매액은 상권인구 × 1인당 구매 액이다. 이는 계획 중인 점포의 손익 분기점을 상회하는가?

10) 계획 중인 주차장의 수용대수 × 1차량 당 구매 액을 최저 연간 판매액으로 한다. 이는 손익분기점을 상회하는가?

5. 점포상권, 입지 종합평가

1) 점포 전경(사진)

2) 상권 MAP

3) 입지와 상권 종합평가

구분	항목	세부항목	내용
입지	개 요		
	지리적 위치	시 계 성	
			① 아주 좋다 ② 우수하다 ③ 그저 그렇다 ④ 좋지 않다 ⑤ 매우 안 좋다
		접 근 성	
			① 아주 좋다 ② 큰 불편이 없다 ③ 조금 나쁘다 ④ 매우 나쁘다
	기능적 위치	귀가 길 여부	① 귀가로 이다 ② 큰 불편이 없다 ③ 조금 나쁘다 ④ 매우 나쁘다
		코너 사이드	① 1면이다 ② 2면이다 ③ 3면이다 ④ 기타( )
		담배면허	① 있다 ② 취득 가능하다 ③ 매입가능 ④ 매입 추진해 봐야한다 ⑤ 불가능하다
		주 차 장	① 있다(대 주차가능) ② 없다
		교통시설	
	점포 전면 길이	M, 2면 점포의 경우 부동선(M)	
	점포 전용 면적	坪	
상권	개 요		
	상권 내 세대수	약 세대	
	상권의 형태	① 주택가 ② 유흥가 ③ 오피스가 ④ 학원가 ⑤ 기타	
	주택의 형태	① 아파트 ② 단독주택 ③ 복합형(상권 내 주택 중 아파트의 비율 : %)	
	야간상권 규모	일일 통행인 중 대(: - :) 통행인의 비율 : (% 이상)	

4) 경쟁상황과 통행량 조사

경쟁상황	개 요					
	구 분	상 호	거리 (M)	면 적 (실 평수)	경 합 력 ① 모든 면에서 우리보다 열등하다 ② 우리와 거의 비슷하나 다소 열등 ③ 여러 면에서 우리와 거의 비슷하다 ④ 우리와 거의 비슷하나 다소 우월 ⑤ 모든 면에서 우리보다 우월하다	비고
	CVS					
	슈퍼마켓					
	미니슈퍼					
	구멍가게					

	구 분	합 계 (%)	어린이 (%)	중고생 (%)	미혼남 (%)	미혼녀 (%)	기혼남 (%)	주 부 (%)
통행량	18:00-19:00							
	19:00-20:00							
	23:00-24:00							
	합 계							
	특기사항							

5) 점포종합 평가표

(1) 종합평가 분석표

요소	평가항목	A급	B급	C급	D급	E급
입지	지리적 위치					
	기능적 위치					
	점포전면길이 (M)					
		10이상	8-10	6-8	4-6	4이하
	점포전용면적 (평)	30이상	26-30	22-26	18-22	18이하
	입지평가					
상권	1차 상권규모 (세대수)	800이상	600-800	400-600	200-400	200이하
	유동상권규모					
	야간상권					
	상권의 질					
	상권평가					
경합	주간경합성					
	야간경합성					
	경합평가					
통행량	시간당					
	평균통행량	1,000이상	800-1,000	600-800	400-600	400이하
	중고생					
	미혼남녀 비율	70%이상	50-60%	40-50%	20-40%	20%이하
	통행의 질(수준)					
	통행량 평가					
종합평가						
일 매출액 예상액						

(2) 종합평가 그래프

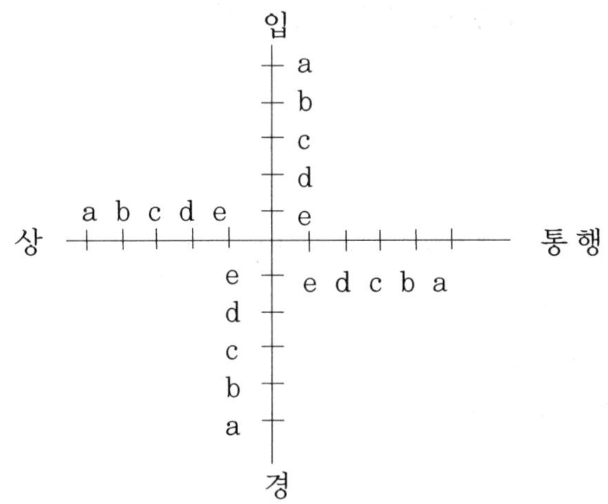

(3) 기타 의견

A. 장기전망

B. 이미지 효과

C. 장애요인

제3장 경쟁점 조사 연습문제

01. 좋은 입지의 일반적 유형에 대하여 설명하시오.

① 유동인구가 많은 곳
② 접근하기 편한 곳
③ 대형 사무실 보다는 5층 이하 사무실이 많은 곳
④ 편의 시설 등이 있는 곳
⑤ 출근길 보다 퇴근길 방향에 있는 곳
⑥ 주차장이 있는 곳
⑦ 버스 정류장이나 지하철역을 끼고 있는 대로변
⑧ 코너상가
⑨ 대규모 아파트 단지의 중심상권
⑩ 중소형 아파트 단지 상가
⑪ 낮은 지대의 중심지
⑫ 권리금이 있는 곳
⑬ 주변에 노점상이 많은 곳
⑭ 비어 있는 가게가 없는 곳

02. A급 점포 판별법에 대해 간단하게 설명하시오.

A급지란 입지조건만을 분석한 것이다. 그런데 A급 점포란 점포의 입지조건뿐만 아니라 권리금까지 분석한 것이다. 즉 A급 점포가 되기 위해서는 어떤 조건보다도 반드시 권리금이 낮아야 한다. 아무리 점포위치가 좋아도 권리금이 비싸면 좋은 게 아니기 때문이다.

03. 경쟁관계 점포를 방문하여 상품가격조사를 실습해 보시오

年　　月　　日　　時 기록자 (　　　　)

코너	품목	규격	자점 매가	경쟁 점A	경쟁 점 B	비 고
(예) 셀러드	오 이	3개	1,000원	950원	1,050원	
	토마토		원	원	원	
	양상추		원	원	원	
			원	원	원	
			원	원	원	
			원	원	원	
			원	원	원	
			원	원	원	
			원	원	원	
			원	원	원	
			원	원	원	
			원	원	원	

04. 용어설명

- 권리금
- 투자대비수익률
- 레이아웃조사
- 머천다이징조사

PART Ⅱ

상권 분석

Chapter **4**_ 상권 전략

Chapter **5**_ 상권 분석

Chapter **6**_ 입지 분석

Chapter 04 상권 전략

제 1 절 상권 개요

1. 상권

상권은 상업상 영업행위를 하는 공간의 범위로 소매점에서 상권은 한 점포가 고객을 집객 할 수 있는 지역의 범위와 다수의 상업시설이 고객을 흡입하는 공간적 범위를 말한다. 그러므로 상권은 점포의 취급 상품에 대한 구매력을 추정하고, 점포의 예상매출 근거를 제공하며 마케팅 활동의 범위를 결정하는 중요한 역할을 한다. 상권 안에 있는 상점. 상점가. 도시 등 중심이 되는 시설과 그것을 이용하는 주변 소비자와의 결부는 중심에서 거리가 멀어짐에 따라 약해지고 결국에는 소멸되는데 이러한 현상은 중심이 되는 시설의 규모와 교통여건에 따라 달라진다. 결론적으로 상권은 특정한 사업을 하면서 대상으로 하는 고객이 존재하고 있는 시간적. 공간적 범위 그리고 고객의 내점빈도를 감안한 기대 할 수 있는 매출액 규모 등을 포함한다.

1) 상권의 특징

(1) 상권은 계층적 구조로 되어 있는데 지역상권, 지구상권, 개별상권 등으로 구분할 수 있다.

(2) 소자본 상권의 특징: 접근의 용이성, 상품의 다양성, 상품가격이 저렴하면 고객의 흡입력이 커진다.

2) 상권의 구분

상권의 분류 방법 중 점포와의 이동거리 및 구매력에 따라 전체고객의 거주지 분석을 통하여 60-65%가 거주하는 범위를 1차 상권, 30%가 거주하는 범위를 2차 상권 , 5-10%가 거주하는 범위를 3차 상권으로 구분 할 수 있다(그림 4-1, 표 4-1 참조). 상권분석은 미래의 잠재수요를 반영하는 예상매출액의 추정, 고객지향 마케팅 전략의 수립, 상권분석은 입지 전략을 전개하는데 필요하다.

[표 4-1] **상권 구분**

구분	1차 상권	2차 상권	3차 상권
점포	소매점의 매출 또는 고객수의 60-60% 정도 이상을 점유하는 고객의 거주 범위	1차 상권의 외곽으로 매출 또는 고객 수의 30% 정도 이상을 점유하는 고객 거주 범위	2차 상권의 외곽으로 매출 또는 고객 수의 5-10% 정도 이상을 점유하는 고객 거주 범위

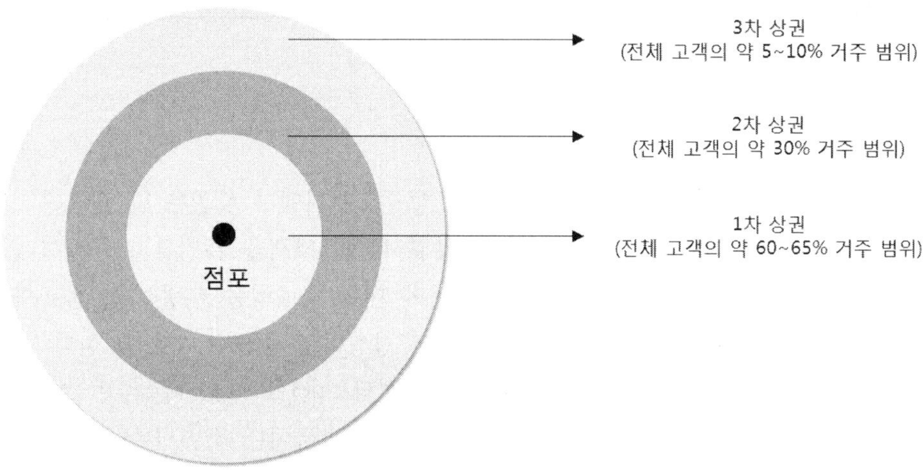

[그림 4-1] **상권구분**

2. 상권조사

1) 상권조사

(1) 상권조사 내용

① 상권약도
② 교통/지형 조사
③ 업종분포
④ 인구 및 특성 파악
⑤ 경쟁 점 조사
⑥ 매물/임대료/권리금 조사
⑦ 점포 내 외부 조사
⑧ 점주 조사

(2) 상권조사 방법

① 유동인구 분석
② 시간대별 통행량 조사
③ 내점율 조사
④ 구매품목과 가격대 조사

2) 상권분석 조사 항목

(1) 상권 내 행정통계

인구 및 세대수
① 세대별 소비지출
② 사업체수 및 종업원 수

(2) 경쟁시설물 분석

① 경쟁 점 수 및 위치
② 경쟁 점 영업현황 및 경쟁력

(3) 시장 점유율 분석

시장 점유율은 시장의 판도를 파악하는 주요한 지표가 된다. 즉 현재 당점의 위치, 시장리더와 도전자, 그리고 추종자는 누구인지 파악이 필요하다.

시장이 매우 안정적이어서 순위변동이 어려운 상권인지 , 역동적인 상권인지에 따라 예상 매출과 시장점유율 변동이 달라 질 수 있다.

(4) 경쟁점포 매출액 추정

경쟁점포를 조사하는 경우 그 점포의 매출액과 당 점포에 어느 정도 영향을 미치느냐의 관점에서 조사하는 것이 필요하다. 경쟁점포의 매출액은 아래와 같은 방법으로 유추 할 수 있다(표 4-2 참조).

① 종업원 수를 근거로 매출액을 추정해본다.
② 매장면적과 포스 대수를 통하여 추정한다.
③ 이용객수(소비자) 조사를 통하여 추정해본다.
④ 협력업체 직원을 통하여 추정해본다.

[표 4-2] 경쟁 점 분석

현 황	자기 점포	경쟁 점 A	경쟁 점 B
면 적			
일평균 매출			
포스운영 수량			
주차가능 대수			
종업원 수			
주요품목 가격			

(5) 경쟁 점 분석 방법

① 상권조사

지도상에 반경 500미터, 1키로 원을 그리고 실제의 상권을 추정해서 그린다. 상권안의 동일업종, 경쟁업종의 매장면적과 취급상품을 조사한다.

② 상품전략 및 레이아웃조사

경쟁 점의 주력상품의 판매가격을 조사하고 상품 전략을 조사한다. 경쟁 점의 레이아웃과 면적, 계산대 수, 부분별 매출조사를 실시한다.

③ 판매촉진 조사

경쟁 점에서 실시하고 있는 판촉활동과 광고에서 주목할 사항을 조사한다.

④ 경쟁 점의 구분확대

슈퍼마켓 경쟁점이 동일수준의 슈퍼에서 마트, 편의점 까지 확대되고 최근에는 인터넷 쇼핑까지 경쟁관계에 있다는 점을 명확히 하여야 한다.

⑤ 경쟁양상 파악 필요

기존경쟁자에 대한 평가와 신규 출점가능성도 분석 필요

(6) 표본 및 전수조사

① 설문조사로 소비자 조사

② 표본 및 전수조사

[표 4-3] **표본 및 전수조사**

표본조사	• 조사대상중 일 부 만을 조사 • 모집단 정의 표본 수 결정 후 표본 추출 • 모집단 특성반영 표본추출이 중요 • 전수조사보다 활용도 높다
전수조사	• 전체 대상조사 • 시간과 비용이 과다

3. 상권분석

1) 상권의 설정방법

(1) 산이나 하천 등 지형의 형태에 따라 거주 장애지역을 고려 , 고객의 거주범위를 예상하여 설정한다.

(2) 교통조건을 고려 , 도보상권, 버스상권, 지하철상권 등을 예상하여 설정한다.

(3) 상권의 경쟁관계를 고려하여 상권의 경계가 되는 지점 결정한다.

(4) 방문(현장)조사, 통행조사 등을 실시 실제로 구매하러 오는 범위를 파악하여 상권 결정한다.

상기 방법 중 방문/ 현장조사의 방법을 통하여 상권을 결정하는 것이 일반적인 방법이다.

2) 구체적 상권분석방법

(1) 기술적 방법

① 체크리스트 방법

상권에 영향을 미치는 요인들인 상권내의 입지특성, 고객특성, 경쟁구조를 조사하여 평가를 통하여 시장의 잠재력을 측정하는 방법이다. 체크리스트 방법은 이해하기 비용이 저렴한 장점이 있지만 주관적인 분석이 될 수 있다.

② 유추법

신규점포 매출 추정 시 자사의 점포 중 신규 점 입지와 비슷한 경쟁 및 점포특성을 반영하여 매출액을 측정하는 방법이다.

(2) 규범적 모형

① 중심지이론

이동거리가 점포선택에 중요한 영향을 미치는 점이 고려되는 것이다. 점포와 근접한 지역에 가장 고객이 많고 거리가 멀어 질수록 고객이 감소되는 것을 실증을 통하여 확인 할 수 도 있다. 거리가 멀어질수록 고객이 감소되는 것을 거리소멸효과라 하며 이는 지리적으로 가까울수록 점포를 많이 선택한다는 것을 말해주는 것이다. 거주지를 통한 상권분석 방법의 대표적인 것은 소비자 분포기법이다. 애플봄(W. Applebaum)은 1966년에 고객들의 실제분석으로 거주지, 매출액, 구매품목을 활용하여 1차 상권과 2차 상권의 법위를 구분하는 소비자 분포조사를 하여 상권분석을 하였다(Customer spotting map 그림 4-2 참조).

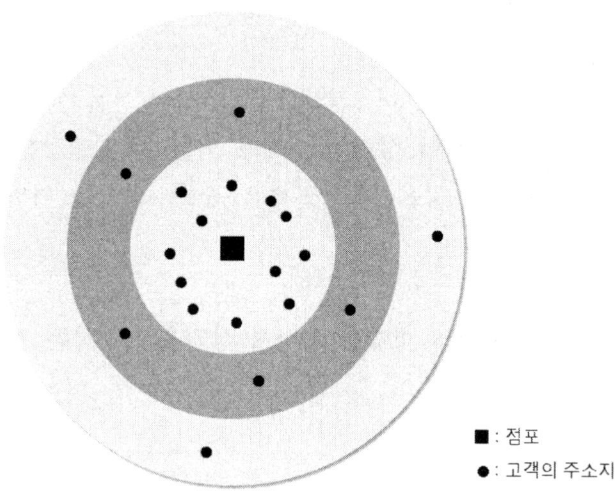

[그림 4-2] **고객거주지 분포**

② 소매중력법칙

거리와 인구를 고려한 이론이다. 레일리(W. J. Reilly)는 1929년에 만유인력의 법칙을 원용하여 도시의 세력권이나 점포의 상권을 측정 할 수 있는 소매중력의 법칙을 도출했다. 두 경쟁적인 도시가 도시중간에 위치한 소규모 도시로부터 흡입력은 인구에 비례하고 각 도시와 중간도시간의 거리자승에 반비례하다는 이론이다. 소매업중력법칙에 의하면 많은 인구의 도시가 매력도가 있어 원거리의 고객들도 흡인한다는 것이다. 또한 핵심적인 사항으로 상가들 사이의 집적이 상가의 매력도를 증가시키는 경양을 보이는 것으로 두 상가의 경계는 두상가의 중심 간의 거리와 크기에 의해 결정되는 주장이다.

Ⓐ 레일리 이론의 상권공식:

$$\frac{Ba}{Bb}=\left(\frac{Pa}{Pb}\right)\left(\frac{Db}{Da}\right)^2$$

Ba: A 도시의 상권영역

Bb: B 도시의 상권영역

Pa : A 도시의 인구

Pb : B 도시의 인구

Da : A도시와 분기점 까지 거리

Db : B도시와 분기점 까지 거리

Ⓑ 레일리의 소매인력법칙 상권

위 그림의 상권을 공식을 통하여 계산해보면

$$\frac{Ba}{Bb}=\left(\frac{2}{1}\right)\left(\frac{1}{2}\right)^2$$

(3) Huff의 상권모형

점포의 크기와 시간과 거리를 고려하여 점포의 선택 확률이 결정된다는 것이다. 허프는 상권의 크기를 거주지에서 점포까지 교통시간을 고려하여 모형을 제시하였다. 허프(Huff)모형은 거리가 가깝고 매장면적이 큰 점포가 더 큰 효용을 가져온다는 것이다. 즉 효용의 상대적 크기를 상법집적의 면적규모와 거리에 따라 결정된다는 모델이다. 소비자들은 한 점포이상을 방문 할 수 있고 특정점포의 방문은 고려된 모든 점포 중에서 효용이 가장 높은 점포의 선택 확률로 다음과 같이 표현된다.

$$p_{ij}=\frac{Db_{ij}}{\sum_{k=1}^{j} s_{ak}Db_{ik}}$$

P ij : 소비자 i가 점포j를 선택 할 확률

Sj : 점포 j의 매장크기

Dij : 소비자 i가 점포 j 까지 가는데 시간 또는 거리

a : 소비자의 점포크기 민감도

b : 소비자 점포까지 거리 민감도

j : 소비자 고려 총점포수

3) 실무적 상권

상권	장점	단점	비고
중심상권	• 유동인구가 풍부하다 • 교통편리/ 고객층 다양화	• 임대료 권리금 과다 • 임대인의 우월적 지위	명동/잠실
주거 역세권	• 지역 고정고객 풍부 • 임대료/ 권리금 저렴	• 경기에 민감 • 지역 대형점포 오픈 위험	노원
대학가	• 충성고객 풍부 • 임대료/ 권리금 적절	• 방학 때 비수기 • 트렌드에 민감	경희대
오피스 상권	• 고객층 양호 • 가격에 상대적 민감하지 않다.	• 주차 불편 / 임대료 과다 • 주 5일 근무 영향	여의도

4. 상권의 구매력

상권이 설정되면 다음 단계로 구매력을 추정한다. 구매력은 점포의 규모를 결정하는 요소가 되며, 구매력 추정방법은 아래와 같다.

1) 상권의 구매력

(1) 상권내의 세대 구매력

① 상권내의 세대수 × 1세대 당 상품 구매지출비용
(1세대 당 상품구매지출 = 1세대 당 소비지출 - 1세대 당 비 구매 지출)

② 한 세대 당 비 구매지출 내역은 주거비중 집세, 전기, 가스, 교통, 통신비 등을 말한다.

(2) 사업자의 구매력

상권 내 사업자 자체가 일반점포에서 구매하는 금액의 합계로 사업장 규모와 수

를 고려하여 추정한다.

(3) 유입인구 구매력

① 유입인구를 사업장의 종원수와 역의 승하차 인원을 고려하고 유입인구의 1 인당 점포에서 구매하는 금액 * 유입인구로 계획한다.

② 상권내의 총구매력은 세대수매력+ 사업자의 구매력 + 유입인구 구매력 이다.

2) 상권의 수명주기

사람이나 제품에게 수명주기가 존재하는 것처럼 상권에도 수명주기가 있고 업종의 수명주기가 있다. 따라서 상권을 분석할 경우에는 상권의 수명주기와 상권 내 업종의 수명주기를 고려한 분석이 필요하다.

(1) 성장상권

상권은 고정된 것이 아니라 유동적이므로 향후 도시계획, 재개발, 재건축, 관공서 및 대학, 아파트입주, 전철개통 등의 환경요인에 의해 변화한다.

상권의 성장요인은 아래와 같다.

① 아파트 입주시작

② 전철역 신설 9반경 20미터 이내)

③ 버스정류장/ 횡단보도 신설

④ 대학, 관공서 이동

⑤ 상업지역으로 변경

⑥ 도보, 주차 편리성

⑦ 지역최대 주차, 편의성

⑧ 독립적인 상권으로 유출이 어려운 상권

(2) 쇠퇴상권

재개발시작, 주변지역에 신도시 개발, 대학, 관공서 등의 이전은 상권이 쇠퇴하는 결과를 초래 할 수 있다. 특히 상권의 쇠태원인은 아래와 같다.

① 주변의 통행인구가 감소한다.

② 빈싱하는 짐포가 있다.

③ 빈 점포가 많아지고 있다.

④ 같은 업종이 출점 후 빈번한 폐점이 있다.

제 2 절 상권 전략

1. 상권분석 중요성

상권분석이 중요한 이유는 신규점포의 해당 상권 내 진입과 기존 점포의 분석을 위해서 중요하다. 구체적으로 살펴보면 다음과 같다.

1) 향후 유통업체에 대한 미래 예측

현재와 같이 고객 라이프스타일의 변화가 크고, 시장이 유동적이며, 새로운 업태의 등장(특히 할인점),외국계 소매업이 진출하는 시대에는 해당업태가 향후 어떻게 변화할 것이며 또 어떻게 변화해야만 하는가 하는 예측이 가능하다.

2) 해당업태의 비전(Vision) 설정

장래의 유통업태상에서도 자사가 나아가야할 방향성, 포지셔닝전략 등 소위 유통업태의 비전을 확실히 세울 수 있다. 이 비전이 투명하지 않으면 모든 장기 계획들은 자연스럽게 결정되지 않는다.

3) 판매 예측

잠재 수요량을 추정하는 데에는 상권을 설정할 필요가 있다.

4) 판매 촉진

판매 대상지역을 파악하여 상권내의 고객을 알게 됨으로써 가장 적절하게 시장 세분화를 할 수 있을 뿐만 아니라, 상품구성 및 판매촉진 등 경쟁 점과의 차별화를 꾀할 수 있다.

2. 입지와 상권

도시를 단위로 하여 관찰하면 도시에는 계층관계가 형성된다. 보다 상위의 도시는 그 도시와 함께 주변의 보다 하위의 도시로부터 고객을 흡인한다. 그러나 상위 도시 전체의 입지가 그와 같은 광범위한 상권을 갖는 것은 아니다. 도시 내부의 소매 중심지에 위치한 상점가는 다양성으로 인해서 근린 주거자를 대상으로 편의 품을 판매하는 상권이 좁은 몇 개의 소규모 점으로 구성된 소매 중심지도 많이 존재하고 있다. 그러나 보다 상위의 기능을 갖춘 점포수가 많은 업종의 점포이거나 고급의 전문점 혹은 대규모 점포가 입지하는 소매 중심지의 경우 점포수는 적은 반면에 상권은 매우 넓게 된다.

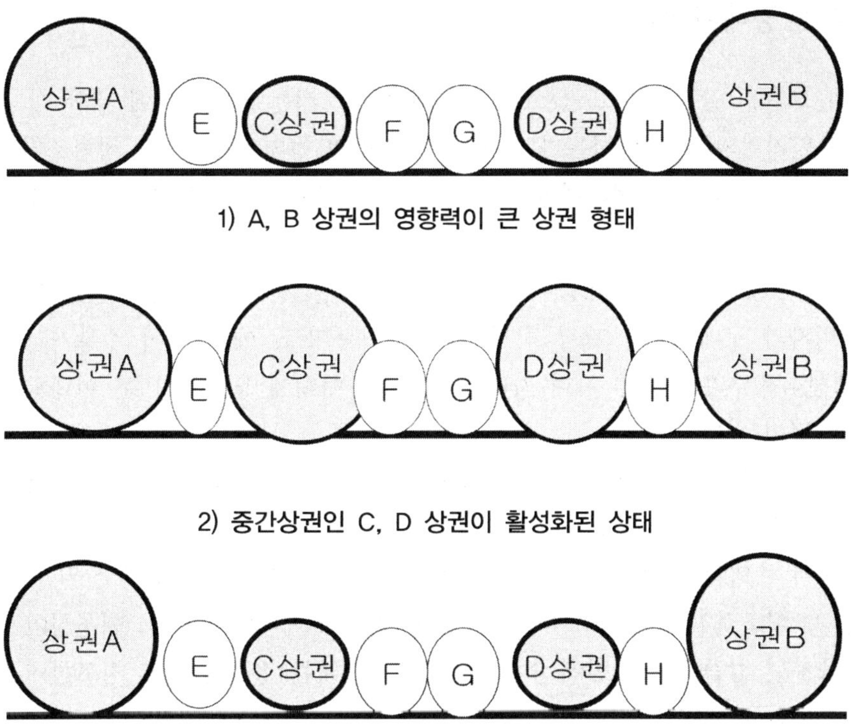

[그림 4-3] **상권별 영향력과 크기**

이와 같은 소매 중심지의 배치와 규모에 따른 상권의 계층관계에 대한 이론은 인력의 법칙을 원용하고 있다. 예를 들어 중심지에 일직선이 나란히 있는 경우 중심지는 세 종류의 형태로 나타나게 된다(그림 4-3 참조).

A와 B가 상위 상권 C와 D가 중위 상권, E, F, G, H가 저위의 중심지 상권이라고 하자. 위지가 A E C F G D H B 상권의 순으로 수평적으로 놓여 있다고 가정하면 A와 B의 상위 선상에서 각각 중위 상권과 하위 상권이 위치하게 되는데 이들 각 상권의 활동규모와 역량에 따라 각 상권에 미치는 영향이 달라진다. 예를 들어 A와 B의 상권

이 매우 강하다면 나머지 상권의 영향력은 미미한 양극 형태를 가질 것이고, 중위 상권인 C와 D가 비교적 강하다면 2개의 상위 상권 내에서 2개의 중위 상권이 나타날 수가 있다. 또한 하위상권들이 활발할 경우에는 A, B 2개의 상위 상권 내 6개의 상권이 영향력을 규모별로 각각 나타낼 수 있다. 즉 상권의 중심지의 활동과 규모에 따라 그 영향력은 일치하게 된다.

3. 업종 형태와 상권

상권의 크기를 결정하는 요인으로 ① 소비자가 느끼는 구매거리에 대한 태도, 어느 정도까지 원거리의 쇼핑을 하는가의 문제 ② 소매업 경영관점에서는 성립조건이 되는 어느 범위까지 고객이 내점하여야 그 점포가 유지되고 경영목표가 달성될 수 있는가 하는 점이다.

소비재를 크게 편의품, 선매품, 전문 품으로 분류할 수 있는데 편의품은 구매빈도가 높고 소비자가 구매비용을 가장 적게 들이는 상품이다. 예를 들어 주부가 일주일에 3-4회 생선식품류의 구매를 하며 자택에서 500m 이내에 도보로 10분 이내의 거리를 이용하는 것이 일반적이다.

생선식품을 포함해서 식료품 및 일용잡화와 같은 일용 생활필수품의 경우에는 보다 구매거리가 짧고 편리한 장소에서 구매하려고 한다. 이와 같은 소비자의 행동을 대상으로 하여서 주택에 근접된 입지로서 소규모의 편의 품점은 소규모의 상권을 갖게 된다. 이것과 대조적인 상품으로 의류, 신변품 등은 선매 품으로서의 패션성이 강하고 품목이 풍부한 상품으로 사전에 소비자는 상품에 대한 정보를 비교 검토하여 구입하는 유형의 상품을 말한다.

구매빈도는 편의 품에 비하여 매우 적은 편이다. 이와 같이 편의품의 경우 소비자는 구매비용을 지출하면서도 원거리까지 가게 되고 또한 그것은 하나의 레저적인 요소가 있으며 구매의 즐거움이 있게 된다.

선매 품을 구매하는 소매 점포는 보다 상위의 소매 중심지나 상점가에 입지하여 넓은 범위의 상권을 갖게 된다. 전문품은 소비자가 어느 특정 브랜드, 어느 소매 점포에 판매하는 특별한 상품, 타 점포와는 대체되지 않는 전문적 상품이다. 따라서 그것을 구매하는 소비자는 상당한 구매 노력을 기울여 구매하는 경향이 있다. 그러므로 전문품을 판매하는 소매점은 그 수가 많지 않고 밀도는 낮으며 넓은 상권을 갖게 된다.

상권을 검토하는 경우 식료품은 편의품, 의류는 선매 품으로 단순하게 분류하는 것은 바람직하지 않다. 식료품의 많은 부분은 확실히 편의 품으로서의 성격을 갖고 있으나 선물용 상품은 선매품인 것도 있다. 특별한 내객이나 집회를 위해 식자재를 구입하는 경우에도 구매행동은 선매 품적 성격을 갖게 된다. 빵, 가공식품 등에서 유명한 전문 품으로서의 성격을 갖고 넓은 상권을 대상으로 판매되는 가공제품도 있다. 의류품에 있어서도 선매품의 성격을 갖는 것이 많으나 내의, 양말, 실내화, 샌달 등은 편의품의 성격을 갖는 것도 있다. 또한 동일 업종에 있어서도 점포의 규모나 품목 구성 등에 따라서 좁은 상권을 갖는 점포에서 부터 광역적인 상권을 갖는 점포에까지 그 폭이 다양하다. 10평의 점포와 5백 평의 점포의 동일한 상품을 취급하는 점포를 비교하면 쉽게 이해가 된다(표 4-4 참조).

백화점이나 할인점 등의 대규모 종합 형 점포의 경우에는 대규모 상권을 전제로 한 것이다. 상품품목 구성의 폭과 깊이를 크게 하고, 다목적 구매와 비교구매를 가능하게 하는 것도 대규모 상권을 갖는 요인의 하나가 되며, 패션성이 높은 의류, 신변 잡화의 매장이나 기타의 고급품 매장 또는 특별한 이벤트를 통한 고객 창출 형 매장도 그 한 요인이 된다.

[표 4-4] **상품에 따른 상권범위**

구 분	정 의	특 징	상권의 범위
편의품	일상의 필수품	• 가정용품 • 주고객 : 주부 • 통행길목에 위치 • 신속한 구매결정 • 낮은 가격수준 • 낮은 이윤율 • 낮은 임대료/지가	도보 5 - 10분정도 반경 700M이내 (장애물이 있는 경우 조정)
선매품	고객이 상품의 가격, 스타일, 품질 등을 여러 상점과 비교하여 구매	• 높은 가격수준 및 이윤율 • 적은 구매회수 • 고객의 취미 중요 • 표준화 곤란(가구, 의상, 보석류 등)	교통수단 및 접근성이 중요 승용차로 1시간권 이내
전문품	전문성을 요하는 상품	• 가격수준 높고 고객의 구매노력이 많다. • 브랜드 중요 • 구매빈도가 낮고 이윤율이 높다. (고급자동차, 골프용품, 고급향수, 고급시계)	도심권이 유리 도시전체가 상권

4. 경영전략과 상권 확대

소비자가 점포를 선택하는 경우에는 여러 가지 요인이 영향으로 작용한다. 소비자에게 있어서는 소매점포 입지의 편의성은 중요한 것이다. 그러나 그 비중은 높지만 소비자의 점포선택 요인의 전부는 아니다. 단지 여러 요인 중에서 하나에 불과하다. 또한 그 중요성도 소비자 개인의 상황에 따라서도 달라진다. 소비자의 점포선택에 대응하는 소매업 경영자는 경영전략의 수단으로 입지이외에 품목구성, 규격, 가격, 판매방법, 광고 등의 판매촉진, 부대 서비스, 점포 건축, 내부시설 등의 제 수단에 대해서 깊은 검토를 하게 된다.

이러한 경영전략으로는 어느 정도 상권의 확대가 가능하나 규모를 능가하는 경우에는 상권의 확대에는 한계가 있다. 이러한 한계의 가능성은 다음과 같은 상황에 해당한다.

첫째 자연적 조건, 도로, 교통 등 물리적인 면에서 상권을 확대할 수 없는 경우가 있으며, 또한 보행고객을 전제로 하는 경우에는 보행거리에 의한 한계가 있다. 둘째 경영전략의 변경에 의한 흡인력의 증대라는 플러스 요인과 구매 증대에 따른 구매비용 증가라는 부정적인 요인이 비교된다. 셋째로 경쟁 점 동향과의 관계이다. 특히 상권이 중복되어 있는 타 소매 중심지에 있는 경쟁 점의 동향이 문제가 된다. 이와 같은 경우는 자점의 경영전략 변경만으로는 상권의 확대에 대한 예측은 어렵다.

5. 상권전략 유형

[표 4-5] **상권전략 유형**

상권전략 유형	업태	취급상품	전략내용
초대형 상권전략	• 특수 전문점 • 하이퍼마켓	• 고급 수입품 • 모드(MODE)상품, 특수디자인 상품	초 광역권 내의 계간성 및 연간성 수요를 대상으로 하는 초대형점 유형전략
대형 상권전략	• 도심형 백화점 • 본격적인 전문점 • 할인점	• 고급 유행성상품 • 고급 음식 등	10~20km권내의 월간성 수요를 대상으로 하는 대형점 유형전략
준 대형 상권전략	• 준 도심형 백화점 • 종합상품점(GMS)	• 고급 유행성상품 • 고급음식 등	6~10km권내의 주간성 및 월간성 수요를 대상으로 하는 중대형점 유형전략

상권전략 유형	업태	취급상품	전략내용
중형 상권전략	• 양판점 • 대형전문점 • 주니어 백화점 • 일반전문점	• 문화 및 잡화품 • 가정 잡화품 • 대중 유행품	5~6km권내의 주간성 수요를 대상으로 하는 중형점 유형전략
준중형 상권전략	• 복합점 • 슈퍼스토어	• 문화 및 잡화품 • 가정 잡화 • 대중 유행품	2~4km권내의 일상성 및 주간성 수요를 대상으로 하는 중형점 유형전략
소형 상권전략	• 슈퍼마켓 • 재래시장 • 각종 소형전문점 • 식당 등	• 식료품 • 서비스 계열 • 일용잡화 • 실용음료, 경음식 • 베이커리	1~2km(편의권) 내의 일상성 수요를 대상으로 하는 소형점 유형전략
초소형 상권전략	• 편의점, 일반잡화점, 소형전문점, • 미니슈퍼, 구멍가게	• 식료품 • 일용잡화 • 서비스품 • 필수품 등	500m~1km권내의 일상성 수요를 대상으로 하는 소형점 유형 전략

제 3 절 상점가, 근린판매시설

1. 소매 중심지 정의

소매 점포는 소비자의 거주 지역에 대응해서 광범위하게 분포되어 있으나, 그 분포의 내용은 각 입지에 따라 제각기 다른 모습을 갖고 있다.

대 도시의 번화가처럼 다양한 업종. 업태의 소매점포가 대 단위로 모여 있어 집적도가 매우 높은 지역으로부터, 작은 점포가 단독으로 존재하는 농촌지역까지 다양한 형태로 존재하고 있다.

소매중심지란, 어느 일정한 지역에 다양한 업종. 업태의 소매 점포가 모여 있으므로 소매업의 집적이 형성되어, 그 주변의 소비자가 물건을 구입하기 위해 모여드는 장소를 말한다. 상점가 혹은 상업지라고도 하나 도매업과는 구별이 불명확해 '소매상업 집적'이라고도 한다.

1) 광의의 소매중심지

상점가는 내부에 독립의 중소 소매점에서부터 대형점인 백화점, 할인점과 중. 대형 슈퍼마켓, 지하상가, 대형전문점, 시장, 상점가(도로상의 전문점 집합 상점가)등의 소매형태가 포함된 곳이다.

2) 협의의 소매중심지

광의의 소매중심지를 구분하면 자연발생적으로 생겨나 형성된 '재래시장'이나 '도로변상점가'와 계획적으로 조성되어 통일적으로 운영되고 있는 '쇼핑센터'로 구분되는데 이러한 것을 협의의 소매중심지라고 한다.

협의의 소매중심지는 명확한 조직체로 구성된 집단으로써의 상점가이다. 임의 단체인 경우도 있으며, 협동조합이나 상점가 진흥조합 등의 법인인 경우도 있다. 소위 공동사업의 주체가 되는 것은 이 의미에서의 소매중심지이며, 구역도 구성원도 명확하게 된다. 이 경우 복수 소매중심지가 있는 경우 상점가 연합회의 조직도 소매중심지로 분류한다.

예를 들면 가락동 농수산물 시장의 경우 농수산물 시장 안에 '00청과' '00수산' 등의 소매점포 집합 군으로 나뉘어 구성되어 있다. 이렇게 개개의 조직체가 집단으로 모여 커다란 소매중심지를 구성하는 것을 말한다.

2. 소매중심지

1) 소매점포 집단

소매중심지는 소매점포가 집단을 이루고 있으며 소매업 경영의 장소역할을 한다. 개개의 소매점포로서의 경영내용은 그 점포가 소재하는 상점가가 어떠한 형태의 소매중심지이냐가 매우 중요한 영향요인으로 개개의 소매업자에게는 소매중심지는 매우 중요한 환경요인이 된다.

한편 소매중심지가 어떠한 형태로 발전하느냐는 소매중심지 전체의 환경에 대응해서 개개의 소매업자가 어떠한 경영을 하느냐에 따라 달라진다.

예를 들면 독립 소형 점포가 모여 집단을 이룬 상업 집적의 경우에도 구성원들이 어떠한 콘셉트 아래 경영을 하느냐에 따라 소매중심지가 발전하기도 하고 쇠퇴하기도 하는 것을 말한다.

2) 쇼핑, 생활의 중심지

소매중심지를 구성하는 시설은 물건만 판매하는 점포뿐만 아니라 서비스 업종인 은행이나 증권회사 같은 금융기관, 병원, 극장 등의 오락시설, 우체국 공원 등의 공익시설 등과 함께 생활의 중심기능을 수행하게 된다.

3) 도시제반시설 필요

도시의 발전 또는 쇠퇴와 그에 따른 도시의 제반기능, 도시 제반시설의 변동이 소매중심지에 영향을 준다. 또한 서울의 동대문 시장처럼 재래식 시장의 재개발 사업으로 소매중심지가 변모하여 도시에 어느 정도 영향을 주기도 한다.

따라서 도시의 개조나 재개발을 계획하는 경우에는 소매업의 경영의 장소로서, 소비자의 쇼핑의 장소라서, 생활의 지역적인 중심지로서 소매중심지에 대한 충분한 배려를 하여야 할 필요가 있다.

3. 소매중심지 유형

소매점포의 집적에는 소수의 점포가 근접되어 존재하고 있는 것에서부터 대규모 점포나 고급전문점을 포함한 다수의 점포가 집적되어 있는 것 등 매우 다양하다.

거주지 주변에 산재해 있는 소형 점포부터 도심지 중심지에 백화점을 중심으로 형성된 소매 중심지처럼 다양한 모습의 점포집적이 있다. 이와 같이 점포집적의 다양성이 성립되는 것은 다음처럼 두 기지 측면에서 그 원인을 찾아볼 수가 있다.

1) 소비자가 공간적(지역적) 구매행동

소비자가 구매하는 상품의 종유에 따라 좀 차이가 있다. 편의 품과 선 매품, 전문품 등에 따른 구매변동, 저가. 중가. 고가의 가격, 상품의 특수성 및 전문성 및 소비자의 거리에 대한 태도 등의 원인으로 발생한다.

2) 점포의 손익

점포가 여러 위치에 분산하여서 존재할 수 잇느냐 없느냐는 각각의 업종, 형태, 규모에 따라 다르다.

인구가 1,000명 정도인 APT단지 상가에서 영업이 가능한 소형점포도 있으며 인구가 10만 이상이 되는 도시 및 지역의 중심부에서만 존립이 가능한 할인점이 있고, 도시 및 지역의 중시부에서만 존립이 가능한 대형 백화점 같은 대형 점포나 고가의 보석을 파는 전문점 등이 있다.

이와 같이 점포는 소비자의 공간적 쇼핑행동과 소매점포의 성립조건이라는 요인에 의해서 소매중심지의 단층체계가 성립된다.

보다 상위의 '소매중심지'에 있어서는 같은 단층에 속하는 소매중심지의 수는 적어지며, 한편으로는 상위의 점포수는 증가하고 평균규모가 커지고 어느 정도 이상이 되는 대형점이나 동일한 콘셉트아래 형성된 상업 집적만이 존재하게 된다.

또한 업종의 수도 증가되어 편의 품만이 있는 하위의 소매중심지에 대해서 상위의 소매중심지에는 선 매품 소매점포의 비중이 증대하게 된다.

소비자의 쇼핑거리도 상위 중심지 쪽이 원거리가 됨으로 결국 상위의 소매중심지는 넓은 상권을 갖게 된다.

지역적 도시에 존재하는 최상위의 소매중심지에는 그 도시만이 아닌 주변의 소도시로부터도 쇼핑을 오는 매우 넓은 범위의 상권을 갖게 된다.

예를 들면 서울특별시의 경우 소위 명동이라고 불리는 소매중심지 내에는 여러 개의 대형 백화점과 대규모 시장 및 전문 상점가로 구성되어 있다.

이 소매 중심지에서 쇼핑을 하는 사람들은 소매중심지 주변에 거주하는 소비자뿐만 아니라 서울특별시 전 지역에서 거주하는 소비자들이 대체로 많이 이용한다. 이 소매중심지는 비단 서울특별시 소비자뿐만 아니라 안양, 부천, 분당과 같은 서울특별시 주변 소비자들도 많이 이용하며 남대문 시장의 경우 지방상인 뿐만 아니라 중국이나 동남아 상인들까지도 이용하는 경우도 있다. 이처럼 도시의 최상위 중심지는 광범위한 지역에 넓은 상권을 갖는다.

또한 이러한 대도시 내부에는 최상위 소매 중심지뿐만 아니라 '청량리. 영등포'같은 부도심에서 주택가 인근의 소규모 상점까지 각종 단층의 소매 중심지가 존재하는 것 이외에도 전문적인 소매중심지가 존재한다. 용산전자상가나 을지로 조명자재상가, 을지로 건자재 상가 등은 그 대표적인 예이다.

시실 우리나라의 경우, 다양한 환경조건 가운데 역사적으로 형성된 수체적인 소매중심지인 상점가를 단층 구분하여 유형화 하기는 곤란하다. 미국의 경우에는 광대한 평원에 인구가 균등하게 분포되어 있기 때문에 대규모 소매 중심지인 쇼핑센터를 근린 형(Neighbor Type), 지역 형(Community Type), 광역 형(Regional Type)으로 분류하는 것이 전통적으로 가능하듯이 소매업 중심지의 분포유형이 규칙성을 나타낸다.

그러나 우리나라의 경우에는 지세가 복잡하고 인구밀도 차이가 크며(서울과 경기지역에 전 국민의 절반이 거주)크게 되어 미국처럼 소매중심지의 규칙적인 분포를 지도상에 나타내기 어렵다.

또한 우리나라의 경우 지역별로 독특한 관습이나 풍습등도 매우 다양하기 때문에 미국처럼 단순히 단층적인 유형으로 구분하는 것은 곤란하다.

3) 소매집적의 분류

소매집적 현상은 일반적으로 자연 발생적인 것과 사후 통합적인 것 그리고 계획적인 것의 세 가지로 분류한다.

(1) 자연발생 소매집적

교통과 도로의 중심으로 오랜 세월 동안 자연적으로 소매상이 모여들어 집적된 경우이다. 이와 같이 자연발생적으로 형성된 소매집적은 점포규모도 영세하고 집적의 통합성이 미약하다.

지방 소도시 지역의 일반시장과 대도시 주택가나 변두리 재래시장 및 소위 골목시장이 이에 속한다. 이곳의 고객 흡인력은 아직 높은 곳도 있으나 최근에 등장한 신업태의 성장으로 성장이 둔화되고 있다.

(2) 사후 통합적 소매집적

이 같은 유형은 집객력을 높이기 위해 사후에 상점가의 활성화 내지 재개발계획에 의해 조성된 소매집적 형태이다. 대표적인 아케이드형 상점가로써 동대문시장이나 청계천시장등이 이에 속한다. 이는 저마다 다른 사업 방침을 가진 자연발생적 소매집적에다 '아케이드'라는 공동우산을 씌워 점포간의 입체감을 부여함으로써 고객흡인력을 높이려는 것이다.

(3) 계획적 소매집적

이 같은 유형은 소매집적 자체를 하나의 단위로 하여 업종구성, 점포배치, 혹은 점포별 면적 배분 등을 통합적 관점에 사전계획을 수립하여 재개발하며, 영업을 개시한 다음 전체적으로 통제하는 소매집적 영으로서 서울 동대문 시장에 개관한 '밀레오레' 같은 소매집적이 대표적이라 할 수 있다. 이들 소매집적은 공동광고나 공동행사 등 공동판매사업을 수행하는데 역 앞 지하상가나 지구형 쇼핑센터 등도 이 같은 유형에 속한다. 계획적 소매집적을 몇 가지 형태로 구분하면 다음과 같다.

① 중소 소매점들이 상업협동소합이나 공동출사 회사를 설립하여 설비를 공동으로 소유하고 공동 영업하는 경우

② 대형점이 소매집적을 위해 자체 개발하여 스스로 핵 점포로 출점함으로써 여러

소형 점을 유치하는 경우
③ 전문 부동산회사가 개발, 소유하고 임대 소매상을 유치하거나 분양하는 경우
④ 지방자치단체나 공공기관이 개발 소유하며 임대소매점을 유치한 경우
⑤ 일본의 경우처럼 공공단체와 민간업체가 공동으로 개발하고 소유하며 임대 점을 유치하는 경우이다.

4. 근린판매시설

1) 일반판매시설

건축법상 판매시설이라 함은 도매시장, 소매시장, 상점 등을 말한다. 일반판매시설이라 함은 상점을 지칭한다. 상점이라 함은 근린생활시설에 해당하는 용도, 즉 슈퍼마켓, 일용품(식품, 잡화, 의류, 완구, 서적, 건축자재, 의약품류 등) 등의 소매점으로서 동일한 건축물(하나의 대지 안에 2동 이상의 건축물이 있는 경우에는 이를 동일한 건축물로 본다)안에서 당해 용도로 쓰이는 바닥면적의 합계가 1,000제곱미터 이상인 것을 말하며, 1,000제곱미터 미만인 것은 보통 근린 생활시설이라 한다.

상가는 그 형태에 따라 타워 형, 몰 형, 스트리트 형, 복합 형 등으로 구분하기도 하고 그 기능에 따라 멀티 형과 테마 형으로 구분하기도 하며 입점할 업종의 유형에 따라 수평 형과 수직 형으로 구분하기도 한다(표 4-6 참조).

[표 4-6] **상가 구분**

구 분	유 형	비 고
형태적 구분	타워 형, 몰 형, 복합 형, 스트리트 형	위치의 집약
기능적 구분	멀티 형, 테마 형	수용의 집약
업종상호간 관련성 구분	수평 형,수직 형	동기의 집약

타워 형이라 함은 1개 건축물의 규모가 고층이고 이 건축물 안에 상가가 집중 배치되는 형태의 상가를 말하며 몰 형은 지붕이 덮여져 있는 공간 안에 상가가 집중 배치되어 마치 공간 안에서는 하나의 도시를 연상시키며 모든 상업 활동이 가능해지는 공간이다. 스트리트 형은 거리를 사이에 두고 양쪽으로 상가들이 들어서 있는 형태이며 특히 차 없는 거리로 명명되는 인도전용도로 주변의 상가들이 많다. 대표적인 이미지는 명동, 압구정동, 문정동 등의 패션거리등을 들 수 있다. 그리고 복합형의 이들의

복합적인 형태가 집약된 상가지역을 들 수 있다.

2) 판매시설 개발

상점의 입지조건은 번화가일 것, 유동인구가 많을 것, 접근성이 양호할 것, 배후에 경쟁상권이 없을 것 등 크게 4가지의 충족조건이 필요하며 분양성을 높이기 위해서 브랜드가치를 높이는 전략이 필요하고 시설경쟁력, 가격경쟁력을 높이기 위한 전략개발이 병행되어야 한다.

상점은 상업지역에서 건축이 가능하고 일반주거지역과 준주거지역에 대해서는 조례에 따라 건축이 가능하다. 준 공업지역, 생산녹지지역, 자연녹지지역에 한해서는 농, 수, 축산물의 판매시설에 한하여 건축이 가능하다. 결국 상점은 상업지역에서 개발하는 것이 가장 일반적인 방법이 될 것이다.

(1) 근린 생활시설

① 제1종 근린 생활시설

㉠ 슈퍼마켓과 일용품등의 소매점으로서 동일한 용도에 쓰이는 바닥면적의 합이 1,000제곱미터 미만인 것

㉡ 휴게음식점으로서 동일한 건축물 안에서 당해 용도에 쓰이는 바닥면적의 합계가 300미터제곱 미만인 것

㉢ 이(미)용원, 일반목욕장 및 세탁소

㉣ 의원, 치과의원, 한의원

㉤ 탁구장 및 체육도장으로서 동일한 건축물 안에서 당해용도에 쓰이는 바닥 면적의 합계가 500미터제곱 미만인 것

② 제2종 근린생활시설

㉠ 일반음식점, 기원

㉡ 휴게음식점으로서 제1종 근린생활시설에 포함되지 않은 것

㉢ 서점으로서 제1종 근린생활시설에 해당하지 않는 것 등

(2) 용도지역 구분(도시지역)

[표 4-7] **용도지역 구분**

<table>
<tr><th colspan="3">세분지역</th><th>지정목적</th></tr>
<tr><td rowspan="6">주거지역</td><td rowspan="2">전용 주거지역</td><td>제1종</td><td>단독주택 중심의 양호한 주거환경을 보호</td></tr>
<tr><td>제2종</td><td>공동주택 중심의 양호한 주거환경을 보호</td></tr>
<tr><td rowspan="3">일반 주거지역</td><td>제1종</td><td>저층주택을 중심으로 편리한 주거 환경을 조성</td></tr>
<tr><td>제2종</td><td>중층주택을 중심으로 편리한 주거 환경을 조성</td></tr>
<tr><td>제3종</td><td>중·고층 주택을 중심으로 편리한 주거 환경을 조성</td></tr>
<tr><td>준주거지역</td><td colspan="2">주거기능을 위주로 이를 지원하는 일부 상업. 업무기능을 보완</td></tr>
<tr><td rowspan="4">상업지역</td><td>중심 상업지역</td><td colspan="2">도심. 부도심의 업무 및 상업기능의 확충</td></tr>
<tr><td>일반 상업지역</td><td colspan="2">일반적인 상업 및 업무기능을 담당</td></tr>
<tr><td>근린 상업지역</td><td colspan="2">근린지역에서의 일용품 및 서비스의 공급</td></tr>
<tr><td>유통 상업지역</td><td colspan="2">도시 내 및 지역 간 유통기능의 증진</td></tr>
<tr><td rowspan="3">공업지역</td><td>전용 공업지역</td><td colspan="2">주로 중화학공업, 공해성 공업 등을 수용</td></tr>
<tr><td>일반 공업지역</td><td colspan="2">환경을 저해하지 아니하는 공업의 배치</td></tr>
<tr><td>준 공업지역</td><td colspan="2">경공업 그 밖의 공업을 수용하되, 주거, 상업, 업무 기능의 보완이 필요</td></tr>
<tr><td rowspan="3">녹지지역</td><td>보전 녹지지역</td><td colspan="2">도시의 자연환경, 경관, 산림 및 녹지 공간을 보전</td></tr>
<tr><td>생산 녹지지역</td><td colspan="2">주로 농업적 생산을 위하여 개발을 유보</td></tr>
<tr><td>자연 녹지지역</td><td colspan="2">보전할 필요가 있는 지역으로서 불가피한 경우에 한하여 제한적인 개발이 허용</td></tr>
</table>

(3) 근린생활시설의 개발

근린생활시설의 건축가능지역은 주거지가 형성된 곳이면 가능하다. 건축물의 규모나 구조에 대해서는 건축법의 적용을 받고 있으며 그 밖의 경우에는 개발사업과 관련된 해당법의 적용을 받는다.

건축법에 의하면 근린생활시설의 건축가능지역으로서 주거지역(전용주거지역의 경우 1종 및 2 종중 종교집회장만 가능), 고업지역(단란주점제외), 상업지역, 녹지지역(조례로 정할 때 가능) 등으로 규정하고 각 지역에 따라 해당조례를 통하여 구체적으로 규정하고 있다.

근린생활시설의 입지조건으로는 주변에 주거단지, 업무단지, 숙박단지 등이 조성되어 있으면 좋고 편리한 교통, 도로인접, 사람이 많이 모이는 곳이 좋다.

제4장

상권 전략 연습문제

01. 1차 상권에 대하여 설명하시오

상권은 상업상 영업행위를 하는 공간의 범위로 소매점에서 상권은 한 점포가 고객을 집객 할 수 있는 지역의 범위와 다수의 상업시설이 고객을 흡입하는 공간적 범위를 말한다.
상권의 분류 방법 중 점포와의 이동거리 및 구매력에 따라 전체고객의 거주지 분석을 통하여 60-65%가 거주하는 범위를 1차 상권, 30%가 거주하는 범위를 2차 상권 , 5-10%가 거주하는 범위를 3차 상권으로 구분 할 수 있다. 상권분석은 미래의 잠재수요를 반영하는 예상매출액의 추정, 고객지향 마케팅 전략의 수립, 상권분석은 입지 전략을 전개하는데 필요하다.

02. 소매중력법칙에 대하여 설명하시오.

거리와 인구를 고려한 이론이다. 레일리(W.J.Reilly)는 1929년에 만유인력의 법칙을 원용하여 도시의 세력권이나 점포의 상권을 측정 할 수 있는 소매중력의 법칙을 도출했다. 두 경쟁적인 도시가 도시중간에 위치한 소규모 도시로부터 흡입력은 인구에 비례하고 각 도시와 중간도시간의 거리자승에 반비례하다는 이론이다. 소매업중력법칙에 의하면 많은 인구의 도시가 매력도가 있어 원거리의 고객들도 흡인한다는 것이다. 또한 핵심적인 사항으로 상가들 사이의 집적이 상가의 매력도를 증가시키는 경양을 보이는 것으로 두 상가의 경계는 두상가의 중심 간의 거리와 크기에 의해 결정되는 주장이다.

03. 일반판매시설에 대하여 설명하시오.

건축법상 판매시설이라 함은 도매시장, 소매시장, 상점 등을 말한다. 일반판매시설이라 함은 상점을 지칭한다. 상점이라 함은 근린생활시설에 해당하는 용도, 즉 슈퍼마켓, 일용품(식품, 잡화, 의류, 완구, 서적, 건축자재, 의약품류 등) 등의 소매점으로서 동일한 건축물(하나의 대지 안에 2동 이상의 건축물이 있는 경우에는 이를 동일한 건축물로 본다)안에서 당해 용도로 쓰이는 바닥면적의 합계가 1,000제곱미터 이상인 것을 말하며, 1,000제곱미터 미만인 것은 보통 근린 생활시설이라 한다.

04. 용어설명

- 고객거주지 분포(Customer spotting map)
- 중심지이론
- 상권의 수명주기
- 소매집적

Chapter 05 상권 분석

제 1 절 상권 측정방법

1. 서베이법(The Survey Technique)

전형적으로는 그 지역에 거주하는 세대나 지역에 소재 하는 점포를 대표하는 샘플을 추출하고, 샘플로 삼은 개인 또는 점포에 대하여 면접을 행해 상권을 추정하는 방법이다. 이와 같은 면접 조사는 주로 각 회답자에 의해 구입되는 제품의 성격이나 애용자의 내점빈도, 혹은 각 회답자의 주택 소재와 쇼핑하러 나가는 지역과의 거리적, 시간적 관계 따위를 명백히 하기 위해 디자인된다. 조사한 결과를 지도상에 작성함으로써 상권이 그려지며, 그로부터 상권의 성격과 범위가 추론된다. 서베이법의 결정적 요점이 되는 것은 어떻게 샘플을 선택하며 면접 조사를 저항 없이 실시하느냐에 있다.

면접 조사는 샘플로 삼은 회답자의 집에서 행한다든가(개별 방문) 혹은 사람들이 잘 모이는 역전(노상 면접)이라든가, 대표가 될 만한 점포에 오는 손님에 대하여 행한다(점포 조사). 조사법은 조사를 실시하는 상황에 따라 여러 가지가 있다.

1) 상권 특성의 법칙

이들 상권 특성의 법칙에는 예를 들면 다음과 같은 것이 있다.

(1) 주어진 쇼핑 에어리어를 애용하는 소비자의 비율은 그 쇼핑 에어리어로 부터의 거리에 의해 변화한다.

(2) 다른 쇼핑 에어리어를 애용하는 소비자의 비율은 각 쇼핑 에어리어에 의해 제공되는 상품의 넓이와 깊이에 의해 변화한다.

(3) 소비자가 갖가지 쇼핑 에어리어로 나서는 거리는 제품 구입이 다른 타입에 따라 바뀐다.

(4) 주어진 쇼핑 에어리어의 인력은 경쟁하는 쇼핑 에어리어의 원근에 의해 영향을 받는다.

일본에서는 주부가 쇼핑을 하는 지역적인 행동 범위에 관해 다음과 같은 조사 결과를 내놓고 있다(일본 컨비니언스 개발회의 조사).

- 5분 이내(400m) : 63.6%
- 10분 이내(800m) : 29.2%
- 15분 이내(1,200m) : 6.7%
- 15분 이상 : 0.7%

이것은 가장 가까운 소매 상품에 있어서의 조사한 경우인데, 상권의 형성은 시장이 지닌 여러 조건에 따라 다양한 패턴이 만들어진다. 상권을 일반화하는데 있어서 교통의 편리함, 지형상의 특징, 인구 밀도, 경쟁 상점의 위치, 거주지의 소득상황, 지역이 갖는 전통성 따위는 지역 간에 차이가 있기 때문에 단일 서베이를 어느 지역에 실시하여, 그 결과를 가지고 경험적으로 상권이 지닌 일반성 즉 보편성을 규정하는 데는 무리가 있다. 서베이법은 어느 특정 지역에 관한 상권 상황을 파악하려 할 경우에는 매우 유효한 방법이다. 다만 대규모로 실시할 경우에는 대단히 많은 조사비용이 든다.

상권 측정방법으로서의 서베이법에서는 갖가지로 연구가 실시되고 있다. 지도상을 1평방킬로미터 단위로 하여 샘플을 취하여 지표상의 특성을 추계하는 방법도 있다. 그러나 시장으로서의 지역 구분이 복잡하게 중첩되어 있는 현상에서는 이 방법은 그리 쉽게 실시할 수 없는 어려운 점도 있다. 점두에서 고객의 개별 매상고를 체크하고 이에 고객의 주간 입점 고객 수를 곱하여 매상고를 추정하며, 지역별 상업통계(소매 매출액)로부터 점포의 마켓셰어를 추정하고, 다시 내점 고객을 추적 조사를 함으로써 점포 이용객의 거주 범위를 추정하며, 이용객의 거주 범위로부터 잠재 구매력을 추정하여 상권의 크기를 추정하는 방법도 있다.

2) 서베이법의 종류

일반적으로 서베이법에는 다음과 같은 것이 있다.

(1) **방문 조사법** : 호별 방문에 의한 면접 조사 또는 유치 조사법

(2) **가두 면접법** : 역·터미널 따위 교통의 요소에서 무작위(몇 사람에 한 사람의 비율, 시간마다 몇 사람 따위)로 대상을 선택하여 왕래자의 유입, 유출 및 왕래빈도, 쇼핑 목적, 이용점포의 조사와 그 선택 이유 따위를 조사하고 그 결과를 지도상에 작도해 간다.

(3) **우송법** : 미리 지도상에다 상권을 설정하고 그 지도상의 조사대상을 무작위로 추출하여 주소에 맞추어서 조사표를 우송해서 회수하는 방법

(4) **추적 조사법** : 터미널 또는 역의 승강 객을 무작위로 선택해서 그 쇼핑 행동을

관찰하여 이용 교통기관과 점포 또는 상점가의 이용도를 체크하며, 가능하면 가두 면접을 하여 거주지와 구매 행동권을 체크한다.

(5) **고객카드 분석법** : 고객 카드를 지역별로 정리, 분석하여 사는 상품, 상점 이용도, 고객 소재를 지도상에 작성하는 방법

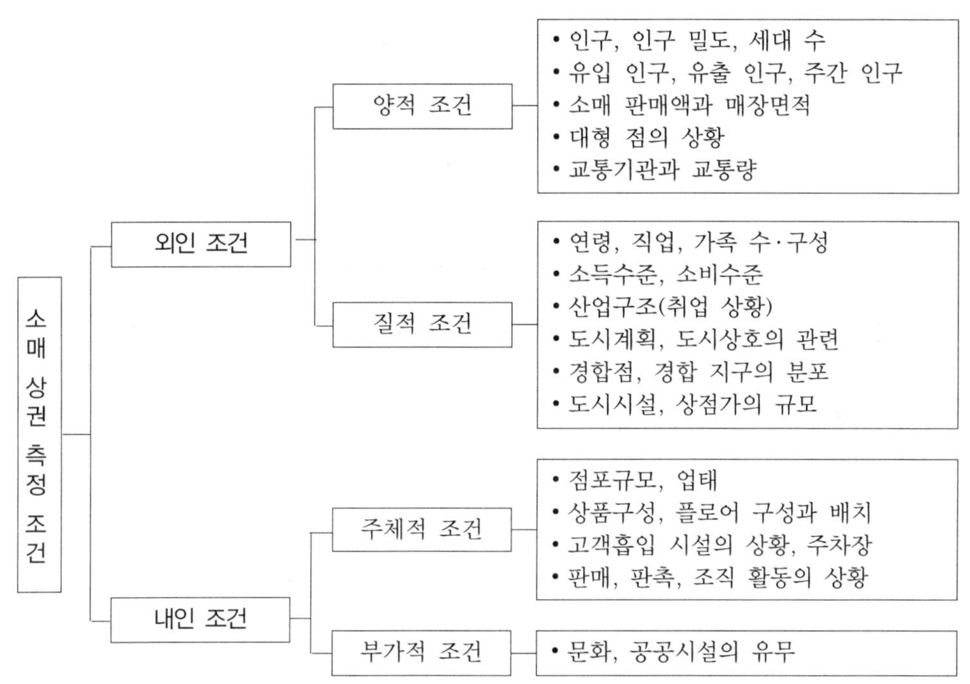

[그림 5-1] **소매 상권 측정 조건**

서베이법에서는 구체적으로 소비자의 행동과 점포 또는 중심지의 흡인력을 파악할 수가 있는데, 상권의 특성과 그 보편성을 포착하기 위해서는 대단히 많은 조사비를 들여야 한다는 것을 각오해야만 한다. 그러나 서베이법은 어떤 특정한 상권의 형성과 그 성립 구조를 파악하는 경우에는 매우 유효한 방법이며 실제적이다.

서베이법에 대하여, 기존의 여러 통계를 사용해서 상권을 측정하는 방법도 있다. 그렇지만 기존 통계가 갖추어져 있지 않으면 할 수 없다. 모든 데이터가 과거의 것이라는 점에서 변화가 심하거나 새로운 조건이 더해지거나 하면 추계가 불확실해진다. 그렇다고 실태를 정태적으로 포착하기 위해서는 통계적 분석법을 무시할 수난은 없다.

[표 5-1] **상권분석 조건**

구 분	조 건	구성내용
외부조건	양의 조건	인구, 인구밀도, 세대수, 유입인구, 유출인구, 주간인구, 소매판매액, 매장면적, 대형 점의 상황, 교통량 등
	질의 조건	연령, 직업, 세대구성원, 소득수준, 소비수준, 산업구조, 도시계획, 도시시설, 상점가의 규모 등
내부조건	주체 조건	점포규모, 업종, 상품구성, 매장구성, 배치, 고객흡입시설, 주차장, 판촉활동
	부가 조건	문화, 공공시설의 유무

[표 5-2] **상권분석 유형**

유 형	정 의	방 법
현지조사법 (The Survey Technique)	그 지역에 사는 세대와 소재하는 상점을 대표하는 샘플을 추출하여 면접을 실시해서 상권의 크기를 측정	① 방문조사법 ② 가두면접법 ③ 우송법 ④ 추적조사법 ⑤ 고객카드분석법
통계적 분석법 (The Statistical Technique)	지역통계를 분석해서 시장의 지역성을 포착하고 그 지역성을 기초로 상권의 추계를 분석하는 방법	지역의 경제, 사회, 문화, 인문, 자연 등 생활과 쇼핑의 관계를 통계적으로 분석
수학적 분석법 (The Mathematical Technique)	경험적인 연구를 수학적으로 이론화	• 허프의 확률모델 • 레일리법칙등

2. 통계적 분석법(The Statistical Technique)

통계적 분석법은 기존 통계를 분석하여 시장의 지역성을 포착하고 그 지역성에 의거하여 상품의 특성을 추계 하는 방법이다.

소매상권의 경우에서 보면 [그림 5-1]과 같다. 이 경우 데이터가 되는 통계자료는 도·특별시별 통계 또는 시·구·동·군·면·리별 통계가 사용된다. 상권의 성립은 도시 또는 도시에 있어서의 상업 집적 지를 중심으로 하여 생각되기 때문에 도시를 포함한 도·특별시별 통계, 상업 집적 지를 포함한 시·구·동·군·면·리별 통계에 의해 상권 성립 조건과 그 특성을 유추하게 된다. [그림 5-1]은 소매 상권을 측정하기 위한 여러 조건을 정리한 것으로, 통계 자료에서 얻어진 여러 조건에 의하여 소매 상권의 판단과 결정의 조건을 유추하게 된다.

통계적 분석법은 종래 시장 조사에 있어서의 지역 조사법과 동일한 것이라고 할 수 있다. 다만 종래의 지역 조사에 있어서의 통계적 분석법은 경제력의 측정이라고 하는 단일한 목적 지향에 그치고 있었다. 즉 그 지역이 시장성을 구매력과 구매고의 동향으로서만 포착했었다. 그것은 시장의 지역성을 양적으로만 포착한 것으로 모두 과거의 실적을 기준으로 하여 유추한 것이다.

상권 측정법으로서의 통계적 분석법은 인간의 소비 행동의 광범위한 관련 요인을 포함해서 인간 행동과 상권 성립의 관계를 통계적 자료로부터 유추할 수 있다. 그것은 다음과 같은데,

① 자연 조건과 지역성의 관련
② 역사적 전통에 의거한 지역 특성의 상태
③ 기질, 풍습에서 볼 수 있는 생활 관습의 특성
④ 문화적 자질에 있어서의 지역성
⑤ 생활 가치관에 있어서의 생활 체계의 특성

(물품의 사용법, 선택법, 그리고 기호성의 특성) 따위가 인구와 교통, 경제 관계 통계 자료에 부가되어서 통합되고 분석될 수 있다.

특히 광역적으로 상권을 포착하려고 할 경우에는 과학의 모든 분야에서 지역성을 포착하여 구체적 시장(market place)으로서의 상권을 측정해야만 될 것이다.

오늘날 인간의 생활 행동의 복잡화, 다양성은 단순한 상권 측정 만으로서는 포착하기 어렵게 되어 가고 있다. 서베이법이든 통계적 분석법이든 그 유추 법을 바꾸는 것은 경험법칙인데, 경험적인 연구로부터 끌어내어지는 일반적인 결론을 수식 화 하려고 하는 시도가 많이 행해지고 있다. 거기에 수학적 기법(The Mathematical Technique)이 개발된 것이다.

3. 수학적 기법(The Mathematical Technique)

1) 규범적 모형

많은 연구자들이 특정 지역시장에서 가장 많은 고객을 끌어들일 수 있는 이상적인 점포입지를 결정하기 위한 규범 모형을 개발하였으며, 초기의 상권분석모형은 규범적 모형이 주류를 이루었다. 많은 규범적 모형들 중에 중심지 이론과 소매 중력법칙 이

론이 대표적인 모형이다.

이 분야는 경험적인 연구에 근거한 결론을 수식 화 하고, 일반화하는 데서 발전했다. 이 분야에서 이룩된 연구는 주로 '소매 인력파(引力派)'라고 일컫는 것이다. 이들 가운데서 주목할 만한 인물은 도시간 소비자의 쇼핑 행동에 관련한 많은 경험적 관찰을 수식화 함으로써 크게 공헌한 W. J. 라일리이다.

(1) 중심지 이론

중심지이론은 한 지역 내의 생활 거주지의 입지 및 숫적인 분포, 취락들 간의 거리 관계와 같은 공간구조를 중심지 개념에 의해 설명하려는 이론이다.

중심지이론에 의하면 한 도시의 중심지기능의 수행정도는 일반적으로 그 도시의 인구 규모에 비례하며 중심도시를 둘러싼 배후상권의 규모도 도시의 규모에 비례하여 커진다. 여기서 중심지는 배후지역에 대해 다양한 상품과 서비스를 제공하고 교환의 편의를 도모해 주는 장소를 말하며 일반적으로 모든 도시는 중심지 기능을 수행한다. 중심지 기능이란 도시의 여러 기능 중 도소매, 교통, 행정, 기타 서비스업 등의 3차 산업 기능을 말한다.

중심지이론은 다음과 같은 기본 가정을 토대로 정립되었다.

① 지표공간은 균질적 표면으로 되어 있고, 한 지역 내 교통수단은 오직 하나이며 운송비는 거리에 비례한다.
② 인구는 공간상에 균일하게 분포되어 있고 주민의 구매력과 소비행태는 동일하다.
③ 인간은 합리적인 사고에 따라 의사결정을 하며 최소의 비용과 최대의 이익을 추구하는 경제인이다.

중심지이론은 공간 환경과 인간행위에 대한 위와 같은 가정들을 토대로 이상적인 중심지의 입지와 분포 유형을 전개하였다.

(2) Christaller 중심지모형

중심지이론의 창시자는 Christaller로 그의 중심지이론은 그 후 한 지역 내에서의 취락들 간의 공간구조를 연구하는데 기초이론을 제공하였다. Christaller의 중심지이론에 의하면 상업중심지로부터 중심기능을 제공받을 수 있는 가장 이상적인 배후 상권의 모양은 정육각형이며, 정육각형의 형상을 가진 배후상권은 중심지기능의 최대 도달거리와 최소수요 충족거리가 일치하는 공간구조이다.

중심지이론에서 제시된 상업중심지의 이상적 입지와 이들 간의 분포관계를 이해하기 위해, 중심지 기능의 최대도달거리, 최소수요 충족거리, 육각형형태의 배후지모양,

중심지계층 등의 중요개념을 이해할 필요가 있다.

중심지 기능의 최대도달거리란 중심지가 수행하는 상업적 기능이 배후지에 제공될 수 있는 최대한계 거리를 말한다. 즉 배후지에 거주하는 소비자가 상품을 구매하기 위해 중심지까지 움직이는 최대거리를 의미한다. 중심지 기능의 최대 도달거리는 중심지에서 제공되는 상품의 가격과 소비자가 그것을 구입하는데 드는 교통비에 의해 결정된다. 중심지에서 제공되는 상품의 가격이 매우 저렴하면 중심지 기능의 최대 도달거리가 증가하지만 원거리에 거주하는 소비자가 부담해야할 교통비도 함께 증가되므로 중심지 기능의 최대 도달거리가 무제한 확대되지는 않는다.

소비자는 상품가격에 거리비용을 합한 총 구매 비용이 소비자의 기대수준을 초과하면 그 중심지에서의 상품구입을 포기할 것이다. 따라서 중심지로부터 일정거리 내에 거주하는 소비자들만의 중심지 기능을 이용하게 되는데 이 한계점을 중심지 기능의 최대 도달거리라 한다.

한편 상업중심지의 계속적인 존립을 위해 최소한의 정상이윤이 확보되어야 하며, 이를 위해 일정지역 범위 내의 소비자들로부터 최소한의 수요가 발생되어야 한다. 상업 중심지의 정상 이윤 확보에 필요한 최소한의 수요를 발생시키는 상권범위를 최소수요 충족거리라고 한다. 결국 최소수요 충족거리는 상업 중심지의 존립에 필요한 최소한의 고객이 확보된 배후지의 범위를 말한다. [그림 5-2]는 중심지이론의 기본 개념인 최대도달거리와 최소수요 충족거리를 보여 준다.

Christaller는 상업중심지의 최대 도달거리가 최소수요 충족거리보다 커야 상업시설이 입지할 수 있다고 주장했다. 만약 중심지가 한 지역 내에서 단하나 존재한다면 가장 이상적인 배후상권의 형상을 원형일 것이며, 원형은 최소수요 충족거리와 최대 도달거리를 모두 만족시키는 배후지의 형상이 된다. 중심지의 상권규모가 최소수요 충족거리보다 클 경우 중심지의 상업시설은 초과이윤을 얻게 되는데, 상업중심지의 최대 도달거리에서 최소한의 수요를 충족시키는 거리를 뺀 부분이 초과이윤을 실현시키기는 배후지 공간이 될 것이다.

그러나 한 지역 내 초과이윤이 발생되는 배후상권지역이 존재하고 규모면에서 이윤실현을 위한 최소한의 수요가 만족된다면, 새로운 상업중심지가 추가로 지역공간상에 입지함으로써 초과이윤지역을 잠식할 것이다. 이 경우 동일상권 범위 내에서 중심지역 들 간의 고객확보를 위한 시장경쟁이 발생하게 된다. 이때 중심지로부터 형성된 원형의 배후지역들이 서로 외접하게 되어 어떠한 중심지로부터도 상업 서비스를 제공받지 못하는 공간이 남게 되거나 혹은 이 지역을 확보하기 위해 중심지간에 배후지 확보를 위한 경쟁이 발생되어 배후지가 부분적으로 중첩되는 매우 불안정한 상권이 형성될 것이다.

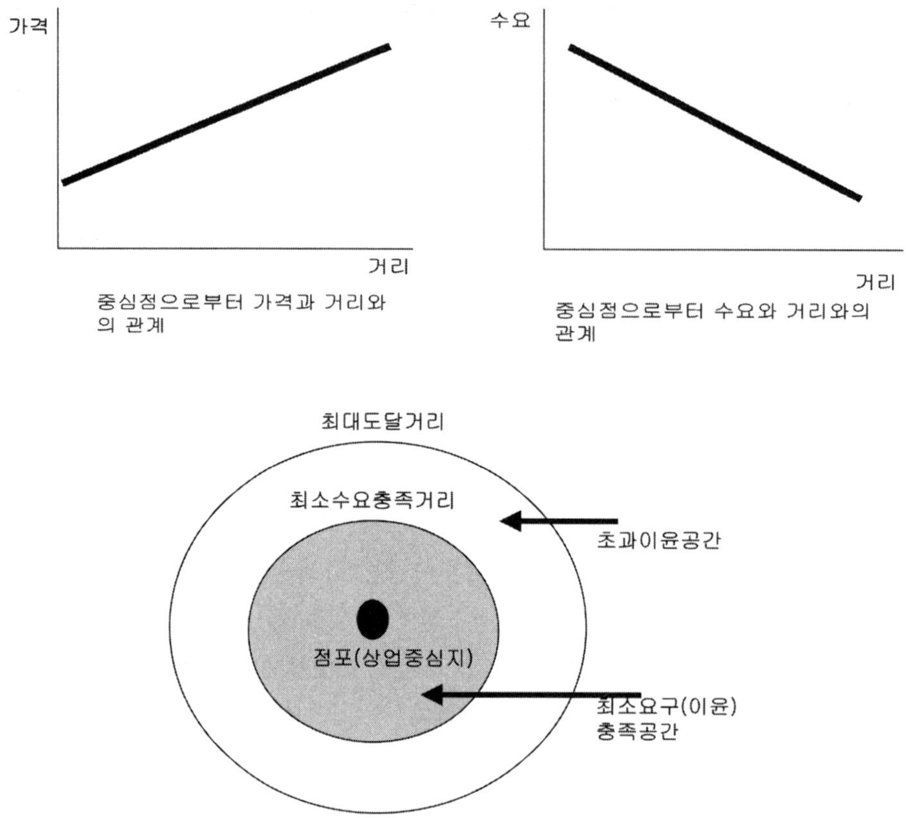

[그림 5-2] **중심지 이론의 기본개념**

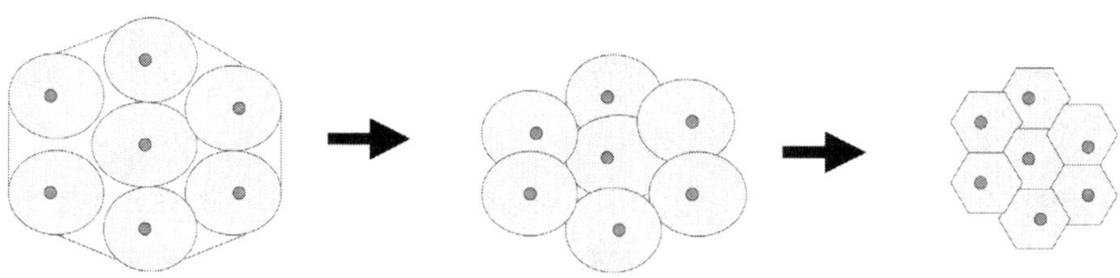

[그림 5-3] **중심지의 이상적인 배후상권의 모양 : 정육각형**

따라서 Christaller의 중심지이론에 의하면 한 지역 내 거주자들이 모든 산업 중심지로부터 중심기능(최저 구입가격으로 상품을 구입하는 것)을 제공받을 수 있고 상업중심지들 간에 안정적인 시장균형을 얻을 수 있는 이상적인 상권모형은 원형 대신 정육각형의 형상을 가질 때이다. 중심지이론에 의하면 한 지역 내의 여러 상업 중심지들이 있다면 각 상업중심지가 그 지역 거주자들을 만족시킬 수 있는 이상적인 배후상권의 모양은 정육각형이며, 정육각형의 상권모양에서는 최대 도달거리와 최소 수요충족거리가 일치한다.

[표 5-3] **서울시 상업지역 계층 공간적 유형**

계층	중심상권	입지패턴	상업중심지
1차 계층	서울 및 전국중심 상업지역	밀집핵형 및 선형	중구, 종로를 포함한 도심간선도로 관통 상가지역
2차 계층	지역중심 상업지역	밀집핵형	영등포지역, 신촌지역, 청량리지역
3차 계층	지역중심상업지역	국지형	화곡지구, 신길지구, 봉천지구, 천호잠실지구, 남영동지구, 이태원지구, 마장동지구, 삼선교지구, 미아지구, 수유지구
4차 계층	근린주거중심상업지역	분산형	재래시장이 있거나 슈퍼체인의 분포밀도가 높은 상업지역
5차 계층	편의상품취급중심상업지역	균점산재형	기타 일반거주지역

그러나 많은 학자들이 실제 분석한 결과 시장의 현실적 상황은 더 복잡한 구조로 되어 있으며 균일평면, 균일한 교통구조, 균일한 주민소득 및 분포 등 비현실적 가정들을 전제로 하고 있으며 인구밀도의 차이도 고려하지 않고 있는 한계점이 나타났다. 일반적으로 인구밀도가 낮은 지역은 상업지역의 범위가 확대되고 인구밀도가 높은 지역은 상업범위가 축소되는 경향이 있다. 따라서 상권범위를 분석하기 위해서는 이러한 여러 변수들을 반영하여 분석되어야 실제와 유사한 결과를 얻을 수 있다.

(3) 레일리 중력모델(Reilly model)

소매 인력을 나타내는 이론으로서 A도시와 B도시간의 보다 작은 C지역의 소비자가 A와 B지역 중에서 어느 지역으로 출역구매를 하는가를 측정하는 조사기법이다.

레일리의 법칙은 다음과 같다.

$$\left(\frac{Ba}{Bb}\right) = \left(\frac{Pa}{Pb}\right)^N \times \left(\frac{Db}{Da}\right)^n$$

B_a : A도시 C지역에서 흡인하는 소매매출액

B_b : B도시 C지역에서 흡인하는 소매매출액

P_a : A도시의 인구

P_b : B도시의 인구

D_a : A도시와 C지역의 거리

D_b : B도시와 C지역의 거리

N = 상수 통상 2(1.5-2.5)

실례를 들어 설명하면 다음과 같다.

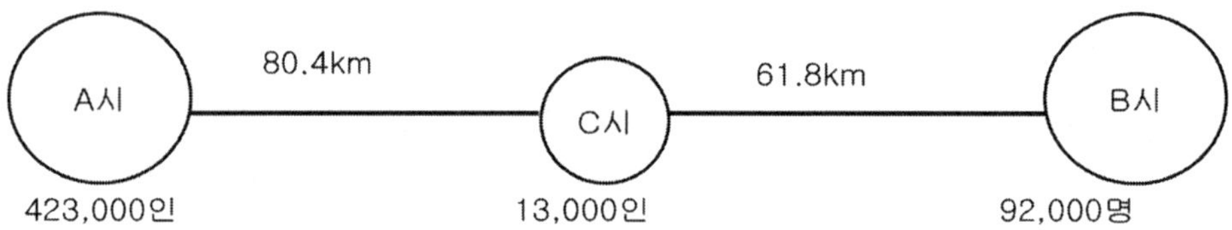

$$\left(\frac{Ba}{Bb}\right) = \frac{42.3}{9.2} \times \left(\frac{61.8}{80.4}\right)^2 = \frac{25.0}{9.2} = \frac{2.7}{1}$$

또는 $$\left(\frac{Ba}{Bb}\right) = \left(\frac{Pa}{Pb}\right)^N \times \left(\frac{Db}{Da}\right)^n = \frac{\left(\frac{42.3}{80.4}\right)^2}{\left(\frac{9.2}{61.8}\right)^2} = \frac{6.544}{2.409} = \frac{2.7}{1} = \frac{73.1\%}{26.9\%}$$

즉, B도시로의 출향구매는 A도시로의 출향구매에 비하여 $\frac{1}{2.7}$이 된다.

소매중력의 원칙은 계산이 용이하고 실증연구 결과가 이를 지지하고 있다는 점에서 유용하게 활용될 수 있다. 다른 자료를 이용할 수 없거나 다른 자료를 입수하는데 드는 비용이 너무 클 경우 이 법칙을 이용하여 손쉽게 상권을 결정할 수 있으므로 경영자는 이 기법과 다른 분석도구를 함께 사용하여 최적의 상권을 결정할 수 있다.

그러나 위의 공식은 한계점을 가지고 있는데 이는 위의 공식은 인구와 거리라는 2가지의 변수만을 사용하였다는 점이다. 따라서 실제의 조사와 비교하여 일치하지 않는 경향이 있고 다양한 도시간의 영향요인 예를 들어 수송경로, 커뮤니케이션 경로, 접근성 등을 반영하지 못하는 한계를 지니고 있다.

(4) 컨버스 법칙

① **컨버스의 제 1법칙** : 컨버스의 법칙은 분기점 공식이라고도 불리며 A와 B도시를 연결하는 직선상에서 A와 B도시의 상권을 구분 짓는 분기점을 찾는 공식이다. 컨버스의 법칙은 다음과 같다.

$$D_a = \frac{D_{ab}}{1+\sqrt{\frac{P_b}{P_a}}} \text{ 또는 } D_b = \frac{D_{ab}}{1+\sqrt{\frac{P_a}{P_b}}}$$

D_a : A도시로 부터의 상권분기점까지의 거리
D_b : B도시로 부터의 상권분기점까지의 거리
D_{ab} : A도시와 B도시간의 거리
P_a : A도시의 인구
P_b : B도시의 인구

48.8km

19.2km 29.6km

$$D_b = \frac{48.8km}{1+\sqrt{\frac{9.2}{22}}} = 29.6\text{km}$$

위의 공식에서는 2개의 경합도시에 대하여 일직선상에 놓인 지역의 어느 지점까지 상권의 영향이 미치는가에 대한 경합경계지점을 나타내는 공식이다. 그러나 전체의 상품이 일괄적으로 적용되지 않기 때문에 선매 품과 전문 품에 관한 별도의 적용방식이 컨버스의 제2의 법칙이다.

② **컨버스의 제 2법칙** : 컨버스는 소비자가 소매 점포에서 지출하는 금액 가운데 선매 품에 대해서 소비자가 거주하는 도시에 잔류하는 부분과 경쟁도시에 흡수하는 부분에 대하여 다음과 같이 공식을 발표하였다.
공식은 다음과 같다.

$$\frac{Ba}{Bb} = \left(\frac{Pa}{Hb}\right) \times \left(\frac{4}{d}\right)^2 \text{ 또는 } Bb = \frac{1}{\left(\frac{Pa}{Hb}\right) \times \left(\frac{4}{d}\right)^2 + 1}$$

Ba : 외부의 도시 A로 유출되는 중소도시 B시의 유출량
Bb : 중소도시 B에 잔류하는 부분
Pa : 도시 A의 인구
Hb : 도시 B의 인구
d : A, B 도시간의 거리
4 : 관성인자로 4마일 적용평균치

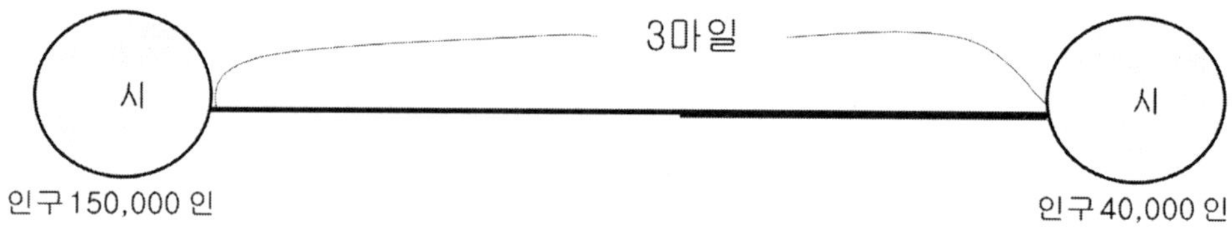

$$Bb = \frac{1}{\left(\frac{Pa}{Hb}\right)\times\left(\frac{4}{d}\right)^2+1} = \frac{1}{\left(\frac{150,000}{40,000}\right)\times\left(\frac{4}{3}\right)^2+1} = 0.096(9.6\%)$$

즉, 중소도시 B의 잔유량은 9.6%이다.

그러나 이러한 컨버스의 법칙도 현실적인 적용이 가능하기에는 다양한 영향변수들을 반영시키지 못하는 한계점을 가지고 있다. 예를 들어 지형이라든가 자연 장애물 그리고 문화의 차이 등이 존재하는 경우에는 적용하기가 쉽지가 않다.

(5) 소비자 분포기법(C.S.T: Consumer Sporting Technique)

C.S.T기법은 William Apple Baum이 개발한 방법으로 쉽고 실제적으로도 가장 많이 이용되고 있는 방법이다.

이 방법은 해당 점포에 오는 고객들을 대상으로 인터뷰(또는 설문조사)를 통해 그들의 거주지를 파악하여 그 위치를 지도상에 점으로 나타내고, 그 분포를 살펴봄으로써 상권의 범위와 경계를 파악하는 방법이다.

이 기법을 이용하면 상권내의 고객 흡인율도 실제적으로 파악할 수 있는 장점이 있으며, 고객 흡인율 분석을 통하여 1차 상권, 2차 상권, 주변상권으로 나타내었다.

이 기법을 이용하면 자연조건에 의한 상권의 단절현상을 정확히 파악할 수 있으며, 경쟁관계에 의한 상권의 형태를 시각적으로 나타내 준다는 점에서 이해하기 쉽고 편리한 상권측정 방법으로 여겨지고 있다.

공식은 다음과 같다.

$$Da(X) = \frac{Dab}{1+\sqrt{\frac{Mb}{Ma}}} \text{ 또는 } Db(Y) = \frac{Dab}{1+\sqrt{\frac{Ma}{Mb}}}$$

$Da(X)$: A시로부터 자동차(혹은 버스 도보 가능) 주행 거리

$Db(Y)$: B시로부터 자동차 주행거리

Ma : A시의 소매업 매장면적

Mb : B시의 소매업 매장면적

Dab : A시 B시 간의 자동차 탑승시간

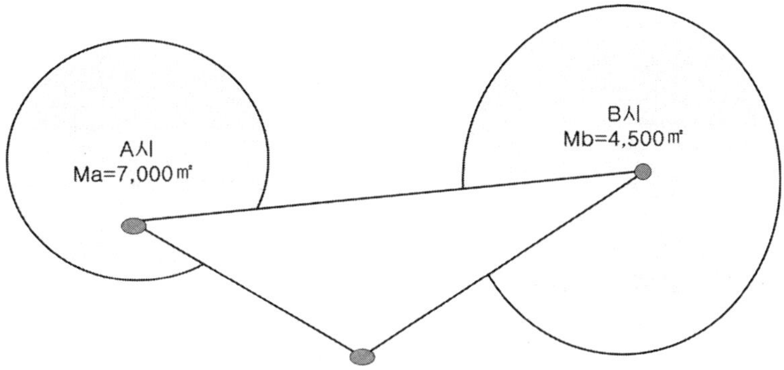

	A시와 B시 간의 주행시간	A시와 C시 간의 주행시간
도 보	60분	70분
버 스	20분	25분
지하철	10분	15분

도보로 검토 시에는

① A시에서 B시로의 분기점 거리

$$Da = \frac{60분}{1+\sqrt{\frac{4,500\text{m}^2}{7,000\text{m}^2}}} = 33.3분$$

도보를 시속으로 환신 시 시속을 보통 4㎞를 기준으로 함. 따라서

$$Da = 2,220\text{m}$$

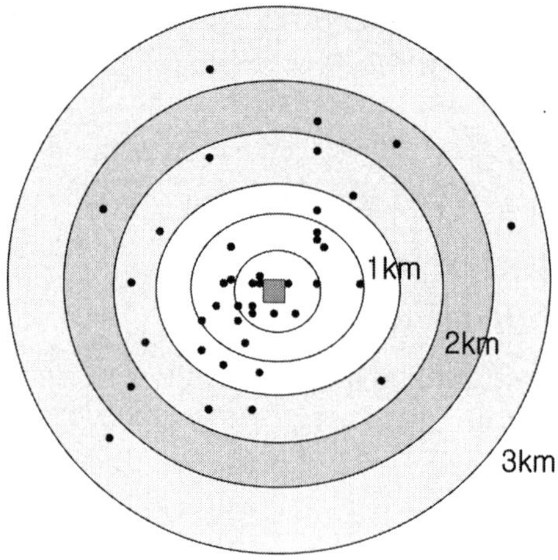

[그림 5-4] CST(customer spotting) map의 예

② **A시에서 C시로의 분기점 거리**

$$Da = \frac{70\text{분}}{1 + \sqrt{\frac{3,500㎡}{7,000㎡}}} = 42.3\text{분(도보)} = 2,820m$$

탑승도구를 대중교통수단과 승용차로 구분하여 상관관계를 발견하고 유사점을 찾아 가중 평균치를 적용하면 현실적으로 손쉬운 분기점을 도출할 수 있다.

(6) 유추법

새로운 점포가 위치할 지역에 대한 판매예측에 많이 활용되는 방법들 중의 하나가 유추법이다. 이 유추 법은 자사의 신규점포와 특성이 비슷한 유사점포를 선정하여 그 점포의 상권범위를 추정한 결과를 자사점포의 신규입지에서의 매출액(상권규모)을 측정하는데 이용하는 방법이다.

유추 법에 의한 상권규모의 측정은 CST(customer spotting map)의 기법을 이용하여 이루어진다. CST기법은 자사점포를 이용하는 고객들의 거주지를 지도상에 표시한 후 자사점포를 중심으로 서로 다른 거리의 동심원을 그림으로써 자사점포의 상권 규모를 시각적으로 파악할 수 있는 방법이다.

① **유추법의 활용도**

CST map은 유통 업자에게 다음과 같은 중요한 정보를 제공하기 때문에 소매정책의 수립에 유용하다.

㉠ 상권의 규모파악 : 점포는 CSTmap을 이용하여 1차 상권, 2차 상권 및 한계 상권을 결정할 수 있다. 유통업자들은 규모가 다른 동심원을 그려가면서 각 원이 차지하는 고객비율을 계산할 수 있다

㉡ 고객특성 파악 : 상권의 규모가 파악되면 그 상권내의 고객들의 인구 통계적 및 사회경제적 특성을 분석할 수 있다. 이러한 분석결과는 점포의 머천다이징과 가격정책의 수립에 이용될 수 있다.

㉢ 광고 및 판촉전략 활용 : 점포의 상권 내 주민들에게 노출되지 않은 매체나 도달범위가 너무 넓은 매체를 이용하는 것은 비효과적이다. 예를 들어 인근 주민들을 상대로 하는 작은 편의점이 구독범위가 넓은 신문에 광고하는 것은 비용의 낭비일 뿐이다. 또한 점포가 판매촉진을 계획할 때 CSTmap을 통해 이미 파악된 고객자료를 이용하여 구입가능성이 높은 표적고객들만을 상대로 판매촉진수단을 제공할 수 있다.

㉣ 경쟁도 파악 : 유통업자는 CSTmap을 통해 점포들 간의 경쟁정도를 파악할 수 있다. 예를 들어 [그림 5-5]는 상권내의 4개의 점포간의 경쟁관계를 보여준다. 점포 A와 B의 상권 및 점포 B와 D의 상권은 서로 중복되고 있다. 두 점포들과의 중복이 클수록 경쟁이 증가할 것이다. 따라서 점포 B는 동일한 고객을 상대로 점포A와 D와 경쟁해야 하는 불리한 상황에 직면 한다. 반면 점포 C는 상권을 독점하고 있다는 점에서 경쟁우위에 있다.

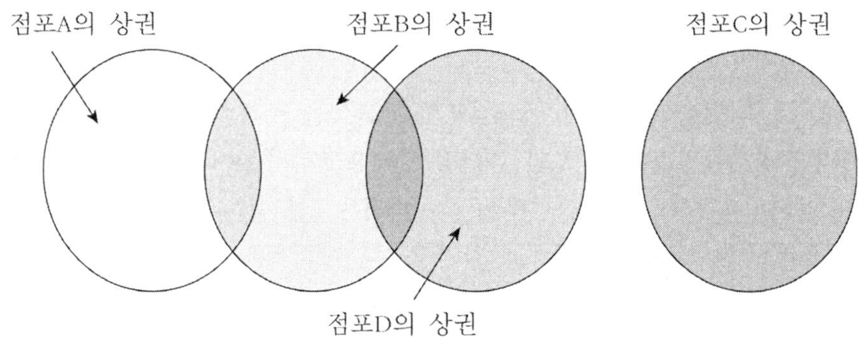

[그림 5-5] **상권내 경쟁구조**

㉤ 점포 확장계획 활용 : 유통업자가 기존점포 근처에 신규점포를 개점하려고 한다면 신규 점포가 기존점포 고객을 어느 정도 잠식할 것인지를 고려해야

하는데 CSTmap은 이러한 분석을 가능하게 한다.

유추 법은 신규 점포에 대한 상권분석뿐만 아니라 기존 점포의 상권분석에도 적용될 수 있다는 점에서 상권분석에 자주 활용하는 분석기법이다.

② 유추법 분석절차

㉠ 비교대상 점포 선정 : 자사 점포와 점포특성, 고객의 쇼핑패턴, 고객의 사회경제적 및 인구 통계적 특성에서 유사한 기존 점포를 선정한다.

㉡ 상권범위 설정 : 기존의 유사점포의 상권범위를 결정한다. 상권범위는 점포가 유인할 수 있는 점포 전체 고객의 75%-80%를 포함한 구역을 말한다. 유사점포의 상권규모는 유사점포를 이용하는 소비자의 면접이나 실사를 통하여 수집된 자료(거주지 주소, 인구 통계적 특성, 소비관습 등)를 토대로 CSTmap을 통하여 추정된다.

㉢ 매출액 분석 : 전체 상권을 단위거리에 따라 소규모 지역으로 나누고 각 지역 내에서 유사 점포가 벌어들이는 매출액을 그 지역 내 인구수로 나누어 그 지역에서 1인당 매출액을 구한다.

㉣ 매출액 추정 : 자사점포가 입지하려는 지역의 상권크기 및 특성이 유사점포의 상권과 동일하다고 가정하고, 예정상권 입지 내 각 지역의 인구수에다 각 지역별 1인당 매출액을 곱하여 각 지역에서의 신규점포의 예상매출액은 구한다. 신규점포의 예상 총매출액은 각 지역에서의 예상매출액을 합하여 얻어진다. 구해진 예측치는 신규점포가 위치할 상권의 입지특성 및 경쟁수준을 고려하여 조정된다.

③ 유추법 분석사례

[표 5-4]는 유추 법을 이용하여 신규점포의 매출액을 예측한 예이다.

유사점포의 시장침투자료(A)를 보면 유사점포 이용고객의 38%가 반경0.5km 내에 살고 있으며, 이들 고객으로부터 실현된 주간매출액은 1천9백20십만 원이다. 이 지역에 사는 거주자의 수는 4천8백 명이므로 일인당 주간매출액은 4천원이다. 이와 유사한 방법으로 동심원 상에서 반경이 다른 지역들의 일인당 주간매출액이 계산될 수 있다. 예에서 보면 유사점포고객의 92%는 반경 4km 내에서 유인되며 나머지 8%는 점포의 상권 밖에 거주하는 잠정고객임을 알 수 있다.

자료 (A)에서 구해진 유사점포의 일인당 매출액에 관한 자료는 신규점포의 매출액을 측정하는데 매우 중요하다. 신규점포의 예상매출액 계산 시 신규점포는 유사점포의 매출 패턴과 유사한 것으로 가정된다. 이러한 가정은 유사점포가 신규점포와 특성상 매우 유사함을 전제로 한다. 만약 신규점포가 유사 점포와 비슷하지 않다면 그들의 상권구조가 비슷할 것이라는 가정이 적용될 수 없으므로 분석자는 유사점포의 선택에 신중을 기해야 할 것이다.

신규점포의 예상매출액에 대한 계산과정은 표(5-4)의 하단(B)에 나타나 있다. 첫째, 신규점포가 입지할 지역의 지도위의 유사점포의 경우와 같이 반경이 다른 동심원을 그린다. 둘째, 동심원을 구성하는 각 지역에 거주하는 주민들의 수는 2차 자료를 통해 조사된다. 셋째, 각 지역 내의 인구수를 그 지역에서 유사점포의 1인당 매출액에 곱함으로써 각 지역의 예상매출액을 계산한다.

[표 5-4]의 (B)를 보면 신규점포의 반경 0.5km 내에 4천2백 명의 주민이 살고 있다. 이 지역에서의 유사점포의 1인당 주간 매출액은 1천6백80만원이다. 따라서 신규점포의 이 지역에서의 주간 예상매출액은 1천6백80만원이다. 같은 방법으로 다른 지역의 주간 예상매출액은 계산할 수 있다.

[표 5-4] 유추법에 의한 상권모형추정 예

A. 유사점포(analog store)의 시장침투자료

반경(km)	고객의 %	누적고객 흡인력	주간매출액(천원)	인구 수	1인당 매출액
0-0.5	38	38	19,200	4,800	4,000
0.5-1.0	24	62	12,126	7,100	1,700
1.0-1.5	14	76	7,073	11,000	640
1.5-2.0	6	82	3,031	14,200	210
2.0-2.5	4	86	2,021	16,800	120
2.5-3.0	3	89	1,516	14,400	110
3.0-3.5	3	91	1,010	12,200	80
3.5-4.0	1	92	505	9,400	50

B. 신규점포 예상매출액

반경(km)	인구 수	1인당 매출액	각 지역별 추정매출액(천원)
0-0.5	4,200	4,000	16,800
0.5-1.0	7,600	1,700	12,900
1.0-1.5	14,200	640	9,080

반경(km)	인구 수	1인당 매출액	각 지역별 추정매출액(천원)
1.5-2.0	20,800	210	4,368
2.0-2.5	22,600	120	2,712
2.5-3.0	21,100	110	2,321
3.0-3.5	16,000	80	1,280
3.5-4.0	12,600	50	630
총 주간매출액			50,119
조정된 주간매출액			55,119

신규점포의 주간 총 예상매출액 5천11만9천원은 각 지역의 예상매출액을 합한 값이다. 그러나 이 추정 값은 유동고객과 반경 4km밖의 거주자들에 의해 발생될 매출액을 고려하지 않은 값이다. 분석자의 지식과 유사점포의 과거경험을 고려하여 총 예상매출액에다 이들 고객으로부터 예상되는 잠재매출액 5백만 원을 추가하여 수정된 총 예상 매출액인 5천5백11만9천원이 구해진다.

유추 법은 실제의 소비자 쇼핑패턴을 반영하며 적용하기 쉽다는 이점이 있다. 이 방법은 조사자의 계량적 경험과 주관적 판단을 함께 필요로 한다. 유사점포의 선정 및 유사 점포와 신규점포간의 매출액 차이를 추정매출액에 반영하는 과정에 조사자의 상당한 판단에 요구된다. 분석자는 하나 이상의 유사점포를 매출액 추정에 이용함으로서 이러한 문제점을 극복할 수 있다. 즉, 각 유사점포로부터 얻어진 자료를 토대로 신규점포의 예상매출액을 추정한 다음, 추정된 매출액들의 평균값을 신규 점포의 예상매출액으로 할 수 있을 것이다.

2) 확률적 모형

확률적 모형은 목표상권내에서 구매를 하는 소비자의 공간이용패턴을 실증 분석하는데 이용된다. 즉, 확률적 모형은 해당상권내의 경쟁점포들에 대한 소비자의 지출패턴이나 소비자의 쇼핑여행패턴을 반영함으로써 특정점포의 매출액과 상권규모를 보다 정확하게 예측 가능하게 한다. 확률적 모형의 출발점은 한 상권 내에서 특정 점포가 끌어들일 수 있는 소비자 점유율은 점포까지의 방문거리에 반비례하고 해당 점포의 매력도에 비례한다는 가정이다. 이러한 가정은 레일리(Reilly)의 소매중력의 법칙과 유사하다. 레일리의 법칙이 확률적 모형의 효시라고 할 수 있지만 레일리의 법칙과 달리 확률적 모형은 상권의 크기를 결정하는데 있어 소비자 행동을 고려하고 있다. 즉, 확률적 모형은 소비자가 상권내의 여러 점포들 중에서 한 점포를 선택하는데 있어 점포까지의 거리 또는 접근가능성과 그 점포의 매력도를 비교 평가하는 과정을 모형에 반영하며, 이들 간의 관계를 실증분석을 통해 확인할 수 있도록 한다. 또한 확률적 모형은 관찰가능한 개인소비자의 점포선택행동에 이론적 기반을 두고 있기 때문에 점포에 대한 마케팅전략 수립에 보다 유용한 정보를 제공한다.

확률적 점포선택모델에는 여러 가지가 있는데 소비자의 점포선택이 결정적이 아니라 확률적인 현상으로 보고 있는 점이 공통적이다. 즉, 점포에 대한 애호도가 높은 고객이라 하더라도 항상 한 점포만을 이용하는 것은 아니고, 경쟁점포의 마케팅전략에 영향을 받아 다른 점포를 방문하기도 한다는 사실을 모형에 반영하고 있다. 이러한 현상에 근거하여 고객의 점포선택행위 연구자들은 주어진 상권 내에 고객이 고려하고 있는 점포대안들이 주어졌을 때 특정점포가 선택될 확률을 예측할 수 있는 모델을 개발하고자 하였다. 확률적 점포선택 모델에서는 특정점포의 효용 또는 매력도가 다른 경쟁점포보다 높을수록 그 점포가 선택될 확률이 높다고 가정한다.

(1) Luce 모델

확률적 점포선택모델은 수리심리학에서 널리 알려진 Luce의 선택공리(choice axiom)에 이론적 근거를 두고 개발되었다. Luce 모델은 다음과 같은 기본적 구조를 가지고 있다.

$$Pij = \frac{Uij}{\sum_{j=1}^{n} Uij}$$

Pij : 소비자 i가 점포 j를 선택할 확률

Uij : 소비자 i에게 있어서 점포 j의 효용(매력도)

$\sum_{j=1}^{n} Uij$: 소비자가 고려하는 총점포의 수

요약하면 어떤 소비자가 점포 j를 선택할 확률은 그가 고려하는 점포대안들의 개별 효용의 총합에 대한 점포 j의 효용의 비율에 의해 결정된다. 예를 들면 어떤 소비자가 3개의 점포를 고려하고 있고, 그 소비자가 가지는 점포 A, B, C의 효용이 각각 8, 6, 5라고 할 경우 점포 A를 선택할 확률은

$$\frac{8}{(8+6+5)} = 0.42$$

가 된다.

확률적 모형은 소비자의 특정점포에 대한 쇼핑애호패턴은 소비자가 그 점포에 대해 갖는 상대적인 효용에 달려 있다고 주장한다. 특정점포에 대한 지각된 효용이 크면 클수록 소비자가 그 점포를 애호할 가능성은 보다 높아진다. 그러므로 소비자의 쇼핑 패턴을 예측하기 위해서는 먼저 소비자들이 상권 내에 각 점포를 어떻게 평가하는지를 이해해야 한다. 잠재고객의 한 점포에 대한 효용은 주로 해당점포의 위치와 매력도에 달려 있다. 따라서 소매 점포에 대한 소비자의 효용함수는 일반적으로 다음과 같이 나타낼 수 있다.

$$Uij = Aj^a Dij^b$$

여기서 Uij는 소비자 i의 점포 j에 대한 효용이며, Aj는 점포 j의 매력도를 말하고 Dij는 소비자 i에서 점포 j까지의 거리를 말한다. 그리고 a와 b는 각각 점포매력도와 점포까지의 거리에 대한 소비자의 민감도를 반영하는 모수이다.

점포까지의 거리가 멀어지면 멀어질수록 그 점포에 대한 효용은 감소하기 때문에, 모수 b는 (-)값을 가지게 된다. 효용과 거리간의 (-)관계를 거리증가에 따른 효용 감소의 효과라 부르며 모수 b는 거리가 점포에 대한 효용에 미치는 영향력의 정도를 반영한다.

그러나 효용에 대한 거리의 효과(-)는 점포이미지, 상품의 폭, 상품구색, 점포크기, 상품의 가격, 서비스의 질 등에 의해 결정되는 점포의 매력도를 향상시킴으로서 보상되어질 수 있다. 즉, 소비자들이 특정점포에 대해 전체적인 평가를 하는데 있어 고려되는 해당 점포까지의 거리와 해당점포의 매력도 간에는 상충관계가 존재한다.

모수 a와 b값은 특정점포를 평가하는데 있어서 소비자가 점포 매력도와 거리에 부여하는 상대적인 중요성을 부여하는 것으로 해석된다. 절대 값을 b가 a와 비교하여 매우 큰 경우는 소비자가 점포를 선택하는데 있어 전적으로 거리를 중심으로 각 점포를 평가하고, 점포 매력도에는 별 관심이 없음을 의미한다. 이 경우 소비자는 가장 가까이에 위치한 점포에서 상품을 구매할 것이다.

레일리의 법칙은 위에서 설명된 Uij에 대한 등식의 특별한 경우이다. 레일리의 법칙에서 a, b의 값은 각각 1.0과 -2.0으로 고정되어 있다. 그러므로 상권을 정의하는데 있어서 레일리법칙 등의 규범적인 방법과 확률적 모형간의 차이가 있다. 확률적 모형에서는 소비자의 효용함수를 결정하는데 실제 소비자의 점포선택 행동을 이용하지만 규범적 모형에서는 a, b값이 사전에 결정된다는 점이다. 확률적 모형에서는 분석자가 a, b값을 사전에 선택하는 것이 아니라, 관측한 소비자의 구매패턴을 가장 잘 적합 시킬 수 있는 효용함수의 모수(즉 a와 b)를 찾는다. 그러나 확률적 모형에서의 모수인 a, b값을 추정하기 위해서는 연구지역 거주 소비자들의 상권 내 각 점포들로부터 쇼핑여행패턴에 관한 정보가 수집되어야 한다.

(2) 허프(David L. Huff) 확률모델

미국 L.A 캘리포니아 대학의 경제학자 데비드 허프 박사는 도시의 단위가 되어있는 소매상권론에서 상점가, 시장, 백화점 그리고 슈퍼마켓 등의 소매상업 집결을 단위로 하여 자신의 법칙모델을 전개하였다. 또 대상적용 상품도 선매품뿐만이 아니라 개별적으로 여러 상품에 대하여도 나타난다는 특색을 발견하였다.

따라서 앞선 모델들의 상권범위 산출에서 사용한 인구, 거리항목에 상업 집적의 소매면적을 추가하여 상업지간의 상권 흡인력의 강약, 구매동향 비율의 계산을 확률모델 이론으로 발전시킨 것이다.

허프 모델을 통해서는 다음과 같은 내용도 파악할 수 있다.

① 어떤 상업지역에서 각 상업 집적 지역으로의 쇼핑출향 비율

② 그 상권내의 현재 소비자인구 및 세대수, 장래의 인구 및 세대수

③ 신규 진출 시 신규 점으로 고객의 쇼핑출향 비율

④ 신규 진출 후의 현재 상업 집적(생필품, 기호품)의 영향도 지수

⑤ 신규출점 시 적정 매장면적의 검토

⑥ 경영면에서의 매장효율의 산출 등

허프모델의 공식은 일반적으로 난해하므로 여러 가지 수정공식이 나왔는데 고객이 어느 상업지에서 물건을 사는 확률은 상업 집결의 매장면적의 크기(규모)에 비례하며 거기에 도착하는 거리의 자승에 반비례한다는 공식으로 수정·확정하였다.

바꾸어 말하면 고객이 물건을 사러갈 때는 주변에 있는 많은 상점가나 슈퍼마켓 중에서 큰 상점가나 슈퍼마켓이 몰려있는 방향으로 가기 쉽다. 또한 상업지는 가까우면 가까울수록 갈 확률이 높으며, 멀면 멀수록 갈 확률은 낮아진다는 것이다. 허프의 구매동향비율을 나타내는 수식과 수정공식은 다음과 같다.

$$Pij = \frac{\frac{Sj}{Tij\lambda}}{\sum_{j=1}^{n} \frac{Sj}{Tij\lambda}} \quad \langle \text{cf} \rangle \quad Eij = Pij \times Ci$$

Pij : i지점의 소비자가 j상점가로 갈 확률(구매동향비율)

Sj : j상점가의 매장면적

Tij : i지점의 소비자가 j상점가로 가는 소요시간

λ : 시간거리의 저항계수로 패러미터

소비자가 살고 있는 지역에서 상점가 사이에 건널목, 하천, 폭넓은 도로 횡단, 급한 고갯길, 위험지대 등 물건을 구매하러 가는데 마이너스 요소가 되는 저항요인, 즉 소비자가 목적으로 하는 상점가에 이르기까지의 길목에서 브레이크가 될 요인을 브레이크 변수로서 곱하여 구매동향 비율의 정확성을 높이는 역할을 한다.

n : 경쟁상업 집적 수

Eij : 소비자의 구매동향 기대 수

Ci : i지역의 인구

• **수정 허프 모델**

$$Pij = \frac{\dfrac{Sj}{(Dij)^2}}{\displaystyle\sum_{j=1}^{n} \frac{Sj}{(Dij)^2}}$$

계산 예 수정 허프 모델 사용

Y아파트 단지 주변에 기 진출한 어느 상점가 X지역 상권 내에 A백화점이 진출하였을 경우 Y아파트 고객이 A백화점에 내점하는 고객 수는 아래와 같다.

① **A백화점의 Pij 적용사례**

$$Pij = \frac{\dfrac{3,000}{1.2^2}}{\dfrac{1,800}{0.8^2} + \dfrac{3,000}{1.2^2}} = \frac{2,083}{4,896} = 0.425$$

⇒ 42.5% ⇒ 425명

◎ X상점가의 Pij = 575명

Huff의 모형은 다음과 같은 두 가지 가정에 기초하고 있다. 첫째, 소비자의 특정점포에 대한 효용(매력도)은 점포의 크기와 점포까지의 거리(시간)에 좌우된다.

즉, 소비자의 점포에 대한 효용은 점포의 매장면적이 클수록 증가하고, 점포까지의 거리가 멀수록 감소한다고 보았다. 둘째 루스(luce)의 모형에 따라 특정점포에 대한 선택확률은 상권 내에서 소비자가 방문을 고려하는 점포대안들의 효용(매력도)의 총합에 대한 해당점포의 효용(매력도)의 비율로 표시된다.

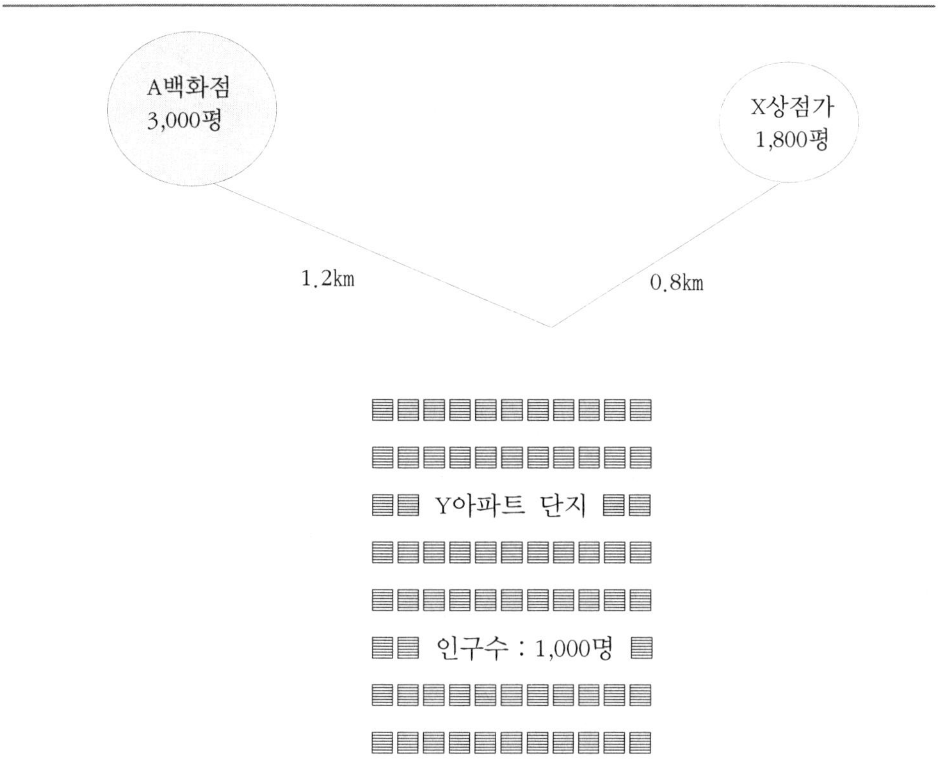

[그림 5-6] 수정 허프 모델 계산사례

② 3점포 간의 Huff모델의 적용

[표 5-5] 점포별 거리와 면장면적

점포	거리(km)	크기(㎡)
A	4	50,000
B	6	70,000
C	3	40,000

Huff모델의 한 예로서 한 소비자가 상권내의 세 점포들 중 하나에서 상품을 구매할 수 있다고 가정하자, 세 점포의 크기와 그 소비자의 집으로부터의 점포까지의 거리는 [표 5-5]와 같다.

만약 소비사가 부여하는 a, b의 값이 a = 1.0, b = −2.0이라면 그 소비자의 세 점포에 대한 효용은 다음과 같다.

$$점포\ A의\ 효용 = \frac{50,000}{4^2} = 3,125$$

$$점포\ B의\ 효용 = \frac{70,000}{6^2} = 1,944$$

$$점포\ C의\ 효용 = \frac{40,000}{3^2} = 4,444$$

이러한 각 점포에 대한 효용 값을 토대로 이 소비자의 점포 A에서의 구매확률은 다음과 같이 계산된다.

$$\frac{3,125}{(3,125 + 1,944 + 4,444)} = 0.328$$

이와 마찬가지로 점포 B와 점포 C에서의 구매확률은 각각 0.204, 0.467이라는 것을 쉽게 알 수 있다.

소비자가 한 점포를 애호할 가능성은 a와 b의 값에 따라 달라진다. a와 b의 값이 변함에 따라 점포크기와 거리에 주어진 상대적 중요성도 달라진다.

a와 b의 값이 변화함에 따라 점포크기와 거리가 주어진 상대적 중요성도 달라지는 것이다. [표 5-5]는 a, b의 값의 변화에 따라 점포선택확률이 변화함을 보여준다.

예를 들어 만약 거리모수의 값(=b)이 −2.0에서 −3.0으로 변한다면 점포선택에서 거리의 중요성이 보다 커졌기 때문에 소비자는 원거리에 있는 점포보다 근거리에 있는 점포를 애호하는 쇼핑패턴으로 바뀌게 될 것이다.

따라서 가장 근거리에 있는 점포 C를 애호할 확률은 b가 −3.0으로 변한 경우 47%에서 57%로 증가한다. 이 경우 가장 근거리에 있는 점포 C를 애호할 경우 확률은 증가하는 반면 점포 C보다 원거리에 있는 점포 A, B를 애호할 확률은 줄어든다.

b = −3.0으로 변한 경우 소비자가 가장 원거리에 있는 점포 B를 애호할 확률은 0.20에서 0.13으로 상당히 감소한다. 점포 A는 점포 B보다 상대적으로 거리가 가깝기 때문에 거리 모수 값(=b)의 영향을 점포 B보다는 덜 받는다.

한편 a의 값의 변화, 즉 점포크기 혹은 매력도의 상대적 중요성의 변화도 선택확률에 영향을 미친다. [표 5-5]에서 세 번째 열을 살펴본다면 b값은 −2.0으로 그대로 있고 a값만 2.0으로 증가하는 경우 점포의 규모가 가장 큰 점포B는 점포 A, C보다 먼 거리에 위치하고 있기는 하지만 20%에서 29%로 쇼핑확률이 증가함을 알 수가 있다. 이와 같이 a값만 2.0으로 증가하는 경우 규모가 가장 작은 점포 C는 점유율에서 가장 큰 손실을 입게 된다. 그러므로 확률적 모형을 이용하는데 있어 중요한 문제는 해당지역 소비자들의 실제 쇼핑센터에 가장 잘 맞는 모수의 값을 결정하는 일이라 할 수 있다.

③ Huff모형에 따른 신규점포매출액 예측

Huff 모형은 신규점포의 매출액예측에 널리 활용되는 기법인데 다음의 예는 Huff 모형을 이용하여 신규 슈퍼마켓의 예상매출액을 추정하는 과정을 보여준다(표 5-6 참조).

신규 점포의 입지예정지역은 5만 명의 주민들이 거주하고 있으며 현재 3개의 체인점에서 6개의 대형 슈퍼마켓들이 진출해 있으며 그 중 한 체인점이 새로운 점포를 개점하려는 계획을 세우고 있다.

점포개점에 앞서 점포관리자는 신규점포의 잠재상권과 그 상권에서의 예상매출액을 추정하기위해 Huff 모형을 이용한다고 하자. 관리자는 다음과 같은 과정을 거쳐 신규점포의 매출액을 추정할 수 있다.

㉠ 전체시장을 소규모 고객집단지역(zone)으로 나눈다. 각 zone은 우편번호, 센서스, 행정구역별로 나누어질 수 있다.

㉡ 전체 상권내의 각 경쟁점포의 점포크기를 조사한다.

㉢ 각 zone의 중심부에서 각 점포까지의 거리 또는 여행시간을 결정한다.

㉣ 각 zone내 거주자들의 일부를 표본으로 선정하여 이들에 대한 실사를 한다. 실사를 통해 조사자는 각 zone 내 거주자들의 개별점포에 대한 방문횟수를 조사한다. 수집된 정보를 토대로 조사자는 Huff 모형을 이용하여 그 지역 내 소비자들의 쇼핑행동을 가장 잘 반영하는 a, b의 값을 통계적 방법으로 추정할 수 있다.

㉤ 모수 값(즉 a와 b의 값)을 안다면 조사자는 각 zone에 거주하는 소비자들이 신규점포를 방문할 확률을 신규점포의 규모와 그 점포까지의 거리를 이용하여 계산할 수 있다. [표 5-6]은 29개 각 zone의 거주자들이 신규점포에서 쇼핑할 확률의 예측치를 보여주고 있다.

㉥ 신규점포가 각 zone으로부터 얻을 수 있는 예상매출액을 계산한다. 매출액은 각 zone 거주자의 신규점포에 대한 쇼핑확률에다 각 zone의 인구 수 및 일인당 슈퍼마켓 지출비를 곱하여 구해진다. 인구수와 일인당 소매점 지출비에 관한 정보는 2차 자료를 이용하여 얻어질 수 있다. 각 zone에 대한 매출액은 다음과 같다.

> 각 zone에서의 예상매출액 = 각 zone 거주자의 신규점포에서의 쇼핑확률
> × 그 지역의 인구 수 × 1인당 식료품비

각 zone에서의 예상매출액은 [표 5-6]의 마지막 열에 나타나 있다. 예를 들어 신규점포는 zone 1에서 38,610,000원의 주간매출액이 예상된다. 이 예측치는 그 zone 거주자의 신규점포에의 방문비율(0.75)과 그 지역 인구 수(1,980)와 1인당 주간 식료품

지출비(26,000원)를 곱하여 얻어진다. 동일한 방법으로 28개의 zone에 대한 예상매출액이 계산된다. 신규점포의 전체예상매출액(주당 203,586,000원)은 각 zone에서의 예상 매출액을 합한 값이다.

[표 5-6] Huff 모형을 이용한 상권규모 분석 예

하부지역 (zone)	각 하부지역별 신규점포로서의 방문비율	하부지역의 인구	하부지역별매출액 (단위 : 천원)
1	75	1,980	38,610
2	65	1,150	19,435
3	20	1,025	5,330
4	79	830	17,048
5	31	1,570	12,654
6	0	1,460	0
7	60	1,630	22,428
8	6	2,900	4,524
9	20	2,810	14,612
10	10	2,320	6,032
11	0	2,910	0
12	3	3,040	2,371
13	1	3,400	894
14	3	2,190	1,708
15	1	2,260	588
16	36	1,300	12,168
17	21	1,540	8,408
18	1	1,660	432
19	2	2,320	1,206
20	4	1,980	2,059
21	2	2,100	1,092
22	1	2,020	525
23	32	2,450	20,384
24	5	1,940	2,522
25	5	1,340	1,742
26	3	1,472	1,148
27	3	1,360	1,061
28	3	1,620	1,264
29	1	1,310	341
신규점포의 총 예상매출액			203,586

분석자는 신규 슈퍼마켓이 위치할 가능지역들의 시장 잠재력을 비교하기 위해 앞에서 설명된 절차에 따라 각 입지가능지역에서의 예상 매출액을 추정할 수 있다. 여러

가능입지에 대한 예상 매출액의 비교는 최종 입지선정에 있어서 매우 중요한 단계이다. Huff 모형을 이용한 예상매출액의 추정에는 복잡한 계산이 수반되므로 분석자는 컴퓨터를 이용하여 매출액을 계산할 수 있다.

Huff모형이 1960년대 초 개발된 이후 수많은 수정 모델이 제시되었다. Huff모형은 점포의 크기만으로 점포매력도를 측정하였는데 이는 특정 점포의 상권규모와 매출액을 예측하는데 한계가 있었다. 즉, Huff모형은 점포 매력도가 점포의 크기 이외에 취급제품의 가격, 판매원의 서비스 등 다른 요인들로부터 영향을 받을 수 있음을 고려하지 않았다. 따라서 수정모델들은 점포 크기 이외에 점포이미지 관련변수, 대중교통수단의 이용가능성 등 점포매력도에 영향을 미치는 여러 변수들을 추가함으로써 모형의 예측력을 개선했다.

④ Huff모형의 전략적 의미

최근 들어 백화점을 비롯한 국내 각 유통업체의 대형화 및 다점포화 전략은 Huff모델을 포함한 점포선택 모델에 대한 실증분석 결과와 일치함을 알 수 있다. 예를 들어 백화점의 매출액을 비교하면 다른 백화점에 비해 매장면적이 큰 롯데백화점이 가장 높은 매출액을 올리고 있는 것으로 나타난다. 매장면적의 크기는 점포의 제품구색을 반영하는 지표가 되기 때문에 소비자의 점포 선택 시에 중요한 결정변수가 됨을 쉽게 예상할 수 있다.

그러나 점포의 위치와 크기가 점포 선택의 중요한 변수이지만 취급제품의 특성에 따라 점포 속성들의 종류도 달라질 수 있다는 점을 명심해야 한다. 예를 들어 식료품 등 일상적으로 구매되는 품목들의 경우 소비자의 거주지에서 가까울수록 그 점포가 선택될 확률도 높아진다. 따라서 편의 품을 취급하는 점포나 슈퍼마켓 체인의 경우는 특정 상권내의 어느 곳에 입지하느냐에 따라 경영성과에 큰 차이를 보이게 된다. 즉 고객이 접근하기 편리한 위치에 입지한 것이 시장에서의 핵심적 성공요인이 된다. 한편 스테레오 제품이나 하이패션 의류와 같이 전문품의 경우, 점포의 편리한 위치, 매장 면적 등 점포속성보다는 상표이미지가 상표선택에 보다 결정적 역할을 하게 된다. 따라서 이러한 관련 제품을 구매하는 소비자는 점포의 위치가 크게 중요하지 않으며 자신이 선호하는 상표를 취급하는 점포를 방문하기 위해 기꺼이 멀리 여행하고자 한다. 그러므로 표적세분시장의 고객이 점포선택을 하는데 있어 어떤 점포 속성을 결정적 요인으로 보는지 파악하여 자사점포의 점포이미지와 표적세분시장이 선호하는 점포속성이 서로 일치하도록 함으로써 사사점포에 내한 애호도와 선택확률을 세고시켜야 할 것이다.

(3) MCI(multiplicative competitive Interaction) 모형

MCI모형은 한 점포의 효용(매력도)을 측정하는데 있어 측정 변수로서 점포의 크기와 점포까지의 거리뿐만 아니라 다양한 점포관련 특성들을 포함한 것이다.

구체적인 예로서 설명하면 다음과 같다. 어떤 소비자의 집 주위에 점포 A, B, C가 있으며 점포 선택 시 점포까지 거리(D)와 함께 중요한 속성으로서 제품구색(P)과 판매원 서비스(S)를 고려한다고 가정하자. 만약 이 소비자의 각 점포(j)의 제품구색에 대한 효용치(Pj^{a1}), 판매원 서비스에 대한 효용치(Sj^{a2}), 점포까지의 거리에 대한 효용치(Dj^{b1})가 다음 표와 같다면, 소비자의 점포에 대한 선택확률은 다음과 같이 구해진다.

$$P(\text{점포A}) = \frac{Pa^{a1}Sa^{a2}Da^{b1}}{\sum_{j=1}^{n} Pj^{a1}Sj^{a2}Dj^{b1}}$$

$$= \frac{\text{점포}A\text{의 효용치}}{\text{점포}A\text{의 효용치} + \text{점포}B\text{의 효용치} + \text{점포}C\text{의 효용치}}$$

$$= 0.43$$

[표 5-7] **각 점포 효용치**

	제품구색에 대한 효용치(Pj^{a1})	판매원 서비스에 대한 효용치(Sj^{a2})	점포까지의 거리에 대한 효용치(Dj^{b1})	각 점포에 효용치
점포 A	4	3	10	120
점포 B	5	4	5	100
점포 C	2	4	7	56

MCI모델을 이용하여 식료품점 매력도에 관한 연구에 따르면 식료품점 매력도에 결정변수로서 레이아웃, 점포외양, 접근용이성, 점포 서비스, 점포 이미지 등의 점포특성을 사용하였다. 앞에서 언급한바와 같이 Huff 모델이 개별점포에 대한 선택확률을 예측하는데 한계가 있지만 소비자들의 점포선택행동에 대한 여러 실증연구 결과 Huff 모델의 중요변수인 점포까지의 여행시간과 점포크기가 점포선택에 있어 여전히 중요한 변수로 밝혀졌다.

(4) MNL(Multinominal logit) 모형

1980년대 이후 소비자의 점포선택행위와 특정점포의 시장점유율을 예측하는데 많이 이용되는 확률적 모형이 MNL 모형이다. MNL모형은 상권 내 소비자들의 각 점포에 대한 개별적인 쇼핑여행에 대한 관측 자료를 이용하여 각 점포에 대한 선택확률의 예측은 물론 각 점포의 시장점유율 및 상권에 크기를 추정할 수 있다.

Luce의 선택공리에 이론적 근거를 두고 있는 MNL 모형은 다음과 같은 세 가지 가정에 의해 도출된다.

① 소비자의 특정점포 대안에 대한 효용은 결정적 요소와 무작위 요소로 구성된다. 결정적 요소는 관찰 가능한 점포대안들의 점포 속성들 또는 소비자의 특성들의 영향을 반영하며, 무작위 요소는 결정적 요소에서 고려되지 못한 기타 변수들의 효과를 반영하는 부분이다. 수식으로 표현하면 다음과 같다.

$$Uij = Vij + \epsilon ij$$

여기서 Uij : 소비자 i에 선택대안 j에 대한 효용
Vij : 결정적 요소로 부터 기인되는 효용
ϵij : 무작위 요소

② 확률적 효용 극대화 이론에 근거하여 소비자는 고려중인 점포대안들 중에서 가장 효율이 높은 점포를 선택한다. 이 이론에 의하면 특정 점포대안이 선택될 확률은 그 대안이 가지는 효용이 다른 점포 대안들 보다 클 확률과 같다. 두 번째 과정을 수식으로 표현하면 다음과 같다.

$$\begin{aligned} Pij &= P(Uij^{*} > Uij) \\ &= P(Vij^{*} + \epsilon ij^{*} > Vij + \epsilon ij) \\ &= P(\epsilon ij - \epsilon ij^{*} < Vij^{*} - Vij) \end{aligned}$$

여기서 Pij^{*} : 소비자 j가 특정점포 j^{*}를 선택할 확률

③ 무작위 요소(오차항)는 서로 독립적이며 이중지수(double exponential)분포를 가진다.

$$P(\epsilon \leq \varepsilon^{*}) = \exp\ [-\exp(-\varepsilon^{*})]$$

이러한 세 가지 가정에 근거하여 소비자의 특정 점포대안에 대한 선택확률은 다음과 같은 간단한 형태로 표현될 수 있다.

위의 등식을 MNL 보넬이라고 부른다. 위 식에서 β값은 상권 내 소비자들에 대한 실사에 의해 얻어진 정보를 토대로 통계적 분석 방법을 통해 구해진다. 추정된 β값과 실사를 통해 얻어진 x값을 이용하여 상권 내 개별 거주자의 각 점포

대안에 대한 선택확률이 계산될 수 있다.

N명의 주민들이 살고 있는 상권 내에서의 특정점포의 시장점유율은 다음과 같이 구해진다.

$$MSj = \frac{\sum_{i=1}^{n} Pij}{N}$$

여기서 MSj : 점포 j의 시장점유율
Pij : 소비자 i가 점포 j를 선택할 확률
N : 한 지역 내 총 거주자 수

(5) 특정 관수형 Model

구매출향의 확률은 소비자와 해당 매물시설과를 연결시키는 (X1, X2, X3 …Xq) 제 요인의 상승적에 따라 규정되어 진다.

• **공식**

$$Pij = A\,\pi_{k=1}^{q} \quad XKij^{bk}$$

Pij = i거주 지역 소비자가 j매물시설에 출향하는 확률
A = 비교상수
$Xkij$ = i지역 소비자가 j시설에 대해 갖는 k번째의 매물시설 특성
bk = k번째의 시설특성에 관한 Pij의 민감도를 나타내는 parameter
q = 매물시설의 특성을 나타내는 변수

• **적용**

① 매물시설 특성으로서는 규모, 거리, 업종 수, 입지적 결정도 등이 고려된다.
② 이용가능 한 매물시설은 일반적으로 복수이나 그 중에서 하나의 매물 시설을 끄집어내어 독립적으로 모델식을 구성하는 점에서 Huff Model과 기본적으로 틀리다.

(6) 구매출향 확률 행렬예측(Pij)

[표 5-8] **구매출향 확률 행렬예측**

i(거주지역) \ j(상업집적)	1	2	3	… j	… m
1	P11	P12	P13	… P1j	… P1m
2	P21	P22	P23	… P2j	… P2m
3	P31	P32	P33	… P3j	… P3m
〃	〃	〃	〃	〃	〃
〃	〃	〃	〃	〃	〃
i	Pi1	Pi2	Pi3	… Pij	… Pim
〃	〃	〃	〃	〃	〃
〃	〃	〃	〃	〃	〃
n	Pn1	Pn2	Pn3	… Pnj	… Pnm

- 종측 - 1, 2, 3 … n 개의 거주 지역
- 횡측 - 1, 2, 3 … m 개의 상업 집적(매물시설)
- Pij는 i거주지역의 소비자가 j 상업 집적에서 쇼핑할 확률

분석하고자 하는 상권이 n의 거주 지역으로 분할되고, 그 상권 내 거주 소비자가 일상생활에서 잘 이용되고 있는 상업 집적은 m개 있으면 $m \times n$의 매물출향확률이 존재하게 된다.

매물출향확률행렬이 이해되면, m개 상업 집적별 매출액이 계산된다.

$Ci = i$ 거주지역의 소비자수, i거주 지역으로부터 j상업 집적에 쇼핑하러가는 소비자수는 $(Ci \times Pij)$가 된다.

j상업 집적에서 쇼핑하는 소비자 수는

$$(C1 \times P1j) \times (C2 \times P2j) \times \cdots (Cn \times Pnj) = \sum_{j=1}^{nr} (Ci \times Pij)$$

이 식에서 소비자 1인당 거주지역의 소매관련 소비 지출액 평균을 Ci에 곱하면 j의 판매액이 된다.

따라서 매물출향확률은 Pij는 i지구의 소비자에 대해서 j상업 집적이 어느 정도의 상대적인 흡인력을 갖게 되느냐 하는 내용이 된다.

j상업 집적이 i거주 지역 소비자에 대해 갖는 흡인력을 Uij로 하면 Pij는 다음과 같은 식으로 설명이 된다.

$$Pij = \frac{U_{1jr}}{\sum_{j=1}^{nr} U_{1jr}} \qquad ①'식$$

① 상기 ①'식의 분모는 i 거주 지역에서 j상업 집적까지의 거리, j상업 집적의 규모(매장면적) 또는 j의 업태 및 j의 질적인 특성(쾌적도 등)등이 흡인력을 결정하는 요인이다.
이런 요인이 k개 있으면

$$Uij = f(X1,\ X2,\ X3\ \ldots\ Xk) \qquad ②'식$$

② 상기 ②'식의 의미는 Uij와의 요인관계로서의 내용(예를 들어, 정비례관계인가, 2승에 반비례하는가 등)이 미정이므로 f(Function, 관수)로 표시한다.
따라서, 이 Uij의 관수 형을 어떻게 결정하는가를 MCI Model은 다음과 같은 연수 형으로 보았다.

$$Uij = A(X_{1ij}^{ar} \cdot X_{2ij}^{ar} \cdot X_{3ij}^{r\gamma} \cdots X_{kij}^{\gamma}) \qquad ③'식$$

③ 상기 ③'식의 의미는 j상업 집적이 i 지구의 소비자에 대해 갖는 흡입력 Uij는 k개의 각 요인에 적용함에 따라 상승적으로 나타나게 된다.
③'식의 Uij를 ①'식에 대입하면 Pij가 결정된다.

$$Pij = \frac{X_{1ij}^{ar} \cdot X_{2ij}^{ar} \cdot X_{3ij}^{r\gamma} \cdots X_{kij}^{\gamma}}{\sum_{j=1}^{nr}(X_{1ij}^{ar} \cdot X_{2ij}^{ar} \cdot X_{3ij}^{r\gamma} \cdots X_{kij}^{\gamma})} \qquad ④'식$$

제 2 절 상권 유형별 분류와 특징

상권은 특성도 다르고 변화도 각기 다르다. 당연히 상권분석은 필수적이다. 개개의 상권을 분석하는 데에만 몇 년이 걸릴지 모른다. 그러나 범위를 넓혀보면 특징이 비슷한 상권들로 묶어서 볼 수 있다. 즉 도심권, 역세권, 대학가, 아파트단지, 주택지 상권 등 5가지로 분류해볼 수 있다. 좀 더 세분해서 대형 사무실 밀집지역 등을 포함할 수도 있다. 또한 특수한 경우로 거점 형(쇼핑센터 등)과 특화 형(공구상가 등 전문상가)이 있다.

하지만 대형 사무실 밀집지역은 대체적으로 저녁 이후에는 장사가 되지 않으며, 휴무일은 거의 영업이 되지 않아 권장할 만한 곳은 아니다. 물론 초보자가 아닌 노하우가 있는 경험자라면 도전해볼 만한 곳이긴 하다. 어쨌든 상권의 유형을 근린 형, 지구중심 형, 지역중심 형, 광역중심 형으로 구분할 수도 있다. 그러나 이 분류는 이론적이기는 하되 실제 적용에서는 실익이 별로 없다.

1. 도심권

각 도시에는 중심부가 있는데 바로 그곳에 있는 상권을 가리킨다. 서울의 경우에는 종로와 명동 일대를 도심으로 볼 수 있다. 도심에는 유동인구가 많다. 일례로 서울은 대형 백화점, 대형 쇼핑센터, 남대문시장, 동대문시장, 대형 서점, 각종 사무실 등 수도권의 인구를 유입할 수 있는 시설이 집중되어 있어서 입지만 한다면 목 중의 목이 되는 곳이다.

종로의 경우, 종각부터 종로 3가까지가 목이며, 종로 1가, 4~6가 등은 상권이 떨어진다. 이곳은 버스정류장 주위의 일부만을 목이라 볼 수 있다.

이러한 도심권은 임대료나 권리금이 매우 높아 초보자들로서는 입지하기가 쉽지 않은 곳이긴 하다.

2. 역세권

거의 모든 지역 중에서 상권이 활발히 형성되어 있는 곳이 바로 역세권이다. 하지만 전철역 입구라고 해서 모두 상권이 좋은 것은 아니다. 대다수는 전철역 입구만 장사가 잘 된다. 왜냐하면 전철역을 이용하는 상주인구 자체가 적거나 근처에 유동인구를 모을 수 있는 대형 백화점, 쇼핑센터, 대학교, 입시학원 등이 없어서 상권이 제대로 형성되지 못하고 있는 상태이기 때문이다.

하지만 번성하는 상권을 보면 대학이나 백화점, 입시학원을 끼고 있고, 그 지역의 핵 구실을 하고 있는 중심지이다. 이러한 지역은 당연히 임대료나 권리금이 높다.

특히 이와 같은 역세권은 상권마다 특성이 다르다.

예를 들어 신촌, 신림, 강남역, 잠실신천상권 등은 오락·유흥업이 주도하는 상권인 반면에 성신여대, 목동, 창동, 문정동상권 등은 여성의류 할인매장과 관련업이 잘 되는 상권이다.

또한 오락·유흥업으로 성격이 비슷한 강남역이나 잠실신천상권, 신촌상권, 신림상권 등도 그 고객층이나 소비성향은 판이하게 차이가 난다. 이중 신촌 상권은 IMF 이전과 비교해 권리금이 파격적으로 하락했다. 1998년 6월에 비해 권리금의 하락폭이 컸던 상권은 신촌상권 이외에도 미아, 이대, 청량리, 영등포, 평촌, 일산 주엽역 등이며 그 외에는 미미했다.

어쨌든 역세권의 상권분석은 유동인구의 특성파악이 우선이다. 또한 업종분포도를 살펴보면 그 상권에서 호황인 업종을 알 수 있다. 이대상권과 같이 의류점이 300개에 이르나 IMF 이후 의류점이 불황에 빠져 있는 예외도 있기는 하지만 말이다.

음식 업이나 판매업은 그 상권에 같은 업종이 50~60% 정도 분포되어 있을 때 장사가 오히려 잘 된다. 30% 안팎에 불과하면 음식 업이나 판매업이 안 되는 상권이므로 피하는 것이 좋다.

반면 서비스업은 같은 업종이 적을수록 좋다.

역세권의 유명상권은 점포수가 대부분 200~800개로서 상권마다 독특한 특징이 있어 업종분포를 보면 호·불황인 업종을 알 수 있다. 그러나 주택지에서는 그 상권만의 독특한 특징이 없고 모든 업종이 골고루 분포되어 있어 호·불황 업종을 알 수 없다. 단 상권의 좋고 나쁨은 알 수 있다.

3. 대학가

대학가는 젊음과 활기가 넘치는 곳으로서 다른 상권보다는 비교적 건전한 편이다. 특히 다른 지역과는 음주문화의 격이 달라서 마음 편히 장사할 수 있다. 하지만 대학가에도 어려움은 많다. 총학생수, 기숙사 완비 여부, 지방학생의 구성비, 그리고 학교 앞의 교통망 상태와 대형 시설이 있는지에 따라 상권이 양극으로 뚜렷이 갈리기 때문이다.

대부분의 대학가(중앙대, 숭실대, 경기대, 경희대, 고려대, 숙명여대 등)는 상권이 매우 미약하여 발전 가능성이 없다.

교통망이 확충되기도 어려워 보인다. 특히 여대 앞은 여성에 맞는 일부 품목 이외에는 어려움이 많다. 여기서 신촌이나 이대입구, 성신여대 앞, 신림사거리, 대학로(성대 앞), 홍대역 등은 역세권으로 분류하므로 논외로 한다.

상권을 파악할 때 좀 더 유의할 것은 무엇일까?

1) 상권분석 유의점

(1) 지역특성을 대강 알고 들어가서는 절대 안 된다. 확실히 파악해야 한다. 차라리

아무것도 모르면 빈 공간에 채우기가 더 쉬운 법이다.

(2) 시설에 현혹되어서는 안 된다. 소매업은 입지산업이다. 하지만 초보자일수록 바로 이 시설에 넘어가는 경우가 많으므로 주의해야 한다.

(3) 권리금이 터무니없이 싼 곳은 장사목이 아닌 곳이 많으므로 조심하라. 특히 '교환업소'는 더욱 그렇다.

장사로 성공하는 것도 중요하지만 그에 못지않게 실패하지 않는 것 또한 중요하다. 그중 으뜸은 바로 입지선정이다.

'교환'이란 현찰매매가 잘 이루어지지 않는 땅이나 주택, 업소, 기타 각종 부동산끼리 서로 바꾸는 것을 말한다. 그런데 여기에는 많은 문제점이 있다. 교환업소는 아무리 시설이나 장소가 그럴 듯해도 대부분 장사가 안 되는 곳이라는 점을 명심해야 한다. 이러한 업소는 유명상권 안에도 셀 수 없이 많다. 특히 건대역 입구는 교환이 많은 동네이다. 최근에는 신촌이나 이대역 상권에서도 교환업소가 많아지고 있으며 심지어 종로에서도 종종 눈에 띈다. 그만큼 장사가 안 되는 가게가 많다는 말이다.

잘 되는 곳 옆에 안 되는 곳이 있는 법이다. 즉 건대역 상권은 역 입구는 매우 좋지만 약간만 올라가면 현저히 상권이 죽는 곳이다.

하지만 교환업소인지 아닌지는 보통 사람의 눈에는 보이지 않는다. 어쩌면 알 필요가 없는지도 모른다. 입지선정에 관한 안목이 어느 정도 있다면 말이다.

4. 아파트단지 상권

1) 최소한 500세대 이상은 되어야 한다.

상가 입구가 대로변 쪽에 있어야 좋고, 500세대 정도가 되면 자체 내에서 상권을 유지할 수 있다. 하지만 500세대 정도에서는 부동산, 세탁소, 미용실, 약국, 슈퍼마켓, 잡화점, 음악, 미술학원 정도밖에 되지 않는다. 만약 전문점을 하고 싶다면 최소 2,000세대 이상인 곳에서 해야 한다.

2) 주택지 안의 아파트나, 공터가 있는 곳은 피하라.

주택지 안의 아파트는 대부분 재개발이나 재건축으로 생긴 것이다. 이 경우 처음에는 기존의 가게들보다 깨끗하기 때문에 아파트 상가가 활성화된다. 하지만 장사가 잘되기 시작하면 주택들이 상가주택으로 전환되면서 상권이 분할된다. 손님들은 당연히 좀 더 크고 전문화된 곳으로 가게 마련이다. 단지 내 상가는 대부분 10~15평 정도의 소규모가 주류를 이루고 있어 업종도 제한되며, 상가주택에 있는 큰 업소와의 경쟁에서 배겨내기가 힘들다.

3) 1,000세대 이상이면 정문과 후문 중 지대의 높낮이나 대중교통 수단에 따라 상권이 달라진다.

단지가 크면 정문과 후문의 이용률이 확연히 구별된다. 처음 상가가 분양되었을 때는 대개 정문 쪽 상가의 분양가가 높은 경우가 많고 장사도 잘 될 것이라는 기대심리에 편승해 임대가도 높은 편이다. 그런데 종종 후문 쪽이 더 잘 되는 경우가 있다. 이때는 후문의 지대가 정문 쪽보다 낮은 곳에 있을 때이거나 대중교통 수단이 후문 쪽에 집중되어 있어 유동인구가 몰리기 때문이다.

정문과 후문의 지대가 비슷할 때는 어느 쪽이 나은지 어떻게 파악할 수 있을까? 방법은 간단하다. 노점상이 어느 쪽에 있는가를 보면 된다. 노점상은 수시로 옮겨 다니면서 잘 되는 곳에서 장사를 하므로 이들이 있는 곳이 곧 목이라고 보면 틀림없다.

하지만 노점상이 아예 영구적으로 자리를 잡고 간이칸막이나 이동식 가게를 맞추어 수십 개가 줄을 이어 있으면 포기하는 것이 낫다. 노점상에 모든 업종이 자리하고 있기 때문에 단지 내 상가는 하루가 다르게 쇠락의 길을 걷는다.

4) 중소형 아파트단지에서 하라.

대형 아파트에 주거하는 연령층은 50대 이후가 많다. 당연히 자녀들도 20대 이후가 대부분이다. 그런데 50대 이후의 소비성향은 어떠한가? 이들은 생필품 이외에는 모두 외부에서 해결하는 층으로서 시내의 백화점이나 전문상가에 가서 쇼핑의 재미를 느끼고 싶어 하는 경향이 강하다. 게다가 20대는 또 어떤가? 이들에게는 아예 기대를 걸지 않는 것이 좋다. 따라서 이곳에서는 기술 위주의 업종과 생필품 정도밖에 장사가 되지 않는다.

소형 아파트(23평 이하)에는 주로 신혼 초인 20대 후반에서 30대가 거주하고 있고 일부는 저소득층에 속한다. 이들은 대부분 직장생활을 하고 있어 직장 위주의 생활패턴을 보여 먹고 입는 것을 직장과 가까운 곳에서 해결한다. 아파트는 거주공간일 뿐이다. 그러니 역시 취급할 품목은 기술 위주의 업종과 생필품 정도에 불과하지만 유아복이나 아동복만큼은 잘 된다.

반면, 중소형 아파트(23평 이상~33평 이하)의 주거연령은 30~40대로서 자녀들도 대부분 초중고생이 많다. 당연히 생필품 이외에도 학원, 분식점, 문구점 등 다양한 업종이 잘 된다.

5) 세대수에 비해 상가가 많으면 피하라.

세대수에 비해 상가가 너무 많은 경우도 있다. 아파트 1가구당 상가를 6㎡까지 지을 수 있지만 정말 이대로 짓는다면 품목이 중복되어 서로 망하는 경우가 있다. 2,000세대 이상이면 단지 내에 상가건물이 몇 개 있게 마련인데 되도록 위치가 좋은 출입구 쪽 점포를 택해야 실패하지 않는다. 안쪽에 위치한 상가라면 신중하고 신중하게 생각하라.

6) 신도시 등 대규모 아파트단지는 중심상권과 인접한 곳을 택하라.

대규모 아파트단지의 주변에는 대형 판매시설이 경쟁적으로 들어서고 있다. 대형업체들은 호화로운 매장과 할인판매 등으로 손님을 끌어들이므로 소형 매장은 경쟁상대가 되지 않는다. 이곳의 거주자들은 거의 대형 판매시설에서 구매를 하기 때문에 대규모 아파트단지 내 상가들 대부분이 살아남기 어렵다. 생필품과 기술을 밑천으로 하는 업종만이 명맥을 유지할 수 있다. 따라서 대규모 단지에서는 세대수를 파악하는 것이 아무런 의미가 없다. 굳이 이곳 아파트 상가에서 장사를 하려면 중심상권의 대형 판매시설 바로 옆에서 하는 것이 좋다.

5. 주택지 상권

주택지 상권은 가장 쉽게 접하고 이용할 수 있는 상가이다. 대부분은 적은 자본으로 장사를 시작한다. 그만큼 시작하기가 쉽다. 쉽게 만날 수 있는 상가이기 때문에 '나도 웬만큼은 이 상권에 대해 알고 있다.'라고 착각하기도 쉽다. 하지만 막상 접해보면 그렇지 않다. 어느 지역 상권보다 파악하기 어려운 것이 바로 주택지 상권이다. 그렇다면 그 이유는 무엇일까? 그것은 그 상권만의 특성이나 색깔이 없기 때문이다. 유동인구가 많지 않기 때문에 오직 거주하는 세대수와 소득수준, 주요 연령층 정도가 상권파악의 잣대가 될 뿐이다.

따라서 주민들이 주로 어느 길로 이동하는가에 따라 상권의 좋고 나쁨이 결정된다고 해도 과언이 아니다. 덧붙여 지형지세가 영향을 미치고 있다.

이처럼 주택지 상권은 그 특성과 상권의 발전성 여부를 파악하기가 애매모호한 경우가 많다. 하지만 방법이 전혀 없는 것은 아니다. 우선 상권이 번성할 수 있을지 알아내기 위해서는 그 상권 내에 있는 점포수를 기준으로 파악해보면 된다. 지역에 따라 약간의 차이는 있지만 대개 대로변, 버스정류장, 재래시장 입구 등에 상권이 크고 작게 형성되어 있다. 이때 어떤 지역에서는 버스정류장 부근에 점포가 제일 많고 또 어떤 지역에서는 재래시장 입구의 상권이 제일 클 수도 있다. 당연히 번성하고 있는 점포수가 많은 상권에 들어가야 한다.

1) 주택지 상권은 점포수에 따라 파워가 달라진다.

점포수가 70~80개 이상이면 번성하는 중심상권이다.

이 정도면 보통 사방 60~70m가 상가로 이어져 있는 중심상권이다. 보통 주택지에는 10평 이상 되는 큰 점포가 많지 않다. 또한 점포 전면의 길이가 5m 이상 되는 곳도 별로 없다. 점포수가 70~80개인 상권은 번성하고 있는 상권이므로 임대가 와 권리금이 다른 주택지 상권에 비해 비싸다. 즉 A급지는 역세권의 B급지 수준으로서 평당 임대가가 1,000만 원 안팎, 권리금이 6,000만 원 이상이다.

점포수가 40~50개인 상권이면 번성할 가능성이 있다.

신도시의 역세권처럼 이러한 주택지 상권은 A급지와 B, C급지 간의 차이가 심하다. A급지는 그 상권의 목이라서 장사가 잘 되지만 B, C급지는 상권규모 자체가 작기 때문에 장사가 썩 잘 되지 않는 답보상태이다.

이곳의 A급지는 점포가 70~80개 있는 상권의 B급지 수준으로서 평당 임대가가 700만 원 안팎, 권리금이 4,000만 원 안팎이다.

점포수가 20~30개인 상권이면 장래가 불투명하다.

주택지에는 이런 상권이 많다. 주부 상대나 어린 학생들을 상대로 필수품을 판매하는 가게가 대부분이다. 따라서 답보상태이며 권리금 또한 1,000만 원 이하가 많다. B, C급지는 아예 무권리도 많다.

2) 주택형태를 보고도 상권을 파악할 수 있다.

단독주택이 대다수인 곳은 좋은 상권이 아니다.

세대수가 적고 주거연령과 소득수준이 높은 경우가 많은 고소득층 거주지역의 주택형태이다.

단독주택, 다세대, 다가구가 혼합되어 있는 곳은 비교적 좋은 상권이다.

세대수가 많고 주거연령도 중·장년과 초·중고생이 많다. 소득수준은 중산층과 저소득층이 주류를 이루며 대부분 재래주택 형태이다.

다세대, 다가구가 대부분인 곳은 좋은 상권은 아니다.

세대수는 많으나 주거연령이 비교적 젊고 아이들도 어리다. 중산층이 주류를 이루며 시 외곽 신흥지역 쪽에 많이 보이는 주택형태이다.

단독, 다세대, 다가구, 연립, 아파트가 섞여 있는 곳은 주택지 상권으로는 가장 좋다.

세대수가 매우 많고 주거연령, 소득수준이 비교적 다양하다. 재개발된 지역에서 보이는 형태로서 상권규모가 비교적 크게 형성된다.

6. 기타 상권

동일업종을 영위하는 경우에도 사업장 규모의 크기, 시설의 고급화 정도에 따라 상권의 크기는 다양하게 변할 수 있다. 대체적으로 사업장의 규모가 클수록 또 시설이 고급일수록 상권은 넓어지며, 반대로 시설의 규모가 작을수록 또 시설이 고급하지 않을수록 상권범위는 작아진다.

또한 사업의 업종 및 시설조건이 동일하다 하더라도 경영자의 경영자세, 마케팅전략, 점포 인지도 등에 따라 상권은 확대, 축소가 되기도 한다. 상권 결정은 다음과 같은 요인이 영향을 미친다.

1) 자연지형물

산, 하천, 철도, 도로 등은 상권을 분할하는 대표적인 요인이다.

대개 상권의 형태는 지형지세에 의해 이루어진다. 지형지세 등 지리적인 조건 중에는 하천, 도로, 둑 등이 있다. 이들은 상권을 분할하는 구실을 하기 때문에 면밀히 분석해야 한다. 4차선이상의 도로는 상권을 분할하지만, 바로 앞에 횡단보도 등이 있다면 상권을 연계하기도 한다.

또한 언덕배기 등 경사진 곳은 상권형성이 어려운 지형이며, 도시계획 등으로 인해 높고 낮은 곳 없이 편평하게 밀어버린 서울시 외곽지역이나 신도시 등은 상권의 번성이 어렵다. 이런 곳은 사통팔달로 시원하게 뚫려버려서 사람들 통행 역시 한 곳으로 몰리지 않게 되어 제대로 된 상권형성이 어렵다.

그렇다면 어떠한 곳이 번성하는 상권의 지리적인 조건을 갖춘 곳인가? 바로 높고 낮은 지대의 낮은 곳이다. 이런 곳은 비가 오면 물길이 한쪽(낮은 쪽)으로 몰리듯이 사람들 역시 낮은 곳으로 몰린다. 당연히 이곳은 또한 교통망 확충이 잘 되어 있으며 그 지역의 각종 편의시설, 예를 들어 시장이나, 극장, 예식장, 은행 등이 집중되어 있다.

이와 같은 원리가 적용되는 것에는 보도 양쪽에 상권이 형성되어 있을 경우 조금이라도 보도가 낮은 곳이 좋다. 보도가 높은 곳이나 보도보다 조금이라도 높은 곳에 점포가 있으면 접근성에서 불리하다.

2) 대형 시설물

학교, 관공서, 운동장 등의 대형 시설물의 존재여부에 따라 상권이 달라진다. 어떤 상권이든지 번성하는 곳은 그 지역의 중심지 이다. 그 지역의 중심지에는 또한 각종 편의시설이 집중되어 있다. 양자가 서로 밀고 당기면서 커지는 것이다. 은행, 쇼핑센터, 대형 의류점 등이 있는 곳은 대부분 좋은 상권이다. 하지만 학교나 운동시설 등은 상권을 분할한다. 당연히 이러한 것이 있는 곳은 좋지 않다.

3) 도로상태

도로망의 연계상태, 노폭, 중앙분리대, 신호등, 건널목, 접도조건, 지하철 연계 상태에 따라 상권이 달라진다.

상권은 교통망 등의 변화에 의해 번성하기도 하고 쇠퇴기에 빠지기도 한다. 특히 지하철과 연계여부는 상권의 성쇠와 밀접한 관계가 있다.

4) 중심방향

도심, 역 등 사람들이 모여드는 방향이 어느 쪽 이느냐에 따라 상권의 범위도 달리 형성된다. 중심방향 쪽으로는 밀도가 높고 깊은 상권이 형성되며, 중심방향의 반대쪽으로는 밀도가 낮고 넓은 상권을 형성한다.

도심권과 역세권 및 대학가 상권은 유동인구의 특성이 그대로 반영되어 상권이 형성되어 있다. 다시 말하면 그 상권에 유입되고 있는 유동인구 연령층, 남녀구성비, 소비형태 등에 의해 각 상권마다의 특징이 나타난다. 따라서 이곳의 상권분석은 그다지 어렵지 않다.

실제 상권분석이 어려운 경우는 아파트 단지와 주택지 상권이다. 이곳은 그야말로 일일이 그 지역 지역마다 상권분석을 해야 한다. 그 지역 거주인구의 소득수준, 인구수 및 세대수, 교육정도, 주거형태, 소비형태, 연령층, 남녀구성비 등에 의해서 상권발달이 각기 다르기 때문이다. 당연히 이것은 매우 어렵다.

제 3 절 상권 설정과 예상매출

1. 상권설정

1) 상권설정요소

(1) 업종의 종류

① 업태 : 슈퍼, 쇼핑센터, 백화점 등에 따라 상권의 범위가 다르다.
② 업종에 따라 상권이 다르다.

(2) 사업장의 규모

(3) 경영전략

업종과 시설이 동일하더라도 경영자의 경영자세 및 영업, 판촉 전략에 따라 상권은 확장되기도 하고 축소되기도 한다.

(4) 물리·환경적 요소

① 자연지형물: 산, 하천, 철도, 도로 등은 상권을 분할하는 주요 요소이다.
② 대형시설: 학교, 관공서 등 대형시설물
③ 도로상태: 신호등, 노폭, 건널목 유무, 접도조건
④ 중심방향: 도심, 역 등 사람들이 모여드는 방향이 어디인지에 따라 상권의 형성도 달라진다.

2) 상권설정 절차

상권설정의 절차는 대상사업의 종류에 따라 그 정밀도에 차이가 있으나 개발기획단계에서는 다음과 같은 절차를 밟는 것이 일반적이다.

(1) 설정 절차

① 1/10,000 또는 1/50,000 지도를 준비하여 계획지점을 마크한다.
② 영위하고자 하는 사업의 업종, 업태를 고려하여 가상 기본상권의 반경범위를 그려 넣는다(원형).
③ 가상 기본상권 범위가 그려진 상태에서 산, 하천, 철도, 도로, 대형시설물 등 물

리적으로 상권을 구분하는 요소들을 감안하여 현실적 상권범위를 조정한다.

④ 조정된 상권에 경쟁 점의 위치 및 영향권, 도로의 연계상황, 중심방향을 감안하여 더욱 현실적인 상권범위를 확정한다(아메바형).

⑤ 확정된 상권범위 내에서 속하는 행정구역 단위의 인구수(세대수), 사업체수(종업원 수), 산업통계지표 등의 자료를 입수하여 상권규모를 계량화 한다.

3) 상권설정 방법

(1) 원형 상권설정

① 고객 분포 조사로 기본상권 설정

Ⓐ 교외형: 2-3km

Ⓑ 도시형: 500m-1km

② 상권인구 산출과 매출 추정

Ⓐ 점포를 중심으로 반경 500m원을 그리고 그 구역 내 인구수를 구한다.

Ⓑ 기존 운영점포는 상권인구와 상권인구 1인당 매출액은 아래와 같은 식으로 구한다.

$$\text{상권 1인당 매출액} = \frac{\text{1년 평균 매출액}}{\text{반경 상권인구}}$$

(2) 실사 상권 설정

① 도보에 의한 상권설정

② 버스 승차 조사에 의한 상권설정

③ 주행 조사에 의한 상권설정

(3) 설문조사에 의한 상권설정

(4) 고객리스트에 의한 상권설정

4) 매출추정

매출추정은 사업자가 어떤 사업을 어떤 형태로 운영할 것이냐(직영, 임대, 분양, 운영위탁 등)에 따라 추정방법 및 필요 정밀도가 많이 달라진다. 소매점은 소매점이 속한 지역의 가계소비지출통계표 또는 업종별 사업현황표 등을 입수하여 한 세대(인구)당 해당업종에의 소비 지출액 및 해당업종의 평균매출액을 파악한다. 세대(인구)당 소비 지출액에 세대(인구)수를 곱하는 방법 또는 해당사업체 평균매출액에 사업체 수를 곱하여 상권 내 전체 시장규모를 산정한다. 전체 시장규모에서 기존 경쟁업체의 매출규모를 합산한 액수를 빼어 실제 취득 가능한 매출규모를 추정한다.

(1) 간이 매출 추정

① 객단가를 기초로 산출

매출액 = 객수 × 객단가

특히 이계산식은 다음과 같이 분해할 수 있다.

매출액 = 내점객수 × 매출율 × 평균단가 × 구입수량

② 종업원 1인당 매출액을 기초로 산출

매출액 = 종업원 1인당 매출액 × 종업원수

이 경우는 곤란한 점은 종업원 1인당 매출액을 어떻게 파악하는가와 종업원 수를 어디까지 정확하게 파악할 수 있는가라는 점이다.

③ 상품회전율을 중심으로 산출

매출액 = 재고금액 × 상품회전율

④ 평당 연간 매출액을 기초로 산출

매출액 = 평당 연간 판매액 × 매장면적

(2) 케인 법

미국인 J. 케인이 창안한 방법으로 매장면적비율 뿐만 아니라 각점의 매출점유비율을 가미한 것이다.

실무적으로 다음 산식에 의한다.

$$\text{산식} = \frac{\text{매출점유 비율}}{\text{매장면적 비율}} \times 100$$

$$*\text{매출점유 비율} = \frac{\text{자기점포의 매출액}}{\text{상권 내 잠재 수요액}}$$

$$*\text{매장면적 비율} = \frac{\text{자기점포의 매장면적}}{(\text{상권 내 경합점} + \text{자기점포})\text{매장면적}}$$

이 산식에서 산출된 수치는 이 점포의 강점을 표현하는 것이다.

① 기존 점포 매출 추정 사례

A점포는 X시 역전에 매장면적 200평으로 출점하고 있다. 상권내의 경합 점은 3점이고 그 매장면적의 합계는 800평이다. 상권 내 세대수는 1,000세대이고 1세 대당 연간상품관계 지출액은 500만원이라면 잠재수요는 50억 원이다. A점포의 연간매출액은 12억 원이다. 이상의 조건에서 수치를 산출한다.

$$*A\text{점포의 매출점유 비율} = \frac{12\text{억 원}}{50\text{억 원}} = 24\%$$

$$*A\text{점포의 매장면적 대 점유 비율} = \frac{\text{매출세어 비율}}{\text{매장면적 비율}} = \frac{24\%}{20\%} = 120\%$$

결국 A점포의 매장면적은 20%이면서 잠재수요의 24%를 획득하고 있는 우수 점이라 할 수 있다.

② 신규 점의 매출액 예측

A점포가 X시의 인접한 Y시에 출점을 시도하는 경우이다. 전제조건은 매장면적을 300평으로 한다. 이미 Y시에는 4점의 합계 900평의 매장이 존재한다. Y시의 잠재수요액은 75억 원으로 본다.

$$*A\text{점포의 }Y\text{시에서 매장 면적 비} = \frac{300\text{평}}{900\text{평} + 300\text{평}} = 25\%$$

$*A$점포의 Y시에서 매출 추정 산식

$= Y\text{시잠재수요액} \times (Y\text{시에서 매장면적비율} \times X\text{시에서 매장 면적 대 매출점유 비율})$

$= 75\text{억 원} \times (25\% \times 120\%) = 75\text{억원} \times 30\% = 22\text{억}5\text{천만 원}$

(3) 중력모형(gravity model)

중력모형은 두 사물간의 인력은 거리의 제곱에 반비례하고 질량의 크기에 비례한다는 만유인력의 법칙을 활용한 점포의 예상매출액 추정방법이다. 중력모형으로 점포의 매출액을 추정하는 절차는 다음과 같다. 사례로 보면 점포주변에 N1, N2, N3의 세 지역의 근린지역이 있고 점포로부터 이격거리가 1K, 2K, 3K라하고 점포에서 구입할 수 있는 근린지역의 지출 가능 금액이 각각 700, 600, 500만원으로 추정되고 점포면적은 200평이고 거리마찰계수(distance friction factor) b값은 2로 가정하고 추정해 보자.

① 근린지역의 점포 유인력

근린지역 1 = $200/1^2$ = 200

근린지역 2 = $200/2^2$ = 50

근린지역 3 = $200/3^2$ = 22.2 합계 272.2

② 각 근린지역에 대한 점포 유인력 비율

근린지역 1= 200/272.2=73.4

근린지역 2= 50/272.2=18.4

근린지역 3= 22.2/272.2=8.2

③ 근린지역에 대한 점포의 매출 추정

근린지역 1= 700만원×0.734=513.8

근린지역 2= 600만원×0.184=110.4

근린지역 3= 500만원×0.082=41 합계665.2만

총 665만원이 된다.

[표 5-9] **중력모형에 의한 매출액 추정**

근린지역	거리(Tij)(km)	지출가능액(Ei)(만원)	Fi/T^2 ij	Σ Fi/T^2 ij	Sij
N1	1	700	200	272.2	513.8
N2	2	600	50		110.4
N3	3	500	22.2		41
ΣSij 665만원(100%)					

(4) 회귀모형(regression model)

회귀모형은 매출액에 영향을 주는 변수를 선정하고 이 변수로 점포의 매출액을 추정하는 방법이다. 이 때 매출액은 종속변수가 되고 매출액에 영향을 주는 변수들이 독립변수이다. 독립변수로는 상권 내 인구수, 소득, 경쟁업체, 임차인의 역량, 점포의 시설, 접근성, 가시성 등이 있다.

회귀모형의 예는 상권 내 인구와 일인당 소득은 (+) 영향을 미치고 경쟁 점은 (-) 영향을 받는다고 할 수 있다. 여기에 매출액을 추정하는 회귀모형은 아래와 같다.

S(매출액) = A + B(인구) + C(일인당 소득) - D(경쟁업체의 규모)

여기시 A는 싱수항이며 B, C, D는 독립변수의 한 단위가 변할 때 종속변수인 매출액의 변화를 나타내는 회귀계수이다.

(5) 비율법(ratio method)

비율 법은 예상매출 산출 방법 중 주관성이 가장 많이 개입되는 방법이다. 예상매출액 산정 절차는 다음과 같다.

① 가능 상권의 확정

② 일인당 주민 소득의 계산 : 센서스 자료 등을 활용하여 일인당 소득을 계산한다.

③ 점포의 취급품목에 대한 상권의 지출 가능금액을 계산한다.

④ 지출가능 금액의 비율과 점포의 가능매출액을 계산한다.

2. 슈퍼마켓 예상매출 추정

본 사례의 대상이 되는 중대형 슈퍼마켓의 점포 규모는 매장면적 100평~600의 기업형 슈퍼마켓으로 하였다. 그 이유는 기업 형 슈퍼마켓 이외에도 군소 개인 유통업체들이 많으나 정보공개가 이루어 지지 않아 객관적 자료가 부족할 뿐만 아니라 신뢰성도 낮으며 개인 업체들은 업태의 특성에 충실하지 않은 면이 있어서 연구대상으로는 부적합하다고 판단했기 때문이다.

연구대상의 상권범위는 경험적 방법에 근거하여 모델점 중심에서 반경 0.5km 범위를 도보상권으로 가정하여 1차 상권으로 설정하고, 반경 2km 범위를 차량상권으로 가정하여 2차 상권으로 설정하였다. 이후 용어의 혼선을 피하기 위하여 1차 상권을 도보상권으로 2차 상권을 차량상권으로 용어를 통일하여 사용한다.

여기서 도보상권 범위를 0.5km로 가정한 이유는 연구대상 업태(SM.SSM)의 특성상 내 점 고객 80% 이상이 도보고객이며 소비자가 도보를 이용하여 방문하는 경우 반경 0.5km 이내에는 연구대상 업태와 유사한 업태의 점포가 산재해 있기 때문에 그 이상의 거리를 도보로 이용할 필요성을 느끼지 않는다는 것을 가정한 것이며, 차량상권의 경우는 차량을 이용하는 소비자의 특성상 기획구매, 목적구매의 성향이 많고 시간적 여유가 있는 소비자로 판단되므로 매장규모나 상품구색, 주차공간, 편의시설 등에서 불리한 슈퍼마켓 업태의 점포방문은 제한적일 수밖에 없으므로 불리한 조건을 제어할 수 있는 변수는 거리이므로 그 범위를 2km로 가정한 것이다.

이와 같이 연구대상 상권을 도보상권과 차량상권으로 굳이 구분한 이유는 업태의 특성을 고려한 것으로 각 상권별 측정결과 수치를 믹스시켜 예상매출액 추정의 정확도를 높이기 위함이다.

연구방법의 접근은 선행연구를 통해 상권의 개념에 관한 이론과 슈퍼마켓의 개념적 이론을 고찰하여 본 연구의 대상에 대한 개념을 포괄적으로 이해하고 연구대상 모델

상권을 현장 방문하여 실제 지리적 특성과 지도상의 상권과의 차이를 파악한 후 연구를 진행하였다.

연구의 순서와 절차는 "대형백화점의 신규출점에 따른 예상매출액 추정"[2] 논문을 참고하였으며 연구의 내용이나 용어는 본 연구의 특성에 적합하도록 임의 개량하여 사용하였다.

먼저 연구대상의 모델상권 범위를 측정하기 위하여 컨버스의 신소매인력모델을 이용하였는데 이를 위해 지역 상권을 세분화 하고 세분화된 상권을 다시 불록상권으로 세분화 하여 측정에 필요한 자료를 구하고 부분적으로 현장조사와 실측을 하여 중소상권의 특성에 부합하도록 세밀한 분석으로 연구대상 상권의 상권분기점을 측정하였다.

쇼핑확률 산출을 위해 수정허프모델을 이용했으며 산출에 필요한 자료는 통계청 인구통계자료(2008)와 유통업체연감(2008), 월간리테일메거진(2008) 자료를 발췌하여 사용하였고 한국체인스토어협회 통계실무자의 도움을 받았다. 또한 거리측정과 소요시간 측정은 네이버 지도와 현장실측을 병행하여 사용하였으며 소비자가 점포선택 조건을 파악하기 위하여 소비자 설문조사를 실시하여 반영하였다.

위와 같은 과정으로 얻어진 결과물을 이용하여 모델 점의 예상매출액을 추정하고 실제매출과 검증하는 절차를 밟았으며 연구결과를 토대로 이론을 재구성하여 슈퍼마켓 예상매출액추정 계산방식을 돌출하였다.

예상매출을 산출하기 위해서는 연구대상 상권의 상권분기점 측정이 먼저 이루어져야 한다. 이를 위해 본 연구는 컨버스의 신소매인력모델을 이용했으며 앞서 언급한 바와 같이 연구대상 모델 점의 업태특성을 감안하여 모델상권[3]을 차량상권과 도보상권 2개의 상권으로 나누어 분석하였다.

따라서 차량상권의 경우 모델 점 중심에서 반경 2km의 가상의 상권을 지도에 표시하여 모델상권을 가정하고 2km 지점 밖의 인접상권을 [표 5-10]과 같이 "A"부터 "F"까지 모델상권을 중심으로 6개의 지역의 상세상권으로 나누어 각 상세상권을 반경 2km가 되는 범위의 상권을 표시하여 6개의 인접상권을 가정한 후 각각의 인접상권에서 교통과 유동인구의 중심이 되는 곳을 각 인접상권의 중심부로 정하였으며, 모델상권 중심부 위치도 동일한 방법으로 지정하여 확정된 모델상권의 중심부 지점에서 각각의 6개의 인접상권 까지 거리를 측정하고 각각의 상권 내 인구수를 조사하여 [표 5-10]과 같이 인접상권과 모델상권의 규모를 산출하였다.

도보상권의 경우도 차량상권과 같은 방법으로 모델상권을 중심으로 반경 0.5km 지점 밖의 상세상권을 6개의 불록상권[4]으로 나누고 각 불록상권 내에서 상주인구 밀도

2) 박철주 외 3인(2006), 유통과학연구, 제4권 제2호 12월.

3) 서울시 양천구청을 중심으로 한 상권.

가 높은 위치를 각각의 블록상권 중심부로 지정하여 반경 0.5km의 6개의 인접상권을 가정한 다음 모델상권의 중심부에서 인접상권간 거리를 측정하고 인구수를 조사하여 [표 5-11]과 같이 각각의 블록상권 즉 인접상권의 규모와 모델상권의 규모를 산출하였다.

[표 5-10] **상권분기점 측정을 위한 인접상권 규모 및 범위(차량상권)**

상권명칭	인접상권 범위 (행정구역 기준)	인구 수(명)	거리측정(km)
"X"양천구청상권	신정6동/신정1동/신정4동80%/신정3동40%/신정7동50%/신정2동50%	115,432	모델상권
"A"목사거리상권	화곡4동/화곡2동/목4동50%/목3동20%	62,622	2.53
"B"파리공원상권	목5동/목6동/목4동50%	62,405	2.74
"C"영등포유통상가	당산1동/양평1동/문래1동/문래2동	68,585	2.34
"D"구로역 상권	구로5동/신도림동/구로본동/구로1동30%	93,785	2.15
"E"고척쇼핑상권	고척2동/고척1동/개봉본동/개봉1동	122,051	2.01
"F"신곡시장 상권	신월6동/신월4동/신월2동50%/신정3동60%/신월1 동30%	83,876	2.34

위의 방법으로 각각의 인접상권 범위를 차량상권과 도보상권으로 설정하였을 때 행정구역 단위(洞)가 인위적으로 나뉠 수밖에 없는 경우에는 각 상권 내에 속하는 범위의 비율을 인구수에 반영하였다.

[표 5-11] **상권분기점 측정을 위한 인접상권 규모 및 범위(도보상권)**

상권명칭	인접상권 범위 (행정구역, 아파트 동단위 기준)	인구 수 (명)	거리측정 (km)
"X"양천구청상권	신정1동70%/신정6동70%/신정2동10%	39,284	모델상권
"A"목동역 상권	신정5동50%/신정4동50%	27,552	1.09
"B"오목교역상권	목1동/신정2동30%	38,462	1.79
"C"신정교상권	신정2동60%/신정6동30%	22,297	1.01
"D"신정제일시장상권	신정4동50%/신정3동60%/신정1동30%	46,345	1.04
"E"신평시장상권	신정7동80%/고척1동30%	31,486	1.02
"F"신트리2단지상권	신정3동20%	10,026	1.30

4) 도보상권의 상권분석을 세밀하게 하기위해 동 단위 또는 대단지 아파트 상권을 몇 개의 소규모 블록으로 나눈 상권.

예를 들면 차량상권의 경우 "F"상권에서 신월2동 50%인 경우 인구통계상 신월2동 총인구수 24,233명 중에서 50%에 해당하는 12,111명을 반영하였음을 뜻한다.

도보상권의 경우는 상권범위가 블록으로 구분하였으므로 한 개의 행정단위가 몇 개의 소규모 상권으로 나누어지는데 이때는 아파트 동을 기준으로 세대수를 조사하여 이를 세대 당 인구수로 환산하여 비율로 반영하였다. 예를 들면 도보상권에서 신정2동은 "X" 상권10%, "B" 상권30%, "C" 상권60%로 나눠게 되는데 이런 경우 각 블록 상권범위에 해당하는 경계내의 아파트세대수를 현장 조사하여 전국 가구당 인구수로 환산하여 그 비율 수치를 각각 반영했음을 뜻한다. 아파트단지가 아닌 일반주택 지역인 경우는 지도상에 표시된 상권범위의 비율을 인구수로 나누어 반영하였다.

이와 같은 방법으로 산출된 자료를 컨버스의 신소매인력모델 [표 5-12] 방식을 이용하여 계산하면 [표 5-13, 14]와 같이 상권분기점 수치를 얻는다. 여기서 얻어진 수치를 모델상권 중심부에서 각각 표기하면 연구대상 모델상권과 인접상권 간 상권분기점이 확정된다.

[표 5-12] 컨버스의 신소매인력 모델 계산식 모형

계산식	기호
$D_a = \dfrac{D_{ab}}{1+\sqrt{\dfrac{P_b}{P_a}}}$ 또는 $D_b = \dfrac{D_{ab}}{1+\sqrt{\dfrac{P_a}{P_b}}}$	D_a : A도시로 부터의 상권분기점까지의 거리 D_b : B도시로 부터의 상권분기점까지의 거리 D_{ab} : A와 B 도시간의 거리 P_a : A도시의 인구 P_b : B도시의 인구

[표 5-13] 도보상권 상권분기점 산출

$``X" \rightarrow A \quad \dfrac{1.09}{1+\sqrt{\dfrac{27,522}{39,284}}} = 0.593\text{km}$	$``X" \rightarrow B \quad \dfrac{1.70}{1+\sqrt{\dfrac{38,426}{39,284}}} = 0.854\text{km}$
$``X" \rightarrow C \quad \dfrac{1.01}{1+\sqrt{\dfrac{22,297}{39,284}}} = 0.576\text{km}$	$``X" \rightarrow D \quad \dfrac{1.01}{1+\sqrt{\dfrac{36,345}{39,284}}} = 0.498\text{km}$
$``X" \rightarrow E \quad \dfrac{1.02}{1+\sqrt{\dfrac{31,486}{39,284}}} = 0.538\text{km}$	$``X" \rightarrow F \quad \dfrac{1.30}{1+\sqrt{\dfrac{10,026}{39,284}}} = 0.864\text{km}$

컨버스의 신소매인력 모델 계산식 모형에 반영되는 각 항목 중 "도시와 도시간 거리"를 모델상권과 인접상권 간 거리로, "도시의 인구"를 각 상세상권 내 인구로 임의 적용하여 산출하였다.

[표 5-14] **차량상권 상권분기점 산출**

"X" → A $\dfrac{2.53}{1+\sqrt{\dfrac{62,622}{115,432}}}=1.456\text{km}$	"X" → B $\dfrac{2.74}{1+\sqrt{\dfrac{62,405}{115,432}}}=1.579\text{km}$
"X" → C $\dfrac{2.34}{1+\sqrt{\dfrac{68,585}{115,432}}}=1.322\text{km}$	"X" → D $\dfrac{2.15}{1+\sqrt{\dfrac{93,785}{115,432}}}=1.130\text{km}$
"X" → E $\dfrac{2.01}{1+\sqrt{\dfrac{82,402}{115,432}}}=0.990\text{km}$	"X" → F $\dfrac{2.34}{1+\sqrt{\dfrac{83,876}{115,432}}}=1.263\text{km}$

3. 쇼핑확률 산출 및 분석

지금까지 컨버스의 신소매인력모델을 이용하여 연구대상 모델상권의 범위가 확정된 자료를 근거로 연구대상 상권을 도보상권과 차량상권을 구분하여 각 상권 내 주요 유통 점별 쇼핑확률 산출을 시도하였다.

수정허프모델을 이용하여 쇼핑확률을 산출하기 위한 자료를 얻기 위해서 상권분기점 측정으로 확정된 모델상권 내의 유통시설 현황(규모/거리/시간)을 조사하여 [표 5-15]와 [표 5-16]에 표기하였다. 유통시설 현황조사에서 도보상권의 경우 먼저 상권 내 유사업태를 조사하고 각 유통 점별 거리와 시간은 네이버지도로 측정했으며 매장 규모는 현장을 방문하여 관리자 면담과 연구자의 경험적 방법으로 측정하였다.

도보상권 내 유통시설 중 재래시장의 경우 여러 개의 산매점으로 형성되어 있는 것을 편의상 하나의 유통 점으로 가정하여 그 규모를 측정하였다.

차량 상권의 경우는 도보상권과는 다르게 조사하였다. 그 이유는 연구대상 모델상권의 범위에서 차량상권의 범위가 반경 2km이므로 이 범위내의 유통점만 조사하였을 경우 심각한 오류가 발생하기 때문이다. 차량을 이용하는 소비자의 성향은 경험적 판단에 의하면 그들은 시간적 여유가 있으며 대량구매, 기획구매, 목적구매를 하는 성향이 높다. 따라서 소비자가 차량을 이용하여 쇼핑하는 경우의 범위를 거리로 기준을 삼지 않고 소요시간을 기준으로 하였다. 그 기준은 각 상권의 중심부에서 차량으로 30분 이내의 범위에 있는 유통 점을 조사하였는데 그 중에서도 주차시설이 갖춰진 점포만을 조사 대상으로 정하여 조사하였다. 소요시간 기준을 30분으로 한 이유는 차량으로 30분 범위 이내에는 모든 업태의 유통 점들이 산재해 있기 때문에 그 이상의 시간은 불필요하다고 판단했기 때문이다.

소비자가 유통 점을 방문함에 있어 소요되는 시간은 도보를 이용하든 차량을 이용하든 동일상권 내에서도 출발지 위치에 따라 다르게 나타나므로 이로 인한 오차를 줄이기 위한 방법으로 각 상권을 세분화하여 출발지를 다르게 적용하였다. 도보상권의 경우는 10개 지역으로 세분화하여 "A"부터 "J"까지 각각의 상권 중심부에서 출발하여 각 유통 점을 방문하는 것으로 측정하였으며, 차량상권의 경우는 "A"부터 "G"까지 7개 지역으로 세분화하여 각각의 상권 중심부에서 출발하여 각 유통 점을 방문하는 것으로 측정하였다.

[표 5-15] **차량상권 내 유통시설 현황**

점포명/매장면적 (㎡)	A지역 (거리/소요시간)	B지역 (거리/소요시간)	C지역 (거리/소요시간)	D지역 (거리/소요시간)	E지역 (거리/소요시간)	F지역 (거리/소요시간)	G지역 (거리/소요시간)
현대백화점목동 60,390㎡	1.1km/5분	0.4km/3분	1.5km/7분	2.9km/8분	2.1km/6분	3.1km/15분	2.1km/16분
애경백화점구로 44,550㎡	3.8km/24분	2.4km/16분	3.4km/23분	4.1km/20분	2.6km/13분	2.1km/15분	0.6km/6분
홈에버목동 10,649㎡	0.7km/4분	0.8km/6분	1.4km/7분	2.9km/13분	2.3km/9분	3.4km/18분	2.5km/17분
하나로마트목동 9,111㎡	0.8km/4분	0.7km/5분	1.5km/8분	3km/10분	2.4km/8분	3.4km/17분	2.4km/15분
코스트코양평 10,804㎡	1.7km/10분	1.5km/7분	3.1km/11분	4.5km/16분	3.6km/17분	4.3km/24분	2.6km/18분
롯데마트구로 18,150㎡	4.2km/23분	2.9km/15분	3.4km/18분	3.7km/15분	2.2km/14분	1.3km/7분	1.3km/10분
홈플러스영등포 10,230㎡	3.1km/17분	2.3km/10분	4km/15분	5.2km/18분	3.9km/16분	4km/24분	2km/15분
롯데백화점영등포 36,630㎡	3.5km/20분	2.8km/13분	4.5km/18분	5.7km/21분	4.4km/19분	4.5km/27분	2.5km/18분
신세계영등포 12,920㎡	3.3km/18분	2.6km/11분	4.3km/16분	5.5km/19분	4.2km/17분	4.2km/25분	2.3km/16분
롯데마트영등포 12,540㎡	2.5km/20분	2.4km/13분	4km/18분	5.4km/21분	4.4km/19분	4.9km/30분	3km/21분
홈플러스강서 11,127㎡	3.2km/15분	4.4km/20분	3.7km/16분	4.3km/20분	5.1km/20분	6.4km/27분	6.1km/28분

점포명/매장면적(㎡)	A지역 (거리/소요시간)	B지역 (거리/소요시간)	C지역 (거리/소요시간)	D지역 (거리/소요시간)	E지역 (거리/소요시간)	F지역 (거리/소요시간)	G지역 (거리/소요시간)
이마트가양점 11,220㎡	2.7km/12분	4km/17분	3.5km/15분	4.3km/23분	4.9km/22분	6.2km/29분	5.8km/26분
이마트신도림 7,646㎡	3.5km/14분	2.3km/7분	3.6km/12분	4.6km/25분	3.1km/20분	2.9km/20분	0.9km/10분
홈에버신도림 9,900㎡	3.5km/14분	2.3km/7분	3.6km/12분	4.6km/25분	3.1km/20분	2.9km/20분	0.9km/10분
에브리데이신원 2,970㎡	4.4km/15분	1.8km/20분	3.1km/11분	2.4km/8분	3.9km/15분	5km/20분	5.9km/23분
★한라마트목동점 1,320㎡	2.4km/8분	1.4km/6분	1.2km/10분	2km/13분	0.8km/3분	1.8km/10분	1.7km/15분
GS슈퍼목동점 460㎡	2.7km/10분	1.3km/6분	1.4km/10분	2km/13분	0.9km/3분	1.5km/9분	1.9km/17분
롯데슈퍼목동점 729㎡	1.9km/6분	1.7km/8분	0.9km/5분	2.1km/13분	0.5km/2분	2.3km/12분	1.6km/14분

자료 : 현장조사, 네이버지도, 유통업체연감(2007.2008), 한국체인스토어협회.

[표 5-16] **도보상권 내 유통시설 현황**

점포명/매장면적(㎡)	A블록 (거리/시간)	B블록 (거리/시간)	C블록 (거리/시간)	D블록 (거리/시간)	E블록 (거리/시간)	F블록 (거리/시간)	G블록 (거리/시간)	H블록 (거리/시간)	I블록 (거리/시간)	J블록 (거리/시간)
★한라마트/1320㎡	225m/3분	540m/8분	580m/9분	867m/13분	1060m/16분	1120m/17분	737m/11분	358m/5분	655m/10분	814m/12분
GS슈퍼/460㎡	672m/9분	869m/13분	846m/13분	1160m/17분	1280m/19분	1160m/17분	625m/9분	205m/3분	452m/7분	941m/14분
목동마트/450㎡	696m/10분	599m/9분	1130m/17분	1400m/21분	1610m/24분	1630m/24분	1150m/17분	672m/10분	213m/3분	445m/7분
그린마트/760㎡	868m/13분	594m/9분	1370m/20분	1590m/24분	1820m/27분	1900m/28분	1430m/21분	696m/15분	456m/7분	190m/3분
세븐일레븐/130㎡	417m/6분	127m/2분	913m/14분	1100m/16분	1350m/20분	1550m/23분	1220m/18분	784m/12분	684m/10분	464m/7분
우리마트/520㎡	292m/4분	730m/11분	233m/3분	445m/7분	664m/10분	910m/14분	816m/12분	630m/9분	1070m/16분	1150m/17분
롯데슈퍼/729㎡	385m/6분	752m/11분	294m/4분	361m/5분	642m/10분	951m/14분	930m/14분	772m/12분	1190m/18분	1190m/18분
홈마트/820㎡	385m/6분	752m/11분	294m/4분	361m/5분	642m/10분	951m/14분	930m/14분	772m/12분	1190m/18분	1190m/18분
신정시장/1155㎡	785m/12분	1100m/16분	465m/7분	126m/2분	405m/6분	905m/14분	1130m/17분	1090m/16분	1560m/23분	1580m/24분
하나로마트/460㎡	695m/10분	1100m/16분	157m/2분	313m/5분	341m/5분	584m/9분	718m/11분	765m/11분	340m/20분	1500m/22분

점포명/매장 면적(㎡)	A블록 (거리/시간)	B블록 (거리/시간)	C블록 (거리/시간)	D블록 (거리/시간)	E블록 (거리/시간)	F블록 (거리/시간)	G블록 (거리/시간)	H블록 (거리/시간)	I블록 (거리/시간)	J블록 (거리/시간)
현대마트/ 980㎡	929m/ 14분	1330m/ 20분	428m/ 6분	296m/ 4분	63m/ 1분	538m/ 8분	917m/ 14분	1050m/ 16분	1610m/ 24분	1760m/ 26분
신평시장/ 850㎡	929m/ 14분	1330m/ 20분	428m/ 6분	296m/ 4분	63m/ 1분	538m/ 8분	917m/ 14분	050m/ 16분	610m/ 24분	1760m/ 26분
수마트/ 264㎡	484m/ 7분	939m/ 14분	267m/ 4분	620m/ 9분	672m/ 10분	692m/ 10분	470m/ 7분	417m/ 6분	1000m/ 15분	1260m/ 19분
금능마트/ 450㎡	845m/ 13분	1280m/ 19분	634m/ 10분	944m/ 14분	876m/ 13분	994m/ 9분	81m/ 1분	471m/ 7분	1080m/ 16분	1510m/ 23분
신세계마트/594㎡	1040m/ 16분	1400m/ 21분	967m/ 15분	1300m/ 19분	1250m/ 19분	913m/ 14분	314m/ 5분	524m/ 8분	971m/ 15분	1500m/ 23분

자료 : 현장조사. 네이버지도. 유통업체연감(2007.2008), 한국체인스토어협회.

[표 5-15, 16]에서 나타난 자료를 근거로 수정허프모델를 이용하여 쇼핑확률을 산출함에 있어 산출결과의 핵심적인 변수는 매장규모와 소요시간이다. 따라서 이 모델 방식으로 산출된 쇼핑확률이 객관성을 가지려면 핵심변수가 소비자의 점포선택 기준과 얼마나 일치하느냐 하는 것이 되므로 이에 본 연구는 연구의 신뢰성을 높이기 위한 방법으로 소비자 설문조사를 실시하여 그 결과를 산출방식에 반영하였다.

[표 5-17] **소비자 설문조사 결과표**

※ 설문응답자 수 316명
① 도보로만 쇼핑하는 소비자 112명
② 차량으로만 쇼핑하는 소비자 53명
③ 도보 또는 차량으로 쇼핑하는 소비자 151명

식료품 구입시 점포선택 이유	도보이용 시	비 율	차량이용 시	비 율
가깝고 편리해서	225명	★85.6%	49명	24.0%
가격이 싸고 품질이 좋아서	27명	10.2%	63명	30.9%
서비스가 좋아서	-	-	7명	3.4%
매장이 크고 상품이 다양해서	7명	2.7%	78명	★38.3%
회사 이미지가 좋아서	-	-	-	-
주차시설이 좋아서	-	-	6명	2.9%
기타 (배달. 편의시설)	4명	1.5%	1명	0.5%
계	263명(①+③)	100%	204명(②+③)	100%

소비자 설문조사는 2008년 10월 24일부터 28일까지 서울시 양천구 일원 4개 지역에서 성인 20세 이상 70세 까지 주부를 대상으로 진행 됐으며 조사방법은 현장 1 : 1면접으로 실시하였다.

조사결과는 [표 5-17]에서 나타난 것처럼 도보를 이용하는 소비자가 점포를 선택하는 이유 중 근접성에 가장 많은 의사를 보였고 차량을 이용하는 소비자의 경우는 매장규모에 가장 많은 의사를 나타냈다.

이러한 소비자 설문조사 결과를 분석해 보면 소비자가 유통 점을 방문할 확률은 확률에 미치는 요인변수의 비중이 도보를 이용할 경우와 차량을 이용할 경우가 크게 다름을 확인할 수 있다.

따라서 이 소비자 설문조사 결과 수치를 [표 5-18]의 수정허프모델 계산식 모형에 반영하여 산출하고자 개량된 계산방식을 구성하면 [표 5-19]로 표현된다.

[표 5-18] **수정허프모델 계산식 모형**

$P_{ij} = \dfrac{\dfrac{S_j}{T_{ij}^2}}{\sum_{i=1}^{n} \dfrac{S_j}{T_{ij}^2}}$	P_{ij} : 지역의 소비자가 소매시설 j에 갈 확률 S_j : 소매시설의 규모 T_{ij} : 지역 i에서 소매시설 j까지 가는데 소요되는 시간이나 거리 n : 점포수

[표 5-19] **가중치가 반영된 계산식 모형(가칭 : 수정허프모델 개량식)**

$P_{ij} = \dfrac{\dfrac{S_j \times (1+W_s)}{T_{ij}^2 \times (1-W_t)}}{\sum_{i=1}^{n} \dfrac{S_j \times (1+W_s)}{T_{ij}^2 \times (1-W_t)}}$	P_{ij} : 지역의 i소비자가 소매시설 j에 갈 확률 S_j : 소매시설의 규모 T_{ij} : 지역 i에서 소매시설 j까지 가는데 소요되는 시간이나 거리 n : 점포수 W_t : 시간 가중치 변수 = 가중치 ÷ (T_{ij} ÷ 기준 T_{ij}) W_s : 규모 가중치 변수 = (S_j ÷ 기준 S_j) × 가중치

위 [표 5-19] 수정허프모델 개량식으로 각각 시간과 규모에 가중치를 부여함에 있어 소비자 설문조사 결과 수치를 그대로 반영하면 도보상권의 경우 시간에 가중치를 85% 반영하고 차량상권의 경우는 규모에 가중치를 38%를 반영하여 계산하고 기존방식으로 계산한 수치와 대비시켜 [표 5-19, 20]으로 표현하였다.

[표 5-20] 차량상권(유통 점별/상세상권별) 쇼핑확률 산출표

구 분	A지역	B지역	C지역	D지역	E지역	F지역	G지역
현대백화점목동점 (기존방식/가중치부여)	55.61%/ 61.55%	75.92%/ 79.84%	52.31%/ 57.98%	57.22%/ 62.22%	54.93%/ 60.36%	22.83%/ 27.40%	10.60%/ 11.89%
애경백화점구로점 (기존방식/가중치부여)	1.78%/ 1.83%	1.97%/ 1.92%	3.57%/ 3.68%	6.75%/ 6.81%	8.63%/ 8.80%	17.58%/ 18.75%	55.59%/ 57.87%
홈에버목동점 (기존방식/가중치부여)	15.32%/ 13.11%	3.35%/ 2.72%	9.22%/ 7.91%	3.82%/ 3.21%	4.30%/ 3.66%	2.92%/ 2.59%	1.66%/ 1.44%
하나로마트목동점 (기존방식/가중치부여)	13.11%/ 11.12%	4.12%/ 3.32%	6.04%/ 5.13%	5.52%/ 4.60%	4.66%/ 3.92%	2.80%/ 2.47%	1.82%/ 1.56%
코스트코양평점 (기존방식/가중치부여)	2.49%/ 2.13%	2.49%/ 2.03%	3.79%/ 3.25%	2.56%/ 2.15%	1.22%/ 1.04%	1.67%/ 1.48%	1.50%/ 1.30%
롯데마트구로점 (기존방식/가중치부여)	0.79%/ 0.71%	0.91%/ 0.77%	2.38%/ 2.13%	4.89%/ 4.29%	3.03%/ 2.69%	32.88%/ 30.53%	8.15%/ 7.39%
홈플러스영등포점 (기존방식/가중치부여)	0.81%/ 0.70%	1.16%/ 0.94%	1.93%/ 1.65%	1.91%/ 1.61%	1.31%/ 1.11%	1.58%/ 1.40%	2.04%/ 1.77%
롯데백화점영등포점 (기존방식/가중치부여)	2.11%/ 2.08%	2.45%/ 2.30%	4.80%/ 4.74%	5.04%/ 4.88%	3.32%/ 3.26%	4.46%/ 4.57%	5.08%/ 5.08%
신세계영등포점 (기존방식/가중치부여)	0.92%/ 0.80%	1.21%/ 1.00%	2.14%/ 1.86%	2.17%/ 1.85%	1.46%/ 1.26%	1.84%/ 1.65%	2.27%/ 1.99%
롯데마트영등포점 (기존방식/가중치부여)	0.72%/ 0.62%	0.84%/ 0.69%	1.64%/ 1.42%	1.72%/ 1.47%	1.14%/ 0.98%	1.24%/ 1.11%	1.28%/ 1.12%
홈플러스강서점 (기존방식/가중치부여)	1.14%/ 0.98%	0.31%/ 0.26%	1.84%/ 1.59%	1.69%/ 1.42%	0.91%/ 0.78%	1.36%/ 1.21%	0.64%/ 0.55%
이마트가양점 (기존방식/가중치부여)	1.79%/ 1.54%	0.44%/ 0.36%	2.12%/ 1.82%	1.29%/ 1.09%	0.76%/ 0.65%	1.18%/ 1.06%	0.75%/ 0.65%
이마트신도림점 (기존방식/가중치부여)	0.90%/ 0.75%	1.77%/ 1.41%	2.25%/ 1.90%	0.74%/ 0.61%	0.63%/ 0.52%	1.70%/ 1.48%	3.43%/ 2.93%
홈에버신도림점 (기존방식/가중치부여)	1.16%/ 0.99%	2.29%/ 1.85%	2.92%/ 2.49%	0.96%/ 0.80%	0.81%/ 0.69%	2.20%/ 1.95%	4.45%/ 3.84%
에브리데이신월점 (기존방식/가중치부여)	0.30%/ 0.25%	0.08%/ 0.07%	1.04%/ 0.85%	2.81%/ 2.26%	0.43%/ 0.35%	0.66%/ 0.56%	0.25%/ 0.21%
★한라마트목동점 (기존방식/가중치부여)	0.47%/ 0.38%	0.41%/ 0.32%	0.56%/ 0.45%	0.47%/ 0.38%	4.8%/ 3.86%	1.17%/ 0.98%	0.26%/ 0.22%
GS슈퍼목동점 (기존방식/가중치부여)	0.11%/ 0.08%	0.14%/ 0.11%	0.20%/ 0.16%	0.17%/ 0.13%	1.67%/ 1.33%	0.50%/ 0.42%	0.07%/ 0.06%
롯데슈퍼목동점 (기존방식/가중치부여)	0.47%/ 0.37%	0.13%/ 0.10%	1.24%/ 0.99%	0.26%/ 0.21%	5.97%/ 4.75%	0.45%/ 0.37%	0.17%/ 0.14%
계	100%/ 100%	100%/ 100%	100%/ 100%	100%/ 100%	100%/ 100%	100%/ 100%	100%/ 100%

※ 차량상권 가중치부여는 매장규모에 38% 반영함.

[표 5-21] **도보상권 유통 점별 쇼핑확률(블록상권별) 산출표**

구 분	A블록%(기존/가중치)	B블록%(기존/가중치)	C블록%(기존/가중치)	D블록%(기존/가중치)	E블록%(기존/가중치)	F블록%(기존/가중치)	G블록%(기존/가중치)	H블록%(기존/가중치)	I 블록%(기존/가중치)	J블록%(기존/가중치)
★한라마트	53.76/ 80.78	20.08/ 8.70	4.17/ 1.63	1.52/ 0.39	0.27/ 0.04	6.52/ 2.57	2.07/ 0.38	30.85/ 19.88	12.19/ 4.28	7.47/ 1.90
GS슈퍼	2.08/ 0.65	2.65/ 1.04	0.70/ 0.25	0.31/ 0.08	0.07/ 0.01	2.27/ 0.90	1.08/ 0.20	29.87/ 62.87	8.67/ 3.57	1.91/ 0.47
목동마트	1.65/ 0.50	5.41/ 2.28	0.40/ 0.14	0.20/ 0.05	0.04/ 0.01	1.11/ 0.37	0.29/ 0.05	2.63/ 1.11	46.17/ 80.52	7.48/ 2.36
그린마트	1.65/ 0.46	9.14/ 3.84	0.49/ 0.17	0.26/ 0.06	0.05/ 0.01	1.38/ 0.43	0.33/ 0.06	1.97/ 0.75	14.32/ 5.89	68.80/ 91.81
세븐일레븐	1.32/ 0.52	31.64/ 71.97	0.17/ 0.06	0.10/ 0.02	0.02/ 0.01	0.35/ 0.12	0.08/ 0.01	0.53/ 0.21	1.20/ 0.42	2.16/ 0.68
우리마트	11.91/ 7.41	4.18/ 1.69	14.79/ 10.79	2.07/ 0.61	0.27/ 0.05	3.78/ 1.74	0.68/ 0.13	3.75/ 1.65	1.88/ 0.58	1.47/ 0.35
롯데슈퍼	7.42/ 2.91	5.87/ 2.37	11.66/ 6.41	5.68/ 1.94	0.38/ 0.06	5.31/ 2.45	0.70/ 0.13	2.96/ 1.19	2.08/ 0.63	1.83/ 0.43
홈 마트	8.35/ 3.27	6.60/ 2.66	13.12/ 7.22	6.39/ 2.18	0.43/ 0.07	5.97/ 2.75	0.79/ 0.14	3.33/ 1.33	2.34/ 0.71	2.06/ 0.48
신정제일시장	2.94/ 0.84	4.39/ 1.68	6.03/ 2.52	56.23/ 84.36	1.67/ 0.30	8.41/ 3.88	0.76/ 0.14	2.64/ 0.99	2.02/ 0.59	1.63/ 0.37
하나로마트	1.69/ 0.51	1.75/ 0.67	29.43/ 62.06	3.58/ 1.22	0.96/ 0.18	8.10/ 7.86	0.72/ 0.13	2.22/ 0.91	1.06/ 0.32	0.77/ 0.17
현대마트	1.83/ 0.51	2.39/ 0.89	6.97/ 3.07	11.93/ 4.67	51.13/ 53.12	21.84/ 34.52	0.95/ 0.17	2.24/ 0.84	1.57/ 0.46	1.18/ 0.26
신평골목시장	1.59/ 0.44	2.07/ 0.77	6.04/ 2.67	10.34/ 4.05	44.35/ 46.08	18.95/ 29.94	0.82/ 0.15	1.94/ 0.73	1.36/ 0.40	1.02/ 0.23
수 마트	1.97/ 0.70	1.31/ 0.51	4.22/ 2.32	0.63/ 0.18	0.14/ 0.02	3.77/ 2.79	1.02/ 0.20	4.29/ 2.35	1.08/ 0.34	0.60/ 0.14
금능마트	0.98/ 0.27	1.21/ 0.45	1.15/ 0.44	0.45/ 0.11	0.14/ 0.02	7.92/ 7.69	85.22/ 97.17	5.37/ 2.67	1.62/ 0.51	0.69/ 0.15
신세계마트	0.85/ 0.23	1.31/ 0.49	0.68/ 0.24	0.32/ 0.08	0.09/ 0.01	4.32/ 1.99	4.50/ 0.93	5.42/ 2.51	2.44/ 0.77	0.91/ 0.20
계	100%/ 100%	100%/ 100%	100%/ 100%	100%/ 100%	100%/ 100%	100%/ 100%	100%/ 100%	100%/ 100%	100%/ 100%	100%/ 100%

※ 도보상권 가중치 부여는 소요시간에 85% 반영함.

[표 5-20, 21]에서 나타난 바와 같이 쇼핑확률 계산 변수에 가중치를 반영했을 경우와 그렇지 않았을 경우의 각 유통 점별 쇼핑확률은 상이하게 나타남을 알 수 있다. 이 결과가 주는 의미를 분석하면 차량상권의 경우는 거리가 다소 멀어도 매장규모가

클수록 쇼핑확률이 높게 나타나며, 도보상권의 경우는 규모가 다소 작아도 거리가 가까워야 소비자로부터 선택받을 확률이 높다는 분석이 가능해 진다.

4. 예상매출액 추정 및 분석

1) 모델 점의 흡입가능 세대수 산출

모델점[5]의 예상매출을 계산하기 위해서는 쇼핑확률을 이용하여 흡입가능 세대수를 산출해야 한다. 이를 위해 이미 조사된 각 상권별 총 세대수를 쇼핑확률에 대입시켜 계산하면 [표 5-21, 23]과 같이 모델점 흡입가능 세대수가 도출된다.

[표 5-22] 모델 점의 도보상권 흡입가능 세대수 산출표

구 분	총 세대 수	기존 방식 (쇼핑확률)/(흡입가능 세대수)	개량식 (쇼핑확률)/(흡입가능 세대수)
A블록	2,030	53.76% / 1,091	65.57% / 1,640
B블록	1,352	20.08% / 271	15.37% / 118
C블록	2,160	4.17% / 90	4.80% / 35
D블록	2,605	1.52% / 40	2.06% / 10
E블록	2,735	0.27% / 7	0.67% / 1
F블록	3,540	6.52% / 231	4.63% / 91
G블록	4,193	2.07% / 87	3.36% / 16
H블록	4,140	30.85% / 1,277	21.52% / 823
I블록	3,100	12.19% / 378	9.43% / 133
J블록	4,510	7.47% / 337	5.92% / 86
계	31,365	- / 3,809	- / 2,953

※ 흡입가능세대수 = (쇼핑확률 × 총세대수) ÷ 100

5) 연구대상 상권인 양천구청 상권 중심부에 위치한 한라마트 목동점.

[표 5-23] 모델 점의 차량상권 흡입가능 세대수 산출표

구분	총세대 수	기존방식 (쇼핑확률)/(흡입가능 세대수)	개량식 (쇼핑확률)/(흡입가능 세대수)
A지역	25,432	0.47% / 121	0.38% / 98
B지역	30,118	0.41% / 125	0.32% / 96
C지역	24,008	0.56% / 135	0.45% / 109
D지역	21,610	0.47% / 102	0.38% / 81
E지역	48,380	4.80% / 2,324	3.86% / 1,866
F지역	27,041	1.17% / 317	0.98% / 266
G지역	13,971	0.26% / 37	0.22% / 30
계	190,451	- / 3,160	- / 2,546

[표 5-22, 23]에서 나타난 각 상권별 흡입가능 세대수를 분석하면 다음과 같다. 흡입가능 세대수의 중요 변수는 쇼핑확률이며 쇼핑확률의 변화는 가중치 반영 여부와 직접적 영향을 미친다는 것이다. 위 도표에서 나타난 바와 같이 가중치를 반영했을 경우 도보상권에서 모델 점의 쇼핑확률은 전체적으로 증가한 반면, 차량상권에서 모델 점의 쇼핑확률은 전체적으로 감소했음을 알 수 있다.

이는 모델점이 도보를 이용하는 소비자 입장에서는 유리한 입지라고 할 수 있으나 차량을 이용하는 소비자로부터는 선택받을 확률이 매우 희박하다는 분석이 가능하다. 또한 도보상권 내에서 모델 점의 경쟁력은 있다고 볼 수 있으나 차량상권 내에서의 경쟁력은 매우 취약함을 나타내는 자료가 된다. 이러한 분석결과는 현장 확인에서도 유사함을 증명하고 있다.

따라서 수정허프모델을 이용하여 쇼핑확률을 산출하고자 할 때는 업태의 특성을 감안하여 가중치를 반영한 산출방식 [표 5-24]를 적용하는 것이 산출결과의 정확성에 근접하는 방법이 될 수 있다고 분석된다.

2) 예상매출액 산출

예상매출액 계산에 반영할 가구당 월평균 가계수지를 통계청 자료로 조사한 결과 08년 2/4분기 순식료품 관련 가게지출액(전가구기준)은 566,744원으로서 여기에는 외식비 279,527원이 포함된 수치이므로 외식비를 제외한 순 식료품 구입비는 287,217원이 된다. 이와 같이 가구당 월평균 순 식료품 구입비는 도출되었으나 이를 이용하여

모델 점의 예상매출액을 추정하는 것은 무리가 있다고 판단되었다. 왜냐하면 당해 상권 내 거주자일지라도 반드시 당해 상권 내에서 지출한다고 가정한다는 것은 그 타당성이 희박하기 때문이다. 따라서 전국단위 또는 광역자치단체 단위의 매출추정에는 어느 정도 활용가치가 있다 하겠으나 중소상권을 대상으로 분석하는 경우에는 적용이 부적합하다고 판단한 것이다.

이에 본 연구의 예상매출액 계산에 반영되는 순 식료품비는 소비자가 연구대상 업태의 점포를 방문해서 지출하는 금액 즉 객단가를 이용함이 보다 객관성이 있다고 판단하여 [표 5-24] 방법으로 객단가를 이용한 "세대 당 월평균 순 식료품 구매지출액"을 산출하여 적용하였다.

여기서 평균 객단가는 기업 형 슈퍼마켓 업체의 평균 객단가[6]를 평균한 수치이며, 월평균 방문회수는 일반소비자가 슈퍼마켓을 평균 주2회 방문하는 것으로 조사된 체인스토어협회 자료를 월 단위로 환산한 수치이다.

[표 5-24] 세대당 월평균 순 식료품구매지출액 계산

※ 업계평균객단가	×	월평균방문회수	=	세대당월평균순식료품구매지출액
(14,605원)	×	(8.5회)	=	124,143원

앞의 [표 5-24]에서 도출된 "세대당 월평균 순식료품구매지출액"을 쇼핑확률에 의해 산출된 모델 점의 흡입가능 세대수에 대입시켜 계산하면 다음과 같이 모델 점의 예상매출액이 산출된다.

[표 5-25] 모델 점의 예상매출액 계산(월)

구 분	기존방식	개량식(가칭)
도보상권	3,809세대×124,143원=472,887,417원	2,953세대×124,143원=366,594,279원
차량상권	3,160세대×124,143원=392,262,257원	2,546세대×124,143원=316,068,078원
★예상매출액(계)	6,969세대×124,143원=865,149,674원	5,499세대×124,143원=682,662,357원

이와 같이 모델 점의 예상매출액을 산출함에 있어 쇼핑확률 계산방식을 기존의 수정허프모델을 그대로 적용하였을 때의 쇼핑확률에 의한 예상매출액 산출결과는 (월)

---

6) 유통업체연감(2008)에 수록된 슈퍼마켓 업체 중 롯데슈퍼외 9개업체의 평균객단가임.

865,149,674원으로 나타났으며, 가중치를 부여한 방식(가칭 : 개량식)에 적용한 쇼핑확률에 의한 예상매출액 산출결과는 (월) 682,662,357원으로 그 차이가 큼을 알 수 있다.

지금까지 모델 점의 예상매출액 추정과정을 정리하여 계산식으로 표현하면 [표 5-26]과 같은 모형으로 정리될 수 있다.

[표 5-26] **중대형슈퍼마켓 예상매출액 추정 계산식**

$M = (h \times p) \div 100 \times (c \times t)$ M = 예상매출액(월)
h = 당해상권 내 총세대수
p = 쇼핑확률(수정허프모델 개량식)
c = 업태평균 객단가
t = 소비자가 점포를 방문하는 월평균 회수

3) 예상매출액 결과 비교검증

모델 점의 예상매출액 추정 결과가 얼마나 예측성이 높은가를 실험하기 위해서 모델점의 실제매출액과 비교하면 다음과 같은 결과로 나타난다.

[표 5-27] **모델 점의 예상매출액 추정결과와 실제매출액 비교표**

구 분	예상 매출액	실제 매출액	차이 액	오차율
기존방식	(월)865,149,674원	(월)586,329,333원	(월)278,790,641원	32.23%
★개량식	(월)682,662,357원	(월)586,329,333원	(월) 96,333,024원	14.11%

위 표에서 나타난 비교결과를 토대로 모델 점의 예상매출 추정 결과에 대한 분석을 하면 쇼핑확률의 정확성 정도에 의해 예상매출액 추정결과의 예측성이 좌우됨을 알 수 있다. 따라서 중대형 슈퍼마켓 입지의 상권분석시 수정허프모델 모형으로 쇼핑확률을 산출코자 할 때는 소비자가 점포를 선택하는 조건을 계산에 반영하는 것이 매출예측 정확성에 보다 근접하는 방법이 될 수 있다는 결론을 얻는다.

제5장

상권 분석 연습문제

01. 레일리 소매중력 모델에 대하여 설명하시오.

소매 인력을 나타내는 이론으로서 A도시와 B도시간의 보다 작은 C지역의 소비자가 A와 B지역 중에서 어느 지역으로 출역구매를 하는가를 측정하는 조사기법이다.
레일리의 법칙은 다음과 같다.

$$\left(\frac{Ba}{Bb}\right) = \left(\frac{Pa}{Pb}\right)^N \times \left(\frac{Db}{Da}\right)^n$$

B_a : A도시 C지역에서 흡인하는 소매매출액
B_b : B도시 C지역에서 흡인하는 소매매출액
P_a : A도시의 인구
P_b : B도시의 인구
D_a : A도시와 C지역의 거리
D_b : B도시와 C지역의 거리
N = 상수 통상 2(1.5-2.5)

02. 허프(David L. Huff) 확률모델에 대하여 설명하시오.

미국 L.A 캘리포니아 대학의 경제학자 데비드 허프 박사는 도시의 단위가 되어 있는 소매상권론에서 상점가, 시장, 백화점 그리고 슈퍼마켓 등의 소매상업 집결을 단위로 하여 자신의 법칙모델을 전개하였다. 또 대상적용 상품도 선매 품뿐만이 아니라 개별적으로 여러 상품에 대하여도 나타난다는 특색을 발견하였다.
허프모델의 공식은 일반적으로 난해하므로 여러 가지 수정공식이 나왔는데 고객이 어느 상업지에서 물건을 사는 확률은 상업 집결의 매장면적의 크기(규모)에 비례하며 거기에 도착하는 거리의 자승에 반비례한다는 공식으로 수정·확정하였다.

바꾸어 말하면 고객이 물건을 사러갈 때는 주변에 있는 많은 상점가나 슈퍼마켓 중에서 큰 상점가나 슈퍼마켓이 몰려있는 방향으로 가기 쉽다. 또한 상업지는 가까우면 가까울수록 갈 확률이 높으며, 멀면 멀수록 갈 확률은 낮아진다는 것이다. 허프의 구매동향비율을 나타내는 수식과 공식은 다음과 같다.

$$Pij = \frac{\frac{Sj}{Tij\lambda}}{\sum_{j=1}^{n} \frac{Sj}{Tij\lambda}} \qquad \langle \text{cf} \rangle \ Eij = Pij \times Ci$$

Pij : i지점의 소비자가 j상점가로 갈 확률(구매동향비율)

Sj : j상점가의 매장면적

Tij : i지점의 소비자가 j상점가로 가는 소요시간

λ : 시간거리의 저항계수로 패러미터

소비자가 살고 있는 지역에서 상점가 사이에 건널목, 하천, 폭넓은 도로횡단, 급한 고갯길, 위험지대 등 물건을 구매하러 가는데 마이너스 요소가 되는 저항요인, 즉 소비자가 목적으로 하는 상점가에 이르기까지의 길목에서 브레이크가 될 요인을 브레이크 변수로서 곱하여 구매동향 비율의 정확성을 높이는 역할을 한다.

n : 경쟁상업 집적 수

Eij : 소비자의 구매동향 기대 수

Ci : i지역의 인구

03. 상권설정 절차에 대하여 설명하시오.

상권설정의 절차는 대상사업의 종류에 따라 그 정밀도에 차이가 있으나 개발기획 단계에서는 다음과 같은 절차를 밟는 것이 일반적이다.

① 1/10,000 또는 1/50,000 지도를 준비하여 계획지점을 마크한다.

② 영위하고자 하는 사업의 업종, 업태를 고려하여 가상 기본상권의 반경범위를 그려 넣는다.(원형)

③ 가상 기본상권 범위가 그려진 상태에서 산, 하천, 철도, 도로, 대형시설물 등 물리적으로 상권을 구분하는 요소들을 감안하여 현실적 상권범위를 조정한다.

④ 조정된 상권에 경쟁 점의 위치 및 영향권, 도로의 연계상황, 중심방향을 감안하여 더욱 현실적인 상권범위를 확정한다.(아메바형)

⑤ 확정된 상권범위 내에서 속하는 행정구역 단위의 인구수(세대수), 사업체수(종업원 수), 산업통계지표 등의 자료를 입수하여 상권규모를 계량화 한다.

04. 용어설명

- 현지조사법
- 최대도달거리
- 허프의 확률모델
- 케인 법에 의한 매출추정

Chapter 06 입지 분석

제 1 절 입지 전략

1. 입지

입지란 주택, 공장, 상점, 학교, 사무실, 공항, 도시 등이 자리 잡고 있는 장소를 말한다.

유통업에서 입지는 영업할 장소를 말하며 상권과 밀접한 관계가 있다. 산업별 입지의 구분은 상업입지, 산업입지, 공장입지, 농업입지, 주택입지 등으로 구분된다. 특정 소매점 입지는 점포의 위치가 사업여건에 얼마나 적합한 지를 말한다.

입지조건이란 토지가 자리 잡고 있는 위치의 자연조건 및 인문조건을 말하는 것으로 자연조건은 지세, 지질, 지반, 지형, 기후, 온도, 습도, 경관 등을 말하며, 인문조건은 사회, 경제, 행정의 제 요인을 의미한다.

상업입지의 입지조건은 매출 수익성에 영향을 미치는 요인을 중심으로 입지를 평가한다. 상업입지의 평가요인으로 지역적인 요인과 개별적인 요인으로 구분 할 수 있다.

[표 6-1] **상업입지요인**

상업입지의 지역요인	상업입지의 개별요인
• 배후지 및 고객의 양과 질 • 고객의 교통수단과 접근성 (퇴근시간에 만나는 지역) • 영업의 종류 및 경쟁의 상태 • 해당지역 경영자의 창의와 자력 • 번영의 정도 및 성쇠의 상태 (상업용지 비율 2% 미만/권리금이 높은 지역) • 토지이용에 대한 공법상의 규제정도	• 접면 너비 ,획지의 형상, 면적, 기반 (도로와 접한 입지/ 다면노출 입지) • 고저, 기타 접면가로와의 관계 • 번화가에의 접근성 • 고객의 통행패턴 및 적합성 (왼쪽으로 도는 입지) • 인접부동산 등 주변의 상점, 부동산의 상태

입지선정은 입지선정자가 점유하기 위한 위치를 선정하는 작업과정이다. 즉 입지는 정적·공간적인 개념인데 비해 입지선정은 동적·공간적·시간적 개념이다. 입지선정

이 잘못되면 경영 관리상 노력의 낭비를 가져와 사업실패를 초래 할 수 있어 입지선정의 중요성이 요구된다.

2. 도시 발달

1) 동심원 이론

미국의 도시사회학자 버제스(Earmest W.Burgess)에 의하여 주장된 이론이다. 버제스가 1925년 "the growth of the city"에서 미국 시카고의 실태조사를 통하여 대도시의 성장은 도시의 외연적 확대를 수반하며, 그 확대과정은 5지대로 형성된 동심원상의 형태로 설명하고 있다.

(1) 중심업무지구(CBD; Central Business District)

(2) 점이지대

중심업무지구를 둘러싸고 있으며 이곳은 중심지에 있던 업무시설이나 경공업이 들어와 주거환경을 악화시키는 지역이다. 이 지역의 내부는 공장지대, 외부지역은 주거지역으로 이 지역을 점이지대라 하며 여기에는 저급주택 혹은 불량주택(Slum)(공유지의 무단거주자인 squatter와 다른 점)등이 형성되기도 한다.

(3) 노동자 주택지대

점이지대로부터 이주해온 노동자들의 주거지역이다. 이 지역은 공장에 출퇴근하는 노동자 혹은 이민2세들이 주로 거주하는 지역이다(미국의 경우 공항의 마중 나온 사람의 직업과 이민자의 직업관의 관계).

(4) 중·고급 주택지역

여기는 중류이상의 단독주택 혹은 아파트가 형성되며 점이지대 중에서 교통여건이 양호하거나 접근성이 좋은 지역에 위성도시 혹은 부도심이 형성된다.

(5) 통근자 지대

이 지역은 도시의 경계선을 넘어 승용차로 30-60분 가량의 통근 범위 내에 있다. 위성도시 혹은 베드타운(Bed-town)을 이룬다.

각 지대를 내측과 외측으로 나눌 때 내측은 외측 지역으로 침입함으로써 지역을 확대하는 경향이 있다. 도시성장의 확대과정은 침입과 점이과정 뿐만 아니라 집중화(Concentration)와 분산화(Decentralization)이다. 이와 같이 도시의 일부지역이 집중 또는 분산체계(Centralized or decentralized system)로 재편되는 과정을 볼 수 있다. 도시의 변화는 사회조직 혹은 인간의 형태에 따라 변화될 수도 있다. 도시의 확대는 개인과 집단을 거주지별, 직업별로 분화, 재배치시킨다. 도시의 성장은 이동성을 확대시킨다.

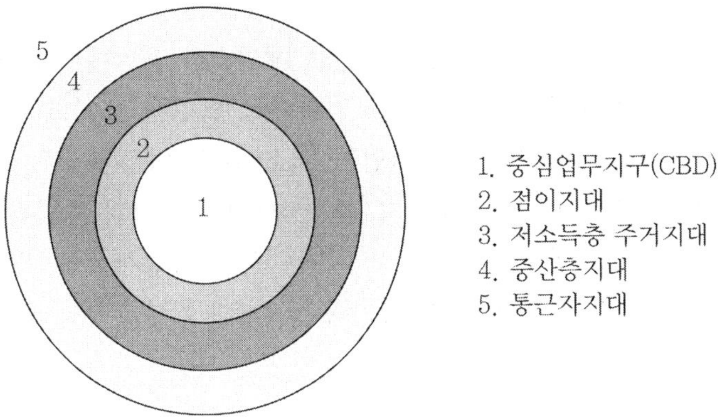

[그림 6-1] **동심원이론**

2) 선형이론

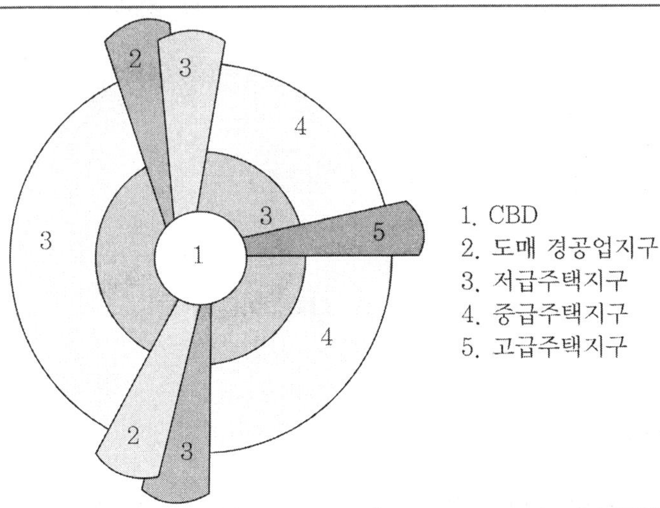

[그림 6-2] **선형이론**

미국경제학자인 호이트(Homer Hoyt)가 개발한 이론으로 선형이론은 축을 이룬다 하여 축이론 이라고도 불린다. 버제스의 동심원이론을 보완하여 도시의 발달은 도심에서 시작하여 점차 교통망을 따라 확장된다는 의미로 선형이론이라 한다. 도시는 중심부를 중심으로 하여 부채꼴모형으로 발달하고 고소득층의 주거는 교통망을 따라 형성된다.

3) 다핵심이론

맥켄지(R.D. Mckenzie)에 의해 주장된 이론을 해리스와 울만에 의해 발전된 이론이다. 다 핵심이론은 동심원설과 선형이론을 결합하여 발전시킨 이론이다. 핵 또는 핵심이란 도시의 성장을 가져오는 어떤 견인적 요소(주거, 업무, 공업, 기타)를 의미한다. 핵심은 도시의 발생당시부터 존재하기도하고 도시의 발달과 지역특화가 진행되면서 형성되기도 한다. 다핵의 발생요인으로 특정위치나 특정시설의 필요성, 동종활동 간의 직접이익, 이질 활동 간의 입지적 비 양립성, 지대 지불능력의 차이 등으로 발생된다.

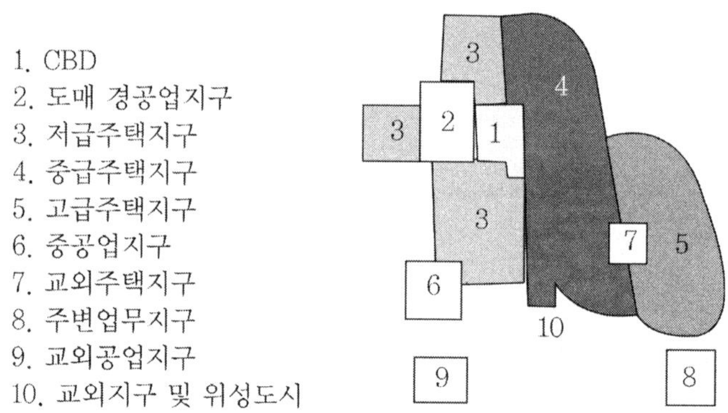

[그림 6-3] **다핵심이론**

4) 중심지이론

도로를 따라 이동하면 어떤 규칙을 가지고 발달되는 것을 볼 수 있다. 큰 도시들과의 거리는 길고 작은 도시들 간의 거리는 짧은 규칙성을 발견한다. 크리스탈러(Walter Christaller)는 도시들을 연구하는 가운데 이와 같은 현상을 발견하고 중심지이론을 정립하였다. 중심지이론은 취락이나 상점의 규모와 공간적 배열 상태를 설명해주고 있다.

① 중심지: 주변지역에 재화와 요역을 공급하는 기능

② 최소 요구치: 중심지기능이 유지되기 위한 최소한의 수요, 인구수

③ 성립조건: 최소요구치가 재화의 도달 범위 내에 있어야 한다.

<최소요구치와 재화와 도달범위 간의 관계>

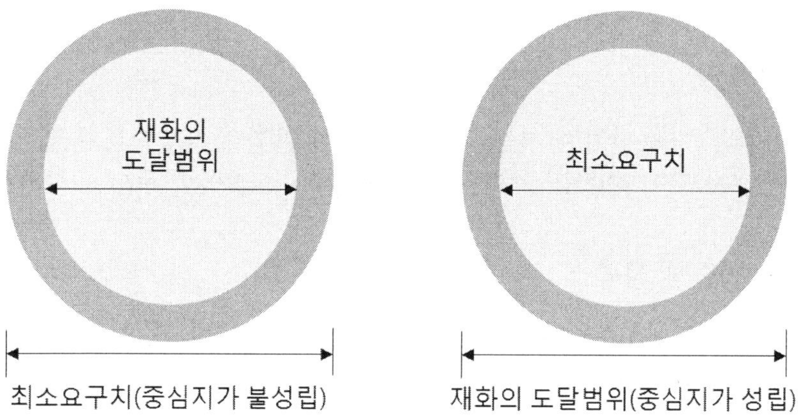

[그림 6-4] **최소 요구치 와 도달범위 간의 관계**

3. 점포의 종류와 입지

1) 입지유형별 점포

(1) 공간균배 원리(R. M. Fetter)

경쟁점포들은 상호경쟁을 통하여 공간을 서로 균등히 배분하여 입지한다는 이론이다. 이 이론은 하나의 상권에 동질적인 소비자가 균등하게 분포하고 있다고 가정하고 한 점포가 먼저 입지하고 새로운 점포가 입지할 때 어느 입지에 입지하는 것이 유리한가를 분석하는 원리이다.

① 시장이 좁고 수요의 교통비 탄력성이 작은 경우는 중앙에 집심성 입지 현상이 나타난다.

② 시장이 넓고 수요의 교통비탄력성이 큰 경우는 분산입지현상이 나타난다.

(2) 집심성 점포

배후지의 중심부에 입지하며 재화의 도달범위가 긴 상품을 주로 취급한다. 백화점, 고급음식점, 보석 가게, 고급의류점, 대형 서점, 영화관 등이 있다.

(3) 집재성 점포

업무의 연계성이 크고 상호 대체성이 큰 점포끼리 한곳에 입지한다. 가구점, 중고서점, 전자제품, 기계점, 관공서 등이 있다.

(4) 산재성 점포

배후지가 작으므로 분산입지 하는 것이 유리하며 재화의 도달거리가 짧은 상품을 주로 취급한다. 잡화점, 이발소, 세탁소, 대중목욕탕, 소매점포, 어물점 등이 있다.

(5) 국부적 집중성 점포

어떤 특정 지역에 동업종끼리 국부적 중심지에 입지하여야 유리 하다. 농기구점, 석재점, 비료점, 종묘점, 어구점 등이 있다.

(6) 배후지가 넓고 수요의 탄력성이 크면 분산 입지한다.

2) 상품에 따른 점포의 종류

(1) **편의품점**: 일상의 생활필수품을 판매하는 점포를 말한다.

[그림 6-5] **입지 상품종류 에 따른 종류]**

(2) **선매품점**: 고객이 상품의 가격, 스타일, 품질 등을 여러 상점과 비교하여 구매하는 것을 말하며 선 매품점이란 그러한 상품을 주로 판매하는 점포를 말한다.
(3) **전문품점**: 고객이 특수한 매력을 찾으려 하며 구매를 위한 노력을 아끼지 않고 가격수준도 높으며 유명브랜드를 갖춘 점포를 말한다.

4. 도심입지와 노면독립입지

1) 도심입지(중심상업지역)

(1) 도심입지 정의

① 개념
중심상업지역은 전통적인 도심 상업지역이며 계획성보다는 무계획성으로 인하여 밀집되어 있는 것이 특징이다.
② 다양한 상업 활동으로 인해 많은 사람들을 유인하며 접근성이 높은 지역이다.
③ 지가(地價)와 임대료가 비싸다.
④ 대중교통의 중심지이고 도보통행량이 많다. 또한 교통이 혼잡하다.
⑥ 건물의 고층화, 과밀화로 토지 이용이 집약적이다.

2) 상업입지

(1) 상업입지 개념 및 의의

① 상업 활동이 이루어지는 장소 또는 그 범위를 말하는 것으로 요즈음에는 상권이나 시장의 세력권과 관련해서 파악하게 되어 그 의미가 확대되었다. 그리고 관광사업 등에 대해서는 관광입지라고 해서 별개로 받아들이는 경우가 많다.
② 상업입지 대상은 도매업에서 소매업까지 백화점, 대형 슈퍼마켓에서 구멍가게까지 다양하다. 상품현물을 취급하지 않는 보험업, 증권업, 광고업이나 공적 성격의 거래소 또 각종 대리점의 입지도 포함한다.
③ 상업입지 조건은 그 땅의 사회적·경제적 성격, 상업 집적(集積)상태, 배후지의 인구와 경제력, 소비자의 생활상태, 교통편의, 자연적·기후적 조건, 장래의 개발계획 등이다. 입지의 좋고 나쁨에 따라 이용자, 구매자의 행동의향이 직접 좌우될 뿐 아니라 그 지역의 성쇠에도 영향을 주므로 적정한 배치가 필요하다. 또 입지조건은 시간에 따라 변하므로 현재 상황만이 아니라 장래를 예견해서 선정해야 한다.

3) 노면독립입지

(1) 개념 및 의의

① 노면독립입지란 여러 업종의 점포가 한곳에 모여 있는 군집(群集)입지와 달리, 전혀 점포가 없는 곳에 독립하여 점포를 운영하는 형태이다.

② 독립지역은 다른 소매업체들과는 지리적으로 떨어진 지역을 의미하며, 통상적으로 독립지역에 위치한 소매점은 다른 소매업체들과 고객을 공유하지 않는다.

③ 노면 독립입지는 다른 소매업체와 연결되지 않는 입지이다. 창고클럽 등의 대형 소매업체와 전문점이 종종 독립입지에 입지한다.

(2) 노면독립입지에 적합한 업종

① 다른 업체와 비교우위에 있는 확실한 기술력을 보유하고 있는 전문성이 있는 업종이 적합하다.

② 다른 업체와 비교하여 뛰어난 마케팅력을 보유하고 있으며, 충분히 능력을 발휘할 자신이 있는 업종이 적합하다.

③ 대규모 자본을 투자하여 다른 업체와 확실한 비교 우위를 설정하여 고객 스스로 찾아올 수 있도록 할 수 있는 서비스와 시설규모가 갖춰 진 업종이 적합하다.

④ 할인점이나 회원제 창고점처럼 저비용·저가격 정책을 실시해야 하는 경우 적합하다.

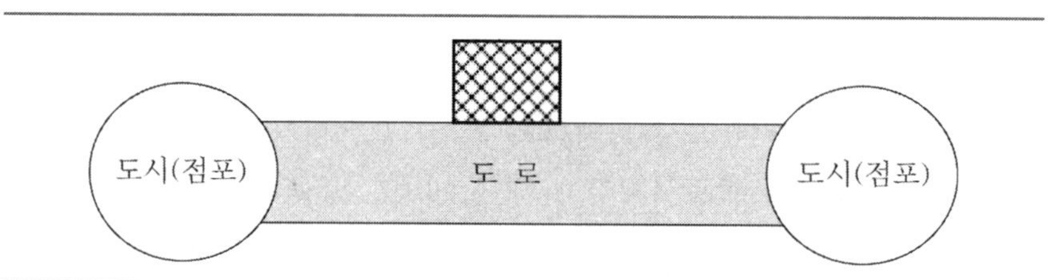

[그림 6-6] **노면 독립입지**

(3) 장점

① 임대료가 저렴하다.

② 가시성이 크다.

③ 직접적인 경쟁업체가 없다.

④ 주차 공간이 넓다.

⑤ 점포확장이 용이하다.
⑥ 고객을 위한 편의성이 크다.
⑦ 영업시간, 간판, 제품에 대한 규제가 적다.

(4) 단점

① 고객의 특성은 오직 그 점포만을 생각하고 방문하기 때문에 고객유치가 곤란하다.
② 다른 점포와의 시너지 효과를 얻기 어렵다.
③ 고객을 지속적으로 유인하기 위해서는 가격, 홍보, 상품, 서비스 등을 차별화해야 하므로 비용적인 측면에서 증가한다.

(5) 노면독립입지 선택

① 독자적 상권개척의 경우

점포신설 지역에서 창업품목이나 업종에 대해 새로운 경영환경을 창조하고 고객층을 새로 형성시키기 위한 공격적 마케팅 전략을 수립하여 확장 위주의 경영계획을 추진하여야 한다.

② 기존상권에 진입하는 경우

이미 형성되어 있는 상권의 분위기에 적절히 대응하고 고객의 기호와 요구에 적응하기 위한 마케팅을 통해 기존고객을 신설점포로 흡인하는 전략이 중심이 되므로 신설점포의 차별성을 부각시키기 위한 점포의 면적, 점포 간의 거리는 물론 광고, 홍보 전략도 달라야 한다.

5. 입지전략

1) 원심적 입지 전략

점포를 중심부의 도심에서부터 전개하여, 점차 그 범위(원)를 넓혀 지방으로 확대해 가는 출점 방법이다. 이러한 방법은 주로 경쟁력이 있는 전국적인 점포의 출점전략으로 활용된다.

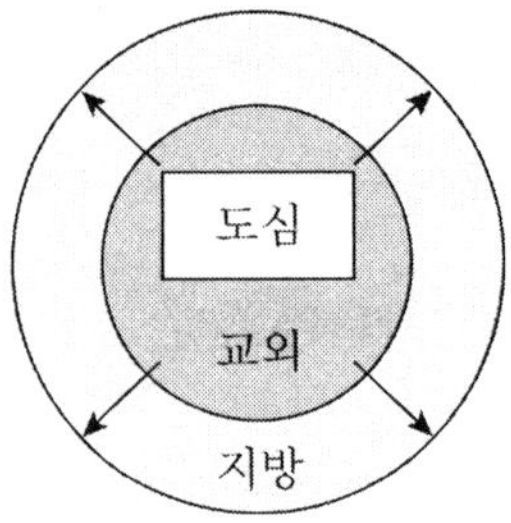

[그림 6-7] **원심적 입지전략**

2) 구심적 입지 전략

점포를 지방의 외곽에서 원 형태로 블록시장을 제압하며 점점 중심부의 도심으로 접근해 가는 전개 방법이다. 이 경우는 다소 경쟁력이 떨어지는 중 소규모형 유통점포의 출점전략으로 많이 활용된다.

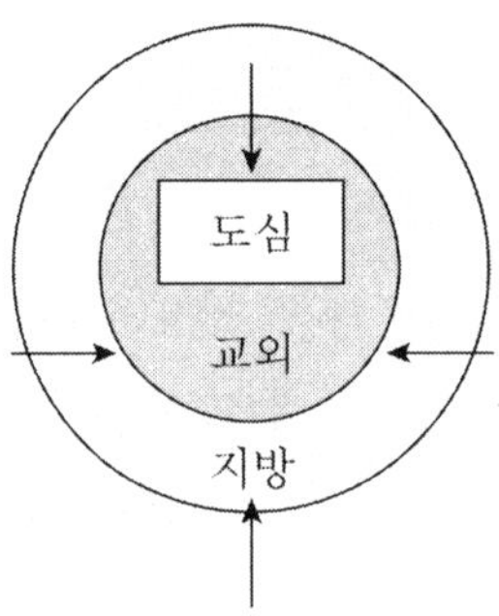

[그림 6-8] **구심적 입지 전략**

3) 3점 공략법(구심적 입지전략 순서)

(1) D라고 하는 지역을 중심으로 한 상권에서 일등 점의 지위를 확보하고 싶을 때는 D를 최종 공략 목표지역으로 한다.
먼저, D를 둘러싼 지역을 철저하게 구분하여 그 중에서 자기점포가 가장 유리하게 전개할 수 있다고 생각되는 지역을 선택하고, 그 점(A)에 집중공격을 하여 26%이상의 점유율을 획득한다.(제 1의 점) 그것을 위해 매장면적을 경합 점의 3배 이상(적어도 1.7배)으로 대항한다.

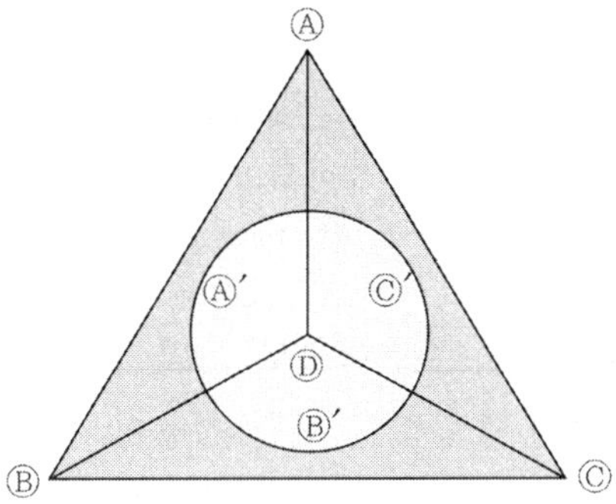

[그림 6-9] **점 선 면의 원리**

※ 입지 포인트

- 경합점이 약하여 일등 화되기 쉬운 지역
- 넘버 2 적인 지위(양동작전 지역)

(2) 다음으로 구분한 지역 속에서 또한 점(B)을 선택하여 여기서도 26%의 점유율을 획득할 수 있도록 경합 점에 대항한다.(제 2의 점) 이것으로 제 1 점과 제 2 점을 연결하는 선이 형성된다.

※ 입지 포인트

- 인구가 증가할 가능성이 높은 지역
- 제 1 점과 선을 그을 수 있는 지역 [입구와 출구, 위선(上線)과 아래선(下線) 등]

(3) 이렇게 하여 선이 형성되면 다시 제 1 점, 제 2 점과 함께 최종공략 목표지역인 D를 둘러싸는 형태로 제 3 점(C)에서 26%의 점유율을 확보한다.
3점 공략 법은 반드시 3점이 아니라 4점 이상이라도 좋다. 여기서 3점이란 면을 구성하는 최소단위가 3점이라는 의미이다.

(4) 최종목표지인 D에 출점하여 거점을 만든다.
가장 경쟁이 격렬한 지점이지만 경합 점의 1.7배(적어도 1.3배)이상의 매장면적으로 대항한다. 광고 전략에서도 과감한 물량작전이 필요하다.

(5) 더 나아가 시역을 세압하는 경우, D를 정점으로 만들어진 삼각형의 중심 A', B', C'에 출점하여 완전히 그 지역의 주도권을 장악한다.

※ 입지 포인트

A′, B′, C′ 3점은 局地戰이다. 그러므로 매장면적에 의한 압도적인 일등이 효과적이다. 중심의 D는 확률 전으로 광고 등에서의 과감한 물량작전이 효과적이다.

점포의 입지 전략은 업태개발을 수반하므로 개별 점포별로 한 점포, 한 점포씩 경쟁력을 키워 가는 편이 나중에 종합적인 파워 창출이 용이하다.

가령 대도시의 도시에서 월 10억 원씩 판매하는 점포에 대해서는 대도시의 교외와 지방 주위에 월 3억 원 씩 판매할 수 있는 규모의 점포를 4개 정도로 만들어 대응하면 12억 원이 되므로 결국 이길 수 있게 된다.

이러한 3점 공략 법은 세계의 많은 유통업체들이 즐겨 사용하는 가장 기본적인 출점 전략으로, 세계 제 1의 유통업체인 월마트가 20세기 말에 새롭게 선보인 실험점포인 「네이버 후드 마켓」의 경우에도 점포의 출점 위치를 슈퍼센터와 슈퍼센터 사이로 한정지었는데, 이것 역시 위와 같은 3점 공략 법에 기인하였다 보아도 무방할 것이다.

다만 여기에서 주의해야 할 것은 A′, B′, C′ 3점은 국지전 성격을 갖고 있다. 그러므로 이 같은 경쟁에서는 매장 면적에 의한 압도적인 '지역 1 등점 전략'이 효과적이다.

특히 중심의 D점포의 경우는 총력전으로 광고 등에서의 과감한 물량작전이 효과적이다.

4) 점 선 면 원리

상권이란 경영과 생활의 지역에 의해서 구성되는 시장의 지역공간이다. 상권은 시장 지역에서 「점 선 면 흐름」의 관점에서 아래 [그림 6-10]과 [표 6-2]와 같이 그 구도를 그릴 수 있다.

[표 6-2] **점 선 면의 구도**

점	점이라고 하는 것은 거점을 나타낸다. 수요의 지역적 거점은 도시에 있다. 점으로서의 시장 특성은 시장의 거점이 되는 도시성에 의거하며, 도시성이란 도시화에의 여러 특성이고, 도시화하는 과정에서 시장성이 발달한다. 그것이 도시성의 집중이라는 것이며 이것은 현대 도시가 '상업 집적'이라는 것이다. 상업의 발달이 도시를 발달시키고 도시는 상품을 팔고 사는 기능의 집적으로 사람들을 끌어들인다. 거기에서 도시의 기능을 발달시키고 시장 경쟁을 일으키게 하는 것이다. 점으로서의 '도시성의 자세'가 상권의 핵심이 된다.
선	선이란, 시장이 갖는 흡입성 즉, 지역에 생기는 중심성이 어떠한 선으로서 상호 결부되는가 하는 것이다. 중심지에 어떻게 의존하고, 그 의존도에 의해서 사람들은 주거를 정

	한다. 거기에 지역으로서의 생활의 거점성이 생기고, 그것이 '거주 집적'이 된다. 상권은 그 배경에 생활의 거점으로 거주 집적을 가지고, 거주성 그 자체는 중심지에 대해서 의존하며, 또 중심지도 거주 집적에 의해서 그 기능이 부가된다.
면	면이라고 하는 것은 지역상의 동질적인 퍼짐, 동질적인 시장 특성을 가진 면의 퍼짐이다. 즉, 구매 패턴이나 소비 패턴 혹은 상품의 선택패턴에서 공통성을 가진 지역이라고 하는 것이다. 그것은 최종 수요를 만들어 내는 생활패턴의 욕구와 선택에서 지역적인 동질성을 갖고 있으며, 소비행동에서 유사한 패턴을 사람들은 가지고 있다. 상권의 면적 확대는 소비 행동의 유사성에 의해 형성된다.

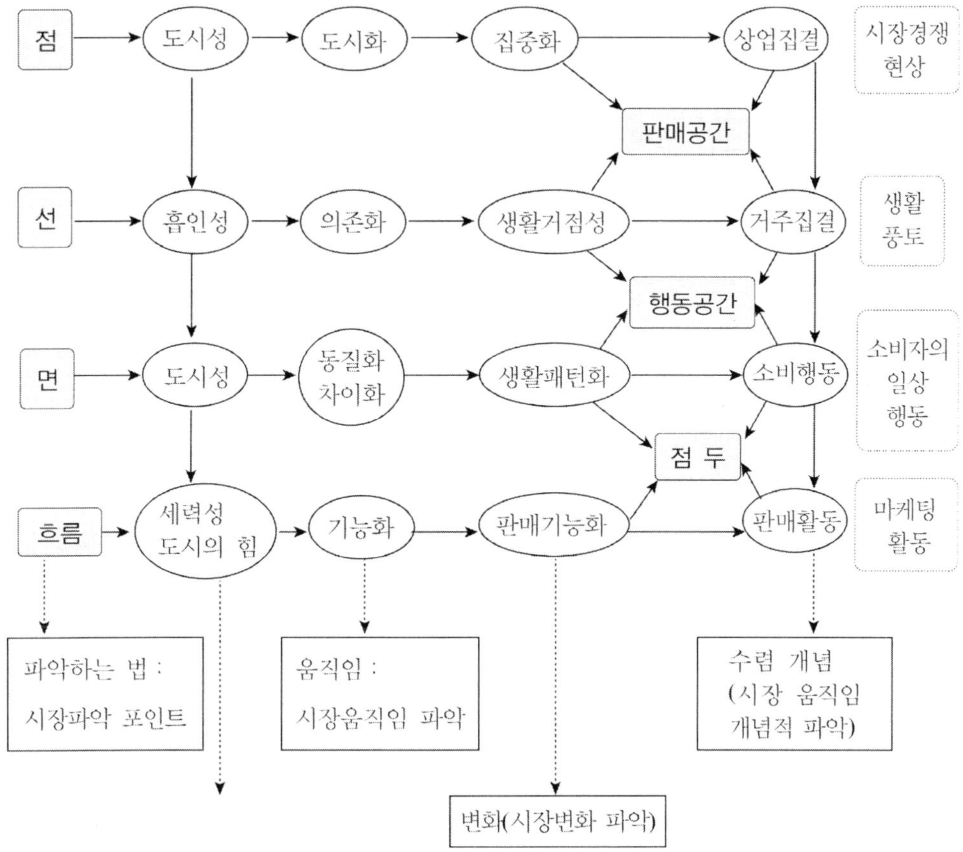

해설 : (1) 『점』, 시장의 지역적 거점으로서 중심성

(2) 『선』, 시장의 지역적 의존관계로서 지역의 연쇄적인 기능의 상호의존 관계로서 선으로 이을 수 있다.

(3) 『면』, 시장의 지역적 넓이로서 시장의 지역적 동질성의 퍼짐, 또는 중심지에 대한 흡인력이 미치는 범위로서의 면 - 광역성

(4) 『흐름』, 시장의 지역적인 기능의 움직임과 흐름

[그림 6-10] **상권 구도**

5) 란체스터 셰어율 원칙

[표 6-3] 란체스터 셰어율 법칙

	구분	셰어율
①	독점 셰어	74%
②	상대 셰어	42%
③	톱 셰어	26%
④	영향 셰어	11%
⑤	존재 셰어	7%

①의 독점 셰어는 경쟁 시장에서 74% 이상의 셰어를 점유하면 우선 절대로 안심할 수 있다는 것이다. ②의 상대 셰어는 하나의 시장에서 경쟁하는 점포가 둘 이상일 때 42% 이상의 셰어를 다른 점포 보다 빨리 획득하면 압도적으로 유리한 입장에 서게 된다는 것을 나타내고 있다. 따라서 ①, ②를 포함하여 '안전셰어'라고 부른다.

다음으로 ③의 톱 셰어는 하나의 시장을 두고 여러 개의 점포가 경쟁할 때, 단 서로 간에 큰 차이가 없을 경우 넘버원이 이익을 낼 수 있는 최저의 셰어가 26%에도 미치지 못한다면 설사 넘버원이라 할지라도 거의 이익을 낼 수 없다고 생각해야 한다.

또 ④의 영향 셰어는 셰어 점유율이 11%에 도달했을 때 자점(店)의 존재가 경쟁 시장에 크게 영향을 미친다는 것이며, 마지막으로 ⑤의 존재 셰어는 7%의 셰어에 도달하지 못하면 경쟁 시장에서 자점(店)의 존재를 인정받지 못한다는 것을 뜻한다.

여기에서 무엇보다도 흥미로운 것은 ④의 영향 셰어(11%)가 시장을 휘젓는다는 사실이다. 그리고 묘하게도 '소유욕의 원칙'에도 부합된다. 소유욕의 원칙이란 다음과 같은 실험 결과에서도 명확히 나타나고 있다.

예를 들어 어느 동물원 우리 안에 100마리의 원숭이가 있다고 가정하자. 이때 그 중 한 마리에게 한 개의 바나나를 주면 원숭이들은 소란을 일으키지 않는다. 그런데 바나나를 주는 원숭이의 숫자를 늘려감에 따라 소란은 점점 커지고, 열한 마리의 원숭이에게 한 개씩의 바나나를 주었을 때에 100마리의 원숭이 집단의 소란은 절정에 이른다(영향 셰어의 11%와 합치).

그 후 바나나를 갖는 원숭이의 수가 더 늘어남에 따라 소란은 점점 적어지고 50마리 이상이 되면 소란은 거의 멎게 된다. 이것이 소유욕의 원칙인데, 이러한 소유욕의 원칙은 인간 사회에도 비슷하게 들어맞는다.

어쨌든 경쟁 시장에서 어떻게든지 42% 이상의 안정 셰어를 획득할 것인가가 경쟁에 이기기 위한 승부수가 된다는 것을 알아야 한다. 특히 이 셰어 원칙은 '목표 설정을 위한 중요 포인트'로 이용해 왔는데 최근에 와서는 여기에다 '적정 규모의 법칙'을 맞물려 좋은 성적을 올리고 있다.

6) 경쟁지역 출점

첫째, 같은 경쟁 지역이라 하더라도 경쟁점포 인근 지역에 출점 하는 경우와, 또는 도심지의 대 도로를 경계로 하여 기존 점포 반대편이나 대각선 방향에 출점 하는 경우이다.

이 경우에는 기존 점포와의 상권 경쟁을 피할 수 없다.

둘째, 출점으로 인한 경쟁 점포와의 분쟁을 피해 도심이나 역전 또는 재개발 지역에 단독으로 대규모 매장 규모를 가진 「고객 창출 형 점포」로 진출하는 경우이다.

셋째, 지가가 싸고 주차 능력이 뛰어난 변두리 지역에 「고객 창출 형 점포」로 진출한다. 이 경우 도심지에 있는 기존 점포와의 출점 분쟁은 없다는 장점이 있는 반면 향후 영업에 대한 매출 예측이 어렵다는 단점이 있다.

7) 신규지역 출점

첫째, 기존에 존재한 점포와 상권이 분리된 신설지역에 대형 점포를 개점한다. 이 경우에 성공을 거두려면 강제적 행동요소가 높은 역, 도심지, 시청 등과 같은 관공서 인근에 점포를 전개해야 한다.

이 형태의 경우, 예를 들면 서울 주변에 건설된 신도시 '분당, 평촌, 중동' 등에서 성공을 거두고 있는데, 대부분 경우 전철역이나 도심, 그리고 시청을 핵으로 하여 비교적 넓은 원형 상권을 형성하고 있다.

둘째, 신규 지역의 역, 도심, 시청 주변에 기존 자사 점포망을 형성하는 경우이다.

셋째, 지리상 특징을 이용하는 경우로써 입지 예정지 주변에 철도역이나 전철역이 가까운 장소에 있고 주변에 도심 중심부를 흐르는 큰 하천이 있다든지, 교통의 교차로 같은 곳에 점포를 설치하는 경우이다.

제 2 절 입지 조건

1. 입지선정 의의

1) 입지와 입지선정

(1) 입지

입지(location)는 주택, 공장, 점포 등이 위치하고 있는 장소로서 정적 개념이다. 상권분석이 공간적인 면(面)적인 분석이라고 한다면, 입지분석은 점(点)적인 분석이라고 할 수 있다.

(2) 입지선정

① 입지선정은 입지주체가 추구하는 입지조건을 갖춘 토지를 발견하는 것으로 동적 개념이며 공간적 개념을 말하며 또 주어진 부동산에 관한 적정한 용도를 결정하는 것도 이에 해당된다.
② 입지 선정 시 업종과의 부합 성을 반드시 검토하여야 하는데 일반적으로 좋은 입지라고 보는 것도 업종과 부합되지 않으면 나쁜 입지가 된다.
③ 입지 선정이 잘못되면 경영 관리상 노력의 낭비를 가져와 사업의 실패를 초래하게 되므로 입지는 사업의 성패를 결정하는 중요한 변수로 작용하게 되었다.

2) 입지조건 구성요소

(1) 인구

① 인구는 그 지역의 행정 인구를 가리킨다.
② '중심지 이론'에 의하면 거리의 흡입력은 인구와 매장 면적의 합계에 의해 결정된다. 거리의 흡입력도 인구에 비례해서 커지므로 보다 넓은 면적을 가진 매장일수록 점포 운영에 적당한 인구를 유도할 수 있다.

(2) 교통수단

① 교통수단은 고객이 점포까지 오기 위한 도로망 및 전철, 버스 등을 말한다.
② '보다 쉽게, 빠르게 도착 가능한 곳일수록 내점률이 높아진다'는 중심지 이론에 따라 교통수단이 편리할수록 고객 흡입력이 높아진다.

(3) 상업중심성

① 상업중심성은 인구와 그 지역 내 점포의 매장면적에 좌우된다.

② 동일한 조건을 가지고 있을 때 점포 면적의 합계가 5천평인 상권보다 1만평인 상권이 흡입력이 더 높다고 할 수 있다. 따라서 그 상권 인구도 주변 지역 일부를 포함하여 보다 더 크게 형성된다.

3) 상업지 입지조건

(1) 사회적·경제적 조건

① 배후지 및 고객의 양과 질

배후지를 상권 또는 시장지역이라고도 하며 상업 활동은 고객을 상대로 하므로 그들이 존재하는 배후지가 가장 중요하다. 따라서 인구밀도와 지역면적이 크고, 고객의 소득수준이 높아야 유리하다.

② 고객의 교통수단과 접근성

상점가는 고객의 교통인구가 많은 곳이 좋다. 교통인구는 단순한 통과인구가 아닌 고객인구여야 한다. 배후지가 아무리 잘 발달되어 있고 소득이 높다 하더라도 교통수단이 발달되어 있지 않으면 고객을 흡인할 수 없기 때문에 접근성이 나빠 불리할 수 있다.

③ 번영의 정도

당해 지역이 지역 사이클로 볼 때 어떤 국면에 있으며, 현재 얼마나 번영하고 있는가를 살펴야 한다. 당해 지역의 지가수준, 임료수준, 매출액, 교통량, 입지경쟁 등의 상태를 파악하면 이를 알 수 있다.

(2) 물리적 조건

① 가로의 구조

동서로 된 가로는 서쪽이 유리, 커브를 이룬 가로의 경우는 내부 쪽이 유리, 역이나 정류장 등을 향한 가로는 우측이 유리, 비탈길의 경우에는 하부가 유리하다. 다만 업종에 따라 다를 수 있다.

② 가로의 길이

가로의 길이가 500m 이상의 직선인 경우는 상가로서 유리한 위치가 못되지만,

100m 이내에서 끊어지는 경우도 불리하다.

③ 일일 교통인구

5,000～6,000명 정도, 보행인구 + 자동차인구 = 약 10,000～12,000명

④ 접면너비(바깥길이)

상품의 전시를 위하여 가급적 가로와 접한 폭인 바깥길이가 넓은 것이 유리하며, 가로의 폭은 지나치게 넓지도 좁지도 않은 것이 유리하다.

⑤ 지반의 고저

주거지는 가로보다 낮으면 마이너스 요인이 되고, 상업지는 가로보다 높으면 마이너스 요인이 된다.

4) 주거지 입지

(1) 주거지의 자연조건

① 지형

남동은 트이고 완만한 경사, 북서쪽은 차가운 계절풍을 막아주는 산·숲이 좋다. 또 앞이 낮고 뒤가 높은 곳이 좋다.

② 지세

언덕바지나 절벽 밑은 붕괴위험이 있고, 바람받이가 되며, 그늘이 지기 쉬워 불리하고, 우뚝 솟은 봉우리는 바람받이가 되어 나쁘고 움푹 파여 들어간 소형분지도 나쁘다.

③ 토지의 성질과 지질, 지반의 상태

집터는 생땅(生地)이, 지질은 습도를 알맞게 보존할 수 있는 점토와 사토가 적당히 섞인 토양이 좋다.

④ 기상조건

풍향, 강수량, 일조시간, 기온과 습도의 변화 파악은 주택의 쾌적성을 좌우한다.

(2) 사회적·행정적 조건

① 공해, 위험, 혐오시설의 유무

공해, 위험시설(변전소, 가스탱크 등), 혐오시설(오물처리장, 쓰레기처리장 등),

공장 인접지, 공항, 고속도로, 철도, 번화가 등의 인접지는 주거지의 조건에 부적합하다.

② 도로, 교통의 여건

도로 및 교통의 접근성을 고려하여야 한다.

③ 공공시설의 정비 상태

교육시설, 의료시설, 문화시설, 구매시설, 스포츠시설, 가스공급처리시설의 유무, 주차문제, 전파장애 등을 고려해야 한다.

④ 공법상의 규제상태

각종 공법상의 규제를 고려한다.

⑤ 지역의 사회적 환경

거주자의 지위, 직업, 소득, 연령 등을 고려한다.

5) 공업입지

(1) 시장지향형 입지

① 부패성이 심한 제품, 신선도 유지가 필요한 제품인 경우이다.
② 중량이나 부피가 늘어나는 산업, 교통비용을 절감해야 하는 경우이다.
③ 재고의 확보가 필요한 제품, 소비자와의 접촉이 많이 필요한 제품인 경우이다.
④ 원료가 단순·동일하고 무게가 무거우며, 생산에 필요한 원료가 복잡한 제품인 경우이다.

(2) 원료지향형 입지

① 원료생산지에 입지하여 생산 활동을 하는 산업을 말한다.
② 특정한 장소에서만 생산되는 원료인 편재원료를 많이 사용하는 공장에 적절하다.
③ 총비용 가운데 수송비가 절대적으로 많은 비중을 차지한다.
④ 중량감소산업(시멘트, 제련공업 등)과 부패하기 쉬운 원료물품을 생산하는 공장(통조림, 냉동 공업 등)은 원료산지에 입지해야 한다.

(3) 노동지향형 입지

① 수송비와 인건비 절약이 균등한 비용곡선상의 최소 인건비 지점에 위치한다.

② 전자, 인쇄, 출판업, 섬유, 신발, 합판업 등에 적절하다.

2. 도·소매입지

1) 입지 중요성

(1) 소매점은 '입지산업'이라고 할 만큼 입지조건이 중요한 전략적 결정요인이며 위치에 따라 매출이나 이익이 좌우되기 때문에 점포의 위치는 사업의 성공 여부에 중요한 역할을 한다.

(2) 기업이 일단 점포의 입지를 결정하게 되면 입지변경을 하기가 쉽지 않고 부적합한 입지로 인한 불이익을 극복하기 어렵다. 또한 막대한 투자를 장기적으로 하여야 하므로 선정되는 입지는 최대한의 투자수익률과 이익을 보장해 줄 수 있어야 한다.

(3) 유통시설의 입지결정은 입지조건에 따라 유통전략 믹스상의 다른 요인들에도 큰 영향을 준다. 예를 들면 업무 중심지와 같이 사무실이 많은 도심지에 입지한 소매점의 경우, 주말에 보행자의 통행량이 줄어들어 부부가 공동으로 결정하여 구매하는 품목, 예컨대 가전제품과 같은 상품은 취급할 수 없게 된다.

(4) 소매에 대한 논의를 할 때 신규점포의 입지선택을 강조해 왔지만 그 문제는 훨씬 더 크다. 한 시기에는 좋았던 장소라도 점차 좋지 않게(혹은 오히려 더 좋게) 되는 수가 있다. 입지가 현재의 기대를 만족시키고 있는지, 그리고 미래의 목적에도 부합될 수 있는 것인지 결정하기 위해서는 자주, 그리고 정기적으로 평가되어야 한다.

(5) 입지의 효용은 영원한 것이 아니다. 한 시기의 좋았던 장소라도 시간이 흐름에 따라 나빠질 수 있다.

(6) 전형적으로 상점은 3단계의 수명주기(상승 → 절정 → 쇠퇴)를 보이고 있다. 상승과 쇠퇴 단계는 매우 가파르거나 혹은 완만하게 되고, 절정의 단계는 길게 혹은 짧게 지속될 수도 있다. 그렇기 때문에 소매업자들은 항상 입지의 문제에 부딪치게 된다.

(7) 입지의 중요성은 아무리 강조해도 지나치지 않다. 좋은 점포를 구하려면 상권 전체의 특성을 파악해야 되고, 상권 전체의 특성을 파악하고 나 후에 개개 점포의 입지조건을 분석하여 입지의 좋고 나쁨을 가려야 한다.

2) 입지 선정 시 고려요인

(1) 도시상권내의 소비자 인구 및 성격

① 필수 평가요소

지역 상권내의 소비자 수, 직업, 연령(연령층), 소득·구매력, 세대구성원, 주택소유율, 차량보유 등 인구통계학적·경제적 분석상황을 고려하여야 한다.

② 중요한 선정요인

도시상권내 소비자의 구매습관, 구매행동 특성 등을 고려한다.

(2) 도시 발전성

① 인구나 소득증가지역, 교통정비가 발전하는 지역 등인지 살펴본다.
② 도시산업의 형태와 성질도 밀접한 관계가 있기 때문에 검토가 필요하다.

(3) 도시 교통상황

① 교통망, 도시상권 동향 등은 커다란 선정요인이 된다.
② 교외형 대규모 소매점, 쇼핑센터 등 광역상권대상의 상업시설은 해당 도시내부의 근접성뿐만 아니라, 근린지역 접근편리성이 입지상 중요한 요인이 된다.

(4) 도시 상업경쟁 상황

① 소매점 총수나 업종·업태를 검토한다.
② 도시 간 경쟁 : 다른 도시의 상업집적간 경쟁상황을 검토한다.
③ 도시 내 경쟁 : 출점할 해당점포와 동일한 업태의 수와 그 영업동향 등을 파악한다.

(5) 도시의 법제규제 매장면적, 영업일, 영업시간 등 영업과 관련된 법규제도를 살펴보아야 한다.

(6) 기후, 문화성, 토지가격 등도 도시 선정 요인이 된다.

(7) 상업지구, 주택지구, 교육지구, 등 지구의 성격 외에 토지가격, 법규제 등도 입지 선정에 관계하는 요인이다.

3) 입지 선정 기준

(1) 안정성

① 안정성은 사업장의 투자규모와 수익성과의 관계이다. 사업장의 입지적인 여건이 아무리 좋아 보여도 개점에 필요한 투자비용이 수익성을 능가하면 창업은 아무런 의미가 없어진다. 간혹 기업은 전시장 개념의 안테나숍(Antenna Shop)을 설치할 때 수익성을 고려하지 않고 기업의 이미지 제고만을 위하여 매장을 오픈하는 경우가 있는데 일반적으로 창업의 최대 목표는 수익성을 극대화하여 사업을 안정적으로 유지하고 이로 인한 부의 창출을 이루어내는 것이다.

② 중심상권의 비싼 임대 매장에서 단가가 낮거나 영업이익이 작은 아이템을 적용하게 되면 고객의 유입은 많을지 모르나 한정된 점포의 좌석으로 인한 회전이 원활히 이루어지지 않으므로 수익성이 투자비에 비해 현저히 낮은 결과를 낳을 것이다. 안정적인 영업활동은 투자비와 비교해서 적정 수준의 이윤이 발생할 때 지속적인 마케팅전략과 영업 전략이 유효하며 사업장도 활기를 유지할 수 있을 것이다.

③ 안정성과 관련된 또 다른 요인 중 하나가 사업 아이템의 선정에 관한 문제이다.

④ 안정성은 말뜻 그대로 수익성이나 사업 아이템이 장기적으로 안정적인 궤도를 유지하는 것을 의미한다. 안정성을 유지할 수 있는 사업장을 찾기 위한 노력은 예비창업자가 입지선정과 상권분석의 과정에 얼마나 충실히 임했는지의 여부로 판가름될 것이다.

(2) 균형성

① 균형성은 주변 경쟁 점과의 균형에 관한 문제이다. 예비창업자가 선택을 고려하고 있는 사업장의 입지여건이 그 상권 내에 위치하고 있는 유사 점포와의 경쟁에서 우위를 차지할 수 있는 기본적인 여건을 갖추기 위한 조건을 말한다. 비교점포와의 균형성을 측정하기 위한 기준으로는 점포의 규모, 인테리어 상태, 메뉴의 가격, 고객의 접근성 정도 등을 가장 기본적인 비교사항으로 꼽을 수 있다.

② 동일상권 내에서 유사한 업종의 아이템으로 창업을 고려할 때 경쟁 점과의 점포 규모는 고객의 흡인요인에 직접적인 영향요소로 작용한다. 비슷한 규모와 조건 하에서 경쟁력을 갖기 위해서는 보다 쾌적하고 편리한 업종에 따라서는 개인의 프라이버시를 지켜줄 수 있는 구조 등을 갖춘 점포가 고객에게 인기가 있을 수 밖에 없다. 고객의 입장에서는 가급적 메뉴의 가격이 저렴할 때 더욱더 호의적일 것이다. 그러나 이와 같은 조건에서 경쟁력을 갖고 있다고 하더라도 고객이

쉽게 발견하고 접근할 수 있는 위치와 주차장의 설치 여부 및 점포의 전면 구조 형태, 고객이 쉽게 접근할 수 있는 동선 등의 요인이 경쟁 점포와의 균형성에 있어서 우위를 점할 수 있는 우선적인 요인임을 기억해야 한다.

(3) 조화성

① 조화성은 예비창업자가 선택한 아이템과 주변 상권과의 조화를 말한다. 대체로 상권형성 형태를 살펴보면 유사한 업종이 집중적으로 형성되어 상권을 이루고 있는 것을 볼 수 있다. 이와 같은 현상은 고객을 유도하기 위한 전략 중 하나이며 고객의 입장에서는 선택의 폭이 그만큼 넓어짐으로써 가급적이면 필요한 상권이 형성된 곳으로 몰릴 수밖에 없을 것이다. 그러나 경우에 따라서는 선택한 사업 아이템이 형성된 상권과 전혀 이질적이지만 독점적으로 영업을 운영하여 호황을 누리는 업종도 있을 수 있으며 상권 외곽에 위치하여 고객에게 주목을 받을 만한 업종도 있다.

② 업종의 아이템이 갖고 있는 특성에 따라서 특이하게 나타날 수 있는 경우로 대부분의 업종은 유사한 업종이 집중적으로 형성된 곳에서 경쟁력을 가질 수 있다. 예비창업자가 입지선정 및 상권분석과 관련한 조화성 부분에서 가장 주의를 기울여야 할 창업전략은 차별화전략이다. 유사 업종이 집중적으로 형성된 상권 내에서 고객의 관심을 유도할 수 있는 방법은 메뉴, 서비스, 이벤트 및 모든 영업활동과 관련된 부분에서 차별화될 수 있는 아이템을 구축하는 것이다. 갈수록 치열해지는 창업 현장에서 고객의 관심을 집중시킬 수 있는 나만의 아이템을 하나 둘 정도 갖고 있음으로 인하여 상권 내에 위치한 경쟁 점과의 차별화에 성공할 수 있을 때 창업의 성공도 보장받을 수 있을 것이나.

4) 입지 선정 시 조사내용

(1) 구체적 조사내역

① 인구 및 세대수 : 현재인구, 인구증감을 분석한다.

② 전입 및 전출을 분석한다.

③ 연령분포 및 가구형태의 분포(아파트, 단독주택, 연립/다세대)를 조사한다.

④ 유동인구(성별, 연령별, 시간대별, 요일 별)를 조사한다.

⑤ 소득수준, 학력수준, 직업분포 : 도시가계연보(통계칭), 해딩구칭에 알아본다.

⑥ 통행차량(통행량, 시간대, 노선 수, 종류), 차량종류 체크는 해당 점포의 시계성 문제 때문이다.

⑦ 경쟁점포(계층, 가격, 매장, 장단점)를 조사한다.
⑧ 주간 상권, 야간상권, 고정상권, 유동상권을 조사한다.
⑨ 상권의 향후 전망(확대 또는 축소, 개발정보, 신축 또는 철거)을 조사한다.
⑩ 고객 동선을 조사한다.
⑪ 지하철역이나 버스정류장과의 거리를 측정한다.
⑫ 공공시설 접근성, 학교, 극장, 관공서, 시장(할인점, 쇼핑센터), 금융기관 등의 분포를 조사한다.
⑬ 분석 결과를 판정한다.

5) 좋은 입지 구성요소

(1) 좋은 입지 전제 조건

① 점포 입지를 먼저 선택하고 그 입지에 맞는 업종을 선택하는 것이 현실적이다.
② 상권 선택은 장기적인 안목이 필요하다.
③ 업종에 맞는 상권 선택이 중요하다.
④ 점포 자체의 영업능력도 중요하지만, 전체시장 영업능력도 중요하다.
⑤ 상권 내에서 영업전략(저렴한 가격, 우수한 상품, 친절함 등)이 중요하다.

(2) 입지 선택 시 좋은 입지

① 유동인구가 많은 곳은 매출이나 수익성이 빨리 산출될 수 있는 곳이다.
② 배후지가 넓고 소득수준이 높은 곳은 판매상품의 고객단가(1명이 팔아주는 평균가격)가 높아 마케팅측면으로 수익산출이 나올 수 있다.
③ 일반 판매업종의 경우 역, 극장, 정류장 등 사람들이 많이 몰리는 동선에 위치한 점포는 예비 통행고객들이 많아 언제나 점포를 인식할 수 있다.
④ 상권의 중심통로에 위치하여 퇴근길 동선에 위치한 상점이 유리하다.
⑤ 인근 상인들 표정이 밝은 곳은 상권형성이 돼서 매출이나 수익성이 높기 때문이다.
⑥ 금융기관, 대형유통시설로 가는 길목에 위치하는 것이 유리하다.
⑦ 담배나 복권을 같이 팔 수 있는 곳이면 더욱 좋다.
⑧ 대형패스트푸드점(맥도널드 등) 주변은 젊은 층이 많이 오는 곳이므로 유리하다.
⑨ 권리금이 있는 점포는 초보 창업자나 사업하는 사람은 쉽게 접근할 수 있는 곳이다. 다만, 거품이 존재하는지 반드시 체크해야 한다.
⑩ 자금이 부족하다고 안 좋은 입지에 점포를 얻는 것보다는 점포의 크기를 줄이더라도 목이 좋은 곳을 선택하는 것이 유리하다.

⑪ 대형건축물의 경우, 반드시 넓은 주차시설이 있어야 한다.
⑫ 거주지에서 사업장으로 이동시간이 30분 이내인 곳으로 점포가 위치해야 통제하기가 쉽고 시간낭비를 덜할 수 있다.

6) 입지대안 평가기준

(1) 평가기준

① 유사업종의 밀집성은 유사하고 상호보완적인 점포들이 무리지어 있다면 고객을 유인하기에 용이하다는 설명이다. 다만 너무 많은 점포가 밀집되어 있으면 오히려 고객유인을 저해하는 요인이 된다.
② 입지의 경제성은 점포의 입지를 결정할 때 점포의 생산성과 성장잠재성을 고려하여 초기의 투입비용과 비교한 후 일정수준의 경제성이 확보되어야 점포입지가 용이하다는 설명이다.
③ 보충가능성의 원칙은 유사하거나 상호보완적인 제품, 또는 관계를 가지고 있는 점포가 인접해 있으면 고객을 공유할 가능성이 높아져 고객을 유인할 수 있다는 점을 설명하는 개념이다.
④ 접근가능성은 어떤 위치에 도달하는데 소요되는 시간적·경제적·거리적·심리적 부담과 관련되는 개념이다. 접근성은 점포로의 진입과 퇴출의 용이성을 의미한다. 접근성을 평가하려면 도로구조, 도로상태, 주도로로의 진입과 퇴출, 교통량과 흐름, 가시도, 장애물 등은 물론 심리적으로 느끼는 불편함 등을 고려해야 한다.

3. 소매입지 선정

1) 소매입지 선정 절차

(1) 선정 절차

① 일반적으로 입지선정은 지역(region) → 상권(trade area) → 특정입지(site)의 단계적 분석을 거쳐 결정된다.
② 거시적 입지분석으로 주민과 소매점과 대체적인 상권을 평가한다.
③ 상점 내 어떠한 유형의 입지에 출점할 것인지를 결정한다.
④ 단독입지인지 집합입지인지 입지유형을 선정한다.
⑤ 선정된 입지유형 내 부지를 선택한다.

2) 특정입지 선정

(1) 출점부지 선정

① 잠재적인 상권이 규정되면 소비자의 접근가능성, 교통량, 상권인구의 규모와 분포, 수입, 경제적 안전성, 경쟁 등의 요인에 의해 선택 가능한 점포입지가 선정된다. 소매점포 입지(retail site)란 소매업을 하는 소매점포의 구체적인 지리적 위치를 의미한다.

② 점포입지의 가치는 점포들에 대한 선호와 입지 근처에 고객들의 자유로운 이동을 방해하는 자연적 또는 인위적 장벽의 존재 여부에 영향을 받는다. 소매업 입지는 소매점의 표적세분시장에 도달하는 데 결정적인 역할을 한다.

③ 점포입지의 대안으로는 다른 소매점들과 지리적으로 격리되어 있는 독립입지(isolated site)와 지리적으로 인접하거나 밀집되어 있는 군집입지(clustered site) 등이 있다.

④ 일반적으로 의류, 구두, 가구 등의 선매 품을 판매하는 점포들은 군집입지에 위치하여야 하나, 전문 품을 판매하는 점포는 독립입지에 위치하여도 매출에 큰 영향을 받지 않는다.

3) 입지평가 시 고려해야 할 사항

(1) 소매점 입지평가 고려사항

① 보행객 통행량
통행인수, 통행인 유형을 평가한다.

② 차량통행량
차량통행대수, 차종, 교통밀집의 정도를 고려한다.

③ 주차시설
주차장수, 점포와의 거리, 종업원 주차가능성을 살펴본다.

④ 교통
대중교통수단 이용가능성, 주요도로와 접근성, 상품배달 용이성이 우수한지 알아본다.

⑤ 점유조건
소유 또는 임대조건, 운영유지비, 세금, 도시계획 관련여부를 살펴본다.

⑥ 상권잠재력
시장규모, 향후 상권의 발전 가능성을 평가한다.

⑦ 특정 부지

시각성, 입지 내 위치, 대지와 건물의 크기와 모양 및 조건과 사용연수를 조사한다.

⑧ 기타

상권 내 점포수와 규모, 자 점과의 유사성, 소매구조상 균형 정도를 파악한다.

4) 유통집적시설에 유리한 입지조건

(1) 핵점포의 존재

언제든지 누구나 찾아오기 때문에 고객의 집객력이 높다.

(2) 간선도로망

교외를 왕래하는 자동차 고객을 대상으로 하는 상업입지 지역으로 주로 쇼핑센터를 중심으로 주말이나 휴일에 특히 번성하는 지역이다.

(3) 교외지역

교외지역은 인구가 충분하고 앞으로도 인구증가가 예상된다.

(4) 지역 최대의 주차장

대형 주차장은 자동차 쇼핑시대의 편의를 제공한다.

(5) 독립상권의 성격

독립상권이라면 구매력이 다른 상권으로 유출되기 어려우므로 유리한 조건을 갖고 있다.

(6) 점포 부족상태

점포가 부족한 상태라면 소비자가 대형 유통시설의 출점을 기대하고 있다.

5) 출점을 위한 입지평가방법

(1) 주먹구구식 방법(rules of thumb)

경영자의 지금까지의 경험이나 주관적인 사업 능력에 의존하는 방법을 말한다.

(2) 체크리스트 방법(check-list)

특정입지에서의 매출과 비용에 영향을 주는 요인들을 체크리스트를 만들어 살펴보는 방법을 말한다.

(3) 판매 잠재력의 변이를 모델화하여 살펴보는 방법

역사적 성과, 그 점포의 상권 특성, 지역 내에서의 경쟁 수준 등을 분석하는 것이다.

6) 점포선정 고려요인

(1) 소매점 점포선정 고려사항

① 추정된 영업거래량(매출액)이다.
② 취급상품의 종류와 고객의 구매습관이다.
③ 고객의 통행량 : 교통계수(traffic coefficient), 시간당·주당 고객의 통행량 및 통행의 유형이다.
④ 경쟁자들과 타 점포들에 관련된 위치이다.
⑤ 접근성 : 대중교통시설, 점포와의 거리, 교통 혼잡, 점포의 위치, 가시도, 도로의 폭 등이다.
⑥ 자본투자에서 얻어지는 수익 : 설비와 장치, 상품의 재고, 임대료 등이다.
⑦ 부지의 유용성이다.
⑧ 소매점 판로에 저해되는 부지의 특성 유무 : 매연, 먼지, 혐오시설, 낡은 인접건물 등이다.

7) 입지의 매력도 평가원칙

(1) 평가원칙

① 고객차단의 원칙(principle of intercept)은 입지가 고객이 특정지역에서 다른 지역으로 이동할 때에 고객으로 하여금 점포를 방문하도록 하는 입지적 특성이 얼마나 되는지를 평가하는 것이다.
② 동반유인의 원칙(principle of cumulative attraction)은 유사하거나 보충적인 소매업들이 군집하고 있는 경우가 분산되어 있거나 독립되어 있는 경우보다 더 큰 유인 잠재력을 가질 수 있다는 원칙이다.
③ 보충가능성의 원칙(principle of compatibility)은 두 개의 사업이 고객을 서로 교환할 수 있는 정도를 의미하는데, 이 원칙에 의하면 인접한 지역에 위치한 사업들 간에 양립가능성이 높을수록 점포의 매출액이 높아진다.
④ 점포밀집의 원칙(principle of store congestion)은 동반유인이나 보충가능성과는 반대로 지나치게 유사한 점포나 보충할 수 있는 점포들이 밀집되어 있어서 고객의 유인효과를 감소시키는 현상을 의미한다.
⑤ 접근가능성의 원칙(principle of accessibility)은 고객의 입장에서 점포를 방문할 수 있는 심리적, 물리적 특성을 의미하는데, 지리적으로 인접해 있거나, 교통이 편리하거나, 시간의 소요가 적은 경우에 점포의 매출이 증대된다는 원칙이다.

4. 업태 및 업종과 입지

1) 소매점 입지 유형

(1) 도심형 입지(CDB : Central Business District)

① 중추관리기능 즉, 권력·자본·정보가 대량 집적되는 장소이다.
② 관청, 상사, 은행, 보험, 신문, 잡지, 방송, 광고 등 매스미디어업무 건물이다.
③ 주간은 교통 및 인구이동 활발, 야간은 인구격감 및 조용한 지역으로 변모한다.
④ 하나이상의 주력 백화점과 전문점 및 편의점 등 업태·업종이 결집되어 있다.

(2) 부도심 소매중심지(SBD : Secondary Business District)

① 2개 이상의 가로(街路)의 교차점 중심으로 집적되어 있는 소매중심지이다.
② 하나의 도시에 하나의 지역백화점, 일용잡화점, 소규모점포 등이 산재해 있다.
③ 도시규모 확장으로 여러 지역으로 인구가 분산·산재되어 생긴 지역이다.
④ 근린 소매중심지이다.
⑤ 보통 주택가주변에 위치, 주민편의성과 구매요구 충족으로 생긴 지역이다.
⑥ 주된 소매 업태는 슈퍼마켓, 일용잡화점, 소규모 소매점 등이다.
⑦ 주거지역 도로변이나 아파트단지 상점가 등 형태를 갖추고 있다.

(3) 선상 소매중심지

① 보통 동종 또는 보완제품을 취급하는 소매점 집적으로 형성된 지역이다.
② 가로(街路)나 고속도로변에 입지한다.

(4) 고립입지(Solated Locations)

고속도로, 교외도로 등 인접 점포가 없는 길가에 위치한 자유입지이다.

2) 형태별 입지

(1) 생활형 입지

① 생활형 입지는 주로 식당 등이 대부분에 해당되므로 접근성이 쉬우며, 도보나 자량을 이용하는 고객 보누를 흡수할 수 있어야 한다.
② 일상적인 생활을 주로 하는 고객들이 편리하게 이용하는 입지로서 아파트나 주택 등 지역 주민들이 이용하는 곳을 말한다.

(2) 목적형 입지

① 목적형 입지는 주로 특정한 테마에 따라 고객이 유입되므로 차량을 이용한 접근이나 주차장 등의 시설물 이용에 불편이 없어야 한다.
② 고객은 단순하게 그 점포에 접근하는 것이 아니고 특정한 목적이 있는 경우에만 그곳에 와서 이용하는 입지를 말한다.

(3) 적응형 입지

① 적응형 입지에서는 주로 패스트푸드나 판매형 아이템사업 등이 유리하므로 도보객이 접근하기 쉬운 출입구, 시설물, 계단 등 가시성이 좋아야 한다.
② 일상적인 거리에서 통행하는 유동인구에 의해서 그 점포의 매출이 커다란 영향을 받고, 입지 유형 중 거리에서 통행하는 유동인구에 의해 영업이 좌우되는 입지를 말한다.

3) 소매점 입지조건

(1) 입지조건

① 배후지 및 고객의 질과 양이 좋아야 한다.
② 고객의 교통수단의 상태가 양호해야 한다.
③ 영업의 종별 및 경쟁의 상태가 유리해야 한다.
④ 당해 지역 경영자의 창의와 자질이 뛰어나야 한다.
⑤ 번화성의 정도 및 성쇠의 상황(입지경쟁의 특징)이 해당 점포에 맞아야 한다.
⑥ 토지의 이용에 관한 공법상의 규제 정도를 살펴보아야 한다.

4) 소매점 지리적 입지 특성

(1) 입지특성

① 유통서비스업(소매점)의 거점은 지리적 규모 등에 따라 계층선을 갖는다.
② 수요자가 재화와 서비스를 제공받는 공간으로서의 각종상권 또는 서비스권이 형성된다.
③ 수요자는 재화와 서비스를 공급받기 위해 이동하며 이동범위에 한계가 있고 이동비용에도 제약을 받는다.
④ 유통서비스산업(소매점)은 대부분 최종 소비자와 결부된 경제활동으로 개개의 소비가 분산되어 있어 거시적으로 보면 인구 또는 사업체의 분포와 대응관계가 있다.

5) 입지(location) 측면에서의 업태전략

(1) 업태전략

① 업태전략과 관련하여 입지의 문제는 상권의 결정과 함께 분산·고립된 지역에 입지하느냐 또는 상업 집적이 이루어진 장소에 입지할 것인가 매우 중요하다.

② 분산·고립된 유형의 상권전략의 활용에 의해 전략을 전개할 수 있으나 집적된 경우에는 그 집적의 양상과 유형에 의해 업태전략이 다르게 전개된다.

③ 소매집적은 그 위치상으로 크게 도심(downtown)형, 부심(terminal)형, 교외(suburban)형으로 분류되는데 그 업종의 구성내용이 매우 다양하다. 즉 세운상가과 같이 전자제품 전문점의 집적으로 이루어 진 경우가 있는가 하면 새로 개점한 롯데월드와 같은 여러 업종의 집적으로 형성된 것도 있다.

④ 이에는 자연발생적인 것과 계획적인 집적의 두 가지로 구분하여 생각할 수 있는데 상점가와 일용품소매시장은 자연발생적인 경우이고 쇼핑센터의 경우 계획적인 집적으로 볼 수 있다.

6) 소매집적

(1) 소매집적(retail cluster) 개념

① 소매집적(小賣集積)이란 대형, 소형 또는 다른 업종과 상이한 업태의 여러 소매기관이 공통의 목표 하에 상호간에 관련을 가지면서 한 장소에 모인 소매시스템을 의미한다. 소매집적을 분류하면 자연발생적 소매집적, 사후 통합적 집적 및 계획적 소매집적으로 나누어진다.

② 일정한 어떤 구역에 있어서 한 소매점의 매출액 점유율은 그 지역 전체의 소매매장 면적에 대한 해당 점포의 매장면적의 비율에 직접적으로 비례할 것이라는 가정 하에서 수행하는 것을 점포공간 매출액 비율법이라고 한다.

③ 이러한 소매집적은 입지의 집체적 편의성(aggregate convenience)을 높여주기 때문에 고객의 흡인력을 증가시켜 주며, 따라서 단독입지의 경우보다 유리한 효과를 올리게 하여 준다.

(2) 소매집적 기능

① 소매상이 집적기능을 수행하기 위해서는 그 지역사회의 커뮤니티 기능을 수행할 수 있어야 한다.

② 커뮤니티 기능은 그 지역주민이 그 지역에 입지하고 있는 소매집적 시설에 대해

요구하는 여러 가지 지역 편의기능을 말한다.

(3) 소매집적 커뮤니티 기능

① **편의적 기능**
셀프서비스(self-service)나 원스톱 쇼핑(one-stop shopping) 기능을 말한다.

② **자연적 기능**
그 지역의 발전과 자연을 충실히 보존하는 기능을 말한다.

③ **인간적 기능**
그 지역 번화가에 많은 사람이 모여 오락성과 인간적 친밀성을 교환하는 기능을 말한다.

④ **상징적 기능**
그 지역의 중심 특성을 표현하는 것으로 유명백화점, 유명토산품점, 유명음식점 및 유명서비스점 등의 기능을 말한다.

(4) 누적유인 원리(the principle of cumulative attraction)

① 유사하고 상호보완적인 점포들이 함께 무리지어 있는 것이 독립적으로 있는 것보다 더 큰 유인력을 갖는다는 주장이다.

② 누적유인 원리는 특정 입지를 매력적으로 만들 수 있으며 상호 보완상품을 판매하는 점포들 간에 적용할 수 있는 원리이다.

③ 유사하고 상호보완적인 점포들이 함께 모여 있는 것이 독립적으로 있는 것보다 더 큰 유인력을 가지고 동일한 제품을 판매하는 점포의 수가 많을수록 상권 내 매출이 높아진다.

④ 서로 직접 경쟁하는 점포들에게 적용될 수 있으며 선매 품이나 전문품 등의 목적구매품에 적용가능하고 편의품은 누적유인의 원리와 관계가 가장 적다.

5. 입지영향인자

1) 인구통계학적 특성

(1) 배후인구의 통계적 특성 파악
가구, 인구, 가구당 인구, 연령별 구조를 파악한다. 이를 파악하기 위해서는 시·구 통계연보를 시청이나 구청 동사무소에서 구해야 한다.

(2) 통계연보로 연령별·남녀별·지역별·가구별 인구 등을 파악할 수 있다. 또한 도

·소매업 조사보고서, 서비스업 조사보고서 등에서는 지역 주민들의 생활상을 파악할 수 있다.

(3) 주거형태의 구조를 분석해 보면 같은 소득일지라도 아파트지역이 주택지역보다 소비성향이 1.2배 가량 높다. 아파트는 집적도가 높으며 인구가 많고 편리성을 추구하는 집단이다.

2) 라이프스타일(Life style)

(1) 최근에는 마케팅과 소비자의 행동 연구 분야에서 관심을 가지게 되었다. 그 이유는 시장의 세분화에 있어서 인구 통계학적 분류 외에 소비자의 심리적 측면을 고려할 필요가 있기 때문이며 나아가서는 제품의 새로운 의미부여, 신제품 개발 등에서도 소비자의 잠재적 요구를 파악할 필요가 있기 때문이다. 즉, 소비자 행동을 결정하는 주체가 소비자로서 합리적인 경제원칙에 의거하여 행동할 뿐만 아니라 주체성을 가지고 자신의 생활을 설계하는 생활자로서의 의식을 갖는다는 것을 전제로 성립한 것이다.

(2) 라이프스타일은 개인이나 가족의 가치관 때문에 나타나는 다양한 생활양식·행동양식·사고양식 등 생활의 모든 측면의 문화·심리적 차이를 전체적인 형태로 나타낸 말로서 최근에는 마케팅과 소비자의 행동 연구 분야에서 관심을 가지게 되었다.

(3) 라이프스타일이란 "소비자가 그러한 자금과 시간을 어떻게 소비하는가(활동). 자신의 환경 내에서 무엇에 관심을 갖고 있는가(관심), 자신과 주변 환경에 관하여 어떠한 의견을 갖고 있는가(의견)의 측면에서 묘사되는 생활양식"으로 정의된다.

(4) 라이프스타일 특성은 인구 통계적 특성과는 달리 연구자의 조사목적에 따라 상이한 차원에서 측정되어야 한다. 따라서 연령 또는 소득, 직업과 같이 표준적으로 고정된 차원이 없으며 라이프스타일을 반영해 주는 AIO의 목록을 직관적으로 개발하여 적용하거나 소비자의 구매목록을 확인하여 라이프스타일을 추론함으로써 측정될 수 있다

(5) AIO분석(Activity, Interest, Opinion)이란 나이나 성별, 소득, 직업 등 동일한 인구 통계적 집단 내 속한 사람들도 서로 상이한 정신·심리적 특성을 가지고 있을 수 있다는 정신·심리적 특성을 기초로 시장을 나누는 것을 말한다.

(6) 라이프스타일은 흔히 활동(Activity)과 관심(Interest), 의견(Opinion)을 기준으로 분류되는데, 그 머리글자를 따서 AIO분석이라고 한다. 즉, 소비자가 어떻게 시간 보내고 어떤 일을 중시하며 어떤 견해를 갖고 있는가를 척도로 나타내어 수치화하는 것이다.

[표 6-4] AIO 분석

활동(Activity)	관심(Interest)	의견(Opinion)
일	가정	자기 자신
취미	친구	사회문제
공동체 활동	이웃	정치
쇼핑	유행	경제
레저	음식	제품
스포츠	매체	문화

3) 접근성 분석

(1) 적응형 입지

도보자의 접근성을 우선 고려하여 도보 자가 접근하기 쉬운 출입구, 시설물, 계단, 가시성 등이 좋아야 한다. 출입구도 자동문이나 회전문은 좋지 않다. 대부분의 도보객은 버스나 택시, 지하철을 이용하므로 이들 교통시설물과 근접하면 좋다. 도심의 최적 입지는 차 없는 거리이며 도심의 점포는 주차장이 없어도 된다. 굳이 투자효율성이 떨어지는 주차장을 둔다면 건물 뒤편에 위치하는 것이 좋은데 우선 도보 객이 접근하기 쉬워야 하기 때문이다.

(2) 목적형 입지

특정 테마에 따라 고객이 유입되므로 차량이 접근하기 쉬워야 한다. 주도로에서 접근하기 쉽고 주차장이 크고 편리성이 있어야 하며 주차관리원도 두어야 한다. 또 주차장의 위치는 건물 앞쪽에 있어야 이용자의 편리성이 높다.

(3) 생활형 입지

지역주민이 주로 이용하는 식당이므로 도보나 차량을 모두 흡수할 수 있어야 한다. 주차시설도 갖추고 도보객의 접근도 유리한 지역에 출점해야 한다.

(4) 고객의 흡인이 용이하도록 점포의 입구나 건널목 상태, 고객의 주요 유동 방향 등을 반드시 확인해야 한다.

4) 경쟁상황 파악

(1) 경쟁현황

① 상권 내의 업종별 점포수, 업종비율, 업종별·층별 분포를 파악한다. 업종별 분류는 판매업종과 서비스업종으로 구분할 수 있는데, 판매업종은 식품류, 신변잡화류, 의류, 가정용품류, 문화용 품류, 레포츠용 품류, 가전·가구류로 구분하고 서비스업종은 외식서비스, 유흥서비스, 레저·오락서비스, 문화서비스, 교육서비스, 의료서비스, 근린서비스로 나눌 수 있다.

② 경쟁 소매업체와 경쟁을 시작하기 전에 경쟁 상황을 파악하기 위하여 동일상권 내의 업종별 점포 수, 업종의 비율, 업종별 층별 분포도 등을 상세하게 파악하여야 한다.

판매업종과 서비스업종의 구조를 파악한다. 판매업종이 많을수록 유동성이 높으며 패스트푸드 점포가 유망하다. 또한 판매업종이 다수이면 판매업종을 출점하는 것이 유리하다. 서비스업종이 많으면 서비스업을 택하는 것도 좋다.

③ 건물의 각층 구성비에 따라 상권의 좋고 나쁨에 대한 판단을 할 수 있으므로 건물의 층별 점포구성을 조사·분석하여야 한다.

④ 입점하고 있는 브랜드를 분석한다. 우리나라 소비자는 브랜드 선호도가 높으므로 유명 브랜드가 많이 입점 되어 있으면 좋은 입지이다.

5) 시너지 효과 고려

(1) 동종 업종이 집적되어 있으면 초기투자비가 높다. 경쟁점포가 출점하더라도 매출이 민감하게 변하지 않으며 소비자는 바가지를 쓸 염려를 하지 않는다. 또 구색이 다양해서 선택의 폭이 넓어지는 장점이 있다.

(2) 동종업종의 집적을 고려한 입지선정 유사 업종(테크노마트, 논현동 가구의 거리)의 집객력을 고려하여 선정한다.

(3) 판매업종이 집중된 명동이나 백화점, 할인점에 외식업을 출점하면 시너지 효과를 최대한 확보할 수 있다.

(4) 서비스업종이 집중된 음식점이나 유흥위락단지, 숙박업, 학원, 극장 등 같은 업종끼리 집중되면 시너지 효과가 극대화된다.

(5) 특정 시설에 의존하는 입지를 선택한다. 호텔, 백화점, 시장, 대형오피스, 대형상가, 대형 복합빌딩 등 바로 옆이나 아니면 영향권에서 벗어난 지역에 입점해야 한다. 그러나 소매점 판매업은 가급적 피하는 것이 좋다. 소비자들은 대형할인점 등 대형 시설물을 좋아하고, 사이버 시장이 급속히 증가하고 있으며 재

고가 부담이 되고 점포는 과포화 상태이기 때문이다.

6) 소비자 상권이용 형태

(1) 이용형태

① 소비자는 대형 지향성을 갖고 있어 동일 업종인 점포가 나란히 여러 개 밀집되어 있으면 대형 점포를 선택하게 된다.

② 고객은 평탄하거나 아래쪽을 선호하며 충동구매를 많이 한다. 또 눈높이에 맞아야 한다.

③ 심리에 민감하며 자동문이나 회전문, 점포를 가리는 나무는 좋아하지 않는다. 또한 전면 길이가 긴 점포를 선호하고 안쪽으로 길쭉한 점포는 상대적으로 선호도가 낮으며 도로변에 면한 길이와 점포 안쪽의 길이는 3 : 2 정도의 비율이 좋다.

④ 고객은 비역류성으로 비(非)변화지역에서 변화지역으로 이동한다.

⑤ 고객은 동질적이다. 점포에 같은 부류가 오는 것을 좋아한다. 타깃을 명확히 정해야 한다. 아파트는 대형 50평 이상보다는 30평 이하 지역의 소비성향이 1.2배 정도 높다. 특히 아파트상가는 소형 아파트일 때 영업이 잘된다.

7) 법적 조건 체크

(1) 법적조건

① 용도지역

이들 지역들은 건축이 가능한 지역이 있고, 전혀 불가능한 지역이 있으며, 지방자치단체의 조례에 따라 가부가 결정되는 것도 있다. 자세한 세부내용은 구청에 문의하면 최신정보를 얻을 수 있다. 또한 학교시설지구(고등학교 이하)에서는 50m까지가 절대정화구역, 200m까지는 상대정화구역이다.

② 건폐율과 용적률

건폐율이란 건물을 땅바닥에 앉히는 면적비를 말한다. 용적률이란 땅 대비 총건축 가능평수를 말한다. 용도지역에 따라서 건폐율과 용적률은 많은 차이가 있으므로 유의해야 한다.

8) 성장성 분석

(1) 출점 예정인 입지가 미래에 어떻게 될 것인가는 아주 중요하다. 이런 변화에 대해서는 구체적인 확인이 필요하다.

(2) 단기변화는 1년 내 시행되는 것을 중기변화는 3년 내에 장기변화는 3년 이상으로 분류할 수 있다. 적어도 음식점을 창업하기 위해서는 1년 이내에 변화가 있어야 한다.

(3) 아파트단지 내의 상가나 인근 상업지역에 출점하는 경우에도 신중해야 한다. 아파트단지는 입주개시 후 적어도 3년 길게는 10년이 되어야 안정될 수 있다.

제 3 절 입지 선정

1. 입지선정

1) 입지선정 기본

(1) 인터체인지(IC)가 만들어지면 그에 따라 새로운 도로·우회도로(BY-PASS)가 좋은 입지가 된다.

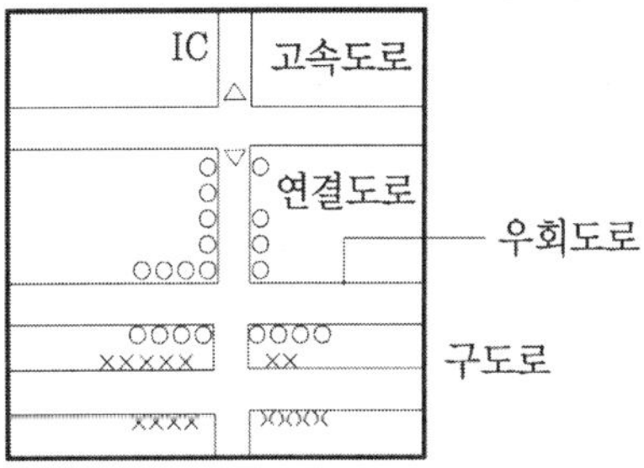

• 인터체인지가 만들어지면 그것과 새로운 도로·우회도로를 연결하는 도로가 만들어지고 입지는 구시가지에서 일변하여 새로운 도로로 바뀐다.

이 입지는 근대적이고 화제성도 높은 신업태·신업종이 적당하다.

특히 미국형 로드사이드형 업종과 점포는 정통으로 적중한다고 보아도 된다. 물품판매의 경우는 매장면적 4평에 대하여 1대 이상의 주차장이 필요하다.

(2) 도시간 읍면에 유리한 입지가 있다.

국민1인당 소매업 면적은 0.84㎡/명이라고 가정할 때

E읍의 인구가 10,000명이라고 하면 10,000명 × 0.84㎡/명 = 8,400㎡으로 8,400㎡의 소매면적이 필요한 것이다.

그 중 26%를 쇼핑센터에서 커버하려고 생각하면 8,400㎡ × 26% = 2,184㎡로 600~700

평의 쇼핑센터를 출점할 수 있게 된다. 예를 들면 FOOD SUPER(미니 SM)가 6㎞ 이상 떨어져 입지하는 경우에는 그 중간지점에도 출점할 여지가 충분히 있는 것이 된다.

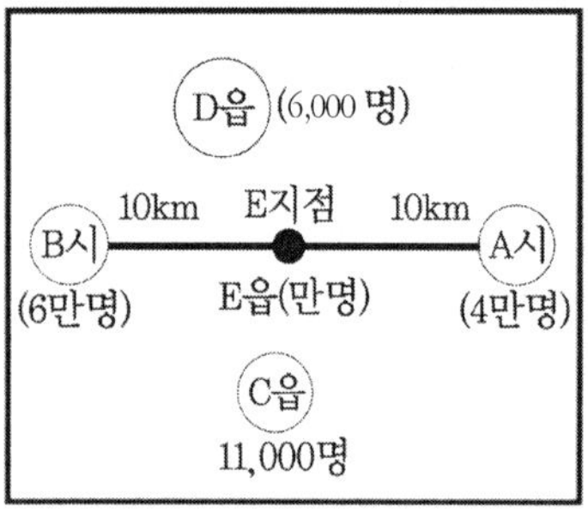

• 상업의 흡인율은 도시의 소매점 매장면적(또는 인구)의 크기에 비례하고 거리의 제곱에 반비례한다. 따라서 그림 A시와 B시에 흡인력이 있더라고 거리가 멀어져 있는 E읍에는 영향이 적어 새로운 상업입지가 탄생하게 된다.

(3) 放射하고 있는 도로는 좋은 입지이다.

- B는 BED TOWN(대도시 주변의 주택단지)의 결속지점으로서 교외의 SC존이 될 가능성이 높다. 입지를 찾을 때는 B지점이 제일후보가 된다.
  대형·중형점·대형전문점, 양판점형태의 점포이면 과감한 규모로 출점해야 한다. 좁은 면적에서 출점해서는 대형점에 잠식당하여 실패한다.
- C는 읍면의 주민을 집객하는데 유리하며 지역밀착형 점포가 유리하다. 힘이 부족하거나 읍면을 타겟으로 한 머천다이징이면 C가 좋다.

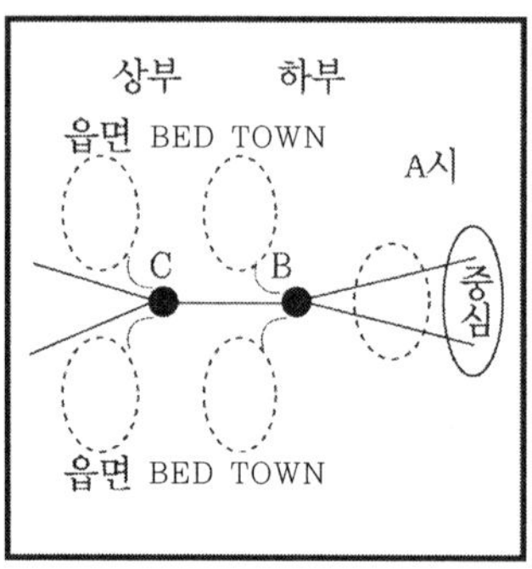

• 가장 좋은 장소라고 하는 것은 방사하고 있는 도로이다.

(4) 역앞 大路의 좌우가 좋은 입지가 된다.

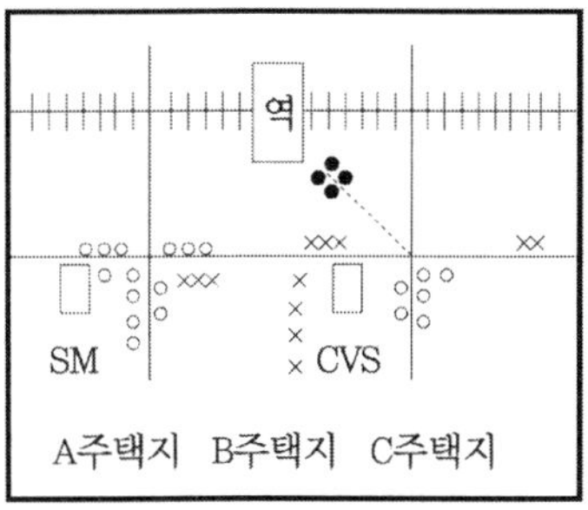

- B주택지보다 A, C주택지쪽이 넓이가 있으므로 대로는 역앞 대로의 좌우가 대부분 좋은 입지이다.

* SM : 슈퍼마켓
  CVS : 편의점

(5) FOOD SUPER의 근처는 좋은 입지이다.

- 3,000㎡이상의 대형점은 그 점포내에서 대부분 구매를 할 수 있으므로 접근하면 접근할수록 불리하다.
- 중형 대형점(500㎡~1,500㎡)은 거의가 FOOD SUPER로 모든 수요에 완전히 대응할 수 없으므로 미흡한 점을 보완시키기 위한 업종으로 개점하면 유리하다.

일본의 경우 FOOD SUPER의 보완 업종으로 유리한 업종은 홈센터, 신사복점, 구두점, 가전점, 가구점, 완구점, 스포츠용품점, 비디오 렌탈점, 타이어센터, 컨비니언스 스토어, 오토바이점, 패밀리레스토랑, 피자, 국수·만두점, 세탁소 등

(6) 보완시키는 업종의 입지조건은 같이 늘어서 있는 것이다.

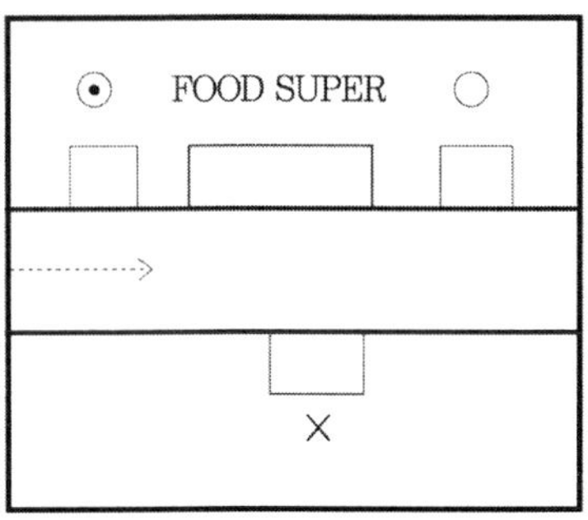

- 같이 늘어서 있을 것, 가까이에 있을 것

(7) 도로의 왼쪽이 유리(접근용이성)하다.

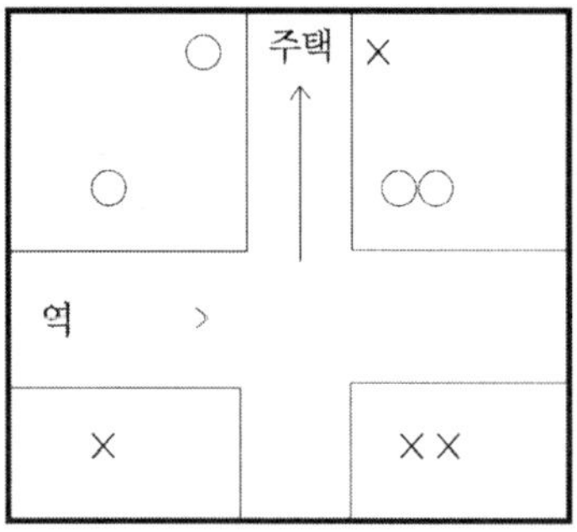

• 내점하기 쉬움을 생각하면 자동차진행방향의 외측에 입지하는 편이 왼쪽으로 꺽어지기 쉬으므로 훨씬 유리하다.

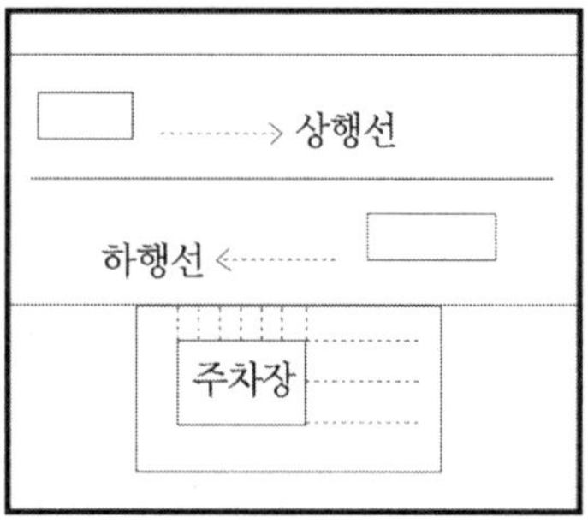

• 주차장의 위치에 따라서도 입점하기 쉬움은 바뀐다.

(참고 : 일본은 한국과 도로진행방향이 반대임)

(8) 커브의 외측이 유리하다. (일본사례)

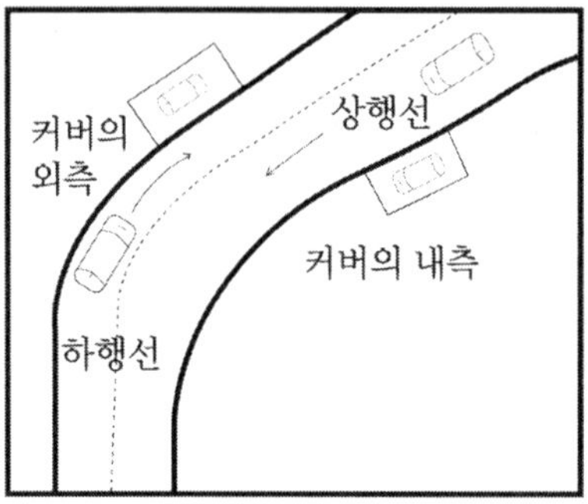

• 특히 로드사이드점의 경우 시인성의 높이가 포인트이다. 커버의 경우 내측보다 외측이 훨씬 유리하며 150미터 이상(적어도 50미터) 떨어져 있어도 건물, 또는 폴사인이 보이는 것이 바람직하다.

(참고 : 일본은 한국과 도로진행방향이 반대임)

(9) 도로의 모퉁이가 유리하다.

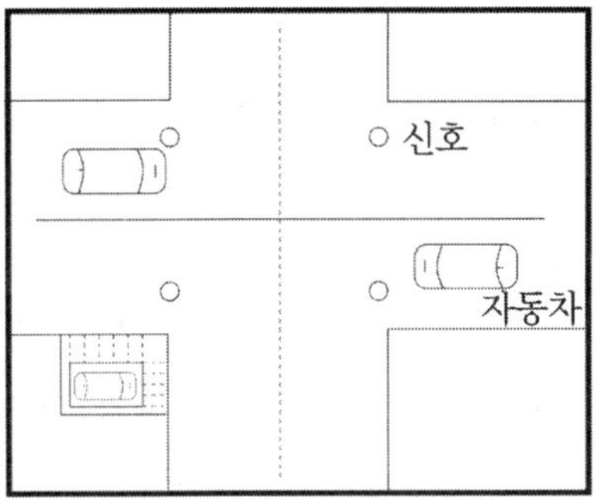

• 교차점의 모퉁이는 2방향으로부터 입점이 가능하므로 좋은 입지이다. 단지, 교통체증이 심한 교차점은 그다지 바람직하지 않다.

(10) 고객을 인도하는 선에 따른 입지가 유리하다.

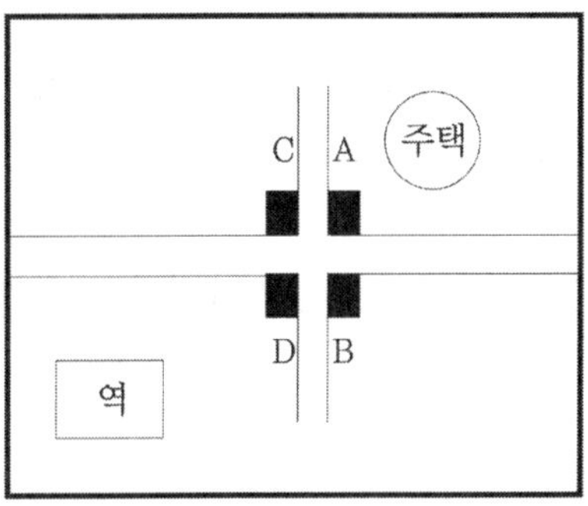

• 인간은 近道心理와 直線心理가 작용하므로 D→B→A→C의 순으로 유리하다.

2. 입지선정과 매력도 분석

1) 입지선정과정

신규점포의 상권은 지역, 지구, 개별 점포상권을 포함하는 포괄적인 개념이므로 대형점이 어떤 지역에 신규출점을 신청할 경우 점포위치의 매력도에 대한 평가는 단계별로 이루어진다.

(1) 시장 후보지 분석

기업은 마케팅전략과 표적고객의 특성을 충족시키는 광역지역 시장후보지에 대한 분석(regional analysis)이 이어진다. 예를 들어 제조업자나 소매업자는 수도권의 안양, 부천, 안산 등의 광역지역 시장 후보지에 대한 고객수요, 업체 간 경쟁의 분석을 통해 각 광역후보지의 시장 잠재력을 조사한다.

(2) 최적지구 선정

광역후보지들 중에서 특정지역이 선정되면 두 번째 단계로 그 후보지 내에서 최적지구 선정을 위한 분석(area analysis)이 이루어진다. 예를 들어 안양시가 신규 점포 예정지로 선정되었다면 기업은 안양 시내의 입지가능 지구들에 대한 상권 분석을 실시한 후 특정지구 후보지를 선택한다. 최종적으로 그 지구 내에서 구입 가능한 부지들 중에서 최적의 부지를 점포 입지로 선정하게 된다. 이와 같이 제조업자와 도소매업자는 신규점포의 입지선정을 위한 최종 예정후보지의 상권분석에 앞서 광역지역시장들에 대한 매력도 분석이 선행되어야 한다.

2) 인근지역 사이클 패턴(cycle pattern)

인근지역의 성쇠현상을 생태학적 측면에서 파악하여 각 국면의 여러 가지 현상의 특징을 나타낸 것이다. 지역 변화 단계와 사회적·경제적 영향은 토지이용의 형태를 결정하고 각 단계별로 지가상승·하락의 과정을 거친다. 또한 도시성장이 빠르면 지역변화도 빠르게 움직인다.

전제조건은 지역이 하나의 개발계획에 의해 동시에 개발되어야 하고, 지역에 동질성이 있어야 한다.

(1) 성장기(개발기)

① **의의 :** 어떤 지역이 새로 개발되거나 과거 존재하던 건물이 새로운 건물로 교체됨으로써 지역의 변화가 달라지는 시기이다.
어느 지역이 처음 형성되어 발전되어 가는 과정을 말하는 것으로 분당, 일산, 평촌, 중동 등 신도시처럼 처음으로 지역이 개발되고, 때로는 성동구의 불량주택재개발 및 중구의 도심재개발과 같은 경우도 있다. 통상적으로 하나의 신도시개발에 소요되는 기간은 15-20년 정도이고, 작은 도시는 수년 정도의 경우도 있다.

② **특징**

㉠ 지역 내의 입지경쟁이 치열하고 지역기능이 새로이 형성된다.
㉡ 투기현상이 개재되기 쉽다
㉢ 지가상승이 비교적 높고, 성장기 초기에는 개발계획단계, 개발사업착수단계, 개발사업완성단계의 3단계에 따라 변동하는 경향이 있다.
㉣ 입주하는 주민의 교육수준이 높고 젊은 계층이 많다.
㉤ 성수기에 비해 단위 기간 당 주민들의 유동이 많다.

(2) 성숙기

① 의의

성숙기는 지역개발이 점차 진행됨에 따라 지역은 점차 안정화되어 가고 지역의 기능이 자리 잡혀 가는 단계를 말한다.

성숙기간은 지역의 크기, 지역 내 거주자의 경제적 수준에 따라 다양하지만 일반적으로 20-25년이 질적으로 안정되어 있는 기간으로 알려져 있다.

② 특징

㉠ 입지경쟁은 안정되고, 부동산의 가격수준, 지역기능이 최고가 된다.

㉡ 지가는 안정되나 가벼운 상승을 나타내며, 주민들의 유동이 많지 않다.

㉢ 지역주민의 사회적·경제적 수준은 최고로 높다

㉣ 지역적 기능은 큰 변화 없이 일정한 개성을 가진다.

(3) 쇠퇴기

① 의의

쇠퇴기는 시간이 흐름에 따라 지역의 건물이 점차 노후화하기 시작하여 새로운 건축은 불리하게 된다. 지가는 낮아지며, 지역기능이 감소하는 단계로서, 지역의 경제적 내용연수가 다 되어 가는 시기이다. 기간은 약 40-50년 정도이다.

② 특징

㉠ 개발기나 성숙기에 들어온 높은 계층의 주민들이 다른 지역으로 이동한다.

㉡ 지가상승률은 저하되며, 중고부동산의 거래가 부동산시장의 중심을 이룬다.

㉢ 사회적·경제적 수준이 낮은 주민들이 이주해 온다.

㉣ 지역에 따라서는 재개발이 이루어진다.

㉤ 지역의 건물은 관리비와 유지비가 급격히 증가한다.

(4) 천이기(과도기)

① 의의

천이기는 거주자가 주택을 팔고 교외로 나가려는 경향과 새로운 계층의 거주자들의 입주수요에 따라 소득수준이 낮은 주민으로 바뀌는 단계이다.

② 특징

㉠ 저소득층 주민의 활발한 전입으로 수요가 자극되어 가벼운 지가 상승을 보인다.

㉡ 이러한 순환적 상태는 지역이 악화상태에 이를 때가지 소유자의 이동에 따

라 반복된다.

㉢ 필터링 현상이 활발해진다.

㉣ 천이기는 재개발이 일어나면, 악화기가 도래하지 않을 수도 있다.

(5) 악화기

쇠퇴기와 천이기의 기간 중 재개발 등 지역에 대한 개선의 노력이 없으면 지역은 계속적으로 악화되어 악화기에 이른다.

즉, 슬럼화 직전의 단계를 말한다.

3) 입지후보지에 대한 매력도 분석

기업은 최종 입지후보지의 상권규모를 추정하기에 앞서 진출 가능한 광역지역 시장 후보지들의 시장 잠재력을 평가해야 한다. 각 광역시장 후보지의 소매잠재력이나 시장매력도를 추정하는데 있어 기업은 수요요인과 공급요인을 함께 고려해야 한다. 최적의 광역시장 후보지가 되기 위해서는 먼저 충분한 수요가 존재해야 한다. 즉 많은 가구들은 밀집되어 있고 이들의 소득수준이 높아야 하며 또한 주민들의 인구 통계적, 사회 경제적 특성이 점포의 표적고객과 부합 되어야 한다. 그러나 수요측면에서 이런 조건들이 충족되더라도 공급측면에서 너무 많은 기존의 점포들이 밀집되었다면 신규 점포 후보지로서의 매력도가 낮아진다.

기업은 광역지역시장의 매력도를 결정하는 수요요인, 공급요인과 함께 그 지역의 경제적 기반에 대해서도 평가가 이루어져야 한다. 소매업체는 지역시장의 소매 잠재력을 분석하기 위해 각종 2차 자료를 활용할 수 있다. 통계청의 통계연감이나 상공회의소에서 발간되는 도소매업체에 관련된 각종 통계자료들은 쉽게 이용할 수 있는 2차 자료이다.

(1) 수요측정

① **소매잠재력 측정**(BPI: Buying Power Index)

특정 광역 후보지의 소매수요를 측정하는 방법은 다양하다. 가장 쉬운 수요 추정방법은 그 지역에 거주하는 인구 또한 가구 수를 조사하는 것이다. 그러나 소매업체는 보다 정확한 수요추정을 위해 그 지역의 소매구매력을 조사해야 한다. 왜냐하면 소매구매력은 거주 인구수뿐만 아니라 그들의 가처분소득에 의해서도 영향을 받기 때문이다. 물론 소매업체는 특정지역시장의 소매잠재력을 측정하기 위해 반드시 그 지역의 전체 인구와 가구 수, 그리고 그들의 소득수준을 조사하는 것은 아니다. 자신의 표적

시장이 이미 결정된 소매업체는 특정 인구집단을 중점적으로 조사하는 것이 보다 적절할 것이다. 예를 들어 아동복 전문점에 대한 수요를 측정하기 위해서는 한 지역시장의 전체 가구 수를 조사하는 것보다는 어린 자녀를 가진 가구 수만을 측정하는 것이 바람직하다. 마찬가지로 고소득층을 표적시장으로 하는 소매업체는 고소득층 가구의 수만을 조사하는 것이 적절하다. 따라서 소매업체는 ① 인구 통계적 특성, 나이, 성별 ② 가구의 특성, 가족 구성원의 수, ③ 사회경제적 특성, 연간 가구 소득 중에서 선정된 표적 세분 시장의 수요를 측정하는 것이 보다 합리적이다.

인구수와 가구의 소득수준 이외에 수요추정을 위해 고려해야 할 요인들에는 가구 구성원들의 나이분포, 가구 구성원의 수, 인구밀도, 유동성 등 있다.

가구구성원들의 나이구성에 따라 소매 점포에 대한 수요가 달라질 수 있다. 예를 들어 젊은 연령층 가구들이 많이 거주하는 지역에는 패스트푸드에 대한 수요가 많을 것이다. 가구점 보석상 의류점에 대한 수요추정에도 후보지역내에 가구들의 나이분포가 조사되어야 할 것이다. 가구 구성원들의 규모도 소매업체에 대한 전반적인 수요와 특정 소매 업종에 대한 수요에 영향을 미친다. 가구 구성원들의 수가 많을수록 가구당 가처분소득의 구매력이 낮아지게 된다. 한 지역시장의 인구밀도는 단위면적당 인구수로 결정이 되는데 인구밀도가 높을수록 점포의 평균면적이 커지며, 따라서 그 지역에 필요한 점포의 수는 적어진다. 거주자들의 유동성도 소매수요에 영향을 미치게 된다. 유동성이 높아질수록 보다 먼 거리에 위치한 점포를 방문할 가능성이 높아지므로 교통이 편리한 위치에 다소의 소형 점포들이 입지하는 것 보다 소수의 대형점포들이 입지할 가능성이 높다. 가구의 유동성은 가구당 자동차 수, 편리한 대중교통수단의 이용가능성, 거주지역의 교통 혼잡도를 이용하여 측정된다.

② 소매포화지수(IRS : index of retail saturation) 측정

지역시장의 수요 잠재력을 총체적으로 측정할 수 있는 지표로서만 이용되는 것이 소매포화지수이다. 한 지역시장의 점포포화(store saturation)란 기존의 점포만으로 고객의 욕구를 충분히 충족시킬 수 있는 상태를 말한다. 따라서 소매수요가 매우 높다고 하더라도 기존 점포들 간의 경쟁이 매우 치열한 상황이라면 지역시장의 매력도는 낮아질 것이다.

소매포화지수 한 시장 지역 내에서 특정 소매 업태인 식료품점, 의류점, 패스트푸드점 등의 단위 매장면적당 잠재수요를 나타낸다. 구체적으로 IRS는 다음과 같은 식으로 측정된다.

[표 6-5] **소매포화지수 공식**

$$\text{IRS} = \frac{\text{수요}}{\text{특정업태의 총 매장면적}}$$

$$= \frac{\text{지역시장의 총가구수} \times \text{가구당 특정업태에 대한 지출비}}{\text{특정업태의 총 매장면적}}$$

소매포화지수(IRS)는 신규점포의 대한 시장잠재력을 측정하는데 유용하게 사용된다. IRS의 값이 클수록 공급보다 수요가 상대적으로 많음을 의미하고 신규점포를 개설할 시장기회가 커진다. 한편 IRS의 값이 적을수록 점포가 초과 공급되었다는 것을 의미하므로 신규점포에 대한 시장잠재력이 상대적으로 낮아진다.

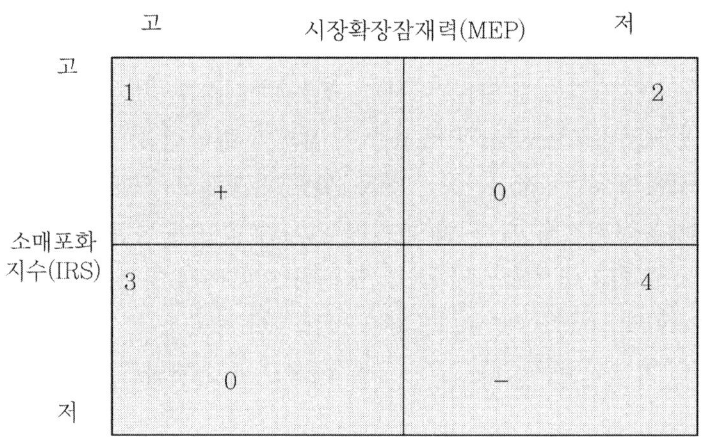

[그림 6-11] **시장매력도 분석**

(2) 시장 확장 잠재력(MEP : market Expansion Potential)

지역시장의 매력도를 측정하는 소매포화지수(IRS)는 한 지역시장에서의 수요와 공급의 현 수준을 반영하는 척도이다. 그러나 지역시장의 매력도는 이러한 기존의 수요와 공급뿐 아니라 미래의 시장 확장 잠재력에 의해서도 좌우되기도 한다. 시장확장잠재력(MEP)이란 지역 시장이 미래에 신규수요를 창출할 수 있는 잠재력을 반영하는 지표이다. IRS는 특정 지역 시장의 시장확장 잠재력(MEP)을 반영하지 못하는 단점이 있다.

가령 시장 확장 잠재력이 높은 지역시장임에도 불구하고 그 지역에 위치한 기존 소매 점포들의 마케팅능력이 부족하여 IRS값이 낮을 수가 있다. 즉, IRS값이 낮은 것은 가구당 소매지출 수준이 낮다는 것이며 기존 점포들이 소비자 욕구를 충분히 충족시키지 못하기 때문일 수도 있다. 소비자들은 자신들의 거주 지역에서 상당히 떨어진 다른 지역의 점포들이 보다 나은 상품구색, 가격, 서비스를 제공한다면 먼 거리임에도 불구하고 그곳에서 기꺼이 쇼핑을 할 가능성이 높다. 지역시장의 기존 시장매력도를 나타내는 IRS는 이처럼 기존 소매 점포들의 마케팅 능력의 부족으로 인해 많은 소비자들이 거주 지역 밖의 다른 지역에서 쇼핑을 하는 상황을 반영하지 못하는 문제점이 있다. 만약 거주 지역 밖에서의 쇼핑으로 인해 IRS값이 낮다면, 마케터는 매력적인 점포를 개설함으로써 타 지역에서 쇼핑을 줄이고 새로운 수요를 창출할 수 있을 것이다. 시장 확장 잠재력(MEP)은 지역 시장매력도의 평가에서 IRS의 문제점을 보완하는 지표로서, 구체적으로 거주자들이 지역시장 이외의 다른 지역에서의 쇼핑 지출액을 추정하여 계산될 수 있다. 타 지역 쇼핑의 정도가 높을수록 즉 MEP의 값이 클수록 시장확장 잠재력이 커지는 것이다.

따라서 마케터는 신규점포가 입지할 지역시장의 매력도를 평가할 때 기존점포들에 의한 시장포화정도 뿐만 아니라 시장 확장잠재력(MEP)을 함께 고려해야 한다. 지역시장 매력도는 IRS와 MEP를 함께 사용하여 평가될 수 있는데 그림(6-11)은 시장매력도를 4가지 유형으로 분류하고 있다.

IRS와 MEP의 점수가 모두 높은 지역시장이 가장 매력적인 시장이다. 즉, 높은 IRS 점수는 시장의 포화정도가 낮아 아직 경쟁이 치열하지 않음을 의미하며, 높은 MEP점수는 총수요의 증가 가능성이 높음을 반영한다. IRS와 MEP의 점수가 모두 낮은 시장은 치열한 시장경쟁과 낮은 시장성장 가능성을 반영하므로 신규점포 진출의 시장 후보지로 적절치 않다.

2분면과 3분면에 해당하는 지역시장의 매력도는 높지도 낮지도 않은 평균 수준이므로 결국 자사점포의 경쟁력에 의해 좌우된다. 2분면에 해당하는 지역시장은 기존점포간의 경쟁은 낮지만 성장잠재력이 높지 않아 시장매력도를 반감시킨다. 3분면에 해당하는 지역시장은 시장잠재력은 높지만 기존점포로부터 매출액을 빼앗아 올 수 있도록 적극적 판매노력이 요구된다.

(3) 경제적 기반

특정 지역시장의 매력도는 주로 IRS와 MEP에 의해 평가되지만 가능하다면 마케터는 그 지역의 경제적 기반도 평가해야 한다. 지역시장의 경제적 기반의 평가에 이용되는 주요 요인들은 다음과 같다.

① 향후 경제 활성화 정도

② 광고매체의 이용가능성과 비용
③ 근로자의 이용가능성과 비용
④ 지역정부기관의 지역경제 활성화 노력

3. 소매점포 입지유형

1) 고립 입지

고속도로나 사이길 과 같이 인접한 점포가 없는 길가에 있는 자유입지로서, 경쟁이 없고 임대료도 싸고 경영상의 신축성도 있고 일괄 구매를 하도록 할 수도 있으며 주차도 용이하고 영업비가 저렴하여 저가판매가 가능하다는 이점이 있다.

반면에 초기에는 고객을 끌어들이기가 어렵고 쇼핑의 다양성을 원하거나 선택·비교 구매를 원하는 고객을 흡인하기 어려우며 광고·선전비도 많이 들고, 그린벨트 같은 건축 관련 법률 때문에 원하는 장소에다 적당한 입지를 얻기 어렵다는 어려움이 있다.

2) 비계획적 소매중심지

사전에 계획적으로 조성된 상업 집적이 아니고 자연 발생적으로 둘 또는 그 이상의 점포가 함께 또는 아주 가까이 입지하고 있는 소매 집적이며 구체적으로 다음과 같이 분류하여 파악한다.

(1) 중앙 소매중심지

소매중심지는 도시에서 가장 커다란 규모의 소매 중심지이다. 보행객이나 차량의 통행이 가장 집중되고 적어도 하나 이상의 주력 백화점과 전문점 및 편의점 등의 다양한 업종·업태의 점포가 모여 있다.

(2) 부도심 소매중심지

일반적으로 2개 이상의 가로(街路)의 교차점을 중심으로 집적되어 있는 소매 중심지로서 하나의 도시에 여러 개가 있는 게 보통이다.
이곳에는 적어도 하나의 지역형 백화점이나 일용 잡화점 및 소규모의 여러 가지 서비스 점포가 있으며, 도시 규모가 커짐에 따라 여러 지역으로 인구가 산재됨으로서 생겨났다.

(3) 근린 소매 중심지

보통 주택가 주변에 위치하며 인근 주민들의 편의성 구매요구를 충족하기 위하여 생겨 난 것으로써 주된 소매 업태로는 슈퍼마켓이나 일용 잡화점과 함께 소규모의 소매점이 있는데 이 형태는 주거 지역의 가로변이나 아파트단지의 상점가 등의 형태이다.

(4) 선상 소매 중심지

보통 동종이거나 보완적인 제품 계열을 취급하는 소매점의 집적으로 형성되는 것으로서 가로나 고속 도로변에 입지한다.

3) 계획적 쇼핑센터

계획적으로 조성된 소매 중심지도 치밀한 사전 계획아래 균형이 잡힌 입주 점포를 하나의 단위로 묶어 집권적으로 소유 내지 관리되는 소매 집적으로서 대형 주차장을 보유하는 게 보통이다.

계획적 쇼핑센터에는 다음처럼 3가지 유형이 있다.

(1) 광역 형 쇼핑센터

(2) 중역 형 쇼핑센터

(3) 근린 형 쇼핑센터

4. 입지 선정 절차

1) 거시적 입지 분석을 한다.
   주민과 기존 소매점의 특징과 관련 하에 대체적인 상권을 평가한다.
2) 그 상점내의 어떠한 유형의 입지에 출점 할 것인지 결정한다.
3) 다음 중에서 특정의 입지 유형을 선정한다.
   (1) 고립 입지
   (2) 비계획 소매 중심지
      ① 중앙 소매 중심지
      ② 부도심 소매 중심지
      ③ 근린 소매 중심지
      ④ 선상 소매 중심지
   (3) 계획적 쇼핑센터
4) 선정한 특정의 입지 유형 내에서 적합한 경지를 선택한다.

5. 입지와 경지 평가 시 고려사항

1) 보행객 통행량

(1) 통행인수
(2) 통행인의 유형
(3) 시간대별 통행량

2) 차량 통행량

(1) 차량 통행량
(2) 차종
(3) 교통 밀집 정도

3) 주차 시설

(1) 주차장 수
(2) 점포와의 거리
(3) 종업원 주차의 가능성

4) 교 통

(1) 대중교통 수단의 이용가능성
(2) 주요 도로에의 근접성
(3) 배달의 용이성

5) 점포 구성

(1) 점포수와 규모
(2) 자기 점포와의 유사성
(3) 소매 구조상의 균형

6) 특정의 경지(site)

(1) 시각 성
(2) 입지 내에서의 위치
(3) 대지의 크기와 모양

(4) 건물의 크기와 모양
(5) 대지와 건물의 조건과 사용 년 수

7) 점유 조건

(1) 소유 또는 임대 조건
(2) 운영 및 유지비
(3) 세금
(4) 도시 계획과의 관계
(5) 임의 규정

6. 입지 선정 8원칙(R. L. Nelson)

1) 현재 상권 잠재력 타당성

어느 지역을 전제로 하여 자기 점포가 취급하려는 상품의 상권 내 소비 지출 총액과 자기점포가 점하는 비율을 검토한다.

2) 상권에의 접근 가능성

상권내의 잠재력을 어느 정도 자기 점포에 흡인할 수 있느냐 하는 것은 점포의 주변을 통과하는 가능성에 많이 의존하게 되는데, 그에 따라 소매업의 업태를 세 가지로 나눌 수 있다.

(1) 고객 창출 형
광고, 상품의 독자성 평가, 기타 판매 촉진 수단에 의해서 독자적으로 고객을 흡인하는 형태(백화점, 대형 할인점, 쇼핑센터, 특수 전문점 등)이다.

(2) 근린점 고객 의존 형
가까운 점포에 의해 흡인된 고객이 그 점포에서만 물건을 구입하는 게 아니라 주변의 점포에서 관련 구입하는 형태이다(슈퍼마켓과 액세서리 잡화점).

(3) 통행량 의존 형 점포
쇼핑을 목적으로 하지 않는 통근자나 교통 기관 이용자 등이 구매하는 타입
※ 주의사항
소매 점포는 이들 가운데서 1가지 유형만 고려하는 게 아니라, 이들 3가지 성격을 모두 고려한다.

3) 성장 가능성

인구 증가와 소득 수준의 상승이 기대될 수 있는 상권이냐를 살펴본다.

4) 중간 조지(阻止)성

주거지 또는 근무처와 종전부터 있는 경쟁점포나 상점가의 중간에 입지하여 고객을 중간에서 분리 흡수하는 것이 가능한 입지인가를 살펴본다.

5) 누적적인 흡인력

동종의 상품을 취급하는 일정수의 점포는 흩어져 있는 것 보다 인접 또는 근접되어 모여 있는 것의 판매액이 증가된다(예, 전자상가, 가구상가, 공구센터).

따라서 중간 조지(阻止)의 입지를 택할 것인가 누적(累積) 성을 이용할 것인가를 선택해야 한다.

6) 양립성

보완 관계에 있는 상품을 취급하는 2점포가 근접되어 있는 경우에는 양 점포를 함께 이용하는 고객의 발생률에 정비례하며, 판매액은 증가한다.

7) 경쟁 회피

경쟁점포의 입지, 성격, 규모, 형태를 감안한 입지를 선택하여 매출액을 예측한다. 또한 장래 경쟁점이 들어설 여지도 검토한다.

경쟁을 피하기 위해서는 다른 조건이 같다면,

(1) 될 수 있는 한 경쟁점이 작은 입지로 들어설 수밖에 없는 입지를 선택한다.

(2) 입지를 경쟁점이 이용하는 것을 사전에 막을 수 있는 가능성을 고려한다.

(3) 경쟁 입지가 중간 조지(阻止)적인 입지가 되지 않는 입지를 선택한다.

8) 입지의 경제성

입지의 코스트를 생산성과 관련하여서 분석한다.

[표 6-6] 넬슨(R.L Nelson) 입지선정 8가지 평가 방법

	구 분	내 용
①	잠재력	- 현재 관할 상권 내에서 취급하는 상품, 점포 또는 유통단지의 수익성 확보 가능성
②	접근 가능성	- 관할상권에 있는 고객을 자점으로 끌어들일 수 있는 가능성
③	성장 가능성	- 인구증가 또는 소득수준 향상으로 시장규모 또는 자점 또는 유통단지의 매출액이 성장할 가능성
④	중간 저지성	- 기존점포 또는 유통단지가 고객과의 중간에 위치하여 기존 점포로 접근하는 고객을 중간에서 차단할 수 있는 정도
⑤	누적적 흡인력	- 점포가 많이 몰려있어 고객을 끌어들일 수 있는 가능성 - 사무실, 학교, 문화시설 등이 인접해 있어 고객을 끌어들일 수 있는 가능성
⑥	양립성	- 상호보완관계가 있는 점포가 위치하고 있어 고객이 흡입될 가능성
⑦	경쟁 회피성	- 경쟁 점의 입지, 규모, 형태 등을 감안하여 자점이 기존점포와의 경쟁에서 우위를 확보할 수 있는 가능성 - 장래 경쟁점이 신규 입점하므로 써 자점에 미칠 영향 정도
⑧	경제성	- 입지의 가격 및 비용 등으로 인한 수익성 및 생산성 정도

7. 자동차 입지 형태

1) 제1원칙, 점포 전면에 도로는 생활간선 도로이어야 한다.

생활간선 도로주의란, 해당지역에 거주하는 사람들이 통근이나 통학, 또는 쇼핑에 이용하는 도로로, 편도 2차선 정도의 도로이다.

또한 해당 지역에 거주하는 고객 대부분이 매일같이 이용하고 있으며, 알고 있는 도로이다. 산업도로처럼 대규모의 국도는 아니며, 화물용 차량이 적고 승용차가 많이 다니는 도로이다.

2) 제2원칙, 차 입지의 객수는 '얼마만큼 보이는가에 따라 결정'된다.

차를 타고 달리면서, 차에서 점포가 보이는가, 보이지 않는가를 조사해야 한다. 점포가 도로를 따라 도로와 평행을 이루는 형태로 있는 게 유리하다.

또한 도로에 있어서 중요한 것은 '커브의 상황'이 어떠한 가이다. 커브를 이용하게 되면 점포가 정면으로 보일 수 있게 된다.

또 도로가 점포와 반대쪽으로 굽어 있으면 좋다. 즉, 좌 커브의 경우 아웃커브에 위치하면 자동차가 정면으로 가까이 가면 갈수록 점포가 정면으로 보인다. 이때 주의할 것은 우 커브의 경우이다. 우 커브의 경우 역시 아웃커브에 위치한 점포가 시계성은 좋으나 차를 주·정차하려면 좌회전이 가능해야 하기 때문에 우 커브에서 아웃커브의 입지는 그리 좋다고 만은 할 수 없다.

3) 제3원칙, 좌·우회전이 용이해야 한다.

우회전 진입은 진행방향으로 접근하면 아무런 문제도 없으나 반대차선으로 접근하는 경우에 좌회전 접근의 편리성이 검토되어야 한다.

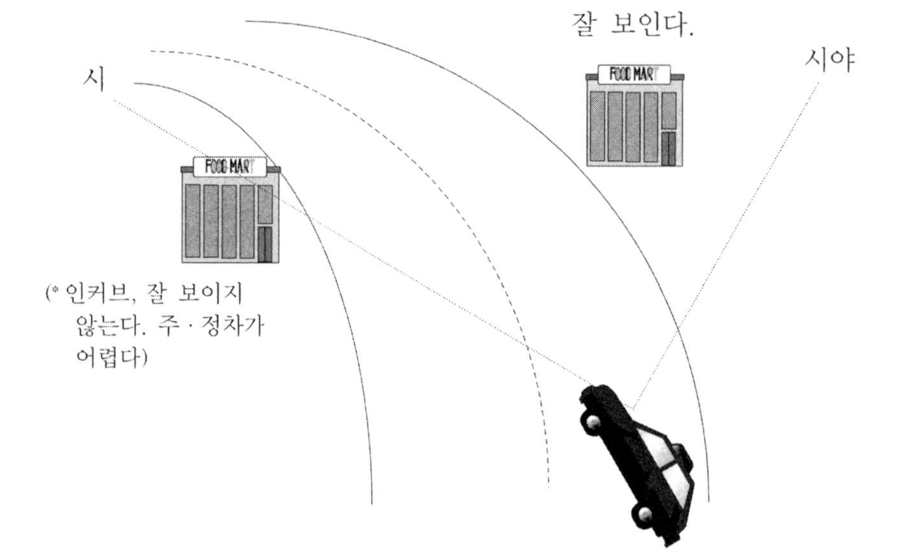

[그림 6-12] **자동차에서 본 아웃커브·인 커브의 시계성**

이 가장 쉬운 지점은 각지에서 가까운 지점이 된다. 각(角)지의 확보가 어려운 경우에는 점포 전면에 가까운 지점에 반대편 차선으로 진행하는 차가 유턴이나 좌회전이 가능하도록 차선이 끊어져 있는 것이 바람직하다. 물론 신호등이 설치되어 있으면 더욱 더 좋다.

4) 제4원칙, 드라이브 시간의 문제

대도시나 인구밀집지역에서의 상권은 보통 5분내지 10분 이내이다. 지방의 경우는 이것보다 조금 긴 15분 정도까지이나, 이것은 편의품, 선매품, 전문품 등 구매하려는 상품에 따라 각기 다르므로 케이스 바이 케이스의 검토가 필요하다. 자기 점포가 취급하는 상품 특성에 맞는 「자동차 상권」을 측정하여 그것을 새로운 입지에 응용하는 것이 필요하다.

5) 제5원칙, 점포의 주차대수에 의해 매출이 결정된다.

주차장에 주차하는 차량 1대에 연간 얼마의 매출이 가능한가를 추정한다. 주차장의 주차대수를 산출하여 매출 예산을 수립한다.

제6장 입지 분석 연습문제

01. 입지에 대하여 설명하시오.

입지란 주택, 공장, 상점, 학교, 사무실, 공항, 도시 등이 자리 잡고 있는 장소를 말한다.
유통업에서 입지는 영업할 장소를 말하며 상권과 밀접한 관계가 있다. 산업별 입지의 구분은 상업입지, 산업입지, 공장입지, 농업입지, 주택입지 등으로 구분된다. 특정소매점 입지는 점포의 위치가 사업여건에 얼마나 적합한 지를 말한다.
입지조건이란 토지가 자리 잡고 있는 위치의 자연조건 및 인문조건을 말하는 것으로 자연조건은 지세, 지질, 지반, 지형, 기후, 온도, 습도, 경관 등을 말하며, 인문조건은 사회, 경제, 행정의 제 요인을 의미한다.

02. 노면독립입지에 대하여 설명하시오.

(1) 개념 및 의의
① 노면독립입지란 여러 업종의 점포가 한곳에 모여 있는 군집(群集)입지와 달리, 전혀 점포가 없는 곳에 독립하여 점포를 운영하는 형태이다.
② 독립지역은 다른 소매업체들과는 지리적으로 떨어진 지역을 의미하며, 통상적으로 독립지역에 위치한 소매점은 다른 소매업체들과 고객을 공유하지 않는다.
③ 노면 독립입지는 다른 소매업체와 연결되지 않는 입지이다. 창고클럽 등의 대형 소매업체와 전문점이 종종 독립입지에 입지한다.

(2) 노면독립입지에 적합한 업종
① 다른 업체와 비교우위에 있는 확실한 기술력을 보유하고 있는 전문성이 있는 업종이 적합하다.
② 다른 업체와 비교하여 뛰어난 마케팅력을 보유하고 있으며, 충분히 능력을 발휘할 자신이 있는 업종이 적합하다.

③ 대규모 자본을 투자하여 다른 업체와 확실한 비교 우위를 설정하여 고객 스스로 찾아올 수 있도록 할 수 있는 서비스와 시설규모가 갖춰 진 업종이 적합하다.

④ 할인점이나 회원제 창고점처럼 저비용·저가격 정책을 실시해야 하는 경우 적합하다.

03. 넬슨의 입지선정 8가지 원칙 및 평가방법에 대하여 설명하시오.

	입지선정원칙	평가방법
①	잠재력	- 현재 관할 상권 내에서 취급하는 상품, 점포 또는 유통단지의 수익성 확보 가능성
②	접근 가능성	- 관할상권에 있는 고객을 자점으로 끌어들일 수 있는 가능성
③	성장 가능성	- 인구증가 또는 소득수준 향상으로 시장규모 또는 자점 또는 유통단지의 매출액이 성장할 가능성
④	중간 저지성	- 기존점포 또는 유통단지가 고객과의 중간에 위치하여 기존 점포로 접근하는 고객을 중간에서 차단할 수 있는 정도
⑤	누적적 흡인력	- 점포가 많이 몰려있어 고객을 끌어들일 수 있는 가능성 - 사무실, 학교, 문화시설 등이 인접해 있어 고객을 끌어들일 수 있는 가능성
⑥	양립성	- 상호보완관계가 있는 점포가 위치하고 있어 고객이 흡입될 가능성
⑦	경쟁 회피성	- 경쟁 점의 입지, 규모, 형태 등을 감안하여 자점이 기존점포와의 경쟁에서 우위를 확보할 수 있는 가능성 - 장래 경쟁점이 신규 입점하므로 써 자점에 미칠 영향 정도
⑧	경제성	- 입지의 가격 및 비용 등으로 인한 수익성 및 생산성 정도

04. 용어설명

- 동심원 이론
- 간체스터 셰이율
- 소매포화지수(IRS)
- 시장 확장 잠재력(MEP)

PART Ⅲ

고객 분석

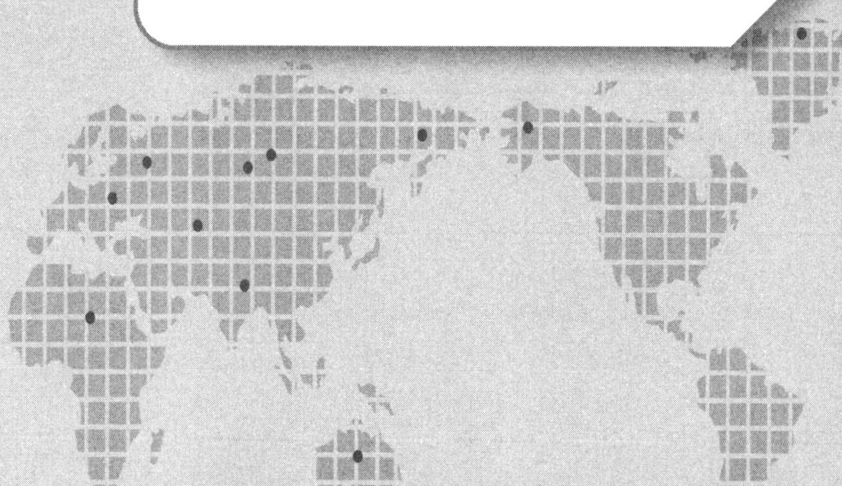

Chapter 07 마케팅 조사

제 1 절 마케팅 조사개요

1. 마케팅 조사 정의

마케팅 조사는 의사결정자의 정보욕구를 파악하고 정보에 관련된 변수를 선정한 후 타당성이 있고 신뢰가 있는 데이터를 최적의 방법으로 자료수집, 기록, 분석하여 정보를 추출하는 일이라 할 수 있다. 마케팅 조사를 실시하는 목적은 소비자 입장에서는 상품구매와 소비와 관련된 의사결정을 올바르게 하기위해서 정보를 필요로 한다. 학계에서는 시장현상을 연구하여 새로운 마케팅 이론과 기법을 개발하려는데 있다. 실무계에서 마케팅 조사 목적은 마케터가 불확실성을 보다 합리적으로 의사결정 할 수 있도록 자료를 수집하고 분석함으로써 유용한 의사결정 정보를 제공하는데 있다.

마케팅조사는 대부분 기업에서 마케팅 업무를 수행하는데 중요한 역할로 부각되고 정부기관이나 공공단체 등 비영리 조직에서도 관리의 필수적인 요소로 자라잡고 있다.

1) 마케팅 조사의 목적

마케팅 조사를 하기 위해서는 먼저 기업체에서 당면한 마케팅 문제를 명확하게 정의해서 정보욕구를 판단하는데 이러한 정보욕구를 충족시키는 활동이 마케팅 조사의 목적이다. 의사결정을 위한 정보의 제공 즉 정확성, 현실성, 충분성, 관련성, 이용가능성을 지닌 정보를 수집하여 기업의 여러 가지 전략이나 계획을 수정, 보완하는 것을 목적으로 한다. 최근에는 하나의 시장 트렌드를 분석하기 위한 기초자료 수집 및 신제품 개발 전에 시장 동향이나 고객의 성향을 조사하여 신규 진입하려는 시장의 성격을 미리 파악하기 위한 필수 과정으로 시장 조사 방법이 활용되고 있다.

이러한 시장 조사의 활용으로는 창업 및 신규 사업의 경우 시장조사를 통해 판매가능한 수요를 예측하고, 예측된 수요에 따라 투자를 계획하며 생산 및 매출 계획을 수립 평가로 사업계획의 경제성이 어느 정도인지에 대한 분석을 가능하게 해준다. 또한 시장조사를 통해 광고 등 판매촉진비용, 유통경로상의 제비용, 판매가격, 할인 등에 관한 정보를 입수하고 그 원인과 효과를 분석하여 비용관리, 유통방법, 광고정책, 판매가격정책등을 수정하고 보완하는데 활용할 수 있다.

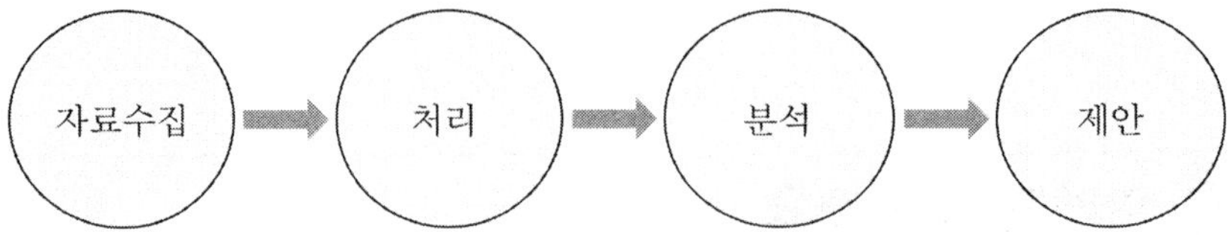

[그림 7-1] **마케팅 조사 목적**

2) 시장조사 장점

(1) 시장조사는 고객들이 지닌 특성에 대한 정보를 제공한다. 이 정보는 다음과 같은 질문에 해답을 제시한다.
 ① 누가 우리 고객인가?
 ② 이 시장규모는 어느 정도인가?
 ③ 구매고객의 남성, 여성 비율은 어느 정도인가?
 ④ 고객의 연령, 소득, 교육수준은 어느 정도인가?
 ⑤ 고객의 직업, 관심분야, 취미는?
 ⑥ 고객의 가족 수는?
 ⑦ 고객의 주거지 및 주거형태는 ?
(2) 시장조사는 구매력(Purchasing Power)과 구매습관(Buying Habit)을 알 수 있다.
(3) 시장조사는 목표시장의 규모와 경제적 속성 등이 파악된다.
(4) 시장 경쟁력제공
 ① 초기 경쟁자는 누구인가?
 ② 경쟁 현상?
 ③ 장점과 약점은 무엇인가?
 ④ 틈새시장은 어디인가?
 ⑤ 경쟁사와 비교하여 차별 점은 무엇인가?
(5) 기업경영에 영향을 미치는 경제적 및 정치적 환경을 알려준다.
(6) 시장조사는 현재 그리고 미래고객과의 커뮤니케이션을 제공한다.
(7) 시장조사는 사업아이템의 리스크를 최소화 시켜주고, 사업아이템이 지닌 제반 문제가 무엇인지 알려주고 구체화시켜준다.

(8) 시장조사는 유사사업에 대한 벤치마킹을 할 수 있도록 도와주며, 사업 프로세스의 추적 및 사업의 성공가능성을 평가할 수 있도록 해 준다.

3) 시장 조사 단점

(1) 대체로 응답자의 마음 심층에 파고 들어갈 수 없으므로, 얻어진 정보가 피상적인 결과물이 될 수 있다.
(2) 조사자가 특정한 입장을 지지하기 위하여 자료를 선택적으로 수집하여 분석 할 수 있다.
(3) 주어진 변인 간의 관계를 있는 그대로 조사해서 분석하게 되므로 오류를 범하기 쉽다.
(4) 대체로 한번(at single moment in time)에 끝나게 되므로 계속적인 관찰을 통한 자료의 수집이 불가능하다.
(5) 많은 정보의 수집에 비례해서 비용과 노력이 적게 드는 것이지, 실제로는 많은 비용과 노력이 든다.
(6) 많은 시간과 인원이 경우에 따라 필요하다.
(7) 조사자의 능력과 기술이 문제가 된다.

4) 시장조사시 사전 검토사항

시장 조사 시, 가장 먼저 해야 할 일은 시장분석의 필요성과 목적을 결정해야 한다. 이는 실제로 기업에서 사업을 새로 시작하기 전에 무엇을 알아야 하는지를 결정하는 것을 말한다. 이러한 시장 조사의 검토사항은 다음에서 구체적으로 알아보자.

(1) 한 가지 조사 방법만을 고집하지 않는다.

시장 조사에서 가장 중요한 것은 어떤 방법을 써서 조사했느냐가 아니라, 얼마나 정확히 시장 현황을 파악했느냐 이다. 따라서 중요하거나 쉽다고 해서 한 가지 조사 방법만을 고집하는 것은 정확한 결과 도출에 걸림돌이 될 것이다.

(2) 마케팅조사에 활용할 기법의 충분한 검토이다.

경제현상이나 인간의 행동은 매우 가변적이며 많은 변수들의 상호작용에 의해서 영향을 미치므로 변수간의 관계, 특히 인과관계는 규명하기가 어렵다. 그리고 측정방법이나 척도에 대한 논란이 지속되고 분석도구역시 개선되어야 함으로 마케팅조사 전에 충분한 검토가 필요하다.

(3) 외국 성공 사례를 무조건 도입하려 하지 않는다.

국내에서 구입할 수 있는 외국의 비즈니스 관련 서적이나 잡지 등을 보면 우리나라의 성공 사례보다는 미국의 성공사례 자료들이 더 많이 소개 되고 있다. 여기에서 주의해야 할 점은 미국과 우리나라는 경영 환경이 다를 뿐더러 소비자들의 생활 패턴에도 많은 차이가 있고, 근본적으로 문화 사회적인 기반이 다르기 때문에 미국의 자료가 반드시 우리의 실정에 적합하지는 않다는 점을 인식해야한다.

즉, 사례조사 방법을 통한 시장조사를 통해 '외국에서 특정 전략을 통해 성공한 사례가 많으므로 우리도 성공할 것이다'라는 위험한 사고를 버리고 과연 우리나라에서도 현재 설정한 전략들을 가진 업체들이 얼마나 성공하고 실패했는지, 그리고 그 이유가 무엇 이였는지에 대해 보다 구체적이고, 세부적으로 분석할 필요가 있다.

2. 시장조사 설계 및 절차

마케팅 조사의 결과가 어떻게 산출될 것인지는 통계학과 수학, 경제 원리나 행동과학의 이론, 컴퓨터의 성능과 그 이용자의 능력, 수고, 재수와 상식으로부터 영향을 받는데, 특정한 조사문제를 다루기 위하여 이러한 요소들이 어떻게 결합되어 활용될 것인지는 조사문제의 성격과 조사자의 개인적 특성에 따라 달라질 수 있다. 즉 동일한 조사 문제라 할지라도 조사자는 자신의 경험과 능력을 충분히 활용하기 위하여 가장 친숙한 방법으로 다룰 것이므로 구체적인 조사활동의 내용은 많은 차이를 보이게 된다. 또한 조사문제의 성격에 따라 조사활동의 내용도 달라질 수 있다.

이러한 차이에도 불구하고 마케팅 조사에 있어서 공통적으로 진행되는 일반적 조사과정은 보통 다음의 7단계로 요약해 볼 수 있다.

1) 1단계 : 조사문제의 정의 및 목적 설정

환경의 변화 및 기업의 마케팅 조직이나 전략의 변화로 인하여 마케팅 의사결정의 문제가 발생 시 마케팅 조사가 필요해지며 마케팅 조사문제가 정의 된다. 마케팅 조사를 시작하기 위해선 우선 기업이 당면하고 있는 마케팅 문제를 명확히 규명함으로써 정보욕구를 판단해야 하는데, 이러한 정보요구를 충족시키는 일이 마케팅 조사의 목표가 된다. 즉 마케팅 의사결정을 내리기 위하여 의사결정자가 갖고 있는 정보 욕구를 판단하여 조사의 목표를 설정하는 일이다. 조사과정에 있어서 조사문제를 정의하는 일은 그것이 이어지는 조사활동의 방향을 결정짓고 조사결과의유용성에 막대한 영향을 미친다는 점에서 대단히 중요하다.

조사 문제란 의사결정문제에 당면한 정보이용자의 정보욕구를 충족시키기 위하여 마케팅조사가 포괄해야 하는 조사영역을 규정한 것이며, 결국 조사활동을 지침 할 조사목표로 전환된다. 여기서 조사목표는 대체로 통계적으로 검증되기 위한 가설의 형태로 진술된다.

2) 2단계 : 조사설계

정의된 문제에 대해 구성된 가설을 검증하는 조사를 수행하기 위한 포괄적인 계획으로 어떠한 조사를 할 것인지를 결정하는 단계이다. 조사설계(research design)란 조사목표를 달성하기 위한 자료의 수집과 분석을 구체적으로 진행하는 계획으로서 조사형태의 선택, 자료수집의 방법 및 표본설계, 자료처리방법의 예비적 결정을 포함하기 때문에 마케팅 조사의 성과와 효율성에 많은 영향을 미친다.

조사설계는 또한 자료의 원천과도 밀접하게 관련되어 있는데 첫째, 조사목표에 일치하는 정보를 산출하고 둘째, 정확하고 경제적인 절차를 지향해야 한다.

3) 3단계 : 조사형태의 선택

동일한 조사목표를 가질 경우라도 조사자에 따라서는 상이한 조사형태가 선택될 수 있는데 조사자는 조사목표와 자료의 가용성, 조사자 자신의 경험과 친숙도, 시간 및 자원의 가용성을 근거로 하여 구체적인 조사형태를 선택한다. 보편적으로 이용되고 있는 조사형태에는 탐색적 조사, 기술적 조사, 인과적 조사, 실질 점검 조사가 있다.

시장 조사 자료를 얻는 방법 중 가장 보편적인 조사 도구는 설문 조사인데, 시장조사를 위한 설문조사 시 다음과 같은 사항을 기억한다면 훨씬 더 나은 결과를 얻을 수 있다.

(1) 설문조사 고려사항

① 설문내용은 단순해야 한다.

② 질문에 대한 대답을 위해 배경설명이 필요하다.

③ 일반적인 질문들로 조사를 시작하여 좀 더 구체적인 질문으로 진행시킨다.

④ 각 질문들을 간략하게 만든다.

⑤ 설문 조사가 완료되면, 누구나 설문결과를 알 수 있도록 도표화하는 작업이 필요하다.

⑥ 실제적인 설문조사 전 예비 설문조사를 실시하여 필요한 부분은 보완하도록 한다.

⑦ 질문의 양식을 최소화한다. 질문양식에는 2 가지가 있다. 폐쇄형 질문(Closed-end

question)과 개방형 질문(Opened-end question)이 바로 그것이다. 폐쇄형 질문이란 사전에 설문 응답자가 설문 조사지에 열거된 내용 중에서 하나를 고르는 형식이며, 개방형 질문이란 설문 응답자가 질문에 대해 그들 자신의 의견을 자유롭게 적는 일종의 주관식 질문 형식이다.

4) 4단계 : 자료원천의 확인과 자료수집

모든 조사의 결과는 자료의 품질에 크게 의존한다. 따라서 조사자는 자료의 원천과 그 품질에 대하여 항상 주의해야 한다. 자료는 조사목적에 따라 두 가지의 유형으로 구분할 수 있는데, 즉 2차 자료란 현재의 조사목적이 아니라 다른 조사목적을 위하여 이미 수집되어 있는 자료를 말하며, 1차 자료는 현재의 조사목적에 따라 조사자가 직접 창출하는 자료를 말한다. 2차 자료는 시간과 비용 면에서 대단히 큰 이점을 갖고 있으므로 자료수집에 있어서

조사자는 우선 2차 자료의 가용성에 대하여 면밀히 검토한 후, 조사목표에 대한 적합성을 평가해야 한다. 2차 시장조사 정보를 수집할 수 있는 몇몇 정보소스는 도서관 및 공공 정보센터, 관련 도서 및 사업관련 간행물, 잡지 및 신문, 무역협회, 대학의 경영관련 학과들, 유관기관 및 각 연구소들 등이다. 한편, 통상 1차 조사를 하게 되면, 목표 표본 중 샘플을 뽑아 조사하게 되는데, 분석만 올바르게 되었다면 목표시장 표본 중 10%미만 정도만조사해도 신뢰할 만한 결과를 얻을 수 있다.

5) 5단계 : 표본설계 및 표본조사

포본 설계에 있어서는 조사자는 우선 모집단의 조사목표에 맞도록 정의하여 표본추출목록을 작성한 다음, 표본의 크기와 표본추출방법을 결정해야 하는데 이러한 네 가지 절차는 표본설계의 주요한 내용이다.

마케팅 조사에 있어서 모집단의 특성을 알기 위해서는 관심의 대상이 되는 모집단의 구성원전체에 대하여 측정을 실시하거나(전수조사), 또는 모집단을 대표할 수 있는 대상에 대하여 측정을 실시하여(표본조사) 전체 모집단의 특성을 추정할 수 있다. 전수조사를 실시 할 수 있지만 전수조사는 많은 비용과 시간을 소요하며 표본조사보다 오히려 부정확한 결과를 산출할 수 있는 등 여러 가지 이유 때문에 표본조사가 보편적으로 사용된다. 이 때 모집단의 여러 가지 특성치(모수)들은 그에 상응하는 표본의 특성치(통계량)들로부터 추정된다. 즉 표본이 어떠한 특성에 관해 모집단을 대표한다면 표본은 그러한 특성에서 모집단과 동일한 분포를 가질 것이므로 대표성을 갖는 표본은 통계적 추론을 통해 모집단에 일반화 되는 시사점을 제공해준다.

6) 6단계 : 자료 분석

(1) 자료의 정리

① 자료형태에 대한 파악 : 통상적으로 질문서는 자료수집형태로 많이 활용된다.
② 변수에 대한 변화형태 파악 : 변수의 특성은 분산도 및 중심화 경향으로 구분되어 접근한다. 분산도의 경우 평균, 범위 또는 표준편차 및 분산을 활용해서 측정하며 자료들의 흩어져 있는 상태의 정도를 측정하는 일반적인 방식은 분산이다. 중심화 경향을 측정하는 경우에는 중앙값, 최빈값, 평균 등을 가장 널리 활용하고 더불어 척도의 특성에 있어 영향을 받게 된다.
③ 변수간 상호관계파악
④ 종속변수에 대한 설명, 예측 및 통제

(2) 편집과 코딩

① 편집: 수집된 자료에 있어서 최소한의 품질수준을 확보하기 위해 응답의 누락, 애매함, 착오 등을 찾아내는 과정으로 면접자 및 현장감독자가 이를 담당한다.
② 자료의 코딩: 자료 분석을 용이하게 하기 위하여 내용에 일정한 숫자를 부여하는 과정 및 컴퓨터에 입력하는 과정이다.

(3) 자료 분석

① 분석성격에 의한 분류: 상호관계분석, 종속관계분석
② 변수의 수에 의한 분류: 단일변수분석, 다변량 분석
③ 집단의 수에 의한 분류 : 표본으로부터 주출된 집단의 수로 인한 분석기법이 있는데, 이는 변수의 수 개념과 동일하게 적용기법은 차이가 있다.

7) 7단계 : 보고서 작성

조사결과 내용이 명확하지 못하거나 정보에 대한 신뢰가 낮으면 의사결정자가 결정에 오류를 범할 수 있다. 보고서는 어법, 각종수치 및 표현의 정확성이 요구 된다. 조사결과의 전달 시에는 반드시 필요로 하는 것과 그렇지 않은 내용의 구분이 이루어져야 한다. 각 각목별 보고서 내용은 아래와 같다.

(1) 표지

보고서 표지에는 제목, 조사 주체, 보고서 완성일자 등이 포함되어야 한다.

(2) 목차

조사보고서 목차는 전개될 내용의 기술에 대한 주제별 제목과 페이지 번호가 있어야 하며, 첨부된 표, 그림, 사진 등의 번호도 포함되어야 한다.

(3) 요약

보고서 요약에는 조사에 대한 목적과 자료수집 및 분석방법, 시사점에 대한 내용의 축약, 축약된 내용을 바탕으로 제안하는 내용이 포함된다.

(4) 서론

보고서 서론에는 조사내용에 대한 이해를 할 수 있는 각종 정보에 대한 내용을 포함한다. 조사를 하게 된 배경, 조사의 목적, 의사결정문제, 가설 및 연구범위 및 기간 등이 포함되어야 한다.

(5) 조사설계

① 조사형태: 시장조사 목적을 달성하기 위해 채택한 조사형태를 설명하고 조사범위 및 기간을 언급한다.
② 자료수집방법: 전수조사의 방법과 범위 또는 표본조사의 타당성 등에 대해 자료의 수집방법을 명확하게 기재한다.
③ 표본설계: 모집단의 정의, 표본추출목록의 작성, 표본의 크기, 표본추출방법을 언급한다.
④ 자료 분석의 방법: 자료 분석 방법을 설명하고 대체적인 자료처리 방법들의 장점과 문제점도 함께 기록한다.

(6) 자료 분석

조사내용을 기술하고 더불어 발견 점을 서술한다.

(7) 결론

조사내용의 결론에는 내용에 대한 요약과 이를 바탕으로 제안하고 동시에 한계점을 기술한다.

(8) 부록

보고서 부록에는 보고서를 활용하는 사람들에게 도움이 될 수 있는 내용을 포함한다.

예 표, 그림 세부내용, 설문지, 참고문헌 등

3. 조사설계

마케팅조사의 성격에 따라 탐색적 조사, 기술적 조사, 인과적 조사 등이 활용된다.

1) 탐색적 조사

탐색적 조사는 무엇이 문제인가를 알기 위하여 시행하는 조사이다. 탐색적 조사는 상황적 징후를 명백하게 규명 할 수 없거나 마케터가 환경요인의 시사점을 평가하기 어려운 경우 의견, 아이디어를 얻기 위하여 10명 내외의 소규모의 표본을 대상으로 개방형 질문을 활용하여 조사하는 방법이다.

예 문헌조사, 사례조사, 전문가 의견청취, 표적 집단면접, 심층면접 등

(1) 탐색적 조사 방법

① 문헌조사

조사를 실시하기 위하여 가정먼저 실행하는 조사이다. 기업이 당면한 문제를 파악하기위하여 이전에 공개된 자료를 활용하는 것을 말한다.

② 전문가의견조사

일반사람들이 알지 못하는 분야, 문제를 해당분야의 전문가를 대상으로 하는 조사이다.

③ 1:1 심층면접

조사대상자들 중 한명을 선택하여 깊이 있는 질문을 통해 조사하는 방법이다.

④ FGI 조사

표적 집단면접(F.G.I-Focus Group Interview) : 표적 집단면접법(FGI)은 면접 진행자(moderator)가 보통 8-12명 정도의 면접 대상자들을 한 장소에 모이게 한 후, 비체계적이고 자연스러운 분위기에서 조사목적과 관련된 토론을 함으로써 자료를 수집하는 정성조사(QualitativeResearch)의 한 방법이다. 표적 집단면접법의 목적은 소수의 응답자들 간의 자연스러운 대화과정에서 조사목적과 관련된 유용한 정보를 얻거나 공식적인 설문조사에서 기대하지 못한 결과를 발견하는데 있다. 응답자들은 대화과정에서 다른 응답자의생각으로부터 새로운 생각을 떠올릴 수 있으며, 응답자들의 자연스러운

의사표시에 자극을 받아 다른 응답자들도 부담 없이 의견을 표시하게 되므로 양질의 정보가 도출된다.

면접진행자(Moderator)의 역할은 참여자들의 내면 깊숙이 있는 생각들을 끌어낼 수 있는 질문들을 제기하고, 대화 내용이 특정부분에서 장기간 머물지 않고 계속적으로 진행될 수 있도록 유도하는 것이다. 따라서 면접진행자는 조사문제나 목적을 명확하게 이해하고 있어야 하며 토론을 적절히 이끌어 갈 수 있도록 숙련된 테크닉이 필요하다. 표적 집단면접법이 활용되는 분야는 신제품 아이디어의 도출, 소비자들의 제품 구매 및 사용실태에 대한 전반적 이해, 本 조사(정량조사) 이전의 설문지 작성에 필요한 기본적 정보의 수집 등과 같이 가설의 도출이나 탐험조사(exploratory research)를 위해 주로 이용된다.

(2) 탐색적 조사 적용

① 기업에서 의사결정 문제를 구체적으로 정의하기 위하여 상황적 징후 원인을 규명하거나 새로운 마케팅 기회를 창출하기 위하여 환경적인 변수요인의 변화가 함의하는 시사점을 평가하기 위하여 실시한다.

② 의사결정과 관련된 변수를 선정하기 위하여 실시한다. 예를 들면 수입쇠고기의 소비량이 어떠한 변수들과 관련되어 있는지를 조사하여 가계의 소득, 가족생활 주기, 가장의 직업과 소득, 교육정도 등의 변수를 찾는 것이다.

③ 탐색적 조사는 상황적 징후의 원인이나 환경변화에 대응하기 위한 전략적인 대안을 강구하기 위하여 실시한다.

④ 탐색적 조사는 본 조사를 설계하기 위하여 기초자료를 신속하고 저렴하게 수집하기 위하여 실시한다. 본 조사에 사용할 설문지를 사전에 표본조사 하여 확정하기 전에 예비 조사하는 방식으로 활용하거나 표본을 설계하기위한 기초자료를 수집하는데 활용하기도 한다.

2) 기술적 조사

어떤 현상을 기술하기 위하여 자료를 수집하고 결과를 기술하는 조사로 대부분의 마케팅 조사가 이에 해당된다.

예 설문조사, 시계열 조사, 패널조사 등

(1) 기술조사의 성격

조사대상으로부터 수집한 자료를 분석하고 그 결과를 기술하는 것이다.

① 패널조사

㉠ 패널(panel) - 고정된 표본으로서 어느 기간 동안 구성원들을 일정하게 유지

㉡ 패널 구성원 - 개인소비자, 가구, 점포

② 기술조사를 위한 자료수집 및 분석 방법

㉠ 서베이, 실험, 관찰

(2) 기술적 조사 활용

① 어떤 시상의 빈도를 결정한다.

② 마케팅현상의 특성을 중심경향치와 산포도로 요약한다.

③ 두개 이상의 변수사이의 연관성의 정도를 결정한다.

④ 마케팅현상 예측한다.

3) 인과적 조사

예측하고자하는 효과의 원인이 되는 변수를 확인하거나 두 개 이상의 변수간의 인과적 관계를 결정하기 위해서 인과적 조사를 실시한다.

(1) 인과관계조사

두 개 이상의 변수들 간의 인과관계를 밝히는 것으로 실험, 서베이, 혹은 관찰에 의하여 자료를 수집하고 통계적 분석하는 것이다.

① 가설은 조사하고자하는 영구자의 생각으로 검증을 통하여 해당결과를 나타낼 수 있다.

② 방향적 가설 : 가격을 5% 인상하면 판매량이 거의 감소하지 않을 것이다. 그러나 인상률이 5%를 넘으면 판매량은 크게 감소할 것이다.

③ 비방향적 가설: 샴푸의 뚜껑을 사용하기 편리하도록 개조하면 소비자들의 브랜드태도가 향상될 것이다.

(2) 인과관계의 조건

① **동반발생**: 인과관계로 설정된 변수들이 가설이 예측하는 방향으로 함께 흘러가는 것을 말한다. 즉 원인 X와 효과 Y가 함께 발생하거나 가설이 언급한 바와 같이 함께 변화는 정도로 X가 Y의 원인이라는 진술의 타당성을 보여준다.

② **발생의 시간적 순서**: 원인변수로 설정한 변수의 변화가 결과변수로 설정한 변수의 변화보다 선행되어야 한다는 것을 말한다.

예 흡연을 많이 하면 폐암에 걸릴 확률이 높아진다.

③ **외생변수의 통제**: 결과에 영향을 미칠 수 있지만 연구 시 원인변수로 설정하지 않은 변수를 외생변수라고 한다. 그러므로 인과관계조사에서 외생변수를 통제하는 것이 중요하다.

(3) 인과관계의 성격

① 「X가 Y의 원인이다」라는 말의 학술적인 인과관계는 X가 Y를 유발하는 여러 원인들 중 하나라는 의미이다.

② 두 변수들 간의 관계는 확률적 관계를 의미한다.

③ 변수들 간의 인과관계를 검증하는 것은 입증이 아닌 인과관계의 존재를 추론하는 것이다.

제 2 절 자료 수집

1. 자료 수집방법

일반적으로 자료의 수집방법은 1차 자료와 2차 자료로 구분되어 수집된다. 관찰법은 사람의 행동이나 사건 중에서 조사목적에 필요한 것을 관찰 및 기록하는 방법으로 주된 목적은 소비자들이 당연하다고 생각하거나 지금까지 한 번도 생각해 보지 못한 것을 소비자가 지각하는 순간에 이를 잡아내려는 것이다. 면접 및 설문방법은 비용 및 노력의 절감과 원하는 자료의 취득이 용이하다는 특징이 있다.

1) 자료

(1) 1차 자료

내부 자료나 2차 자료에 의해서 해결될 수 없는 문제해결을 위해 수립된다. 현재의 특수한 목적을 위해서 수립되는 정보로 조사자가 직접 수집한 자료를 말한다.

① **장점**: 정확도, 신뢰도, 타당성 평가가 가능하다.

② **단점**: 2차 자료와 비교해 볼 때 시간과 비용이 과도하다.

③ **1차 자료사례**: 기업 이미지분석, 촉진효과분석, 경쟁사 상품구색 등의 조사 자료이다.

(2) 2차 자료

다른 목적을 위하여 이미 수집된 정보를 말한다. 2차 자료는 현재의 조사목적에 도움을 줄 수 있는 기존의 모든 자료를 말하며 정부 또는 조사기관의 간행물 등 조사를 목적으로 수집된 모든 자료를 포함한다.

① **장점**: 시간과 비용이 저렴하다.
② **단점**: 자료수집목적과 조사목적이 일치하지 않는다.

2) 자료수집방법

(1) 관찰법(observation methods)

관심 있는 어떤 상황을 측정하거나 응답자의 특정 행동이나 사건 등을 관찰에 의해 기록하는 방법을 의미한다. 관찰법은 계량적인 기준 측정치가 없어 주관적인 판단이 가능하므로, 타당도와 신뢰도를 확보하는데 주의를 기울여야 하고, 체계적인관찰 절차가 필요하다. 본 방법은 실험연구와 사례연구에서 많이 사용하고, 관찰법은 자료수집 상 부적합한 상황이 많기 때문에, 단독으로 사용되기 보다는 면접이나 설문지법과 같이 쓰이는 경우가 많다.

① 관찰법의 장점
㉠ 현실을 가장 생생하게 기록할 수 있다.
㉡ 대상자가 자기 보고를 하기 어려운 경우(예를 들어, 자신에게서 어떠한 일이 일어나는지 인식하지 못하는 경우)에 활용될 수 있다.
㉢ 피관찰자의 사회적, 교육적 배경에 관계없이 사용이 가능하다(예를 들어, 설문조사는 피관찰자가 최소한 글을 읽을 수 있어야 함, 면접법은 의사소통 능력이 있어야 함).
㉣ 피관찰자가 언어장애 혹은 정신 지체라 하더라도 제약 없이 연구 가능

② 관찰법의 단점
㉠ 외적인 부분만 관찰할 수 있을 뿐, 내면적 특성을 관찰하기는 어려움
㉡ 현재 이외의 과거 사실에 대한 자료 수집 어려움
㉢ 관찰하고자 하는 사건이나 현상이 발생할 때까지 기다려야 하므로, 시간, 노력, 비용의 문제가 발생

(2) 면접법(Interview Method)

조사자와 응답자 서로간의 언어적인 상호작용을 통해 필요한 자료를 수집하는 방법을 말한다. 대인면접법(person-to-person interview), 전화면접법(telephone interview),

컴퓨터를 이용한 면접법(computer-aided interview) 등으로 분류할 수 있고, 상호간의 접촉을 통해서 응답자로부터 필요한 정보를 얻는 방법이다. 보통, 개인을 대상으로 실시되며, 필요 시 집단을 대상으로 하기도 하며, 면접의 표준화 정도에 따라, 표준화된 면접, 비 표준화된 면접, 준표준화된 면접으로 구분하기도 한다.

① **표준화된 면접**
- 사전에 준비된 질문지에 정해진 내용과 순서에 따라 면접하는 방법
- 조사자들 간의 일관성 유지 가능
- 신뢰도가 높고, 면접결과의 비교가능성 높다
- 구조화된 것 이외의 새로운 것 발견가능성이 적다

② **비표준화 면접**
- 연구목적과 주제만 정하고, 자유롭게 면접을 진행하는 방식
- 새로운 사실을 발견하기 용이함.
- 연구자간 일치도와 신뢰도가 낮음.
- 비교가능성이 낮아짐.
- 필요한 정보의 누락 가능성 있음.

③ **준 표준화된 면접**
- 중요한 질문은 표준화하고 그 외의 질문은 비 표준화하는 방법

* 일반적으로 한 사람을 대상으로 하는 경우 질문을 만들지 않아도 되지만, 여러 사람을 대상으로 그리고 여러 조사자가 진행하는 경우 표준화된 질문을 만들어 면접을 실시하는 것이, 효율성과 효과성 측면에서 바람직하다.

(3) 온라인 조사

최근 인터넷 등을 통한 온라인상으로의 자료수집이 증가하고 있다. 홈페이지 방문자를 대상으로 초기 화면에서 조사하거나, 이메일을 이용한 설문조사가 대표적인 방법이다.

① **온라인 설문의 장점**

㉠ 비용이 매우 저렴

㉡ 통신망만 갖추어져 있다면, 지역 제한, 인원 수 제한 없다.

㉢ 단기간에 자료수집 가능하므로 시간상 이익

㉣ 응답자의 익명성 보장-응답의 사실성을 높일 수 있다.

② **온라인 설문의 단점**

㉠ 회수율이 낮다.

㉡ 편향된 관찰, 무작위화 곤란-컴퓨터를 이용할 수 없는 계층 혹은 컴맹 등은

조사 대상에서 누락

㉢ 익명성에 의한 정보 왜곡의 가능성도 배제할 수 없다.

㉣ 같은 응답자의 반복 응답 가능- 프로그램 상으로 설문을 1회 이상 할 수 없도록 만들 수 있다.

3) 설문조사(survey)

설문조사(survey) 방법은 사회의 여러 분야에서 일어나는 문제를 해결하기 위한 정보 수집을 위해, 관계되어 있는 사람 혹은 조직에 동일한 질문을 하고, 질문에 대한 답을 통해 자료를 수집하고, 수집된 자료를 분석하여 문제 해결에 도움이 되는 정보를 얻는 과정이다. 주로 설문지(질문지)라고 하는 측정도구를 사용한다.

설문지는 조사자가 조사문제에 대한 해답을 구할 수 있도록 형성된 하나의 조사도구이다. 설문지는 응답자가 스스로 응답할 수 있도록 고안된 일정수의 질문항목이다. 설문지의 활용목적은 시행하는 조사를 표준화함으로써 측정의 오류를 최소화 하려는 것이다.

(1) 설문 조사 사전 점검

① 조사 목적 확인

② 조사 대상결정

③ 조사 규모 결정

④ 조사 시점

⑤ 조사 방법 결정

⑥ 보고대상 및 비용 확인

(2) 설문지 작성 시 고려할 점

조사 설계 단계에서는, 다음의 질문을 고려해보면 보다 명확하게 개념화 할 수 있고, 작업의 진행하기가 쉽다.

① 응답자의 범주

② 단순/ 쉬운 항목에서 어려운 것으로 질문하고 민감한 사항은 뒤에 배치한다.

③ 응답자의 수준(정확한 응답 및 설문 수행을 위해)

④ 연구의 주제와 목적(어떠한 내용이 포함될 것인가?)

⑤ 통계 시 활용할 기법 고려(정보의 수준-명목, 서열, 등간, 비율 고려)

(3) 질문 형태 결정

① 설문지에 사용되는 문장에 따라서 고정선다형(fixed-alternative), 자유 응답형(openended), 척도문항(scale)으로 구분된 질문형태가 있다.

② 조사의 목적 및 진행 내용, 대상 등에 따라 어떤 문항을 사용할 것인가를 고려해야하는데, 특히 조사의 목적과 관련이 있어야 한다. 포괄적으로 이해하고 싶다면 자유 응답형, 분류를 원한다면 고정선다형을 선택한다. 가장 일반적이고 간단한 방법으로 척도문항도 많이 쓰인다.

(4) 설문조사 장점

① 샘플사이즈와 관계없이 조사가 가능하다.
② 동기, 태도 등 관찰이 불가능한 항목의 조사가 가능하다.
③ 대규모로 표본조사를 실시한 경우 일반화가 가능하다.
④ 계량적 분석으로 객관적 분석이 가능하다.
⑤ 조사 자료의 코딩 및 분석이 용이하다.

(5) 설문조사 단점

① 설문지 개발이 어렵다.
② 성의 없고 불확실한 답변이 가능하다.
③ 응답률이 낮다.
④ 복잡한 문제에 대한 질문은 어렵다.

2. 측정

1) 측정 의미

측정은 조사자가 연구조사대상의 성질 및 특성에 관하여 잘 표현되도록 지정된 원칙에 따라 기호를 할당하는 것을 말한다. 즉 측정은 조사대상 속성에 관해 숫자를 부여하는 일종의 체계적인 과정이다. 측정규칙에는 1:1 대응관계를 지녀야하며 일관성 있게 활용되어야 한다. 시간의 흐름에 따라 변화되거나 측정대상에 의해 변화되면 정확한 측정이 되지 않는다.

측정을 위해서는 사전에 개념에 대한 조작적정의가 선행되어야한다. 조작적 정의는 추상적인 구성의 개념을 측정가능하면서 구체적으로 정의하는 것으로서 조사대상의 특징을 측정이 가능한 것으로 재 정의하는 작업이다.

측정과정에서 조사자가 대상이 갖고 있는 속성의 내용을 표시하기 위해 사용하는 숫자들 또는 숫자들을 사용하여 대상이 갖고 있는 속성의 내용을 표시하는 방법을 척도(scale)라고 하는데 그러한 숫자들이 어떠한 특성을 가지는지에 따라서 척도는 명목척도, 서열척도, 간격척도, 비율척도로 구분된다.

2) 척도 유형

척도는 어떠한 가설에 의거해서 본래의 질적인 내용을 지닌 여러 가지 속성을 수량적인 변수로 바꾸어 놓은 것을 말한다. 통상적으로 개념을 측정하는 척도는 명목척도, 서열척도, 간격척도, 비율척도 등이 있다.

(1) 명목척도

① 명목척도는 서로 대립되는 범주, 분류로 상호간에 수학적인 연관관계는 없다.
② 조사하고자하는 대상을 분류시킬 목적으로 임의숫자를 부여하는 척도이다.
③ 척도 상호간에 상하 관계는 없고 일종의 구분만 존재하는 척도이다.
④ 명목척도에 있어서 수는 부류(class) 또는 범주(category)의 역할을 수행한다.
⑤ 수치간의 거리는 무의미하고 서열상의 의미는 없다.
⑥ 예) 성별, 직업, 거주지

(2) 서열척도

① 대상을 어떤 변수에 대해 서열 적으로 배열하는 척도이다.
② 순서는 의미가 있지만 수치간의 간격은 의미가 없다.
③ 간격척도 및 비율척도처럼 연산수행이 이루어지지 않는다.
④ 예) 성적순서, 인기순서, 키순서

(3) 간격척도

① 간격이 일정한 척도를 말한다.
② 크기 등의 차이를 수량적으로 비교할 수 있도록 표지가 수량화된 경우의 척도이다.
③ 간격이 일정하여 덧셈 및 뺄셈은 가능하지만 "0"이 아무것도 없는 것을 뜻하지 않음으로 몇 배라고 단정할 수 없는 척도이다.
④ 측정된 값들은 동일한 간격을 가지고 있다.
⑤ 예) 온도

(4) 비율척도

① 비율척도는 절대 "0"이 존재하는 척도이다.
② 간격척도에 기준점을 고정시켜서 비율을 알 수 있게 만든 척도이다.
③ 서열, 비율, 범주, 거리 등에 관한 정보를 가지고 있다.
④ 척도상의 위치를 모든 사람이 동일하게 인지하고 해석한다.
⑤ 예) 무게, 가격, 시장점유율

[표 7-1] **척도유형**

구분	내용	예시	특성
명목척도	측정 대상이나 범주의 확인 중심경향치는 최빈수	성별, 직업, 고객구분(신규, 기존, 휴면, 이탈)	모든 연산불가
서열척도	속성내용의 크기순서 중심경향치는 중위수	석차, 선호순위, 사회계층, 등급	모든 연산불가
간격척도	속성내용의 크시차이를 비교 중심경향치는 평균 및 표준편차	온도, 시험성적	가감(+, -) 가능
비율척도	속성내용의 크기비율을 비교 중심경향치는 평균 및 표준편차	매출액, 구매확률	사칙연산 가능

3) 측정 타당성과 신뢰성

(1) 오차

오차는 이론적으로 구하고자 하는 참값과 실제 계산이나 측정으로 계산한 값의 차이를 말한다.

① **체계적인오차** : 측정에서 일정한 패턴으로 지속적인 오차
  예 사격의 경우 탄착점이 중안에서 이탈한 경우 지속적으로 이탈
② **비체계적오차** : 일정한 패턴이 없는 오차를 말한다.

(2) 측정타당성

측정의 타당성(validity)이란 측정이 체계적인 오차나 무작위오차 모두로부터 영향을 받지 않고 진정한 값을 반영해주는 정도를 말한다.

측정치(X0)=진정한 값(XT)+체계적인 오차((XS)+무작위 오차(XR)에서 X0=XT일 때 측정은 타당하다. 따라서 타당성이란 측정하려는 것을 정확하게 측정했는지라는 정확성과

유사한 개념이며 측정이 타당하기 위해서는 측정된 값이 진정한 값을 나타내야 한다.

① 기준관련 타당성

조사자는 측정치가 측정이외의 다른 외부적 평가기준에 관련되는지 아닌지에 관심을 갖는데 여기서 외부적 평가기준이란 측정치를 사용하여 추정하려는 현상이나 행동이다.

② 내용 타당성

내용 타당성이란 측정하려는 속성의 영역을 충분하게 포괄하고 있는지 아난지에 관련된 문제이다.

③ 구성개념 타당성

행동과학과 관련되는 마케팅이론들은 마케팅현상을 설명하기 위해 소비자의 인지도, 신념, 태도, 품질지각 등 많은 이론적 구성개념을 개발하고 이들 사이에 이론적인 인과관계를 포함하고 있다.

(3) 신뢰성

측정의 신뢰성이란 측정이 무작위 오차로부터 영향을 받지 않는 정도를 말하며 비교 가능한 대상이나 현상에 대해 독립적으로 실시한 측정결과들의 일치성에 의해 평가된다.

① 내적 일관성

가설적 구성개념에는 대체로 여러 측정항목들이 그러한 구성개념의 상이한 측면들에 관련됨으로 각 추가 항목들은 그들이 측정하고자 하는 구성개념과 관련하여 내적 일관성을 가져야 한다.

② 반복측정 신뢰성

동일한 대상을 반복하여 측정할 때 일관성 있는 결과를 얻을 수 있다면 그러한 측정은 반복 측정 신뢰성을 갖는다고 말한다.

③ 대안항목 신뢰성

반복측정은 시험실시라는 외생적 요인에 취약함으로 두 번째 측정에시는 첫 번째 측정과 유사하지만 별개의 척도를 사용해서 측정하는 것이 바람직 한데 이를 대안항목 신뢰성이라 한다.

제 3 절 표본 조사

1. 표본 조사

표본은 모집단으로부터 선택된 모집단 구성원의 일부이다. 모집단은 관찰의 대상이 되는 집단전체를 말한다. 표본추출은 조사대상의 모집단으로부터 표본을 추출하는 것을 의미한다.

전수조사를 실시할 수 있지만 전수조사는 많은 비용과 시간을 소요하며 아예 실시가 불가능한 경우가 있고 표본조사보다 오히려 부정확한 결과를 산출 할 수 있는 가능성 등 여러 가지 이유 때문에 표본조사를 보편적으로 실시한다.

마케팅 조사자는 표본설계에 있어서 우선 모집단을 조사목적에 맞도록 정의하여 표본추출목록을 작성한 다음 표본의 크기와 표본추출 방법을 결정해야 하는데 이러한 네 가지 절차가 표본설계의 주요한 내용이다.

마케팅 조사를 통하여 모집단의 특성을 알기 위해서는 관심의 대상이 되는 모집단의 구성원 전체에 대해 측정을 실시하거나 모집단을 대표할 수 있는 일부 대상에게만 측정을 실시하는 표본조사를 통하여 그 결과를 근거로 전체모집단의 특성을 추정할 수 있다.

모집단의 여러 가지 특성은 그에 대응하는 표본의 특성으로부터 추정된다. 즉 표본이 어떠한 특성에 관해 모집단을 대표한다면 표본은 그러한 특성에서 모집단과 동일한 확률 분포를 가질 것임으로 대표성을 갖는 표본을 통하여 통계적 추론으로 모집단의 특성을 일반화 할 수 있는 것이다.

모집단으로부터 표본구성원을 무작위로 추출하였을 경우에도 표본의 분포가 모집단의 완전히 일치 할 수 는 없기 때문에 표본조사의 결과는 어느 정도의 오차를 포함하기 마련인데 조사자는 표본이 모집단으로부터 완전히 무작위로 추출되었다는 전제하에서 이러한 표본오차의 크기로 추정 할 수 있다.

2. 표본 설계과정

모집단을 대표한다는 조건을 충족하면서 실제로 표본을 추출하기위한 모집단 구성원의 목록으로서 정부기관이나 연구소에서 작성한 일종의 목록을 이용할 수 있는데 이를 표본추출목록 이라하며 이러한 표본추출목록이 포괄하는 모집단을 조사모집단이라 한다.

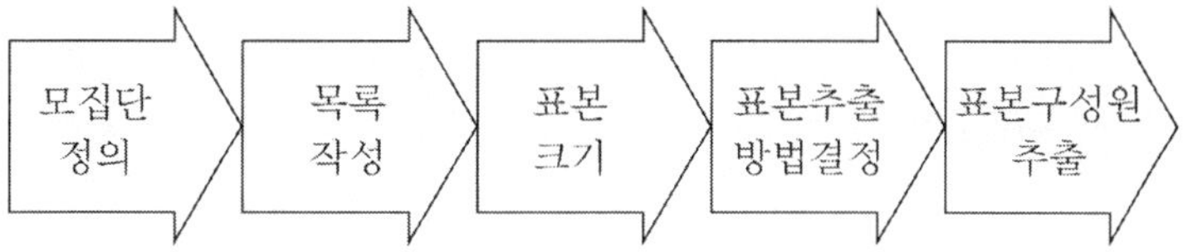

[그림 7-2] **표본 설계과정**

표본의 크기는 표본조사의 정밀성을 결정짓는 중요한 요인이지만 표본의 크기가 커질수록 조사에 소요되는 비용과 시간도 증대함으로 표본의 크기문제는 표본조사의 효율성이라는 측면에서 검토되어야 한다. 표본추출방법은 고정 표본추출과 축자표본추출 또는 확률표본추출과 비확률 표본추출로 나눌 수 있다.

3. 표본추출방법

1) 비확률 표본추출방법

(1) 편의표본추출

조사자의 편의에 따라 표본구성원을 선정하는 방법이다. 표본구성원은 스스로 지원에 의하든가 용이하게 면접될 수 있다는 이유로 선정된다.

예 신제품 반응조사를 위하여 지원자를 대상으로 테스트 하는 방법

(2) 판단표본추출

조사문제에 적절한 해답을 줄 수 있다고 판단되는 응답자 등을 표본구성원으로 선정하는 방법인데 여기서는 의도적으로 선정된다.

예 신제품 조사를 위해 표적시장을 잘 반영하리라고 생각되는 집단 대상 조사

(3) 할당표본추출

판단표본의 특수한 예라 할 수 있는데 일정한 특성을 갖는 표본구성원의 비율이 모집단내에서 그러한 특성을 가지는 구성원의 비율과 유사하도록 표본을 조사자의 판단에 의해 추출하는 방법이다.

예 모집단의 연령별 구성 비율을 알고 있는 경우 비율을 반영하여 표본을 추출하는 경우

2) 확률표본추출

(1) 단순무작위 표본추출

단순무작위 표본추출에서는 표본구성원이 전체로서의 모집단으로부터 확률적으로 추출되며 이러한 일은 모집단과 동일한 분포특성을 갖는 표본을 산출하는 경향이 있다.

(2) 집락표본추출

조사자가 집락표본추출을 적용하기 위해서는 우선 모집단을 집락이라는 하위 집단들로 분리한 후 일부집락을 무작위로 선정하여 각 집락의 모든 구성원을 표본구성원으로 사용하거나 선정된 각 집락들의 구성원들로부터 표본구성원을 확률적으로 추출할 수 있다.

(3) 층화표본추출

조사자가 층화표본추출을 적용하기 위해서는 우선모집단을 층이라는 하위집단들로 분리하고 각 층의 모집단 구성 비율에 따라 표본의 크기를 할당하여 해당 층으로부터 표본구성원을 단순무작위로 추출한다.

제7장

마케팅 조사 연습문제

01. 마케팅 조사에 대하여 간단하게 설명하시오.

마케팅 조사는 의사결정자의 정보욕구를 파악하고 정보에 관련된 변수를 선정한 후 타당성이 있고 신뢰가 있는 데이터를 최적의 방법으로 자료수집, 기록, 분석하여 정보를 추출하는 일이라 할 수 있다. 마케팅 조사를 실시하는 목적은 소비자 입장에서는 상품구매와 소비와 관련된 의사결정을 올바르게 하기위해서 정보를 필요로 한다. 학계에서는 시장현상을 연구하여 새로운 마케팅 이론과 기법을 개발하려는데 있다. 실무계에서 마케팅 조사 목적은 마케터가 불확실성을 보다 합리적으로 의사결정 할 수 있도록 자료를 수집하고 분석함으로써 유용한 의사결정 정보를 제공하는데 있다.

02. 관찰법의 장단점에 대하여 설명하시오.

관심 있는 어떤 상황을 측정하거나 응답자의 특정 행동이나 사건 등을 관찰에 의해 기록하는 방법을 의미한다.

1) 관찰법의 장점
- 현실을 가장 생생하게 기록할 수 있다.
- 대상자가 자기 보고를 하기 어려운 경우(예를 들어, 자신에게서 어떠한 일이 일어나는지 인식하지 못하는 경우)에 활용될 수 있다.
- 피관찰자의 사회적, 교육적 배경에 관계없이 사용이 가능하다(예를 들어, 설문조사는 피관찰자가 최소한 글을 읽을 수 있어야 함, 면접법은 의사소통 능력이 있어야 함)
- 피관찰자가 언어장애 혹은 정신 지체라 하더라도 제약 없이 연구 가능

2) 관찰법의 단점
- 외적인 부분만 관찰할 수 있을 뿐, 내면적 특성을 관찰하기는 어려움
- 현재 이외의 과거 사실에 대한 자료 수집 어려움
- 관찰하고자 하는 사건이나 현상이 발생할 때까지 기다려야 하므로, 시간, 노력, 비용의 문제가 발생

03. 척도의 유형에 대하여 설명하시오.

구분	내용	예시	특성
명목척도	측정 대상이나 범주의 확인 중심경향치는 최빈수	성별, 직업, 고객구분(신규, 기존, 휴면, 이탈)	모든 연산불가
서열척도	속성내용의 크기순서 중심경향치는 중위수	석차, 선호순위, 사회계층, 등급	모든 연산불가
간격척도	속성내용의 크시차이를 비교 중심경향치는 평균 및 표준편차	온도, 시험성적	가감(+, -) 가능
비율척도	속성내용의 크기비율을 비교 중심경향치는 평균 및 표준편차	매출액, 구매확률	사칙연산 가능

04. 용어설명

- FGI 조사(표적 집단면접)
- 측정 타당성과 신뢰성
- 명목척도
- 층화표본추출

Chapter 08 통계 분석

제 1 절 통계 분석방법

1. 분석준비

1) 자료요약

(1) **일원요약표**: 단일변수에 대한 응답자들을 임시적으로 정한 각 범주에 속하는 도수로 나타내는 것으로서 흔히 도수분포표라고 한다.

(2) **교차요약표**: 일원요약표에 대한 확장으로서 두 개 이상의 범주를 갖는 두 변수에 대한 응답들의 분포를 동시에 보여준다. 즉 두변수의 동시적인 관계를 보여주는 것이다.

2) 중심경향치

조사자는 전체자료나 도수분포로부터 직접적으로 구체적인 추론을 얻어내기가 곤란하기 때문에 그러한 자료나 도수뷴포를 요약하는 하나의 대푯값을 계산하고 싶어한다. 즉 전체 자료의 특성은 중심경향치(central tendency)나 산포도로 나타낼 수 있는데, 중심경향치는 최빈수, 중위수, 산술평균이 있다.

(1) 최빈수(mode)

자료의 수치들 중에서 가장 많이 나타나는 값이다. 즉, 주어진 값 중에서 가장 자주 나오는 값을 말한다. 변수의 대푯값을 구하는 경우에 사용된다.

(2) 중위수(median)

주어진 값들을 정렬했을 때에 가장 중앙에 위치하는 값을 의미한다. 크기의 순으로 주어진 자료를 나열하여 값을 구하는 것으로 계산이 간편한 반면에, 산술평균에 비해 전체 자료를 사용하는 효율성이 낮은 문제점이 있다. 즉, 극단 값의 영향을 받지 않는다는 장점이 있지만 최소/최대 자료의 순서, 상대적인 위치만 나타냄으로 수치적인 특성을 알 수 없다.

(3) 산술평균(arithmatic mean)

산술평균은 가장 일반적으로 사용되고 있는 중심경향치로서 모든 관찰치의 합계를 관찰의 수로 나누어 구한다. 산술평균을 사용하는데 있어서 유의해야 할 점은 평균주변에 유사한 값으로 분포되어 있지 않거나 평균을 중심으로 하나의 대칭형으로 분포되어 있지 않은 경우에는 오히려 다른 중심경향치를 사용하는 편이 타당할 수 있다.

3) 산포도

산포도의 측정치로서는 범위, 분산, 표준편차가 널리 이용된다.

(1) 범위(Range)

① 범위는 산포도에 대한 가장 단순한 측정치로 관찰치 분포에 있어 가장 큰 값과 가장 작은 값의 차이를 말한다.

② 범위는 극단적인 관찰치 들을 강조하기 때문에 전형적인 값들을 무시하며, 분포에 대한 해석을 오도할 수 있지만, 관찰치들 의 변화폭에 대해 어느 정도의 정보 제공이 가능하다.

③ 범위 R = Xmax − Xmin

(2) 분산(Variance)과 표준편차(Standard Deviation)

분산과 표준편차는 모두 평균으로부터 개별관찰치의 편차들을 근거로 한다.

① 분산

관찰 값들이 평균으로부터 얼마나 떨어져 있는지를 나타내는 값으로 산포도의 측정치중 가장 많이 사용된다. 분포의 평균으로부터 각 관찰치들 의 편차제곱들의 평균으로 정의 된다. 하지만 분산은 편차를 제곱한 형태로 되어 있기 때문에 실제 변수 값과 비교가 어렵다.

② 표준편차

표준편차는 분산의 제곱근을 말한다. 분산은 다소 해석하기가 어려운 측정치이므로 표준편차가 산포도의 측정치로 널리 이용된다. 분산이란 본래 값들에 대해 제곱의 의미를 포함함으로, 분산의 제곱근을 구하여 산포도의 가장 보편적인 측정치인 표준편차로 사용한다. 정규분포로부터 추출된 표본 또는 비정규분포로부터 추출된 대표본의 평균들로 구성된 분포에 있어서 평균에 대해 표준편차가 갖는 관계는 다양한 통계분석의 기초가 되기 때문에 표준편차의 개념이 중요하다.

(3) 변동계수(coefficient of variation)

평균에 대한 변동의 상대적인 산포도를 나타내는 값을 말한다.

2. 단순상관분석과 단순회귀분석

1) 상관분석

(1) 상관과계

상관관계는 한 변수의 변화에 의해 타 변수의 변화 및 방향을 말하며 상관관계는 인과관계가 아닐 수도 있다는 것에 관심을 가져야 한다. 특정한 경우를 제외하고, 상관관계는 대체로 음의 방향인지 또는 양의방향인지, 관계의 방향이 포함되어 있다. 상관관계의 계수는 두 변수 관계의 상관성에 대한 예측의 정확도를 나타낸다.

① **상관관계**

• **완벽한 상관관계** • **상관관계 없음**

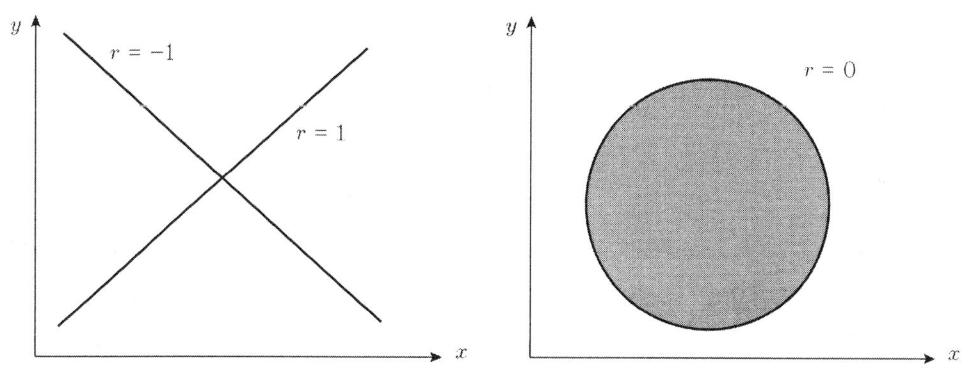

두 변수가 직선의 관계이면 상관계수는 ±1이 된다. 이러한 경우를 완벽한 상관관계라고 한다.

완전한 원을 형성하였으므로 두 변수 간 상관관계는 없다.

[그림 8-1] **상관관계**

② **상관계수(Correlation coefficient)**

상관관계를 수치로 나타내는 것으로 일반적인 척도는 아래와 같다.

[표 8-1] **상관계수**

lrl	분석
0.8-1.0	매우 높은 상관관계
0.6-0.8	높은 상관관계
0.4-0.6	비교적 높은 상관관계
0.2-0.4	낮은 상관관계
0.2이하	상관관계 없음

* r:피어슨 상관계수

(2) 상관분석

상관분석과 회귀분석은 모두 두 개 이상의 변수사이의 관계를 검토하기위한 분석기법이지만 상관분석은 두 개 이상의 변수들 사이에 존재하는 밀접함의 정도를 측정하는 것임으로 두 측정치 사이의 공통적 변이를 다루며 어느 변수도 독립변수나 종속변수로 규정되지 않는다. 상관분석은 산포도에서 자료들이 얼마나 일직선으로 배열되어 있는가(절대 값의 크기)와 직선의 폭이 얼마나 좁은가(유의성)에 관심을 가진다.

① **단순상관분석**: 두 개의 변수에 대하여 연관성을 측정하는 경우

② **다중상관분석**: 3개 이상의 변수들 간의 관계에 대한 연관성을 측정

2) 회귀분석

회귀분석은 종속변수(기준변수)를 하나 이상의 독립변수(예측변수)에 관련시키는 회귀모델을 도출하기위한 통계적 절차로서 각 독립변수 값들로부터 종속변수 값을 추정 예측하려는 것이다. 회귀분석은 회귀계수로서 직선의 기울기를 나타낸다.

(1) 회귀분석의 목적

① 독립변수와 종속변수간의 상관관계를 알려준다.

② 상관관계의 정도를 알 수 있다.

③ 독립변수와 종속변수간의 관계의 성격을 알 수 있다.

(2) 회귀분석 모델

일반적으로 활용되는 회귀모델은 아래와 같다.

$$Y_i = \beta_0 + \beta_1 X_i + \epsilon_i$$

- Y_i : 종속변수의 i번째 값
- X_i : 독립변수의 i번째 값
- β_0, β_1 : 회귀계수
- ϵ_i : 우연적 오차로 해당평균은 0이며 분산은 0으로 가정한다.

(3) 회귀분석 계산방법

[표 8-2] **회귀분석 계산방법**

• 단순회귀분석에서의 계산방법

n개의 표본에 대한 독립변수와 종속변수의 자료 값이 주어졌을 시에 이를 대표하는 직선을 찾는 것은 절편과 기울기를 나타내는 회귀계수 α와 β를 추정하는 문제로 생각할 수 있다. 이러한 직선은 여러 가지로 그려질 수 있는 데, 그중에서도 자료를 가장 잘 대표하는 직선을 찾는 방법이 최소제곱법이다. 최소제곱법이란, 회귀계수 α와 β를 추정할 때 오차제곱합을 최소로 하는 α와 β의 추정치를 구하는 방법이며, α와 β를 α와 β의 최소제곱추정치라고 할 때 단순회귀분석에서 α와 β는 다음과 같이 계산된다.

*b(기울기) 계산공식

$$b = \frac{\Sigma(x-\bar{x})(y-\bar{y})}{\Sigma(x-\bar{x})^2}$$

x : 독립변수 자료 값
y : 종속변수 자료 값
$\bar{x}$: 독립변수 자료 값의 평균
$\bar{y}$: 종속변수 자료 값의 평균

*a(절편) 계산공식

$$a = \bar{y} - b\bar{x}$$

$\bar{x}$: 독립변수 자료 값의 평균
$\bar{y}$: 종속변수 자료 값의 평균
a : 기울기

3. 단변량 분석과 다변량 분석

1) 단변량 분석

설문항목이나 자료파일이 몇 개의 변수를 포함하고 있는지에 관계없이 단일의 변수를 단독으로 분석할 때 단변량 분석이라 한다.

2) 다변량 분석

3개 이상의 변수들 사이에 존재하는 동시적인 관계를 다룬다면 다변량 분석이라고 하며 다변량 분석은 다시 함수적 기법과 구조적 기법으로 구분된다.

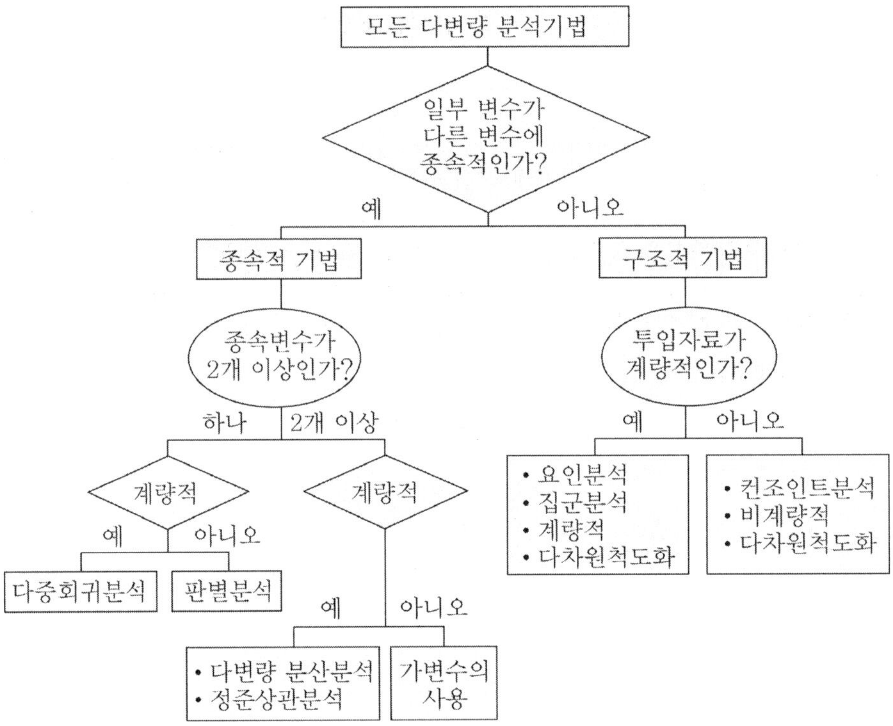

[그림 8-2] **다변량 통계적 분석기법**

(1) 함수적 기법

3개 이상의 변수들 사이에 존재하는 동시적 관계를 분석하는 다변량 분석에서 변수들을 독립변수와 종속변수로 구분 할 수 있고 이들 사이의 관계를 검토하기위한 기법들을 함수적 기법 또는 종속적 기법이라 한다.

(2) 구조적 기법

변수들을 종속변수와 독립변수로 구분하지 않고 단순히 유사한 특성을 근거로 하여 변수들을 군집화 하기위한 기법들을 구조적 기법 또는 상호의존적 기법이라 한다.

4. 기타 다변량 분석

1) 판별분석

판별분석은 사전에 정의된 집단들을 가장 잘 판별해주는 독립변수들의 선형결합을 도출하기위한 통계적기법이다. 여기에서 선형결합을 판별함수라고 한다.

(1) 판별분석 목적

① 사전에 정의된 집단들을 가장 잘 판별할 수 있도록 2개 이상의 독립변수들의 선형결합을 도출한다.

② 사전에 정의된 집단들에 대해 집단별 평균점 사이에 유의적인 차이가 있는지 검토한다.

③ 독립적인변수들의 구체적인 값을 근거로 대상들을 2개 이상의 집단소속으로 분류하기 위한 모델을 마련한다.

④ 집단들을 판별하는 데 있어서 독립변수들의 상대적인 기여도를 평가한다.

(2) 판별분석 가정과 한계

판별분석이란 사전에 정의된 두 개 이상 집단의 평균적 특성을 근거로 새로운 대상의 소속집단을 판별하기 위해 독립변수들의 선형결합(판별함수)을 도출해주고 구해주는데 다음의 가정이 충족되어야 한다.

① 독립변수들이 실제로 집단소속을 설명하며, 집단소속과 관련된 독립변수들이 거의 망라되었다.

② 각 모집단에서 독립변수들은 정규분포를 이루며, 독립변수들의 분산이 동일하다.

③ 현재의 분석에서 고려하고 있는 독립변수 이외에는 어느 응답자도 특정한 집단과 연관을 갖지 않음으로써 집단소속의 사전확률이 동등하다.

2) 요인분석

요인분석은 많은 수의 변수들을 그들 사이의 상관관계를 분석하여 각 변수의 내재적 의미를 포괄하는 공통적인 합성변수로 요약하는 것이다. 이때 합성변수를 요인 또는 성분 인자라고 부르며 변수의 내재적의미란 어떤 마케팅 현상이나 대상물을 묘사하고 구분하는데 있어서 각 변수가 갖고 있는 의미이다.

예를 들어 소비자의 특성은 키, 체중, 나이, 교육수준, 소득, 가족 수, 주거형태 등의 많은 변수로 묘사 될 수 있는데 이러한 변수들은 각 변수가 갖는 내재적 의미의 공통성을 근거로 하여 외모나 생활력 미래성 등 보다 적은 수의 합성변수로 요약 될 수 있다.

(1) 요인분석 목적

① **자료에 대한 요약**: 여러 개의 변수를 몇 개의 공통된 집단으로 묶어줌으로써 자료의 복잡성을 줄이며 몇 개의 요인은 정보를 요약하는 데 활용된다.

② **변수의 구조파악**: 여러 개의 변수들을 동질적인 몇 개의 요인으로 묶어줌으로써 변수들 내에 존재하는 상호독립적인 특성을 발견할 수 있다.

③ **불필요한 변수의 제거**: 변수 군으로 묶이지 않은 변수들을 제거함으로써 중요하지 않은 변수 들을 선별할 수 있다.

④ 측정도구에 대한 타당성 검증

(2) 요인분석 가정

① 각 변수는 정규분포를 이루어야 한다.

② 각 변수의 관찰치는 상호 독립적이어야 한다.

③ 각 변수의 분산은 같다는 동분산성의 가정이다.

3) 군집분석

군집분석은 다수의 대상들을 구체적인 특성상 유사성을 근거로 수개의 집단으로 분류하기위한 통계기법이다. 시장세분화의 예에서 보더라도 소비자들은 인구 통계적 변수 및 사회경제적 변수로부터 심리적 변수 또는 행동적 변수에 이르기까지 수많은 변수로 묘사될 수 있으며 그러한 많은 변수상의 특성들이 그들의 구매행동에 영향을 미치므로 하나의 변수만을 근거로 하여 소비자들을 분류하는 일은 유용하지 못하다.

(1) 군집분석 목적

① 사전에 집단들이 정의되어 있지 않은 상태에서 많은 대상들을 그들의 다차원적인 특성을 근거로 유사한 대상들로 구성되는 군집을 도출해 내는 것이다.
② 군집 수에 따라 각 군집에 포함될 대상들을 밝혀주며, 각 군집에 대해 변수들의 평균값을 계산함으로써 군집의 특성을 결정해 준다.
③ 군집들 사이에 유의적인 차이를 보이는 변수를 밝히는 것이다.

(2) 군집분석 가정

① 군집화의 근거로 사용한 변수들이 대상들 사이의 유사성을 타당성 있게 측정해야 한다.
② 대상들을 군집으로 분류하는 일이 이론적으로 정당화되어야 한다는 점이다.
③ 군집분석은 아직도 그 결과를 평가할 통계적 검증이 충분히 개발되어 있지 않다는 한계를 갖고 있다.

4) 컨조인트 분석

상품선택 대안에 선호순위 분석으로 소비자의 속성평가 유형을 유추하고 선호도 예측과 시장점유율 예측까지도 가능한 방법으로 종속변수가 서열척도인 경우 적절하다.

컨조인트 분석의 목적은 상품들의 선호도와 상품선택에 영향을 미치는 속성들의 영향력과 속성들의 관계를 분석하는데 있다. 컨조인트 분석은 상품개발, 포지셔닝, 경쟁분석, 가격전략, 시장세분화 등 전략수립에 주로 활용된다.

(1) 컨조인트 분석효과

① 시장세분화
② 제품의 최적 속성을 결정
③ 매출액 및 시장점유율의 추정
④ 광고 및 커뮤니케이션의 효율화
⑤ 연구대상 제품에 대한 수익성 및 사업성의 분석

(2) 컨조인트 분석 한계점

① 분석 가능한 속성 수에 한계가 있다.
② 스타일 및 내구성 등은 수준을 분리하기가 어렵다.
③ 주요 속성이 1-2개 정도 밖에 없을 경우에는 활용에 제한이 따른다.

④ 면접방법이 1:1 개별면접법등 제한된 방법밖에는 사용이 불가능 하다.
⑤ 의사결정의 오류로 인해 발생하는 리스크가 적은 경우에는 소요되는 비용에 비해 경제성이 적다.

5) 다차원 척도법

조사하고자 하는 대상간의 객관적인 또는 주관적인 관계에 대한 수치자료를 처리하여 다 차원의 공간상에 대상들을 위치적으로 표시하는 통계기법이다.

다차원척도법은 수치적인 자료만으로 알 수 없는 전체적인 관계를 공간상에 표시함으로 용이하게 파악 할 수 있다. 소비자들이 특정한 대상에 어떻게 생각하고 있는지 그리고 그러한 판단의 근거는 무엇인지 파악하는데 적절한 방법이다.

(1) 다차원척도화 목적

① 다차원척도화는 대상들에 대한 전반적인 지각이나 선호라는 단일차원적 자료로부터 그러한 판단의 근거가 되는 차원들을 밝혀준다.
② 응답자가 제공한 단일차원적 자료에 대한 다차원적 모델의 적합정도를 측정한다.
③ 도출된 차원들의 의미를 결정함으로써 각 대상에 대한 응답자들 사이의 지각차이를 해석해 준다.

(2) 가정과 한계

① 많은 사람들은 인지능력의 제한 때문에 적은 수의 차원에 따라 대상들을 지각하며, 더욱이 모든 응답자들이 동일한 차원에서 대상들을 지각하지 않는다.
② 응답자들이 동일한 차원에서 대상들을 지각한다 해도 각 차원에 부여하는 중요도가 다를 것이다.
③ 응답자는 항상 대상들을 동일한 차원에서 지각하지 않으며, 응답자들의 지각도 시간이 지남에 따라 변할 것인데, 다차원 척도화는 특정한 시점의 지각만을 다룬다.
④ 다차원척도화를 위한 자료수집방법과 알고리즘은 다양하게 개발되어 있으며, 선택에 따라서는 결과가 다소 다르게 나타난다.
⑤ 평가대상이 지나치게 적을 때 다차원 척도화는 신뢰도가 떨어지는 반면에 대상이 많다면 응답자의 판단이 곤란하므로 대체로 7-8개 정도의 대상이 적당하다.

제 2 절 가설 검증

1. 가설 설정

시장조사를 실행하려면, 우선 조사하려는 문제의 제기가 선행된다. 이러한 문제를 규명을 위해서 필요한 것이 바로 가설이다. 즉, 조사문제를 체계적으로 해결하기 위한 분석 작업의 시작이 바로 가설의 설정인 것이다.

1) 가설의 개념

마케팅 조사에 있어서, 가설은 아직 검증되지 않은 변수들 간의 관계인 기존의 연구나 관찰된 현상, 개인적 경험 등으로 변수들 간의 관계를 추론하여 정립한 것이다. 다시 말하자면, 참인지 거짓인지를 판단할 수 있어야 하며 이것이 참, 거짓의 여부가 밝혀지면 해결될 수 있는 것으로, 실증적인 확인의 대상이 되므로 매우 구체적이고 현상과 밀접한 관련성이 있는 주장이지만 아직까지 그 진실여부가 확인되지는 않은 사실이라고 할 수 있다. 우선, 가설을 설정하기 전에 조사 문제를 체계적으로 분석해야 한다. 여기서 체계적인 분석이라는 것은 조사문제를 설명하고 있는 용어들에 대해 개념적인 저의를 내리고, 정의된 용어들 간의 관계를 검증 가능한 가설(hypothesis)의 형태로 만들어 이를 검증할 수 있도록 조작적인 정의를 내리는 것이다.

2) 가설의 특성 및 평가 기준

가설은 문제를 해결해 줄 수 있어야 하고, 여러 선행 변수와 결과 변수로 구성되며 그들 간의 관계를 나타내고 있어야 하며, 검증될 수 있어야 한다.

이러한 가설의 평가기준은 다음과 같다.

(1) 가설은 경험적으로 검증할 수 있어야 한다.
(2) 동일 연구 분야의 다른 가설이나 이론과 연관이 있어야 한다.
(3) 가설의 표현은 간단명료하여야 한다.
(4) 연구문제를 해결할 수 있어야 한다.
(5) 가설은 논리적으로 간결하여야 한다.
(6) 가설은 계량적인 형태를 취하든가 계량화할 수 있어야 한다.
(7) 가설검증의 결과는 가능한 광범위하게 적용

2. 귀무가설과 대립가설

귀무가설이란 대체로 모집단내에서 변수들 사이에 관계가 존재하지 않는다거나 두 개 이상의 모집단들 사이에 특성차이가 없다는 명제로 설정되며 통계적 절차를 통해 진실여부가 검증된다. 즉 귀무가설이란 표본조사에서 발견된 변수 간 관계나 표본특성이 단순히 표본오차에 기인하는 것이라 진술하는 명제를 의미한다. 만일 이러한 귀무가설이 허위라면 조사자는 다른 결론을 내려야 할 것인데 귀무가설을 기각하는 대신에 채택하게 되는 결론을 대립가설이라 한다. 일반적으로 귀무가설은 기존에 알려져 있는 사실이 옳다고 주장하는 것이라 할 수 있고 대립가설은 조사자가 새로운 제안이 옳다고 주장하는 것이라 할 수 있다.

[표 8-3] **귀무가설과 대립가설**

항목	의미	사례
귀무가설	기존의 사실로 같다, 차이가 없다, 영향을 마치지 않는다.	평균차이가 없다.
대립가설	새로운 주장의 기술로 다르다, 차이가 있다, 유의하다.	고객들은 A보다 B를 선호한다.

3. 제1종 과오와 제2종 과오

표본조사 결과를 이용하여 모집단의 특성을 판단하려는 조사자는 "이 정도라면……"하고 확률적 귀무가설을 기각하거나 채택할 수 있으며 그러한 판단에 따라 아래 표와 같이 두 가지 유형의 오류를 범 할 수 있다.

[표 8-4] **제1종 과오와 제2종 과오**

표본조사 결과를 갖고 조사자가	모집단에서 자연의 상태	
	H0진실	H0허위
H0 기각할 경우	제1종 과오	올바른 결론
H0 채택할 경우	올바른 결론	제2종 과오

자료: 유동근(2010)

여기서 자연의 상태란 모집단의 실제적 특성을 말하며 전수조사를 실시하지 않고는 100% 정확하게 알 수 없다. 예시의 표본조사에서 썩은 사과가 발견되지 않았기 때문에 조사자가 귀무가설을 채택한다면 올바른 결론을 도달하거나 제2종 과오(실제 썩은 사과 있음)를 범한다. 반면에 표본에 포함되지 않는 나머지 사과 중에 썩은 사과가 있을 거라 생각하여 과감하게 귀무가설을 기각하고 대립가설을 채택한다면 결론에 도달하거나 제1종 과오를 범할 것이다(실제로 썩은 사과 없는 경우).

따라서 표본조사를 통해 귀무가설을 기각함으로써 대립가설을 입증하려는 조사자의 관심은 제1종 과오에 있으며, 조사자가 받아들일 수 있는 제1종 과오의 최대허용범위를 유의수준(significance level)이라고 한다. 즉 유의수준은 조사자가 요구하는 신뢰수준을 지키기 위해 허용될 수 있는 제1종 과오의 최대치이며, (1-요구되는 신뢰수준)으로 계산된다.

4. 가설검증 절차

모집단의 모수에 대한 가설에서 표본으로부터 조사한 결과에 따라 가설을 채택할 것인지를 통계적으로 결정하는 것이다. 가설검증의 절차는 우선 정보욕구를 반영하여 대립가설을 설정하고 가설을 증명하기 위하여 기각용으로 귀무가설을 설정하여 가설검증을 실시한다. 원하는 유의수준을 결정하고 통계적 검증방법을 결정하여 표본자료를 수집하여 검증통계량을 계산한다. 마지막으로 귀무가설에 대한 통계적 결론을 도출한다. 가설검층 절차는 아래와 같다.

1) 가설 설정

현재의 상태로서 진실을 알 수 없는 "모집단내 변수들의 분포특성이나 변수 간 관계에 대하여 검증할 임시적 가정(tentative assumption)"을 가설이라 한다. 가설에는 이제까지 유지해온 시각으로 그것을 변경할 특별한 증거가 없는 한 유지되는 귀무가설과 조사자가 시도해 새롭게 확신하고자 하는 정보용구를 반영한 대립가설이 있다. 조사자는 대립가설설정과 기각용 귀무가설을 설정해야 한다.

2) 유의수준 결정과 P-값

조사자는 기각용 귀무가설을 설정한 후 귀무가설을 기각하기 위한 기준을 설정해야 한다. 조사자가 표본조사 결과를 바탕으로 귀무가설을 기각하고 대립가설을 입증 할 때에는 어느 정도 제 1종 과오를 범할 수 있는데 그러한 과오를 받아 드릴 수 있는 최대 허용범위를 유의수준 이라 한다.

P-값은 모집단 특성에 관한 귀무가설이 진실일 때 조사자가 표본조사에서와 같은 결과 이상으로 극단적인 결과를 얻을 확률을 말한다. 즉 한 번의 표본조사로부터 특정한 결과를 얻었을 때 귀무가설이 진실일 확률이며 유의확률 또는 유의성 수준 이라한다.

3) 검증방법 결정

가설을 검증하기 위하여 조사자가 통계적 검증방법을 결정한다.

[표 8-5] **검증방법]**

검증방법	사용 방법
Z검증	평균가설 검증 : 모집단의 분산이 알려진 경우
T검증	평균가설 검증 : 모집단 분산이 알려지지 않은 경우
F검증	분산분석, 회귀분석 등
χ^2	판별분석, 독립성 검증

4) 기각역 결정

기각역이란 특정한 유의수준에서 귀무가설이 진실일 때 표본조사로부터 조사자가 얻을 수 있는 극단적인 값들의 집합을 말한다. 기각 역은 특정한 유의수준에 해당하는 표의값(임계통계량)(T)을 기준으로 결정되는데 T, 분포를 사용하는 경우에는 양측 끝부분이 기각역이다(그림참조). F분포나 χ^2분포에서는 항상 우측 끝부분이 기각역이 된다.

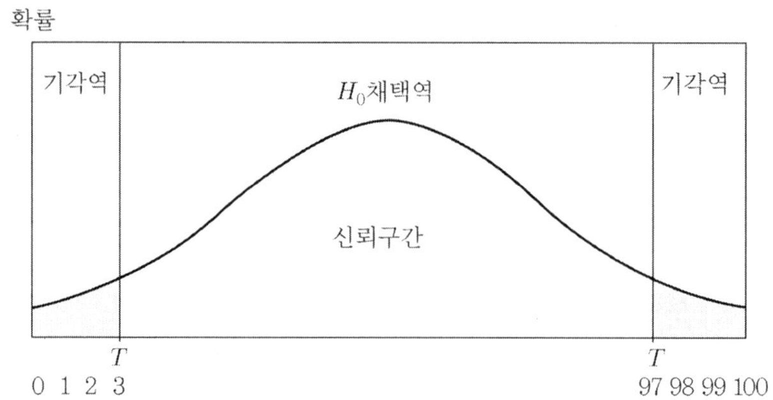

자료: 유동근(2010)

[그림 8-3] **기각역**

5) 통계적 결론

표본조사로부터 검증통계량을 산출 값이 기각 역에 들어오면 귀무가설을 기각하고 채택 역에 들어오면 귀무가설을 채택한다. 조사자가 귀무가설이 진실일 때 검증통계량의 발생확률(P값)을 구했다면 그 확률이 유의수준보다 작을 때 기각하고 유의수준보다 클 때 귀무가설을 채택한다. 즉 다시 정리하면 아래와 같다.

- P값 < 유의수준 일 때 귀무가설을 기각한다.
- P값 > 유의수준 일 때 귀무가설을 채택한다.

제 3 절 분산 분석

1. 분산분석의 개요

분산분석은 계량적 종속변수에 대해 범주적 독립변수가 미치는 효과를 독립변수의 다양한 수준에서 분석하기위한 통계적기법인데 가장 단순한 형태는 두 개 이상의 실험처치로 구성된 범주적 독립변수와 하나의 계량적 종속변수사이의 관계를 다루는 것이다.

마케팅실험의 결과로부터 시험단위가 추출된 모집단 마다 종속변수의 평균이 동일하다는 귀무가설을 검증하기 위해서는 분산분석(ANOVA, analysis of variance)을 적용해야 한다.

1) 분산분석 가정

(1) 모집단의 분산은 모두 같다.
(2) 모집단은 정규분포를 따른다.
(3) 표본은 서로 독립적이다.
(4) 표본은 각 모집단에서 무작위로 추출한다.

2) 분산분석 이론

분산분석은 전체분산을 두 가지 원천으로 분할하여 F값이라고 하는 분산비율을 결정한다. 이때 F값은 실험처치에 기인하는 집단 간 변이와 실험처치로 설명되지 않는 집단 내 변이로 분리하고 각각을 해당하는 자유도로 나누어 각 분산을 계산한 후, 집단 간 분산을 집단 내 분산으로 나눈 값이다(표 8-6 참조).

[표 8-6] 분산

$$F\text{값}\left(\frac{\text{집단 간 분산}}{\text{집단 내 분산}}\right) < \begin{matrix}\text{크다 : 유의적인 차이} \\ \text{작다 : 유의적이 아닌 차이}\end{matrix}$$

만일 모집단 평균들 사이에 진정한 차이가 없다면 F값의 분자는 분모에 비해 상대적으로 작아서 F값도 작을 것이다. 이에 반해 모집단 평균들 사이에 진정한 차이가 있다면 분자가 분모에 비해 상대적으로 커서 F값도 클 것이다.

따라서 조사자는 표본으로부터 계산된 F값(검증 통계량)을 표의 F값(임계통계량)과 비교하여 계산된 F값이 표의 F값보다 크다면 차치집단 평균들 사이에 유의적인 차이가 있으며, 모집단 평균들이 진정으로 다르다는 결론을 내린다.

즉 F분포 표는 동일한 평균과 분산을 갖는 정규모집단으로부터 무작위로 표본을 추출했을 때 특정한 크기 이상의 F값이 얻어질 확률을 보여준다.

2. 분산분석의 종류

1) 일원분산분석(One-Way Anova)

종속변인이 1개이고, 독립변인이 2개 이상인 경우를 말한다.

예 가구교육수준에 따른 교육비 지출 정도의 차이다. 가구교육수준은 독립변인으로 가구 교육수준을 집단화 하여 비교할 때 사용한다.

2) 이원분산분석(Two-Way Anova)

독립변수가 2개 이상일 때 집단 간 차이가 유의한지 검증하는데 활용한다.

이원분산분석은 주 효과 및 상호작용효과를 분석 할 수 있다.

예 학력과 성별에 따른 통신비 차이를 검증한다면 학력과, 성별은 독립변인이고 통신비는 종속변인이다.

3) 다원분산분석(MANOVA)

단순한 분산분석을 확장해서 두 개 이상의 종속변인이 서로 관계된 상황에 적용시킨 것을 말한다. 두 개 이상의 집단 간 차이 검증이 가능하다. 두 개 이상의 종속변수를 하나씩 분리하여 각 종속변수에 대한 단변량 분석을 할 수도 있지만 동일한 응답자로부터 측정한 여러 종속변수의 값들은 대체로 독립적이기 보다는 상관관계를 보이기 때문에 종속변수들의 관찰치 들을 동시적으로 검증하는 것이 바람직하다. 다변량 분산분석은 단변량 분석의 한계점을 극복하고 독립변수가 여러 종속변수들에 대해 미치는 동시적인 효과를 분석하기 위한 것이다. 즉, 다변량 분산분석은 모든 종속변수들 사이의 상관관계를 고려하면서 동시적인 검증을 허용하며, 각 종속변수에 대한 개별적인 단변량 분석들이 상반되는 결론을 야기할 때 전반적인 효과를 검토하는 데 특히 유용하다.

4) 공분산분석(ANCOVA)

다원분산분석에서 특정한 독립변인에 초점을 맞추고 다른 독립변인은 통제변수로 해서 분석하는 방법을 말한다. 특정한 사항을 제한하여 분석하는 것이다.

제8장 통계 분석 연습문제

01. 분산과 표준편차에 대하여 설명하시오.

분산과 표준편차는 모두 평균으로부터 개별관찰치의 편차들을 근거로 한다.

1) 분산

관찰 값들이 평균으로부터 얼마나 떨어져 있는지를 나타내는 값으로 산포도의 측정치중 가장 많이 사용된다. 분포의 평균으로부터 각 관찰치들 의 편차제곱들의 평균으로 정의 된다. 하지만 분산은 편차를 제곱한 형태로 되어있기 때문에 실제 변수 값과 비교가 어렵다.

2) 표준편차

표준편차는 분산의 제곱근을 말한다. 분산은 다소 해석하기가 어려운 측정치이므로 표준편차가 산포도의 측정치로 널리 이용된다. 분산이란 본래 값들에 대해 제곱의 의미를 포함함으로, 분산의 제곱근을 구하여 산포도의 가장 보편적인 측정치인 표준편차로 사용한다. 정규분포로부터 추출된 표본 또는 비정규분포로부터 추출된 대표본의 평균들로 구성된 분포에 있어서 평균에 대해 표준편차가 갖는 관계는 다양한 통계분석의 기초가 되기 때문에 표준편차의 개념이 중요하다.

02. 상관분석에 대하여 설명하시오.

상관분석과 회귀분석은 모두 두 개 이상의 변수사이의 관계를 검토하기위한 분석기법이지만 상관분석은 두 개 이상의 변수들 사이에 존재하는 밀접함의 정도를 측정하는 것임으로 두 측정치 사이의 공통적 변이를 다루며 어느 변수도 독립변수나 종속변수로 규정되지 않는다. 상관분석은 산포도에서 자료들이 얼마나 일직선으로 배열되어 있는가(절대 값의 크기)와 직선의 폭이 얼마나 좁은가(유의성)에 관심을 가진다.

① 단순상관분석: 두 개의 변수에 대하여 연관성을 측정하는 경우

② 다중상관분석: 3개 이상의 변수들 간의 관계에 대한 연관성을 측정

03. 귀무가설과 대립가설에 관하여 설명하시오.

귀무가설이란 대체로 모집단내에서 변수들 사이에 관계가 존재하지 않는다거나 두 개 이상의 모집단들 사이에 특성차이가 없다는 명제로 설정되며 통계적 절차를 통해 진실여부가 검증된다. 즉 귀무가설이란 표본조사에서 발견된 변수간 관계나 표본특성이 단순히 표본오차에 기인하는 것이라 진술하는 명제를 의미한다. 만일 이러한 귀무가설이 허위라면 조사자는 다른 결론을 내려야 할 것인데 귀무가설을 기각하는 대신에 채택하게 되는 결론을 대립가설이라 한다. 일반적으로 귀무가설은 기존에 알려져 있는 사실이 옳다고 주장하는 것이라 할 수 있고 대립가설은 조사자가 새로운 제안이 옳다고 주장하는 것이라 할 수 있다.

04. 용어설명

- 중심경향치
- 회귀 분석
- 컨조인트 분석
- 유의수준

Chapter 09 고객가치 분석

제 1 절 고객관계관리

1. 고객관계관리 의의

고객관계관리(CRM)란 고객에 대한 정보를 활용하여 고객과 관계를 구축하고 강화시켜나가 그들을 평생고객이 되게 함으로써 고객의 생애가치를 극대화하고자 하는 경영방식 또는 철학이라 할 수도 있고, 이 경영방식을 실현할 수 있도록 해주는 기업의 시스템이라고도 할 수 있다.

1) 고객관계관리

(1) 시장점유율 보다 고객점유율에 비중을 둔다.
(2) 고객획득 보다는 고객유지에 중점을 둔다.
(3) 상품판매 보다는 고객관계에 중점을 둔다.

2) 고객관계관리 등장배경

(1) 시장의 변화

생산자 위주 시장인 소품종대량생산에서 구매자 중심의 다품종 소량생산으로 변화되었다. 구매자 위주의 시장에서 고객들은 개개고객의 선호와 욕구에 적합한 상품과 서비스를 추구함으로 매스마케팅으로는 더 이상 기대를 충족시킬 수 없게 되었다. 그러한 이유로 고객정보를 기반으로 한 CRM도입하게 되었다.

(2) 컴퓨터 및 IT의 급격한 발전

기술의 발전은 고객과 시장의 정보를 기업에 신속하게 제공하고 기업은 고객데이터를 과학적인 분석기법으로 처리, 고객 및 시장에 다양한 방법으로 이용 할 수 있게 되었다. IT의 발전은 CRM도입을 가능하게 하는 환경을 조성하였다.

(3) 고객의 변화

1990년대 후반부터 치열한 시장경쟁으로 고객도 언제든지 경쟁사로 이동이 가능하고 고객들이 갖고 있는 기대와 욕구가 다양화 되는 환경이 되었다. 이러한 변화에 기업은 고객의 기대와 요구에 부응하며 경쟁우위를 확보하기 우하여 CRM전략을 도입하였다.

(4) 마케팅커뮤나케이션의 변화

고객의 다양성과 시장세분화로 뚜렷이 차별화되지 못한 획일적인 메시지를 불특정 다수의 고객에게 전달하는 광고는 더 이상 효과적이지 못하다. 광고의 효율을 증가시키기 위하여 목표고객설정과 타겟마케팅이 필요하게 되었다. 즉 고객들과 장기적인 관점에서 관계유지 활동을 하는 것이 광고효율화의 한 방향이다.

<고객 관계관리 등장 배경>

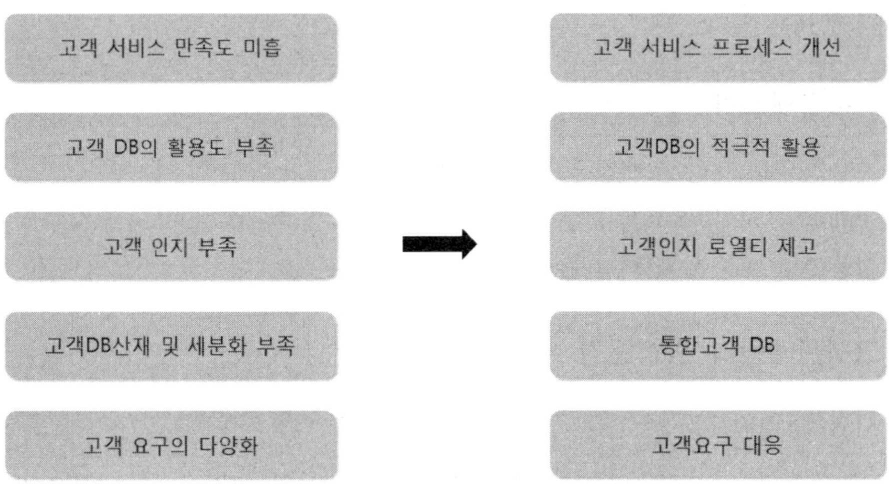

[그림 9-1] **고객관계관리 등장배경**

2. 고객관계마케팅

1) 관계마케팅개념

기업 간 경쟁이 치열해짐에 따라 기업들은 새로운 고객을 창출하는 것보다 기존고객들을 어떻게 유지하고, 이들에게 얼마나 더 많은 투자를 할 것인가에 대해 더욱더 관심을 기울이고 있다. 이러한 목표를 수행하기 위해서는 결국 고객과의 장기적 우호관계가 필수적이다. 관계마케팅은 고객의 정보를 집계하고 분석하여 고객관계를 구축, 유지, 고양시키며 이를 통하여 관여하고 있는 각 이해관계자들의 목적을 달성하는 것으로 상호교환과 약속이행을 하는 것이라 할 수 있다.

2) 관계마케팅의 목표

(1) **고객의 획득** : 관계마케팅을 실시하면 구전효과에 의한 신규고객의 유치가 용이하며 이렇게 유치한 고객은 장기적인 고객이 될 가능성이 크다.

(2) **고객의 관계유지** : 고객이 기업과 관계를 맺게 되면 상품, 서비스, 가치를 지속적으로 제공하면 고객은 계속적인 관계를 유지하려고 한다.

(3) **관계의 강화** : 고객관계강화의 목표는 충성고객을 통하여 보다 많은 상품과 서비스를 구매하기 하는데 목적이 있다. 충성고객은 확고한 고객기반과 성장의 잠재력 척도이다.

3) 관계발전단계

(1) 관계 인지단계

판매원이 고객을 인식하거나 고객이 판매원을 적당한 교환상대로 인식하는 단계

(2) 관계분석단계

시험적으로 또는 분석적으로 잠재적인 교환상대를 찾는 단계

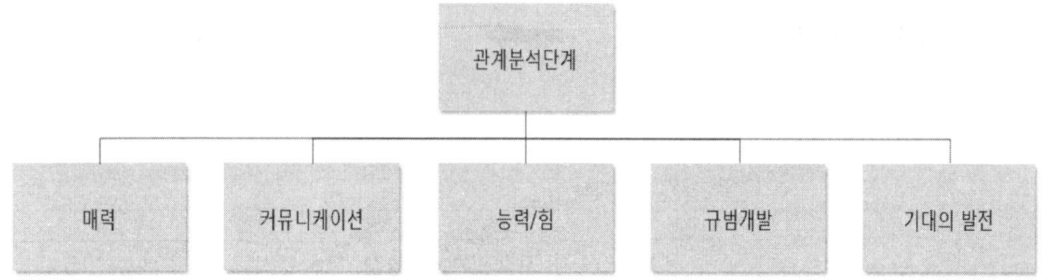

[그림 9-2] **관계분석단계**

(3) 관계확정단계

관계의 이해당사자가 상대방의 역할 수행과 그 결과에 만족하여 기존의 관계가 확장되고 발전하는 단계

(4) 관계 강화단계

교환과 상호간의 임시적이든 암시적이든, 묵시적이든 관계의 지속성이 있는 단계

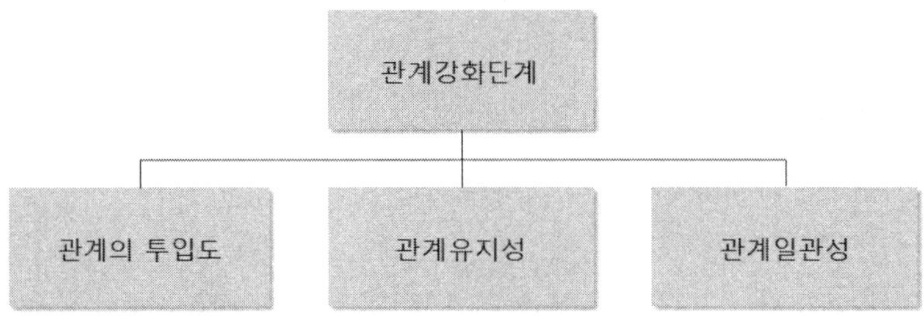

[그림 9-3] **고객강화단계**

(5) 관계해지단계

해지란 상호간의 관계가 단절되는 것을 말한다. 관계해지는 한쪽이 다른 편에 대하여 불만을 평가하는 내부의 심리적인 상태가 주요한 원인이다.

4) 관계마케팅의 전략

(1) 고객관계의 점검

고객과의 관계가 어떠한지 점검하고 평가하기 위한 모든 수단을 강구하는 것

[그림 9-4] **고객관계의 점검**

(2) 관계전략의 3단계

① 1단계 : 재정상의 인센티브로 장기고객 ,대량고객에게 저가격부과

② 2단계 : 재정적인 인센티브에 사회적인 연대구축으로 고정고객으로 간주하고 고객의 니즈와 욕구파악을 통하여 지속적 관계유지

③ 3단계 : 재정적인 인센티브 ,사회적 연대, 구조적 연대를 추구하는 단계이다.

[표 9-1] **고객관계전략 3단계**

단계	결속의 유형	마케팅 지향	서비스 정도	마케팅 믹스 요소	차별화 가능성
1	재무적	고객	낮음	가격	낮음
2	재무적/사회적	고정고객	중간	인적 커뮤니케이션	중간
3	재무적/사회적/구조적	충성고객	높음	가치 커뮤니케이션	높음

3. 마케팅 PR

1) 통합 커뮤니케이션

(1) 마케팅패러다임변화

소비자들의 교육수준향상과 라이프스타일의 다양화, 유통업자의 지배력 강화, 다양한 커뮤니케이션의 발달로 마케팅환경이 급변하고 있다. 이러한 환경변화로 제조업자 중심의 시장에서 고객주도의 시장으로 변화되는 시대에 종전의 마케팅과는 다른 새로운 마케팅의 대전환이 요구된다. 즉 고객에 대한 파악과 반응중시, 개별소비자의 의견중시, 고객과의 관계구축 등이 중요시 되고 있다.

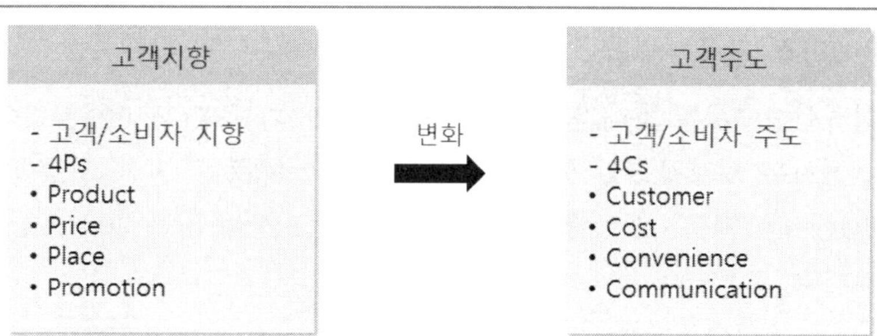

[그림 9-4] **마케팅 환경변화**

환경의 변화로 부수적인 기능으로 여겨졌던 판촉, DM등을 비롯한 커뮤니케이션 도구들의 통합운영이 요구되어지고 있다. 즉 통합적 커뮤니케이션이 요구 되고 있다. 통합적 커뮤니케이션은 광고, 직접반응, 프로모션, PR 등 다양한 커뮤니케이션 도구들의 전략적인 역할을 평가하는 포괄적 계획의 부가적 가치를 인식하고, 커뮤니케이션 도구 들을 통합함으로써 명확하고, 지속적이며, 극대화된 커뮤니케이션 효과를 제공하는 마케팅이라 할 수 있다. 이러한 통합적 커뮤니케이션이 가능하게 된 것은 데이터사용비용의 하락, 대중매체의 비용증가, 매체의세분화, 소비자 세분화, 유통업자의 시장지배력 강화 등이라 할 수 있다.

(2) 통합커뮤니케이션

통합커뮤니케이션은 장기간에 걸쳐 고객 및 잠재고객의 다양한 설득적인 커뮤니케이션 프로그램을 개발하고, 실행하는 과정이다. 통합커뮤니케이션의 목표는 목표고객의 행동에 영향을 주거나 직접적인 행동을 유발하는 것이다. 또한 통합커뮤니케이션은 고객이나 잠재고객이 제품이나 서비스와 관련하여 메시지를 습득 할 수 있는 잠재적인 수단으로서의 브랜드나 기업에 대한 모든 접촉 요소들을 고려한다. 더욱이, 통합적 커뮤니케이션은 고객이나 잠재고객에게 관련되고, 수용될 수 있는 모든 커뮤니케이션 도구들을 이용한다.

(3) 통합적 커뮤니케이션 특징

① 소비자 주도

종전의 커뮤니케이션은 생산자 중심에서 소비자를 대상으로 하는 시각이었다. 그러나 통합커뮤니케이션은 소비자로부터 접근을 시도하는 것이다. 마케터들이 고객의 정보를 바탕으로 고객의 구매경향을 알게 되고 고객의 정보습득 방법을 알게 된다. 통합적인 커뮤니케이션에서는 고객을 중심으로 수립되어진다.

② 테이타베이스 활용

통합커뮤니케이션에서는 소비자 행동에 관한 데이터가 중요시 된다. 데이터베이스는 고객을 이해하는 정보창고의 역할을 한다. 소비자 행동에 관한 정보와 데이터는 시장에서 고객에 관한자료, 고객에 대한 서비스자료, 고객에 대한 판매자료, 협력업체에 관한 자료들로 구성된다.

③ Two-way커뮤니케이션

소비자 대상의 마케팅에서 일방적인 커뮤니케이션은 더 이상 효과를 발휘되기가 어려워졌다. 판매자는 고객에게 좀 더 귀를 기울어야 하며, 고객과 상호 정보를 교환 할 수 있는 양방향 커뮤니케이션을 해야 한다. 양방향 커뮤니케이션은 상호가치가 있는 정보교환과 상호작용을 통해서 판매자와 소비자 간에 관계를 우호적으로 형성 시킬 수 있다.

2) 마케팅PR

신뢰할 수 있는 커뮤니케이션과 정보제공을 통해서 소비자의 구매를 촉진하고 소비자 욕구 충족을 위한 프로그램을 계획, 집행, 평가하는 과정을 마케팅 PR이라 한다.

(1) 마케팅PR의 목적

① 상품, 서비스 인지도 상승
② 특정한 상품과 서비스의 정보제공 및 교육
③ 상품과 서비스에 호의적 태도와 기업에 대한 신뢰도추구 병행

(2) 마케팅과 마케팅PR의 비교

[표 9-2] **마케팅과 마케팅PR 비교**

	마케팅	마케팅PR
주요관심	상품판매 및 서비스 이용	전반적 여론 지지
목표	시장점유율	공유
대상	소비자/ 고객	기업과 관련된 이해관계자
전략	소비자 전략 - PULL, PUSH, PASS	다양한 이해관계자와 관계증진

(3) 마케팅PR전략

① news
신제품출시, 구상품과 차별화 전략 등

자료: 헤럴드경제(2016)

[사진 9-1] **이마트 노브랜드 마케팅**

② 공익마케팅전략

사회문제를 기업의 자선활동 및 공익프로그램과 연계를 통한 마케팅 PR

예 기업의 사회봉사, SK자녀 안심하고 학교보내기 등

자료: 뉴시스(2015)

[사진 9-2] 사회봉사캠페인

제 2 절 고객가치 분석

1. 고객가치관리

고객가치 관리는 고객의 가치가 다른 고객을 차별화하여 관리하는 것을 말 한다. 고객이 기업에 기여하는 경제적인 가치의 정도에 따라 자원을 할당 하는 것이다. 여기서 중요한 점은 고객이 기업에 기여하는 가치를 계산하는 방법이 중요하다.

1) 전통적 가치 척도

가장 일반적으로 시장점유율을 통하여 가치를 평가 했는데 개별고객에 대한 정보가 없다는 것이다. 그리고 매출액 증감척도도 경쟁상의 매출액 비교와 소비자 수 의 증감은 파악 되지 않는다.

2) 지갑점유율(Size of wallet)

고객중심적인 가치 척동의 방법으로 고객의 정해진 범주에 지출한 총액을 화폐 단위로 나타내는 방법이다.

$I=$ 기업

$SI=$ 기업 I의 특정고객에 대한 매출액

$$= 100 \times \sum_{I=1}^{I} SI$$

3) 고객 활동 척도

기업의 목표된 잠재고객에서 소비자로 전환되는 획득율과 그 비용을 기반으로 관리하는 것이다.

(1) 획득율

$$= 100 \times \frac{\text{획득된 잠재고객}}{\text{목표 잠재고객}}$$

(2) 획득비용

$$= \frac{\text{고객 획득 비용}}{\text{획득된 잠재고객수}}$$

(3) 유지율과 이탈율

이전기간과 비교하여 현재 구매를 지속 하는 평균적인 비율과 이탈하는 비율이다.

4) RFM 분석과 고객 생애가치 평가

(1) RFM분석

RFM분석은 최근구매일(Recently), 구매빈도(Frequency), 구매금액(Monetary value)을 측정하여 고객을 평가하는 것을 말한다.

(2) 고객생애 가치(Customer lifetime value)(LTV)

고객 생에 가치는 고객과의 관계를 통하여 나오는 미래 현금흐름의 현재 가치를 평가하는 것이다.

고객 생애가치는 고객이 자사에 전 생애에 걸쳐 제공하는 이익을 현재가치로 환산한 개념으로 잠재적이고 변화하는 개념으로 현재 실현된 가치와 잠재적인 가치로 구분하여 이해하여야 한다.

고객의 LTV = 실현가치 + 잠재가치

고객의 잠재가치를 추정하는 것이 중요한 개념인데 잠재가치의 추정은 마케팅관리자의 현재가치를 분석에 의해 이루어짐으로 현재가치가 파악이 유용하다. 즉 기존고객의 자료 분석을 통하여 일정한 규칙이나 상관관계 분석을 실시하여 미래의 행동을 예측하는 것이다.

2. 로열티프로그램

소매업에서 고객충성프로그램은 1990년대 후반부터 학계의 폭발적인 관심이 증대되었다. 로열티프로그램은 이미 알고 있는 고객을 상대로 지속적인 마케팅 교환을 강화하고 유대를 형성하고자 브랜드 화된 제품과 서비스를 개별적으로 전달하면서 고객가치를 증대시키는 관계마케팅 활동이다. 로열티프로그램은 다양한 분야에서 고객에게 혜택을 제공하면서 기존고객을 유지하고 반복구매율 증대를 위한 전략의 일환으로 마일리지, 캐시 백포인트, 가격할인, 인센티브제공 등 눈에 보이는 혜택을 보상으로 제공하고 있으며 고객의 구매활성화와 고객 애호드를 강화시킨다. 즉 고객충성프로그램은 반복구매에 기초하여 고객에게 보상을 제공하는 마케팅이라 할 수 있다.

1) 스탬프제도

일정구입 금액에 상당하는 스탬프를 모아서 제시하거나 송부하면 준비된 경품이나 사은품을 받을 수 있는 제도이다. 스탬프 카드를 이용하여 구매 액에 따라 보너스 점수를 부여 재방문 수요를 창출하는 방법으로 우수 고객인 단골고객을 증대시키는 단순한 고객관리 프로그램이다.

2) 회원제도

상품구입자를 대상으로 여러 가지 혜택을 얻을 수 있는 회원제도에 가입함으로써 고객을 고정화 시키는 제도이다. 회원제도는 시장세분화를 통하여 우수한 목표고객을 확보하고 매출을 증대시키는 방법이다. 그리고 회원고객의 구매데이터는 보다 발전된 고객 관계 관리의 기초가 된다. 고객관계관리는 가장 가치 있는 고객을 찾아내고 충성도를 높이기 위한 기업의 전략, 프로그램, 시스템의 집합이라 할 수 있다. 회원제도는 샌드위치 가게의 보너스 카드와 같은 간단한 형태부터 항공사, 해롯 같은 백화점이 사용하는 복잡한 프로그램까지 다양한 수준으로 전개 될 수 있다.

3) 우수고객 우대

20%의 우량고객이 80%의 매출을 점유 한다는 주장이 있다. 이는 파레토의 법칙에서 유래한 것으로 일반적으로 기업에서 전체 수익 중 80%를 20%의 고객이 제공 한다는 의미이다. 그러므로 우수한 20%의 고객관리의 중요성이 대두되는 것이다. 20/80법칙은 이탈리아 경제학자인 빌프레도 파레토(Vilfredo Pareto)가 처음으로 발견했다. 파레토는 19세기 영국의 부와 소득의 유형을 연구하던 중 소수의 인원이 대부분의 소득을 올리는 부의 불평등 현상을 발견했다. 그는 인구의 비중과 그들이 소유하는 부 혹은 소득은 일정한 비율이 존재 한다는 사실과 이 사실이 어느 나라 시대에도 불균형의 패턴이 동일하다는 것이다.

파레토의 법칙을 응용한 20% 우량고객의 집중관리로 마케팅을 실시하는 것이 성공적인 마케팅을 수행하는 지름길이라 할 수 있다. 100%의 고객에게 마케팅을 실시할 경우 비용과 자원의 낭비가 초래 될 수 있다. 하지만 20%의 핵심고객에게 충분한 노력과 비용을 투입한다면 기대이상의 성과를 창출 할 수 있다. 그래서 마케팅 담당자들은 20%의 핵심고객에게 자원과 비용을 투입하여 성과를 극대화 하는 것이 필요하다. 20/80법칙을 토대로 기업은 마케팅에 중점을 두고 진체 고객 중 20%의 고객에게 집중하여 핵심고객이 만족하는 마케팅을 실시하는 것이 고객의 로열티와 수익을 증대시키는 것이 된다.

4) 포인트 프로그램

고객보상(로열티) 프로그램으로서의 포인트 적립 프로그램은 원래 단독 마일리지 형태로 시작되었으나 포인트 소비의 범용성이 높아지면서 , 제휴 마일지를 거쳐 통합 교환 마일리지 형태로 발전되어왔다(신영식 외, 2011).

대부분의 브랜드는 호환성이 없는 개별 포인트 프로그램을 운영함으로 포인트로 해당브랜드에서만 적립과 소진이 가능하다. 이 경우 소진 가능한 수준까지 포인트를 적립하려면 오랜 시간이 소요됨으로 포인트 활용이 적립에 비해 매우 미약해진다. 하지만 통합포인트카드는 동일 기업 내 다수의 브랜드의 통합 또는 이종기업간의 제휴로 형성되므로 단일브랜드 프로그램에 비하여 적립 및 소진처가 다양하다. 따라서 사용가능한 최소적립액에 도달하는 시간 즉 이익실현시점이 빨라지며, 소진이 더욱 편리해진다는 장점이 있다. 성공적인 포인트 프로그램은 충분한 수의 고객이 해당 프로그램을 채택하고 고객카드를 지속적으로 이용하는 것이다. 고객 포인트 프로그램이 제대로 작용하는 것은 프로그램 설계에 의하여 달려있다 할 수 있다. 이는 프로그램 설계가 포인트 프로그램의 효율성과 효과에 직접적인 영향을 미치기 때문이다(표 9-3 참조).

[표 9-3] **포인트 프로그램 설계**

항목	구분	세부내용
보상구조	보상	- 실제적 보상 : 가격할인, 프로모션, 샘플제공 - 추상적 보상: 특별한 지위부여 등 심리적 보상
	보상율	- 특정소매점 이용 시 보상액, 평균적으로 1%의 보상율이 주로 이용된다.
	보상단계	- 누적구매실적 관계없이 일정률 적립법과 누적금액에 따라 차등 적립 방법이 있다.
	변제시기	- 보상이행시기(5천 포인트 적립시 사용가능 등)
스폰서십	스폰서십	- 자사소매점 거래 시 반영 혹은 제휴업체 적립가능 등 스폰서십에 차이를 둘 수 있다.
	소유권	- 누가 충성프로그램을 소유하는가의 문제를 결정한다.

(1) 통합 포인트 카드프로그램

단일브랜드의 고객보상프로그램에서 다수브랜드의 통합프로그램으로 발전된 경우를 보면 동일기업내의 브랜드를 통합하는 경우와 기업집단 내 독립법인간의 통합이

[표 9-4] **그룹별 통합포인트카드**

카드명	ONE CARD	HAPPY POINT	GS POINT	롯데맴버스
기업집단	CJ	SPC	GS	LOTTE
참여사	그룹내 5개사 15개 브랜드	그룹내 3개사 5개 브랜드	그룹내 3개사 외부제휴사	그룹내 15개사 외부제휴사
주요 사용처	영화관, 온라인 쇼핑몰, 베이커리,커피숍	베이커리,커피, 아이스크림	주유소, 홈쇼핑, 리테일	백화점, 할인점, 온라인 쇼핑몰
적립율	0.5-5%	5%	0.3-1%	0.1-1%

자료: 신영식 외(2011)

있다. 그룹사의 경우 동종내지 유사업종간의 통합에서 전혀 성격이 다른 업종간의 통합까지 다양한 형태의 프로그램을 운영하고 있다(표 9-4 참조).

(2) 롯데맴버스제도 사례

① 롯데맴버스카드

롯데그룹내의 포인트를 하나로 통합하여 사용 할 수 있는 제도로 롯데 맴버스 회원이 되면 하나의 카드로 모든 제휴사의 포인트를 통합하여 어느 곳에서나 사용 할 수 있는 맴버스 카드이다

② 가입조건

만14세 이상(외국인 가능)

③ 통합 포인트 적립 및 사용기준

대개의 경우 1천 원당 5점 적립(계열사 및 현금 카드구분가능)

적립 포인트 5,000점 이상 시 맴버스제휴사 어느 곳에서나 사용가능

- 10포인트 단위 사용가능
- 백화점 포인트 1만 포인트 넘어야 롯데 포인트로 합산가능

④ 제휴사 및 운영사

롯데그룹 23개 회사 / 롯데카드사 운영

(3) 포인트 카드효과

포인트 카드 통합의 주요목적은 신규고객 유입, 교차판매유도, 추가구매증대, 기존고객이탈 방지를 목적으로 실시하며 통합커뮤니케이션 활동으로 인한 인지도 향상 및 비용효율화의 개선 등의 효과가 있다(표 9-5 참조).

[표 9-5] **포인트 카드 효과**

항목	효과
고객 충성도제고	태도적인 충성은 고객이 브랜드나 소매점에 우호적이고 잠재적으로 가지는 믿음과 태도이다. 행동적인 충성은 반복적인 구매이다. 포인트 프로그램은 보상과 보너스로 고객을 유인하여 충성을 강화하는 효과가 있다.
수익성 창출	수익성의 창출은 포인트 프로그램으로 고객구매행동에서 발생하는 결과이다. 구매량, 구매빈도가속화, 고객지출에서 자사 소매점이 차지하는 비율, 고객유지 등으로 측정이 가능하다.
손익 개선	포인트 프로그램은 지속적인 이익을 창출해 준다고 할 수 있다.

3. 쇼퍼 인사이트 분석

1) 쇼퍼마케팅

(1) 쇼퍼(상품 구매자)

소비자를 제품 사용자(User)와 구매자(Shopper)로 구분하여 이해하고 그 이해를 바탕으로 마케팅 및 소매점 전략을 수립하는 것이 필요하다. 이제는 사용자인 소비자에서 구매자인 소비자를 구분하고 쇼퍼인 소비자를 위한 가치를 설계하고 제공하는 것에 마케팅의 초점을 맞출 필요가 있다.

쇼퍼를 주목하는 이유는 사용자와 쇼퍼를 다른 존재로 파악하는 것이 중요해졌고 필요한데 사용자와 쇼퍼의 차이는 두 가지 관점에서 분석된다.

① 물리적으로 다른 경우이다.

예 주부의 아이들 간식 구매 / 남편이 마실 맥주 구매 등

② 동일한 소비자라도 사용자 측면과 쇼퍼의 측면이 심리적으로 다른 경우이다.

(2) 쇼퍼마케팅

소퍼마케팅은 소비자를 구매자 즉 쇼퍼로 이해하여 마케팅 전략을 세우는 것이다. 미국의 식료품마케팅협회(Grocery Marketing Association)는 쇼퍼마케팅에 대해 다음과 같이 정의하고 있다. "쇼퍼마케팅이란 쇼퍼를 사로잡아 구매하도록 만드는 모든 마케팅 활동을 말한다. 이는 쇼퍼의 행동에 대한 깊은 이해를 바탕으로 하며 브랜드 자산을 구축 할 수 있도록 디자인 된다." 쇼퍼마케팅은 마케팅 대상을 소비자에서 쇼퍼로 정의 하는 것이다. 이런 점에서 쇼퍼의 활동공간인 유통현장의 점포에서 실시되는 마케팅이 어느 때보다 중요한 시점이 되었다.

쇼퍼 마케팅 기존의 소비자 대상 마케팅과 다른 점은 첫째 대상의 변화이다. 소비자는 사용자로 간주하여 사용자인 소비자에 초점을 맞추었던 것에서 구매자인 쇼퍼로 마케팅 대상의 변화이다. 쇼퍼인 소비자를 대상으로 하는 마케팅은 사용자인 소비자를 대상으로 한 마케팅과는 확실하게 다르다 할 수 있다. 둘째는 시점의 변화이다. 기존에는 물리적인 측면에서 점포가 구매에 미치는 영향을 분석해 왔다. 점포에서 쇼퍼로 시점을 이동하게 되면 점포 중심 사고에서 쇼퍼의 행동과 심리를 중심으로 새로운 발상의 전환이 요구된다.

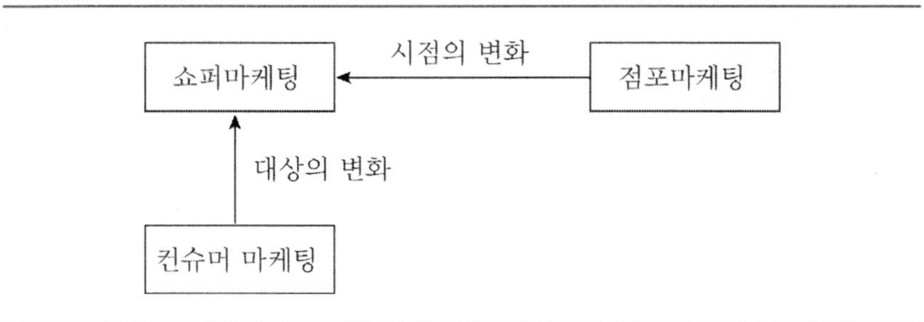

자료: 김낙회(2012)

[그림 9-5] **쇼퍼마케팅의 차이점**

2) 쇼퍼 인사이트 분석

쇼퍼인사이트는 소비자를 구매자 즉 쇼퍼로 바꿔 구매하는 장소인 매장에 초점을 맞추는 것이다. 매장에서 쇼퍼의 행동과 구매 시의 쇼퍼의 생각에 주목한다. 쇼퍼 인사이트 분석목적은 쇼퍼의 욕구와 구매패턴을 파악하여 마케팅에 반영하는 것이다. 점포에서 쇼퍼의 행동과 심리를 분석해서 전략을 수립하는 것이다.

(1) 쇼퍼의 행동파악

쇼퍼의 행동에는 점포 안으로 입점하면서부터 하는 행동, 즉 어떻게 점포를 돌아다녔는지?, 정보획득과 방문매장은 어디인지?, 어떤 상품을 구입했는지 등 매장 안에서 발생한 모든 행동이 포함된다. 쇼퍼의 점포 내에서 행동은 매장 내 모든 접점이 된다(그림 9-6 참조).

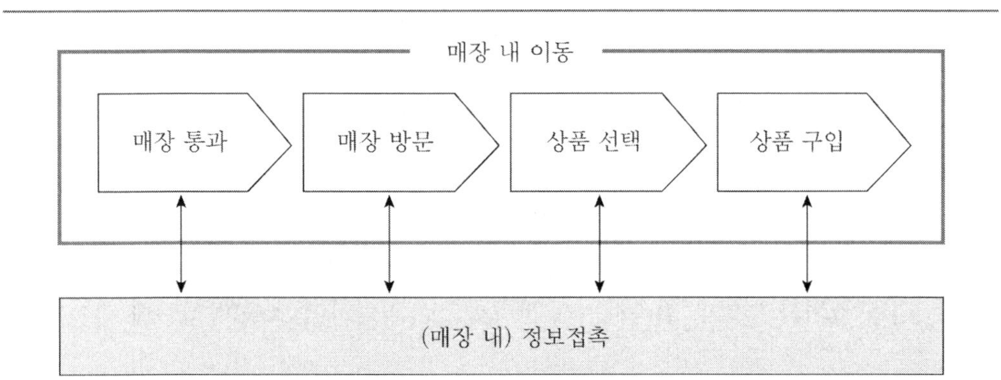

자료: 김낙회(2012)

[그림 9-6] **쇼퍼의 행동을 파악하는 시점**

① **점포 내 이동 동선 파악** : 점포 내 고객의 이동 동선을 파악한다. 고객의 이동유형을 정리하는 것이다.

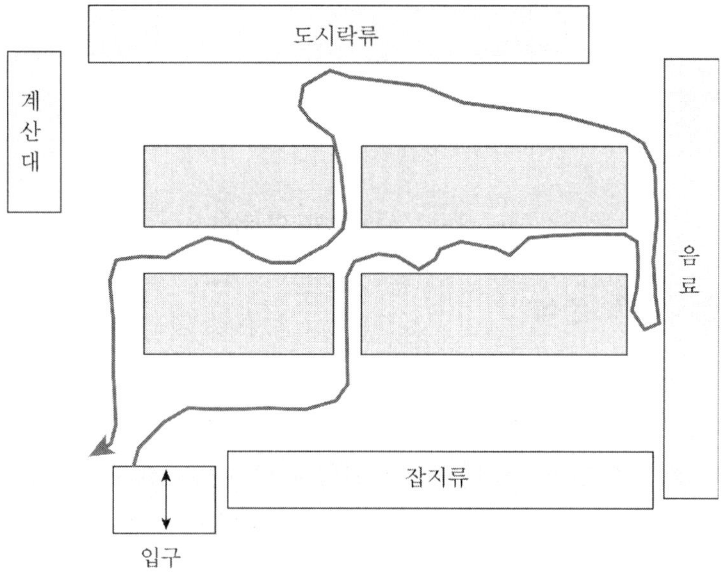

자료: 김낙회(2012)

[그림 9-7] **점포배치도와 고객동선**

② **매장접근 분석**: 전체행동을 분석한 후 개별 매장별로 쇼퍼를 파악하는 것이다. 매장별로 고객 통과율이 높은지 매장의 과제를 해결하는데 필요하다.

③ **매장체류시간 분석**: 쇼퍼는 관심이 있는 매장에 장시간 체류하게 된다. 매장체류분석은 관심 있는 매장과 지나가는 매장의 구분이 가능하다.

④ **상품선택**: 쇼퍼는 체류한 매장에서 상품을 선택한다. 실제로 상품의 선택행동으로 측정이 가능한 것은 손으로 집어 들었는가 아닌가 이다. 선택자료는 구입과 선택의 차이를 파악 할 수 있다.

⑤ **상품구입 분석**: 쇼퍼가 매장내 구입한 상품을 파악한다.

⑥ **정보접촉 분석**: 눈과 귀를 통해 정보를 접촉하는 행동을 분석한다. 매장커뮤니케이션을 쇼퍼가 얼마나 접촉하는지 정량적으로 파악하여 효율화 하는데 활용된다.

(2) 행동관찰

쇼퍼의 행동관찰은 단지 막연하게 보는 것만으로는 다양한 느낌을 얻기 힘들다. 명확한 관점을 가지고 관찰하여 다양한 결과를 얻을 수 있다. 익숙한 매장이라도 어린

아이가 처음 보는 듯한 관점에서 바라보며 의식적으로 다양한 측면에서 관찰하여야 한다. 행동관찰의 순서는 아래와 같다(그림 9-8, 표 9-6 참조).

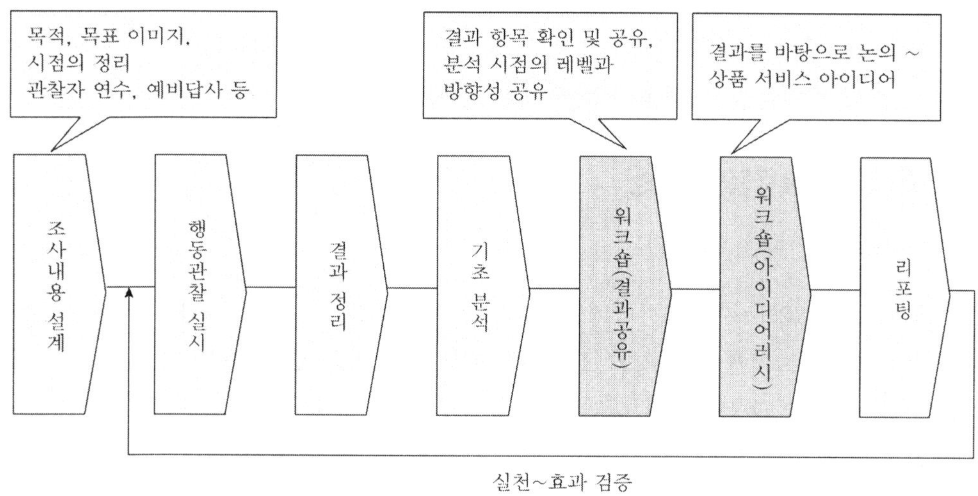

자료: 김낙회(2012)

[그림 9-8] **행동관찰의 흐름**

[표 9-6] **행동관찰 방법**

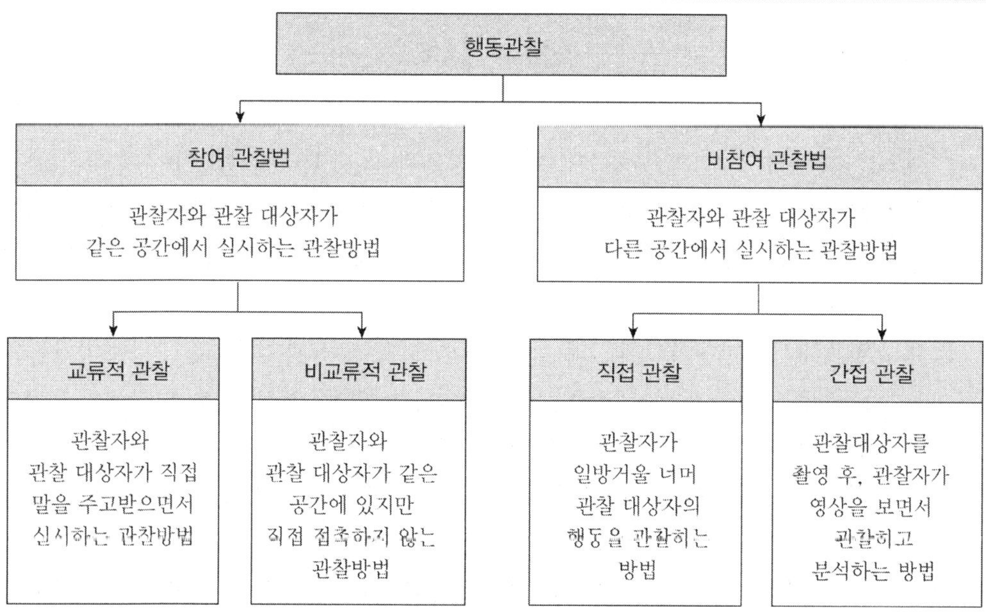

자료: 김낙회(2012)

① **관찰내용 설계**
② **행동관찰 실시**: 행동관찰 방법은 행동관찰조사, 매장 내 인터뷰, 비디오 조사 등이 있다.
③ **결과정리 및 기초분석**: 관찰실시 후 수집한 정보를 정리한다.
④ **워크숍**: 기초분석 후 이해관계자로 구성된 워크숍을 실시한다.
⑤ **실천 및 효과검증**: 행동관찰 조사에서 얻은 결과를 실천하여 검증과정을 거친다.

3) 쇼퍼인사이트분석 활용

(1) 점포커뮤니케이션 활용

① **점포 커뮤니케이션 방법**: 매장방문 전 브랜드 결정상품과 매장에서 브랜드 결정하는 상품의 비율을 고려한 점포 내 소구 포인트를 달리한다.
② **카테고리별 차별화된 커뮤니케이션**: 작은 POP는 쇼퍼가 상품주변에 흥미를 갖지 않으면 의미가 없다. 목적구매 품목은 작은 쇼카드로도 충분한 설명이 가능하다. 점포커뮤니케이션은 단순한 POP설치만을 의미하지 않고 고객의 행동을 주의 깊게 관찰하여 카테고리마다 다른 커뮤니케이션 방법을 활용해야 한다.
③ **상황에 적합한 커뮤니케이션**: 매장에서 쇼퍼가 관심을 가지도록 하는 SIGN형 POP와 일단 관심을 갖게 한 후 상품설명을 천천히 읽고 이해시키는 커뮤니케이션형 POP를 상황에 맞게 사용해야 한다.

(2) 우수쇼퍼 관리

① FSP(Frequent Shopper Program): FSP는 회원카드를 이용하여 고객을 관리하는 제도를 뜻하는 것으로 1980년대 미국항공업계의 마일리지카드에서 유래되었다. POS자료에 고객을 식별 할 수 있는 정보를 덧붙인 고객 자료를 말하며 고객들이 계산할 때 카드를 제시하면 구매시점의 정보에 고객의 ID가 주어지는데 이것이 FSP자료다.

예 일본에서 8천개이상의 점포를 운영하고 있는 세븐일레븐은 각 소비자들의 쇼핑목록을 스캔하여 정보를 수집한다. 이렇게 수집된 정보는 인공위성과 인터넷을 통해 본사로 전송되며 본사에서는 수집한 정보를 지역별, 제품별, 시간별로 분리한 후 다음날 아침 모든 점포와 공급자들이 이 정보를 열람할 수 있도록 한다. 점포에서 패스트푸드와 신선식품은 하루에 3회 주문되고 가공식품은 일주일에 3회 주문하는데 이 때 이러한 쇼퍼의 구매정보가 반영된다.

② **FSP(Frequent Shopper Program)자료 활용**: 소매업체에서 FSP자료를 활용하여 경쟁우위를 하려는 전략적 수단으로 이용하고 있다(FSP자료 활용유형). 활용정도에 따른 단계는 카드회원구축, 우수고객식별, 우수고객 관리 단계와 제품판촉과 소매점 매장 MD에 적용하는 단계로 구분하여 이해 할 수 있다(그림 9-9 참조).

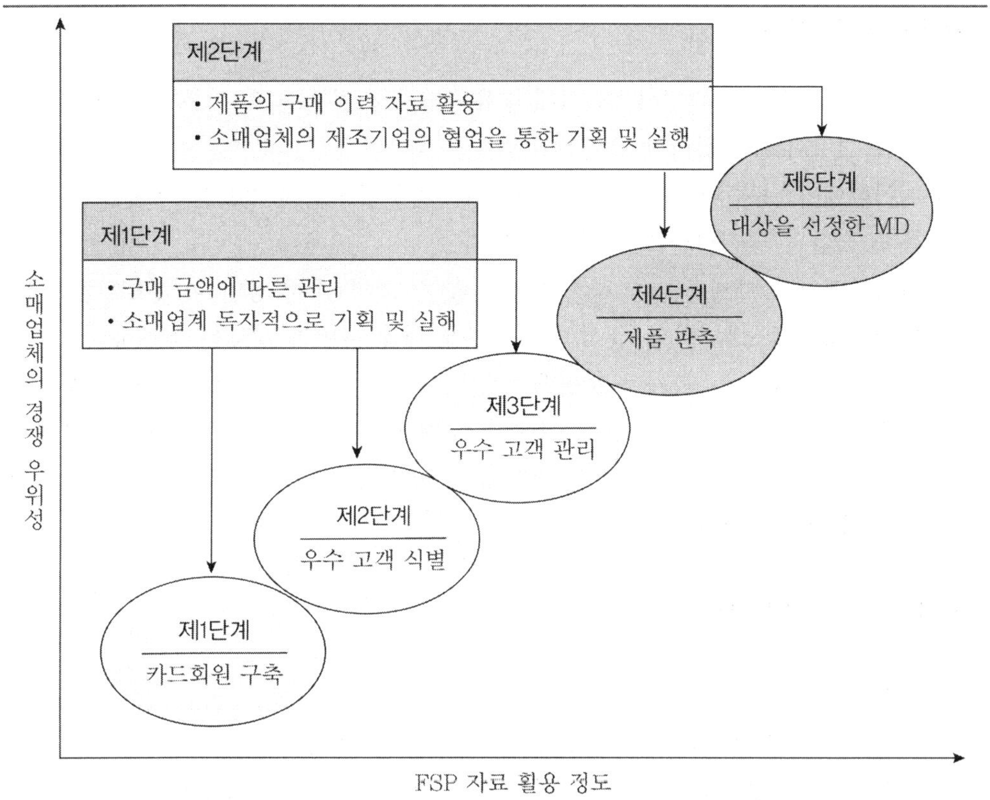

자료: 김낙회(2012)

[그림 9-9] FSP 자료의 활용 유형

제 3 절 데이터베이스(Database)와 이 시알엠(e-CRM)

1. 데이터베이스(Database)

1) 데이터베이스 개념

(1) 데이터베이스는 여러 사람에 의해 공유되어 사용될 목적으로 통합·관리되는 정보의 집합이라고 정의할 수 있다.

(2) 데이터베이스는 정리된 데이터들을 조합·가공함으로써 정보를 생산할 수 있도록 조직화된 데이터들의 집합을 말한다.

(3) 데이터베이스 마케팅(Database Marketing)은 고객만족경영의 한 형태로서, 각종 1차 자료와 정보를 수집·분석하고 개인에 대해 차별적 정보를 제공하여 고객의 만족을 극대화하는 마케팅 수단을 말한다. 어느 고객이 무엇을 얼마나 자주 구매했으며, 어떤 매장에서 어느 유형을 구매했는지, 언제 재구매 하려는지 또는 대체 구매할 것인지 등과 같은 정보를 가지고 고객의 성향을 분석하여 효율적인 판매 전략을 수립하는 것이다.

2) 데이터베이스 특징

(1) 특징

① 똑같은 자료를 중복하여 저장하지 않는 통합된 자료이다.
② 컴퓨터가 액세스하여 처리할 수 있는 저장장치에 수록된 자료이다.

[표 9-7] 데이터베이스와 데이터웨어하우스 비교

	기존 데이터베이스	데이터웨어하우스
목적	정확, 효율성을 통한 업무/거래 처리	분석을 통한 전략수립/의사결정지원
데이터	휘발성, 지속적으로 갱신, 레코드 단위	시계열적, 읽기전용, 가공/요약된 데이터
형태	업무단위(예; 대부, 저축, 신용)로 분리	주제별(예; 고객, 상품)로 통합
요구사항	데이터의 신속한 입력, 갱신, 추적 데이터의 무결성	다량의 데이터를 다차원 분석 응답시간의 최소화
사례	예금입출, 대체	상품수익률 분석, 우량고객 분류

③ 어떤 조직의 기능을 수행하는 데 없어서는 안 되며 존재 목적이 뚜렷하고 유용성 있는 운영 자료로 임시로 모아 놓은 데이터나 단순한 입출력 자료가 아니다.
④ 한 조직에서 가지는 데이터베이스는 그 조직 내의 모든 사람들이 소유하고 유지하며 이용하는 공동 자료로서 각 사용자는 같은 데이터라 할지라도 각자의 응용 목적에 따라 다르게 사용할 수 있다.

3) 데이터베이스 구축

(1) 데이터베이스 의의

① 유통정보시스템의 구축과정에서 사용자를 위한 사용지침서의 개발은 적용단계에서 이루어진다.
② DB는 정보의 Data상 중복을 최소화하고, 조직의 목적달성, 무결성, 보안성 등을 고려하며 동시에 많은 사용자가 동일 데이터에 접근하더라도 이를 보장할 수 있는 디지털 정보 활용에 가장 중요한 인프라이다.
③ 기업의 정리된 데이터들을 조합·가공함으로써 정보를 생산할 수 있도록 조직화된 자료들의 집합을 말한다.
④ 기업의 업무수행과 관련 있는 모든 자료들을 기업의 목적 수행에 다양하게 이용하기 위하여 발생되는 데이터들을 통합적으로 보관·저장하는 시스템이다.
⑤ 데이터베이스는 물리적인 디바이스에 자료를 저장하고 그 저장된 자료를 질의하고 인증된 사용자가 이를 공유하여 정상적인 활용이 가능하도록 하는 기능을 말한다.

(2) 데이터베이스 구성 요소

① 데이터베이스 시스템
여러 응용 프로그램을 공유하기 위해 최소의 중복으로 통합, 저장된 운영 데이터의 집합을 말한다.
② 데이터베이스관리시스템(DBMS)
응용 프로그램이 종속이나 중복 없이 데이터베이스를 공유할 수 있게 관리해 주는 소프트웨어 시스템을 말한다.
③ 사용자
최종 사용자는 응용 프로그래머, 데이터베이스 관리자 등을 포함한 개념이다.
④ 데이터베이스 언어
사용자와 데이터베이스의 관리 시스템의 인터페이스를 제공하는 도구를 지칭한다.

⑤ **데이터베이스 기계**

데이터베이스 관리 기능을 효율적으로 수행하는 것을 지원할 목적으로 설계된 하드웨어와 소프트웨어를 말한다.

⑥ **스키마(Schema)**

데이터베이스 내의 데이터들의 논리적 구조 및 관계를 기술한 것으로서 데이터베이스 내의 개체, 속성, 관계와 이들 간의 제약조건이 표현된다.

(3) 데이터베이스 언어(DBL: Data Baes Language)

① 데이터 정의어(Data Definition)
② 데이터 조작어(Data Manipulation Language)
③ 데이터 제어어(Data Control Language)

4) 데이터베이스 관리시스템(DBMS)

(1) DBMS 개념

① 데이터베이스 관리 시스템(Database Management System, DBMS)은 다수의 사용자들이 데이터베이스 내의 데이터를 접근할 수 있도록 해주는 소프트웨어 도구의 집합이다. DBMS은 사용자 또는 다른 프로그램의 요구를 처리하고 적절히 응답하여 데이터를 사용할 수 있도록 해준다.

② DBMS는 데이터의 입력, 저장, 추출, 삭제, 수정 등 데이터베이스의 관리를 위한 일반적인 기능을 수행하는 소프트웨어로 데이터베이스를 작동시키는 데 있어 엔진의 역할을 한다는 의미에서 '데이터베이스 엔진'이라고도 불리며, 데이터베이스의 운용을 지원한다는 의미에서 데이터베이스 서버(Server)라고도 불린다.

(2) DBMS 기능

① 축적된 자료구조 정의
② 자료구조에 따른 자료 축적
③ 데이터베이스 언어에 의한 자료 검색 및 갱신
④ 복수 사용자로부터 자료 처리 동시 실행 제어
⑤ 갱신 중에 이상이 발생했을 때 갱신 이전 상태로 복귀
⑥ 정보 기밀보호(Security)

2. e-CRM

1) e-CRM 개념 및 의의

(1) e-CRM은 Electronic Customer & Relationship Management의 약자로 e비즈니스 환경 아래에서 전개되는 CRM을 말한다. 다시 말해 인터넷을 통하여 e-데이터웨어하우스로 수집된 고객과 관련된 데이터를 웹 마이닝(web mining)으로 분석하는 것을 말한다.

(2) 온라인상의 고객 접촉수단과 원리를 활용하여 쌓이는 기업 내·외부의 고객 관련 정보를 분석하여 고객만족도를 향상시키고 고정고객화를 통해 고객로열티를 증진시켜 궁극적으로 수익구조를 개선하는 경영관리활동이다.

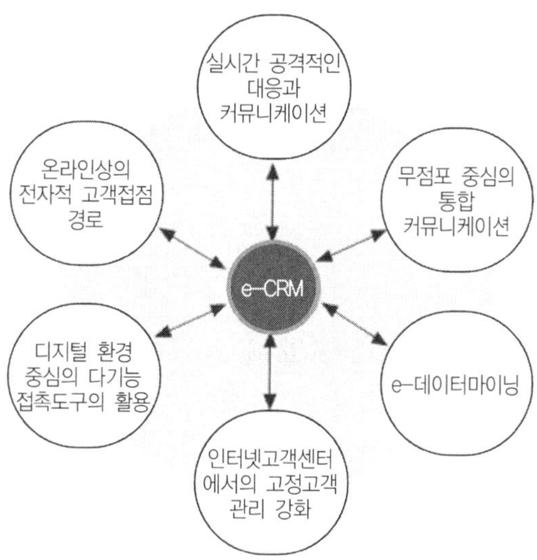

[그림 9-10] e-CRM 전략적 정의

3) 온라인상에서 고객의 행동과 성향을 분석해 고객만족을 극대화하고 실시간에 1:1 마케팅을 실현해 주는 것이다.

(4) 인터넷 상에서 발생하는 모든 데이터와 오프라인 데이터를 이용하여 고객정보를 구축하고, 이를 바탕으로 재구축한 고객관계관리이다.

(5) 고객층의 정교한 세분화와 개인 고객과의 1:1 관계형성을 실현하는 주요한 e-비즈니스 도구라고 할 수 있다.

2) e-CRM 목적

(1) 목적

① 목표고객에 대한 고객관계를 집중화한다.
② 고객과의 1 대 1 관계를 중시하는 경영 및 마케팅 기법을 사용한다.
③ 고객이탈 방지를 위한 적극적인 고객마케팅이 가능하다.
④ 데이터마이닝을 통한 고객자산의 기반을 전략화 할 수 있다.
⑤ e-고객정보 통합솔루션
⑥ 인터넷 중심 5C 활용의 극대화(4P→5C)
  ㉠ Customer : e-비지니스의 출발은 고객
  ㉡ Communication : 고객과의 쌍방간 대화
  ㉢ Contents : 고객이 원하는 정보나 요구사항
  ㉣ Commerce : 고객이 구매하거나 이용할 수 있는 거래행위 매개체
  ㉤ Community : 고객이 자신들과 유사한 성향이나 가치를 지닌 사람들과의 조직화의 원활화

3) e-CRM 특징

(1) 특징

① 인터넷을 활용한 단일 통합 채널을 통해 고객과 접촉하며, 지역적 및 시간적 한계를 극복할 수 있는 고객 관리방법으로서 음성, 동영상, FAQ 등 다양한 기술을 이용해서 고객 응대를 할 수 있다.

[표 9-8] CRM과 e-CRM 비교

구 분	CRM	e-CRM
고객접촉 경로	전화, 팩스, 판매장소, 체인점 등	e-mail, 인터넷, 이동통신, e-카탈로그 등
시간·공간 범위	제한된 영업시간, 지역적 한계 존재	24시간, 전세계를 대상으로 가능
분석 이슈	통계기법, 데이터 마이닝, OLAP 등	개인화엔진을 위한 실시간 고객성향 분석, 행동패턴 분석, 마케팅효과 분석 등
Data 활용	마케팅캠패인, 이탈고객관리 콜센터 자동화 등	1:1마케팅, 웹사이트 콘텐츠 개인화 등
비 용	신규고객 유치와 관리비용이 상대적으로 높음	초기 Set-up 비용이 높은 반면, 유지·관리 비용은 상대적으로 낮음

② 고객에 대한 관리를 위해서 온라인과 오프라인을 동시에 이용할 수도 있으며, 인터넷을 통해서 고객의 주문활동을 지원함으로서 고객구매정보의 이력화가 가능하다. 고객을 공동의 가치창조자로서 간주하고 관리할 필요성이 있다.

4) e-CRM과 CRM

(1) e-CRM과 CRM 공통점

① 고객접점과 커뮤니케이션 경로의 활용을 매우 중시한다.
② 원투마케팅(1:1)과 데이터베이스마케팅의 활용을 매우 중시한다.
③ 고객서비스 개선과 거래 활성화를 위해 고정고객 관리에 중점을 둔다.
④ 로열티고객 확보와 고객생애가치 증대에 전략적 우선 목표를 둔다.
⑤ 고객 개개인에 대한 차별적인 서비스를 실시간으로 제공한다.
⑥ 데이터마이닝 등 고객행동 분석의 전사적 활용을 추구한다.
⑦ 오프라인 경로 중심인 기업이나 조직의 경우 온라인 경로까지 확대하려는 움직임을 보인다.
⑧ 모든 유통경로를 통합 관리하고 의사결정을 하기 위한 고객정보의 통합으로 CRM솔루션을 구축하고자 한다.

제9장 고객가치 분석 연습문제

01. 고객관계관리(CRM)에 관하여 설명하시오.

고객관계관리(CRM)란 고객에 대한 정보를 활용하여 고객과 관계를 구축하고 강화시켜나가 그들을 평생고객이 되게 함으로써 고객의 생애가치를 극대화하고자 하는 경영방식 또는 철학이라 할 수도 있고, 이 경영방식을 실현할 수 있도록 해주는 기업의 시스템이라고도 할 수 있다.

1) 고객관계관리 특징
 - 시장점유율 보다 고객점유율에 비중을 둔다.
 - 고객획득 보다는 고객유지에 중점을 둔다.
 - 상품판매 보다는 고객관계에 중점을 둔다.

2) 관계마케팅의 목표
 기업 간 경쟁이 치열해짐에 따라 기업들은 새로운 고객을 창출하는 것보다 기존고객들을 어떻게 유지하고, 이들에게 얼마나 더 많은 투자를 할 것인가에 대해 더욱더 관심을 기울이고 있다.
 - 고객의 획득
 - 고객의 관계유지
 - 관계의 강화

02. 마케팅PR 대하여 설명하시오.

신뢰할 수 있는 커뮤니케이션과 정보제공을 통해서 소비자의 구매를 촉진하고 소비자 욕구 충족을 위한 프로그램을 계획, 집행, 평가하는 과정을 마케팅 PR이라 한다.

1) 마케팅PR의 목적
 - 상품, 서비스 인지도 상승
 - 특정한 상품과 서비스의 정보제공 및 교육
 - 상품과 서비스에 호의적 태도와 기업에 대한 신뢰도추구 병행

2) 마케팅과 마케팅PR의 비교

[마케팅과 마케팅PR 비교]

	마케팅	마케팅PR
주요관심	상품판매 및 서비스 이용	전반적 여론 지지
목표	시장점유율	공유
대상	소비자/ 고객	기업과 관련된 이해관계자
전략	소비자 전략 - PULL, PUSH, PASS	다양한 이해관계자와 관계증진

03. 고객생애 가치에 대하여 설명하시오.

고객 생에 가치는 고객과의 관계를 통하여 나오는 미래 현금흐름의 현재 가치를 평가하는 것이다.
고객 생애가치는 고객이 자사에 전 생애에 걸쳐 제공하는 이익을 현재가치로 환산한 개념으로 잠재적이고 변화하는 개념으로 현재 실현된 가치와 잠재적인 가치로 구분하여 이해하여야 한다.

고객의 LTV = 실현가치 + 잠재가치

고객의 잠재가치를 추정하는 것이 중요한 개념인데 잠재가치의 추정은 마케팅 관리자의 현재가치를 분석에 의해 이루어짐으로 현재가치가 파악이 유용하다. 즉 기존고객의 자료 분석을 통하여 일정한 규칙이나 상관관계 분석을 실시하여 미래의 행동을 예측하는 것이다.

04. 용어설명

- MPR(마케팅PR)
- 지갑점유율과 RFM분석
- 쇼퍼인사이트 분석
- 포인트 프로그램

PART Ⅳ

유통시장조사 성과분석

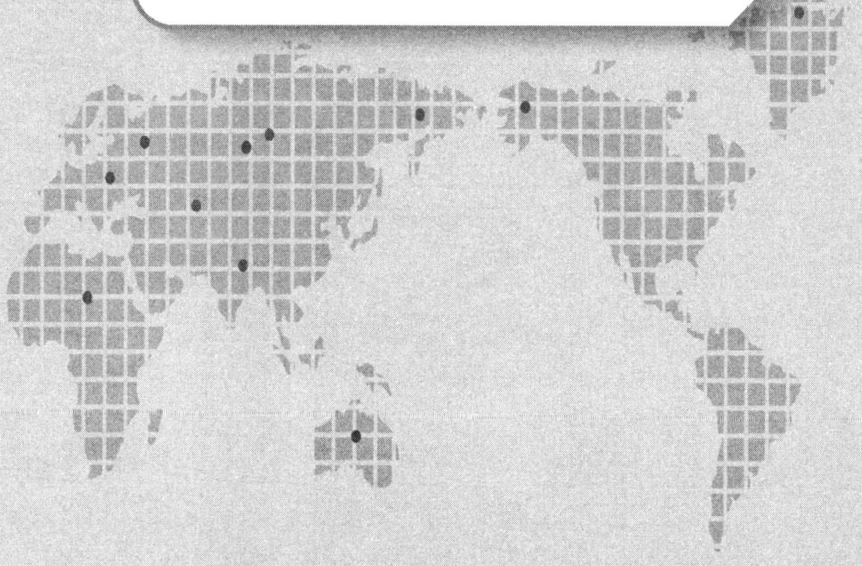

Chapter 10 빅데이터 분석

제 1 절 빅데이터 이해

빅데이터(Big Data)는 초대용량의 데이터 양(Volume), 다양한 형태(Varity), 빠른 생성 속도(Velocity)라는 3V라고도 불리며, 여기에 네 번째 특징으로 가치(Value)를 더해 4V라고 정의한다.

빅데이터를 분석하게 되면 소비자의 취향은 물론 선호도, 소비패턴, 소비성향 등이 파악되어 그 다음에 어떤 선택을 할지 예측을 할 있어서 관심이 증대되고 활발한 연구가 진행되고 있다.

1. 빅데이터 특징

1) 빅데이터 종류

(1) 정형 데이터

즉각적으로 사용이 가능한 데이터를 말한다.

① **데이터 마이닝**: 빅데이터로부터 자동 또는 반자동적인 방법으로 의미 있는 규칙과 관계를 찾아내는 것을 말한다.

② **연관관계 분석**: 동시 또는 시차를 두고 발생하는 관련된 이벤트들의 규칙을 산출하는 방법으로 상품 혹은 서비스 간의 관계를 분석하고 이로부터 규칙을 찾아내는 방법으로 유용한 기법이다.

③ **군집분석**: 데이터 구조 파악을 위해 특별한 사전지식 없이 사용할 수 있는 방법으로, 데이터에서 유사한 개체들을 하나의 집단으로 구분하여 분석하는 방법이다.

(2) 비정형데이터

미리 정의되지 않은 데이터 구조를 가지고 있는 데이터를 말한다. 사용을 위해서는 추가적인 가공이 필요한 데이터를 말한다.

① **텍스트 마이닝**: 비정형 언어로 표현된 텍스트데이터들에서 정보를 추출하거나, 상관관계, 군집화, 용약 등으로 데이터의 의미를 파악하는 것이다.

② **웹 마이닝**: 인터넷 웹서비스를 이용하여 웹상에서 패턴을 발견하는 것이다.

③ **오피니언 마이닝**: 어떤 사안이나 인물, 이슈, 이벤트 등과 관련된 원천 데이터에서 주제에 대한 의견이나 평가, 태도 등 주관적인 정보를 식별하고 추출하는 것으로 오피니언 분석, 평판 분석이라고도 한다.

④ **소셜네트워크 분석**: 노드(점, Vertex)와 링크(선,Edge)로 구성되는 네트워크 이론에 의해서 사회적 관계를 분석하는 것을 말한다.

(3) 반정형데이터

정형적 구조는 가지고 있지 않지만 어의적 요소를 분리시키고 데이터내의 레코드와 필드의 계층구조가 있게 하는 태그나 다른 마커를 포함하고 있는 정형 데이터이다.

예 이메일 , EDI(Eletronic Data Interface) 등

(4) 데이터 마이닝 기법

① **의사결정나무**(Decision Tree): 과거에 수집된 데이터의 레코드를 분석하여 이들 사이에 존재하는 패턴 즉 결과 값별 특성을 고객속성 조합으로 나타내는 분류모형을 나무의 형태로 만드는 것이다. 의사결정 나무는 나무의 가지가 분류되는 모양과 같은 그래프로도 표현되기도 하고 규칙형식으로 이해하기 쉽게 도출된다. 의사결정나무에서 만들어진 모형은 새로운 레코드를 분류하고 해당결과 값을 예측하는데 사용된다.

② **인공신경망분석**(Artificial Neural Network): 인간두뇌의 복잡한 현상을 모방하는 방법으로 데이터 안의 독특한 패턴이나 구조를 인지하는데 필요한 모델구축을 입력 층, 은닉 층, 출력 층을 통해서 기본적인 정보를 입력받아 처리요소에서 처리하고 이를 이용하여 가중치를 결정 처리하는 학습 패러다임에 근거한 방식이다. 보통 신경망 분석은 신용평가, 수요 및 판매예측에 활용된다.

③ **클러스터링**(Clustering): 어떤 목적 변수(Target)를 예측하기보다는 고객수입, 고객연령과 같은 비슷한 고객들을 묶어서 몇 개의 의미 있는 군집으로 나누는 기법이다.

④ **사례기반추론**(CBR: Case-Based Reasoning): 과거에 있었던 사례들의 결과를 바탕으로 새로운 사례의 결과를 예측하는 기법으로 사례의 유사성 척도로 근접 이웃 방법론이 가장 많이 이용되고 있다.

⑤ **연관규칙**(Association Rule): 상품 혹은 서비스 간의 관계를 바탕으로 유용한 규칙을 찾아내고자 할 때 이용되는 방법이다. 거래 속에 포함된 품목간의 연관관계를 발견하고자 할 때 이용하는 방법이다.

2) 빅데이터 특징

(1) 데이터의 규모(volume)

과거에는 데이터의 질이 중요한 가치로 인식되었는데 이제는 양이 중요한 가치로 대두되는 추세이다. 데이터 자체가 제한적인 시기에는 질이 중요한 요소로 통계적인 관점에서 인과관계의 설명이 주요관심사였다. 하지만 최근에는 상관관계로 얼마나 충분하게 설명되느냐가 중요시되어 샘플링보다는 전수적인 빅데이터를 선호하게 되는 추세이다. 특히 통계에서는 표본데이터의 수가 많아야 정확도가 상승한다. 즉 분석에서 일정한 크기 이상의 데이터가 있어야 의미 있는 데이터를 얻을 수 있게 되었다.

(2) 데이터의 변화 속도(velocity)

빅데이터는 가공되지 않은 데이터에서 가치를 분석하는 것이다. 만약에 빅데이터가 변화하지 않은 데이터라면 다양한 기법으로 수차례 분석을 시도했을 것이므로 새로운 정보를 얻어내는 것은 어렵다. 그렇지만 데이터가 계속 변화 할 때 변화에 따라 새로운 기법으로 분석하여 새로운 가치를 부여하기에 빅데이터 분석의 좋은 예라 할 수 있다. 또한 데이터의 변화 속도는 시간에 대한 반영이기도 하다. 즉 데이터가 빠르게 변한다는 것은 과거가 아닌 현재의 데이터를 담을 확률이 그만큼 더 크다는 의미이다.

(3) 데이터의 다양성(variety)

생각이 같은 사람들만 으로 구성된 집단보다 이질적인 구성원들이 모여 있는 집단에서 집단지성의 힘이 잘 발휘 될 수 잇듯이 다양한 데이터가 만들어낸 정보가 더 가치 있을 수 있다. 즉 선거에서 가정해보면 표본의 수가 모집단의 특성을 잘 반영하도록 다양하게 구성되어야 정확한 예측을 할 수 있듯이 데이터의 다양성은 정보의 가치를 강화 시킬 수 있다.

즉 데이터의 다양성이 떨어지면 편견으로 잘못된 예측을 가져올 수 있다. 일방적인 의견 반영으로 오류를 범할 확률이 높다. 또한 데이터의 출처가 한정되면 정형화하고 데이터를 가공, 저장, 분석하는 것이 쉽기 때문에 빅데이터 보다는 선통석인 네이터베이스 기술을 적용하는 게 더 효과적이고 좋은 결과를 얻게 된다.

말하자면, 빅데이터 기술은 많은 양의 데이터가 빠르고 다양하게 생산, 소비되는 분야에서 효과적으로 데이터를 분석하고 가공하는 기술을 말한다. 빠르게 변화하는 IT 기술에 적극적으로 대응하고 새로운 가치를 발견하는 기술이라 할 수 있다.

2. 빅데이터 관리

1) 데이터 관리방법

(1) 수작업 데이터 관리

종이에 데이터를 관리하는 수준으로 1인 기업에서 혼자 장부에 데이터를 기록하고 보관하는 수준이다.

(2) 파일 시스템

데이터가 파일이름의 객체로 관리되는 시스템으로 프로그램별로 중복되고 비표준화도니 관리로 비효율성이 증가 된다.

(3) 관계 형 데이터베이스(RDBMS)

관계 형 데이터베이스는 데이터를 통합적으로 저장, 추가, 변경, 공유하는 엔진이 있어 프로그램 종유에 상관없이 데이터 중심으로 체계적으로 관리하는 시스템이다.

2) 빅데이터 관리

(1) 관리 포인트

① 빅데이터는 기계적인 경로로 수집이 가능한데 용량이 크므로 데이터에 대한 품질관리가 필요하다.

② 대량의 데이터는 양과 다양성이 크기 때문에 문제 발생 시 오류가 심각 할 수 있다.

③ 대량데이터의 확장성이 관계형데이터베이스에 있으므로 저렴한 서버대수를 늘려 정보를 분산할 수 잇도록 해야 한다.

[표 10-1] **데이터베이스 시스템과 빅데이터 시스템 관리방법 비교**

시스템	요구 의사결정 속도	처리 복잡도	처리 분석 유연성	동시데이터처리 필요
데이터 베이스	빨라야 함	낮음	낮음	높음
빅데이터	덜 빨라도 됨	높음	높음	낮음

자료: 김경태(2016)

④ 정밀한 데이터의 경우 품질 자체의 오류는 적으나 단위가 작으므로 전체적인 관점에서 바라볼 수 있는 품질관리 방안이 필요하다. 정확한 데이터라도 전체적인 관점의 의미도출에 도움을 줄 수 없다면 존재가 무의미하기 때문이다.

3) 빅데이터 가치

빅데이터의 가치는 크게 비용절감, 수익증대로 볼 수 있는데 수익증대는 신속하고 정확한 의사결정을 하는데 필요한 테이터 패턴파악, 미래예측을 통한 효용으로 구분할 수 있다.

(1) 빅데이의 가치측정

빅데이터를 경제적인 관점으로 보면 가격대비 성능인 가성비로 이해 할 수 있다. 예를 들어 투자비 5천만 원 투자로 1억 이상 매출발생시 이익이 되는 경우 8천만 원 판매해서 손익이 발생되지 않는다면 투자 하지 않을 것이다. 하지만 빅데이터의 새로운 기술발달로 투자비가 3천만 원으로 감소되고 5천원만 이상 판 매시 이익이 발생된다면 8천만 원 판매가 예상될 때 투자하게 된다. 그리고 이러한 새로운 기술은 업계에서 널리 사용 될 것이다. 즉 빅데이터 기술은 많은 데이터를 분석해 의미 있는 결과를 얻어내는 지식기반 서비스로 과거 5천만 원 투자해서 발생될 가치를 3천만 원 투자해서 가능하게 되는 기술이 되었다.

그리고 빅데이터는 어떻게 활용하느냐에 따라 결과가 다양하여 획일적인 기준으로 가치를 평가하기 어렵다. 저장된 데이터가 어떤 개인에게는 쓰레기 같은 정보지만 이러한 정보를 수집하여 산업적인 측면에서 기업에 활용 가능한 새로운 가치가 창조되기도 한다. 또한 창출하는 방식도 기존의 잘못된 상식과 정보를 증명하여 새로운 가치를 창출하기도 한다. 그리고 분석기술의 발달로 기존에는 불가능했던 것이 가능해져 개인의 페이스 북이나 불 로그의 수많은 정보를 분석하여 새로운 정보를 제공함으로써 가치를 증대시킬 수 있다.

(2) 빅데이터의 영향

① **개인**: 2000년대를 전후하여 인터넷, 이동통신의 발달로 개인이 휴대하고 접근할 수 있는 기기가 다양해 졌다. 이러한 변화는 일방적으로 정보를 소비하는 수동적인 입장의 개인이 능동적으로 정보의 생산과 전달에 참여하는 동력이 되었다.

② **기업**: 생산자 중심에서 소비자 중심으로 변화되는 빅데이터 시대가 도래 하면서

기업은 소비자와 수평적인 쌍방향 의사소통에 주안점을 두고 고객친화적인 이미지를 위하여 노력하는 방향으로 변화 되고 있다.

③ **정부** : 정부 역시 기업과 마찬가지로 적극적으로 정책에 참여하고 다양한 미디어를 통해 국민의 소리를 경청하지 않을 수 없는 시대에 직면하게 되었다. 국민의 여론을 수렴하여 정책수립에 반영하고 다양한 채널로 얻어지는 빅데이터를 활용하여 재난, 복지 등 범국민 서비스를 제공하며 국민과 소통하는 스마트 정책이 경쟁적으로 추진되고 있다.

제 2 절 빅데이터 분석방법

빅데이터분석은 다양한 데이터로부터 연관관계와 규칙을 찾아내서 다양한 분야에 활용할 수 있도록 하는 것이다. 빅데이터 분석을 통해서 얻게 될 가치는 기존 접근방식과 달리 가치가 다르다. 단순한 설문조사를 통해 고객의 의견에 대한 정량적 조사에 다양한 방법으로 고객의 정성적 고객의 의견과 태도를 이해한다면 그 효과는 매우 클 것이다. 이러한 이유로 빅데이터 분석의 중요성이 대두되고 있다. 빅데이터를 분석하는 과정은 분석목적에 맞게 데이터를 수집하여 저장, 처리, 분석, 시각화를 통하여 이용하고 자료를 폐기하는 과정을 거친다.

[그림 10-1] **빅데이터 분석**

1. 빅데이터 수집

1) 수집 데이터 선정

① 분석목적 달성을 위한 수집대상의 규모 및 조건을 고려

② 개인정보호 등의 법규준수고려 수집 데이터 선정

③ 데이터 수집 비용고려

2) 수집 계획 수립

수집대상 데이터의 소유자, 데이터 유형파악, 데이터 포맷 확인 등 특성을 파악하고 수집 기술을 선정한다.

3) 수집

내외부 데이터를 능동적 수집과 수동적 수집을 통하여 수집한다.

① **내부데이터 수집**: 자체적으로 보유한 내부 파일시스템이나 데이터베이스 관리 시스템, 센서 등에 접근하여 데이터를 수집하는 것

예 ETL(Extraction, Transformation, Loading): 다양한 소스 시스템으로부터 필요한 데이터를 추출하여 변환작업을 거쳐 저장하거나 분석을 담당하는 시스템으로 전송 및 적재하는 모든 과정을 포함한다.

② **외부데이터 수집**: 인터넷으로 연결된 외부에서 데이터를 수집하는 것

예 **클론징 엔진**(Crawling Engine): 로봇이 거미줄처럼 얽혀있는 인터넷 링크를 따라다니며 방문한 사이트의 모든 페이지의 복사본을 생성함으로써 문서를 수집한다.

4) 데이터 변환 통합

데이터의 수집은 수집한 데이터를 저장하거나 분석하기 위하여 데이터를 변환하거나 통합하는 것을 포함한다.

2. 빅데이터 저장 및 처리

1) 빅데이터 전처리

데이터를 수집하여 저장하기 위해 처리하는 과정

① **필터링**: 분석목적에 적합한 데이터만을 선별하는 과정이다.

② **유형변환**: 분석유형에 용이하도록 데이터를 변환하는 것이다.

③ **정제**: 분석하고자하는 데이터의 불일치성을 교정하는 것이다.

2) 빅데이처 후처리

데이터를 분석 전 작업에 용이하도록 가공하는 단계를 말한다.

① **변환**: 수집된 다양한 형태의 데이터를 일관성 있는 형식으로 변환하는 것이다.

② **통합**: 다양한 데이터를 연관성 있는 데이터로 결합하는 것이다.

③ **축소**: 분석범위에서 불필요한 데이터를 축소하여 효율성을 강화 시키는 것이다.

3) 저장기술

빅데이터를 저장하기 위해서는 빅데이터가 가지고 있는 대용량, 비정형, 실시간성이라는 특성을 수용할 수 있어야 한다.

① 분산파일시스템(DFS: Distributed File System)

분산 파일 시스템은 대용량 데이터를 저장하고 관리하기 위하여 수많은 서버들에 데이터를 나누어 저장하고 관리하는 파일 시스템이다.

예 구글 파일 시스템, 하둡 분산 파일 시스템, 아마존 S3 파일 시스템

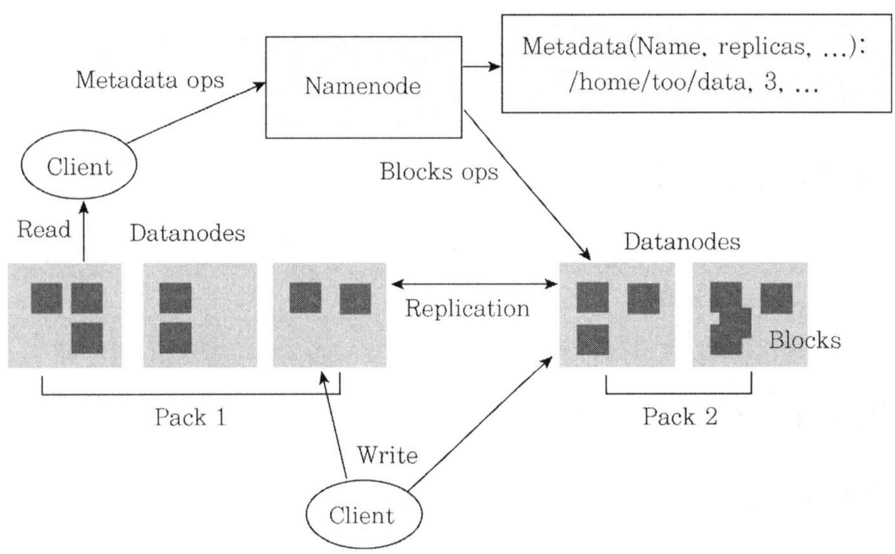

자료: 황승구외(2013)

[그림 10-2] **분산파일 시스템**

② NoSQL(Not Only SQL)

NoSQL는 비관계형 데이터 저장소를 말한다.

예 키 값 모델 기반의 다이나모(Dynamo), 열기반의 빅테이블, 문서기반의 코치 DB

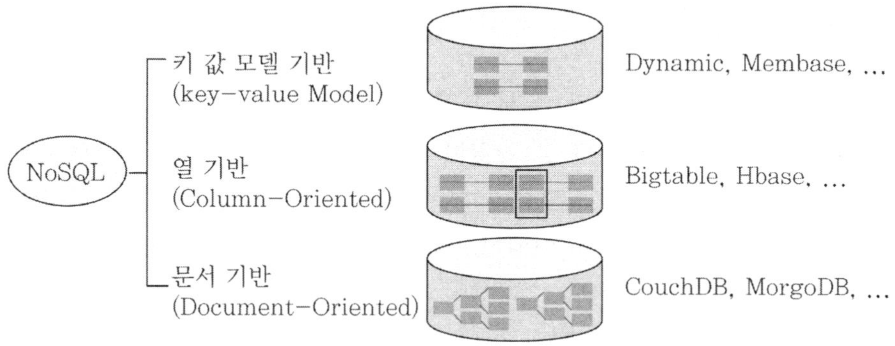

자료: 황승구외(2013)

[그림 10-3] NoSQL

③ 비디스크기반 데이터베이스 관리 시스템

비디스크기반 DBMS는 디스크기반 DBMS처럼 하드디스크를 주된 데이터 저장소로 활용하는 것이 아니라 DRAM이나 플래시 메모리를 주된 데이터 저장소로 활용하는 DBMS를 말한다.

4) 빅데이터 처리기술

빅데이터 처리는 유용한 정보와 의미 있는 지식을 찾아내기 위한 데이터 가공이나 데이터 분석과정을 지원하기 위해 저장된 대규모 데이터를 적시 처리하는 과정을 말한다. 빅데이터의 처리기술이 필요한 이유는 빅데이터의 특성인 방대한 데이터의 양과 생성속도 데이터다양성 등이라 할 수 있다.

① 빅데이터 일괄처리 기술

빅테이터를 여러 서버로 분산해 각 서버에서 나누어 처리하고 다시 모아서 결과를 정리하는 분산 병렬 기술 방식을 사용한다.

예 구글의 맵리듀스, 마이크로소프트의 드라이애드(Dryad)

② 빅데이터 실시간 처리

데이터가 생성되면 곧바로 처리하는 방식이다. 사람들의 행동이나 기계 등의 작용, 기후 환경의 변화 등에 의해 끊임없이 생성되는 이슈와 관련된 데이터를 실시간 처리하는 기술이다. 이 방식은 또 실시간으로 생성되는 데이터들이 시냇물처럼 흘러나온다고 하여 스트림 처리 기술이라고도 한다.

3. 빅데이터 분석

빅데이터 분석은 소셜빅데이터, 실시간 사물지능통신(M2M: Machine to Machine)센서 데이터, 기업고객관계 데이터 등 다양한 성격의 빅데이터를 효과적으로 분석하는 것을 말한다. 빅데이터 시대에는 단순히 데이터베이스에 잘 정리된 정형 데이터 이외에 소셜네트워크 서비스, 웹문서, 이메일, 소셜데이터 등 비정형 빅데이터를 효과적으로 분석하는 것이 더욱 중요하다.

1) 분석계획 및 시스템구축

(1) 분석계획

분석목적을 점검하고 상세하게 명확히 정의하는 것을 시작으로 절차와 세부 계획을 작성한다.

수집된 데이터로부터 과거에 발생한 이력을 분석하는 경우와 현재 어떤 일이 발생하고 있는지 현 상황을 분석하는 경우, 앞으로 미래에 어떤 일이 발생할지를 미리 예측 대응하기 위한 분석기술 구성은 다르다 할 수 있다.

(2) 시스템 구축

① **하드웨어 인프라구축**: 수집데이터 저장 서버, 데이터 처리 서버
② **소프트웨어 구축**: 수집, 분석 소프트웨어

(3) 분석 실행

빅데이터 분석 및 추론 등을 통해 얻는 지능은 데이터의 규모가 커질수록, 다양한 최신 데이터를 통합하여 얻을수록 가치 있는 지능을 얻을 수 있으며 분석 결과의 정확도도 높아진다. 빅데이터 분석은 점차 미래를 예측, 대응하는 방향으로 발전하고 있으며 이는 과거 상황분석 기술을 기반으로 예측모델을 통합함으로써 가능하다(그림 10-4 참조).

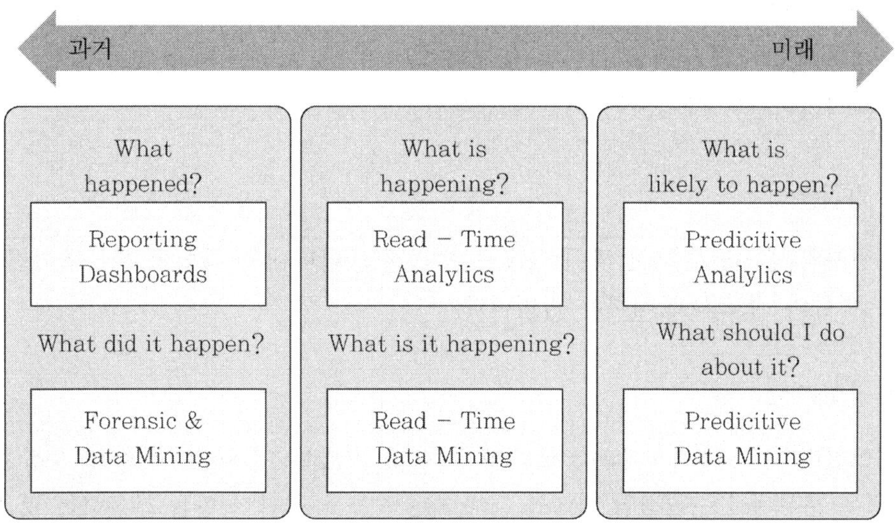

자료: 황승구외(2013)

[그림 10-4] **데이터분석 발전방향**

2) 빅데이터 분석기법

빅데이터 분석을 위해서는 기본적으로 하둡, NoSQL 등의 빅데이터 분석 인프라 기술이 요구되고, 다양한 통계분석, 테이터 마이닝, 텍스트 마이닝, 오피니언 마이닝, 그래프 마이닝 등 다양한 빅데이터 분석 방법 및 기계학습, 인공지능 기법을 적용해야 한다.

맥킨지(Mckinsey)빅데이터 보고서에 제시된 빅테이터 분석기법은 아래와 같다.

(1) 분류

사전에 알려진 클래스들로 구분되는 데이터군 을 학습시켜 새롭게 추가되는 데이터가 속할만한 데이터군 을 찾는 방법으로 지도학습이라 한다.

(2) 군집화

유사한 특성을 가진 개체를 합쳐 가면서 최종적으로 유사특성의 군집을 찾아내는 분류방법으로 구분하려고하는 것으로 각 군집에 대한 사전지식이 없는 상태에서 분류하는 것임으로 비지도 학습(Unsupervised Learning)에 해당한다.

(3) 기계학습

인공지능 분야에서 인간의 학습을 모델링한 방법으로 빅테이터 분석을 포함한 패턴 인식 등 다양한 분야에서 활용되는 기법이다.

(4) 회귀분석

독립변수와 종속변수들 간의 관계를 함수관계로 나타내고 독립변수가 종속변수에 미치는 영향의 정도를 분석하는 방법이다.

(5) 감성분석

자연어처리(NLP: Natural Language Processing) 기법을 이용하여 텍스트 문장을 분석할 경우 문장에서 주관적인 감성을 나타내는 정보를 찾아 성향을 분석하는 것을 말한다.

3) 분석도구

(1) SPSS

사용자들이 프로그램 가이드에 의해 클릭만하면 데이터의 수집, 통계, 마이닝, 보고서까지 아주 쉽게 할 수 있는 프로그램으로 대량의 데이터 처리가 없는 곳에서 주로 사용한다.

(2) SAS

① 상세한 모듈별로 기능이 있어서 다양한 분석을 위해서 각각의 모듈을 임대하는 방식으로 영구 라이선스는 없다.
② 우수한 기능은 프로시저 방식의 스크립트를 이용하는 방식이다.
③ 스크립트 방식에 익숙하지 못한 초보자들의 적은이 어렵다.
④ 하드디스크를 저장 공간으로 이용하여 대용량의 데이터를 처리하는 속도가 빠르다.

(3) R

R은 오픈소스 프로그램으로 통계, 데이터 마이닝 및 그래프를 위한 언어이다. 현재 4,000개 이상의 프로그램이 패키지 형태로 제공되고 있으며 R 패키지는 웹사이트(http://www.r-project.org)에서 내려 받아 설치하여 사용 할 수 있다.

① R은 다른 프로그램 언어와 쉽게 연동하여 사용 할 수 있다.

② 모든 데이터는 기본적으로 메모리에서 저장된다.

③ library 와 require를 이용해서 설치된 패키지를 메모리에 구동시켜서 사용이 가능하다.

④ R의 설치는 반드시 컴퓨터 이름을 영문으로 설정되었는지 확인 후 설치한다. R은 서버 버전과 데스크톱 버전의 구분이 따로 없으며 서버에서도 운영체제에 따른 버전을 설치하면 된다.

(4) Python

① R과 같은 오픈소스로 다양한 라이브러리를 지원하고 있다.

② 데이터 마이닝에서는 R을 선호하고 IT기반 인력은 파이썬을 선호한다.

4. 빅데이터 시각화

1) 시각화

많은 데이터들의 홍수 속에서 숨겨진 패턴을 찾아 사람들이 쉽게 이해 할 수 있도록 하는 방안이 중요시 되고 있다. 데이터들의 패턴을 시각화 한다면 현재의 추세 및 미래를 직관적이고 정확하게 이해할 수 있다. 이렇게 수많은 데이터 분석결과를 누구나 쉽게 이해 할 수 있도록 표현하는 기술이 시각화이다.

2) 프로세스

(1) 1단계 : 데이터의 획득

(2) 2단계 : 데이터의 구조화 및 분류

(3) 3단계 : 관심데이터 추출

(4) 4단계 : 통계, 데이터 마이닝 기법적용 데이터 마이닝

(5) 5단계 : 시각화(그래프, 리스트)

(6) 6단계 : 정교한 표현으로 재정의

(7) 7단계 : 데이터 변경 또는 보이는 특징을 조작하는 방법추가로 상호작용

3) 시각화 방법 및 사례

(1) 시각화 도구

① 차트와 통계도구(google spreadsheet)

② 프로그래밍(R, Python)
③ 지도(야후 지도)
④ 일러스트레이션 등(Adobe)

(2) 사례

① Facebook Transaction: 페이스북 사용들의 활동에 대해 정보흐름, 빈도, 지역별 사용정도를 보여줌
② History Flow: 위키피디아 문서에 다수의 저자가 수정하면서 변화하는 양상을 시각화

제 3 절 빅데이터 활용

1. 기업 비즈니스 활용

1) 기업데이터 활용

기업에서는 정형, 비정형의 대용량 빅데이터를 분석하여 고객들의 직업, 취미 및 여가시간 활용 등 고객정보를 분석하여 개개고객의 특성에 적합한 광고와 마케팅을 수행 할 수 있다. 이러한 노력으로 전통적인 광고마케팅 활동보다 더 효율적인 업무 수행으로 기업의 경쟁력을 강화 시키고 있다.

과거의 기업 데이터를 활용한 마케팅 활동은 자동차의 백미러와 같은 역할로 미래를 예측 할 수는 없지만 필수적인 요인이었다. 현재의 빅테이터를 활용한 기업의 활동은 미래를 어느 정도 예측할 수 있는 서비스를 수행 할 수 있다. 기업에서 빅테이터의 활용은 이상 징후 발견, 미래예측, 현 상황의 정확한 분석을 가능하게 해주고 있다.

(1) 이상 징후 발견

기업에서 발생하는 다양한 이슈에 대한 분석과 기록을 통하여 정상적인 상황과 이상 징후 패턴을 알 수 있다. 새로운 업무에서 이슈가 발생할 경우 기존의 패턴에 기초하여 이상 징후를 판단 할 수 있다.

예 비자카드(VISA) 빅데이터를 활용한 부정방지 시스템 구축

(2) 미래예측

먼 미래보다는 가까운 미래를 예측 할 수 있는 시스템이 빅데이터를 통하여 가능해졌다. 이러한 시스템으로 기업에서는 고객변심을 사전에 예측하여 대응방안을 마련할 수 있다.

예 일본 사이버에이전트(CyberAgent)는 사용자 행동반경분석으로 탈퇴예방 활용

(3) 현 상황 분석

빅데이터를 활용하여 영업상황을 보다 명확하게 이해 할 수 있다.

예 소매점에서 품목별 베스트 판매아이템 분석 마케팅에 반영

2) 소셜미디어 활용

소셜 빅데이터 분석은 매일매일 생성되는 뉴스, 블로그, 트윈터 등 쇼셜미디어 데이터로부터 가치 있는 정보를 찾아내는 활동이라 할 수 있다. 쇼셜빅데이터 분석에서는 소셜 매체 이용자의 관심사 및 이용패턴을 가지고 기업에서 생산된 제품 및 기업에 대한 평가를 파악 할 수 있다. 기업에서 트윈터, 페이스북 등 쇼셜 미디어의 빅테이터를 분석하여 숨겨진 인사이트(insight)를 발견하여 목표고객을 대응하기도 하고 관리하는 솔루션을 제공하는 비즈니스가 활발하게 진행 되고 있다.

(1) 소셜미디어 관리 효용

① 기업에서 자사 및 고객 관련 이슈를 분석하고 신속한 대응이 가능하다.
② 기업의 브랜드, 상품에 대한 가치를 상승 시킬 수 있다.
③ 쇼셜미디어 고객 특성을 고려한 마케팅 활동이 가능하다.
④ 빅데이터 프로그램으로 다양한 고객의 소셜미디어 계정을 효과적으로 관리 할 수 있다.
⑤ 1:1 맞춤형 고객관리가 필요한 기업에서 개개 고객에게 서비스가 가능하다.

(2) 소셜미디어 정보 분석 방법

① 소셜 데이터 통계분석 : 예 트윈터 팔로어 수의 변화
② 소셜 네트워크분석 : 예 페이스북 이용자의 연결 관계 파악
③ 소셜 텍스트분석 : 예 텍스트내용 분석으로 특정 이슈에 대한 긍정, 부정의견 파악

2. 빅테이터 활용 사례

1) 서울심야 N버스

KT의 CDR(Call Detail Record)데이터와 고객정보를 이용해 심야시간대 통화가 가장 많이 발생하는 지역을 기반으로 유동 인구를 파악했고, 이를 서울시의 시내버스현황과 정류소 현황정보 등과 비교분석을 하게 되었다. 빅데이터를 이용해서 이용객 수는 물론 시간대별 이용승객의 특성까지 구체적인 분석이 가능하였다. 그리하여 서울시는 이를 바탕으로 심야버스 9개 노선을 만들게 되었다.

2) 언어장벽 해결

구글에서 개발한 음성검색 시스템은 음성인식 기술로 다른 사람의 말과 소리를 구별하여 언어 장벽을 해결하는데 기여하고 있다. 구글은 음성검색 시스템을 개발하기 위하여 많은 사람과 다양한 환경에서 음성 빅데이터를 이용하여 소음 구별 능력을 키우고 다양한 분야의 텍스트 자료로 문법구조를 학습하여 음성검색 서비스를 실시하고 있다. 컴퓨터를 활용하여 다양한 소리와 언어지식을 체계화 하여 자연발성인식 문제를 해결해 나가고 있다. 사람만이 할 수 있는 다른 사람의 말과 소리를 구별하고 소음 속에서도 원하는 상대와 대화하고 자세하게 듣지 못한 상황에서도 유추해서 대화하는 능력이 빅데이터 발전으로 컴퓨터에서도 가능한 현실이 되어가고 있다.

3. 빅테이터 활용 상권분석

1) 소상공인시장진흥공단 상권분석 시스템

(1) 상권정보시스템

상권정보시스템은 2006년 중소기업 청에서 개발한 창업자를 위한 빅데이터를기반 분석한 상권분석 서비스이다. 2015년 기준 49개 분석정보와 점포평가, 점포이력, 창업과밀지수를 무료로 회원대상으로 정보를 제공하고 있다.

화면설명

1.홍보물, 도움말, DB현황, 사이트맵에 대한 정보를 보실 수 있습니다.

2.상단메뉴 마우스 오버 시 서브메뉴가 밑으로 펼쳐지고 서브 메뉴 중 선택을 하시면 이동합니다.

3. 상권평가비교는 행정동을 선택하시고 확인을 클릭하시면 행정동에 대한 일반적 정보와 업력통계, 임대시세, 상권분석통계 등 다양한 정보를 서로 비교하실 수 있습니다.

4.상권분석통계는 사용자가 많이 분석한 지역 및 업종을 순위로 보여줍니다.

5.매출통계 순위는 매출이 높은 시군구 업종에 대한 정보을 보여줍니다.

6.업력통계는 지역선택에 따른 창업률, 폐업률을 보여줍니다.

7.임대시세는 지역선택에 따른 활성화지역, 비활성화지역과 중간 임대시세 정보를 보여줍니다.

8.상권분석 통계는 지역선택에 따른 상권분석을 많이 분석한 업종을 보여줍니다.

9.검색은 통합검색으로 소상공인진흥원 내 언론자료 뉴스, 유관정보 뉴스, 경기동향, 방송을 검색하여 줍니다.

자료: 소상공인시장진흥공단

[그림 10-6] **상권정보시스템**

(2) 상권분석

① **상세분석**: 지역, 상권그리기, 업종을 선택하여 분석이 가능하다.

② **시군구분석**: 지역 또는 업종의 광역시도, 시군구 분석이 가능하다.

③ **업종밀집분석**: 업종밀집분석은 1200대 주요상권을 중심으로 업종 밀집 도를 분석한다.

(3) 상권통계

① **업력통계**: 광역시도, 시군구의 창업률, 폐업률을 제공한다.

자료: 소상공인시장진흥공단

[그림 10-7] **업력통계**

② **매출통계**

③ **임대시세통계**: 임대시세는 활성화 지역, 비활성화지역으로 구분하고 정분기대비 증감률을 제공한다.

④ **상권분석통계**: 상권분석을 가장 많이 실시한 업종을 제공한다.

(4) 창업과밀지수

① 과밀지수는 안전부터 고위험까지 4분위로 표기된다.

② 지역과 업종의 세부적인 과밀지수를 분석한다.

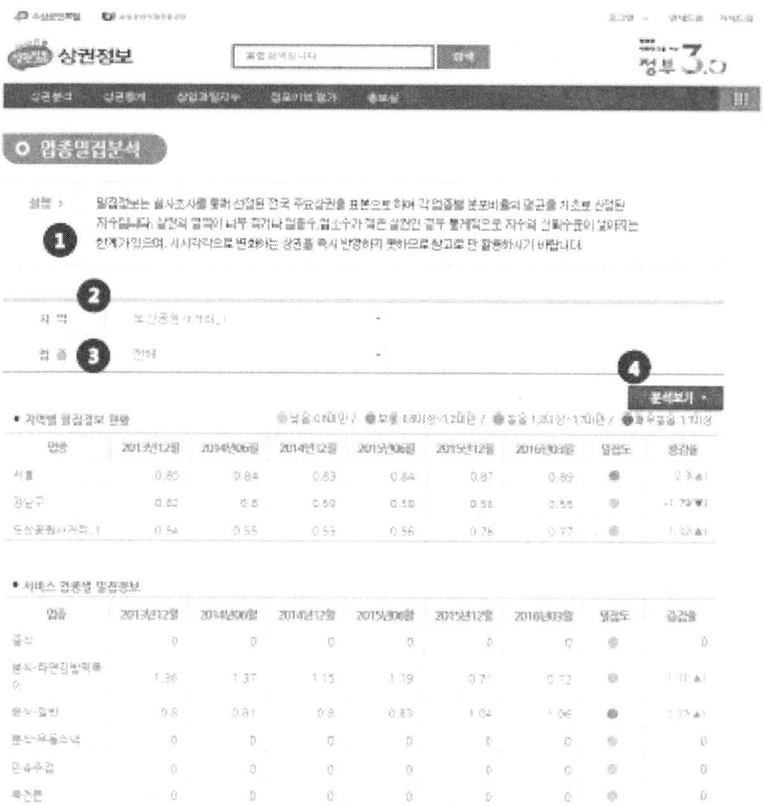

자료: 소상공인시장진흥공단

[그림 10-8] **과밀지수**

(5) 점포이력평가

① 점포이력 정보가 있는 건물에 대해서만 분석이 가능하다.

② 입지, 사업자경영평가, 예비창업타당성평가 등이 가능하다.

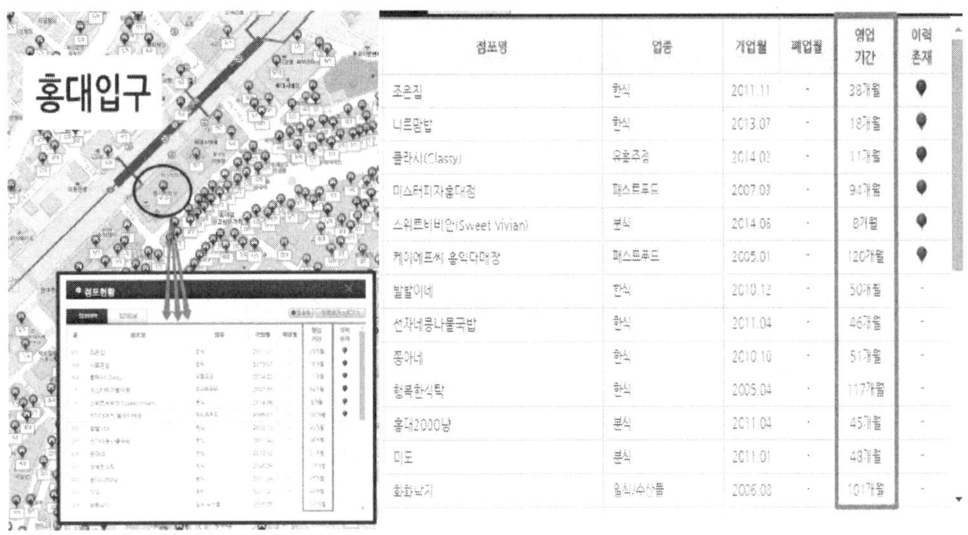

자료: 소상공인시장진흥공단

[그림 10-9] **점포이력평가**

2) 나이스 맵 상권분석시스템

나이스 맵의 상권분석시스템은 상권분석보고서와 마케팅솔루션의 서비스를 제공하고 있다(http://www.nicebizmap.co.kr). 제공하는 세부자료는 아래 [표 10-2]와 [그림 10-10]과 같다.

[표 10-2] **나이스 맵 상권분석시스템 분석자료**

구분	내용
매출수익 분석	예상매출분석, 요일별, 시간대별, 성별/연령대별 매출특성, 수익성분석, 사업안정성분석
경쟁분석	경쟁현황분석, 창업 및 휴폐업점포, 상권경기, 성장성분석, 인기업종, 지역정보
고객 분석	주거, 직장, 유입고객 분석, 고객군별 이용통계, 고객수 증감추이, 단골 및 목표고객 분석
지역분석	유동인구분석, 지역주민 소비성향분석, 소득 및 소비수준, 시설정보 및 향후개발정보

Ⅰ-1. 지정조건

기준 데이터	2016년 04월 상권분석데이터
지정 주소	서울특별시 마포구 서교동
선택 업종	음식 > 닭/오리요리 > 후라이드/양념치킨

Ⅰ-2. 상권현황

분석지역 상권은 대학/학원가 상권이며, 상권 내 후라이드/양념치킨업종의 점포수는 22개로 분석되었습니다.

상권명	분석지역 상권
상권유형	대학/학원가 47% (상업지역 23%, 역세권 16%, 직장오피스가 10%, 그 외 4%)
인구현황	주거인구(13,238명), 직장인구(26,356명)
가구수	6,813세대 (아파트-1,164세대, 비아파트-5,649세대)
직장수	1,182
시설현황	관공서(5), 교육기관(5), 금융기관(14) 지하철역(서울2호선 홍대입구, 경의선 홍대입구(경의선), 공항철도 홍대입구), 버스정류장(36)
점포수	22

☞ 상권유형
① 주거지역(주거인구 비율이 높은 지역)
② 직장오피스가(직장 및 오피스 비율이 높은 지역)
③ 기타교통중심지(버스터미널 또는 공항 주변 지역)
④ 특수시설(대형병원, 관공서, 휴게소 주변 지역)
⑤ 기타지역(강, 하천, 공원 등을 포함한 기타지역)
③ 상업지역(상업시설 비율이 높은 지역)
④ 역세권(지하철 역 반경 250m에 위치한 지역)
⑤ 대학/학원가(인근에 대학교 또는 학원가가 있는 지역)
⑥ 공업중심지역(공업용지 비율이 높은 지역)

Ⅰ-3. 상권지도

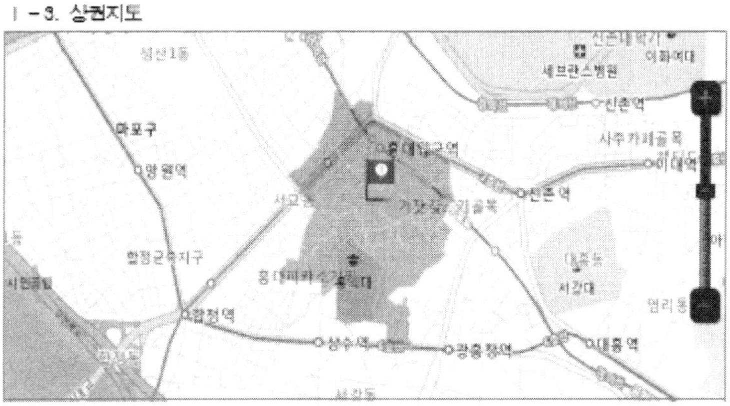

자료: http://www.nicebizmap.co.kr

[그림 10-10] **나이스 맵 상권분석 개요**

3) 서울특별시 우리마을가게

서울시의 영세 소상공인과 창업예정자를 위해 민관의 빅데이터를 기반으로 골목상권 정보를 분석, 제공하는 서비스이다(http://www.seoul,go.kr).

소상공인 시장진흥공단 상권정보시스템은 상가 오피스텔이 밀집한 발달상권 중심인 반면 서울시 서비스는 골목중심 상권서비스이다.

자료: http://www.seoul.go.kr

[그림 10-11] **우리마을가게**

(1) 상권신호등

행정구역 단위의 창업관련 지표를 지도상에서 분석할 수 있는 분석기능과 통계정보를 제공하고 한다.

① 신규창업 위험도(주의, 의심, 위험, 고위험으로 구분 제공)

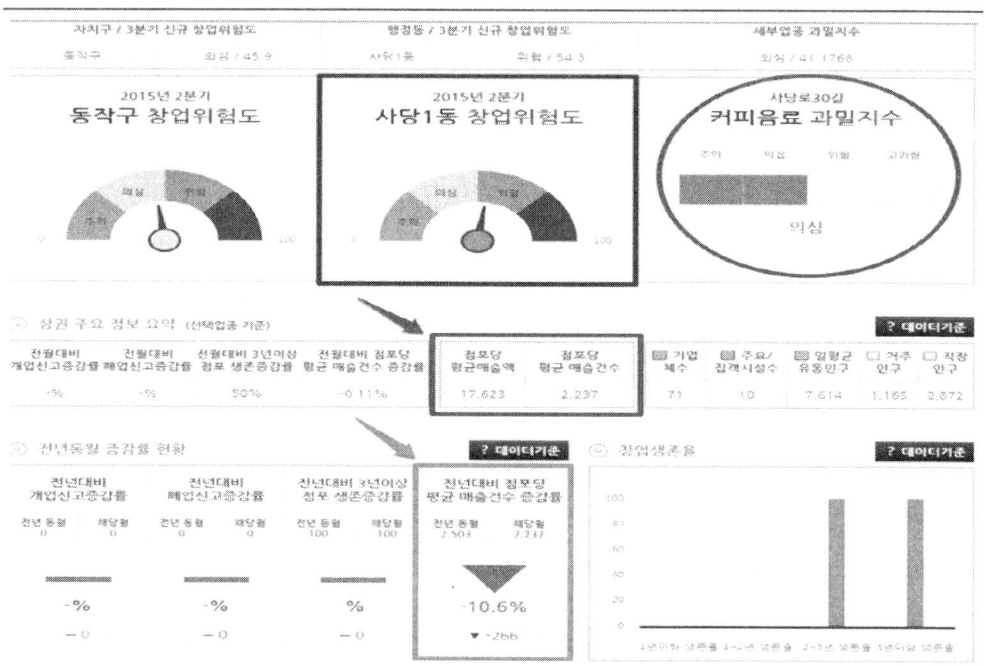

자료: http://www.seoul.go.kr

[그림 10-12] **신규창업위험도**

② 폐업 신고율(전년 동분기 폐업 신고율)
③ 3년간 개업대비 폐업 신고율
④ 평균 폐업기간
⑤ 점포 증감률(전년 동분기 대비)

[표 10-3] **창업위험 지표**

행정구역명	신규창업위험도	폐업신고율 (전년동분기 폐업신고율)	3년 간 개업 대비 폐업신고율 (전년동분기 폐업신고율)	평균 폐업기간	점포증감률 (전년 동 분기 대비)
+ 강남구	● 의심	1.9% (2.6%)	15.8% (21.3%)	2.6년	-2.1% ▼
+ 강동구	● 의심	1.9% (2.5%)	14.1% (20%)	2.5년	4.5%
+ 강북구	● 주의	1.2% (1.6%)	12.3% (18.3%)	3년	-3.2% ▼
+ 강서구	● 주의	2% (2.9%)	14.7% (21.2%)	2.7년	-1.4% ▼
+ 관악구	● 의심	1.9% (2.3%)	15.4% (21.4%)	3년	4.7%
+ 광진구	● 주의	1.7% (2.2%)	14.3% (19.1%)	2.7년	-3.3% ▼
+ 구로구	● 주의	2.1% (2.4%)	15% (21.2%)	2.8년	-2.7% ▼
+ 금천구	● 의심	2.9% (2.3%)	15.7% (20.2%)	2.8년	3.9%
+ 노원구	● 의심	1.9% (2%)	13.9% (16.8%)	2.9년	-7.2% ▼
+ 도봉구	● 의심	2.7% (2.7%)	16.2% (23.4%)	2.9년	-4% ▼
+ 동대문구	● 위험	1.4% (1.7%)	13.4% (18.9%)	2.9년	-1.8% ▼
+ 동작구	● 의심	1.4% (2.1%)	12.2% (18.3%)	2.9년	-12.5% ▼
+ 마포구	● 주의	1.7% (2.2%)	13% (17.3%)	2.7년	2.3%
+ 서대문구	● 의심	1.5% (2.2%)	15.5% (20.8%)	2.9년	-5.2% ▼
+ 서초구	● 의심	2.1% (2.2%)	13.7% (17.9%)	3년	-6.8% ▼
+ 성동구	● 주의	1.3% (2%)	11.7% (15.4%)	2.8년	-0.1% ▼

자료: http://www.seoul,go.kr

(2) 맞춤형 상권정보

업종과 지역, 상권의 조건을 검색하여 상권리포트를 조회할 수 있고 지도에서 간단한 정보 조회로 지역과 업종의 특성을 파악 할 수 있다.

(3) 점포 마케팅

기존의 자영업을 운영하고 있는 사업자가 점포위치와 업종을 지정하고 주변의 분석하고자 하는 상권을 자유롭게 그리면 마케팅 리포트를 통해 상권 내에서 소비하고 있는 고객의 유형과 특성정보를 제공해 타깃 고객을 선정 관리하는데 유용한 서비스이다.

제10장 빅데이터 분석 연습문제

01. 데이터 마이닝 기법에 대하여 설명하시오.

1) 의사결정나무(Decision Tree)

과거에 수집된 데이터의 레코드를 분석하여 이들 사이에 존재하는 패턴 즉 결과 값별 특성을 고객속성 조합으로 나타내는 분류모형을 나무의 형태로 만드는 것이다. 의사결정 나무는 나무의 가지가 분류되는 모양과 같은 그래프로도 표현되기도 하고 규칙형식으로 이해하기 쉽게 도출된다. 의사결정나무에서 만들어진 모형은 새로운 레코드를 분류하고 해당결과 값을 예측하는데 사용된다.

2) 인공신경망분석(Artificial Neural Network)

인간두뇌의 복잡한 현상을 모방하는 방법으로 데이터 안의 독특한 패턴이나 구조를 인지하는데 필요한 모델구축을 입력 층, 은닉 층, 출력 층을 통해서 기본적인 정보를 입력받아 처리요소에서 처리하고 이를 이용하여 가중치를 결정 처리하는 학습 패러다임에 근거한 방식이다. 보통 신경망 분석은 신용평가, 수요 및 판매예측에 활용된다.

3) 클러스터링(Clustering)

어떤 목적 변수(Target)를 예측하기보다는 고객수입, 고객연령과 같은 비슷한 고객들을 묶어서 몇 개의 의미 있는 군집으로 나누는 기법이다.

4) 사례기반추론(CBR: Case-Based Reasoning)

과거에 있었던 사례들의 결과를 바탕으로 새로운 사례의 결과를 예측하는 기법으로 사례의 유사성 척도로 근접 이웃 방법론이 가장 많이 이용되고 있다.

5) 연관규칙(Association Rule)

상품 혹은 서비스 간의 관계를 바탕으로 유용한 규칙을 찾아내고자 할 때 이용되는 방법이다. 거래 속에 포함된 품목간의 연관관계를 발견하고자 할 때 이용하는 방법이다.

02. 분석도구 R에 대하여 설명하시오.

R은 오픈소스 프로그램으로 통계, 데이터 마이닝 및 그래프를 위한 언어이다. 현재 4,000개 이상의 프로그램이 패키지 형태로 제공되고 있으며 R 패키지는 웹사이트(http://www.r-project.org)에서 내려 받아 설치하여 사용 할 수 있다.

① R은 다른 프로그램 언어와 쉽게 연동하여 사용 할 수 있다.
② 모든 데이터는 기본적으로 메모리에서 저장된다.
③ library와 require를 이용해서 설치된 패키지를 메모리에 구동시켜서 사용이 가능하다.
④ R의 설치는 반드시 컴퓨터 이름을 영문으로 설정되었는지 확인 후 설치한다. R은 서버 버전과 데스크톱 버전의 구분이 따로 없으며 서버에서도 운영체제에 따른 버전을 설치하면 된다.

03. 빅데이터 시각화 프로세스에 관하여 설명하시오.

많은 데이터들의 홍수 속에서 숨겨진 패턴을 찾아 사람들이 쉽게 이해 할 수 있도록 하는 방안이 중요시 되고 있다. 데이터들의 패턴을 시각화 한다면 현재의 추세 및 미래를 직관적이고 정확하게 이해할 수 있다. 이렇게 수많은 데이터 분석결과를 누구나 쉽게 이해 할 수 있도록 표현하는 기술이 시각화이다. 시각화 프로세스는 아래와 같다.

1) 1단계 : 데이터의 획득
2) 2단계 : 데이터의 구조화 및 분류
3) 3단계 : 관심데이터 추출
4) 4단계 : 통계, 데이터 마이닝 기법적용 데이터 마이닝
5) 5단계 : 시각화(그래프, 리스트)
6) 6단계 : 정교한 표현으로 재정의
7) 7단계 : 데이터 변경 또는 보이는 특징을 조작하는 방법추가로 상호작용

04. 용어설명

- 빅데이터
- 분산파일시스템(DFS: Distributed File System)
- 소셜네트워크 분석
- 분석도구 SPSS

Chapter 11 정성 성과분석

제 1 절 고객 매장 평가

세상에는 체크 리스트라고 불리는 것이 많이 있습니다.

경영의 관점에서 만들어 진 것, 업무 내용의 관점이라고 하는 것을 목표로 하여 만들어 진 것 등 여러 가지가 있습니다.

그 가운데서 본서에서 제시하는 체크 리스트는 철저한 고객지향을 기초하여, 고객의 눈에 비쳐지는 자신의 점포의 강점과 약점을 명확히 하고, 거기서 부터 매출을 높이는 방법을 이끌어 내려고 하는 것입니다.

소매업은 점포가 들여온 상품을, 파는 사람이 현금을 받고 교환하는 것으로 성립된 것입니다. 따라서 물건을 파는 점포 측 보다는 돈을 지불하는 고객 측에 주도권이 있습니다. 점포의 평가를 결정하는 것은 고객입니다. 고객이 돈을 지불한다고 하는 것은 그 점포와 상품을 지지한다고 하는 것과 다름이 없습니다.

이제부터 유통업, 서비스업에 있어서 중요한 것은 〈고객의 지지를 얼마만큼 받을 수 있는가〉 하는 것에 달려 있습니다. 고객의 지지를 얻기 위해서는 구매결정의 현장에 있는 점포를 이떻게 보고 있는가를 알 필요가 있습니다. 어느 부분이 지지를 받고 있고, 어느 부분이 지지 받지 못하고 있는지를 아는 것입니다. 그래서 지지 받고 있는 부분은 더욱 강화시키고, 지지 받지 못하는 부분은 우선순위를 붙이면서, 힘 균형의 원리에 의해 효율적으로 개선해 갑니다. 그러면 고객의 지지를 지금 이상으로 얻고, 매출을 늘릴 수 있게 됩니다. 자기 점포의 현상을 아는 것에는 〈점포〉와 〈고객의 눈〉의 2가지가 필요합니다.

따라서 본서의 체크 리스트는 〈점포 자가진단〉이라고 하는 형태로 고객이 구매할 때 유의점을 진단 항목으로서 열거하고, 그 항목에 스스로 O, ×를 붙여서 〈고객의 눈으로 본 자신의 점포의 모습〉을 명확히 밝히는 것입니다.

고객은 점포를 이렇게 보고 있다.

- 점포 자기진단 체크 리스트-

체크 순서

I	H	G	F	E	D	C	B	A
사용가치확인	단품 플로우설비 등	단품정산 설비 등	단품인적서비스	부문집기전개	단품소구 매장	단품소구 점포입구	단품유도 간판주차장	단품소구 전단DM

이 체크 리스트는 어디까지나 〈고객의 입장〉을 중시하는 진단항목을 현장 사람들이 스스로 체크하고, 매장에서 활용하기 위한 것입니다.

방법은 매우 간단하며 진단항목 하나하나에 이루어지고 있는 것에는 O를 표시하고, 이루어지지 않는 것에는 ×를 체크하는 것뿐입니다.

체크 불가능한 것에는 체크하지 않아도 좋습니다.

항목의 순서는 고객이,

① 점포에 들어갈 때까지의 행동

② 점포 안에서의 행동

③ 점포를 나온 후의 행동

으로 나누고, 다시 이것을 세분화한 것입니다.

고객의 움직임에 따라 체크해 주시기 바랍니다.

[표 11-1] 점포진단 체크리스트 A

	진단항목	평가
A 단품소구 전단/DM	A-1 전단 혹은 DM을 최저 연 1회 발행하고 있는가?	
	A-2 전단 또는 DM에 점포명 표기가 한 곳 이상 있는가?	
	A-3 전단, DM에 처음 가는 고객도 내점이 가능하도록 지도가 실려 있는가?	
	A-4 전단, DM에 영업일 및 영업시간을 명시하고 있는가?	
	A-5 전단, DM에 전화번호를 명시하고 있는가?	
	A-6 전단, DM에 행사의 기간을 명시하고 있는가?	
	A-7 전단, DM에 주차장이 있는 것을 명시하고 있는가?	
	A-8 전단, DM에 주력 상품 군을 풍부히(1 단품에 3 아이템 이상) 표현하고 있는가?	
	A-9 전단, DM에 단품의 개별 아이템의 가격을 90% 이상 명시하고 있는가?	
	A-10 전단, DM상의 상품을 단품별로 분류하고 있는가?	
	A-11 전단, DM에 상품의 기능, 사용방법, 유지 관리방법 등을 전하고 있는가?	
	A-12 전단, DM에 취급 크레디트 카드 특전을 표시하고 있는가?	

[표 11-2] 점포진단 체크리스트 B

	진단항목	평가
B 단품유도 간판/주차장	B-1 점포명과 업종을 표시하는 간판이 있는가?	
	B-2 외관상으로 무슨 점포인지 구분이 되는가?	
	B-3 주차장이 있는가?	
	B-4 주차장에서 차가 들어가고 나가는데 편리하게 되어 있는가?	
	B-5 주차장은 주차하기 쉬운가?	
	B-6 처음 내 점한 고객도 주차장을 찾기가 쉬운가?	
	B-7 주차장에 대기차량이 많은 경우 차량유도를 하고 있는가?	
	B-8 주차장의 요금표시가 있는가?	
	B-9 주차장에 쓰레기나 물이 고여있지 않는가?	
	B-10 주륜 장(자전거)은 있는가?	
	B-11 주륜 장은 찾기 쉬운가?	
	B-12 주륜 장은 정리정돈이 되어 있는가?	
	B-13 주륜 장에 쓰레기나 물이 고여있지 않은가?	

[표 11-3] 점포진단 체크리스트 C

	진단항목	평가
C 단품소구 점포입구	C-1 입구는 찾기 쉬운가?	
	C-2 입구는 물리적으로 들어가지 편리한가?	
	C-3 입구는 분위기 적으로 들어가기 편한가?	
	C-4 점포의 앞부분은 청결한가?	
	C-5 입구에 더러워지지 않도록 우산을 꽂을 공간이 있는가?	
	C-6 입구의 매트는 청결하고 반듯이 놓여 있는가?	
	C-7 입구에 재떨이, 휴지통 등이 있고, 청결한가?	
	C-8 우산은 보관 대에 우산 넣을 비닐이 입구부근에 있는가?	
	C-9 입구부근에 영업시간, 정기휴일의 표시가 있는가?	
	C-10 입구부근에 인기상품, 행사표시가 있는가?	
	C-11 입구부근에 층 안내도가 있는가?	
	C-12 입구부근에 취급 크레디트 카드가 표시되어 있는가?	
	C-13 입구부근에 애완동물 동반여부 표시가 있는가?	
	C-14 점포의 주력단품이 점포 앞에 이미지화 되어 있는가?	

[표 11-4] 점포진단 체크리스트 D

	진단항목	평가
D 단품소구 매장	D-1 매장은 한번 둘러보았을 때 밝은 분위기를 느끼게 하는가?	
	D-2 매장은 한번 둘러보았을 때 청결하다고 느껴지는가?	
	D-3 매장을 한번 둘러보았을 때 매장에서 재촉하지는 않는가?	
	D-4 매장을 둘러보았을 때 계절감이 느껴지는 상품이 있는가?	
	D-5 환경은 쾌적한가?	
	D-6 백 그라운드 뮤직의 음향은 적절한가?	
	D-7 매장이 물리적으로 밝은가(1,000룩스 이상)?	
	D-8 부문표시는 명확한가?	
	D-9 계단, 에스컬레이터 및 엘리베이터의 표시는 있는가?	
	D-10 주통 로는 명확하고, 통행하기 편한가?	
	D-11 보조 통로는 명확하고 통행에 편한가?	
	D-12 쇼핑 바구니나 카트는 입구부근에 있고, 잡기 편한가?	
	D-13 쇼핑 바구니, 카트는 청결한가?	
	D-14 매장에서 고객의 특전이 되는 것(바겐세일, 포인트 카드, 크레디트 카드 등)을 명시하고 있는가?	

[표 11-5] 점포진단 체크리스트 E

	진단항목	평가
E 부문집기전개	E-1 상품은 청결한가?	
	E-2 상품은 손상되어 있지는 않는가?	
	E-3 상품은 주력단품으로서 한데 묶여 있는가?	
	E-4 주력상품은 3 아이템 이상 갖추어져 있는가?	
	E-5 주력 단품 판매선의 1아이템은 정말 저렴한가?	
	E-6 주력단품의 가격표가 바르게 붙어 있는가?	
	E-7 집기는 청결한가?	
	E-8 집기에 빈 공간이 눈에 띄지는 않는가?	
	E-9 상품은 취급하기 쉽게 진열(거리에 대해서)되어 있는가?	
	E-10 주력단품이 그 매장의 제일 좋은 자리에 진열되어 있는가?	
	E-11 주력상품이 가격대별로 진열되어 있는가?	
	E-12 전단에 실린 주력단품 3아이템은 결품되어 있지 않는가?	
	E-13 주력단품 판매선의 아이템의 페이스 수는 많은가?	
	E-14 주력단품 판매선의 1아이템에 POP, 가격표가 붙어 있는가?	
	E-15 POP가 1평당 3장 이상 붙어 있는가?	
	E-16 POP로 판매가격 표시와 사용가치를 명시하고 있는가?	
	E-17 POP로 정가, 할인율을 명시하고 있는가?	
	E-18 품절 되었을 때에는 품절 및 입고예정을 명시하고 있는가?	
	E-19 POP를 보기 쉽도록 고정시켜 놓았는가?	
	E-20 POP가 더럽거나 구부러지지 않았는가?	
	E-21 저렴감이 있는가?	
	E-22 가치감이 있는가?	
	E-23 풍부감(볼륨감)이 있는가?	

[표 11-6] 점포진단 체크리스트 F

	진단항목	평가
F 단품인적서비스	F-1 눈이 마주칠 때 방긋 미소를 짓는가?	
	F-2 "어서 오세요!"라고 밝게 인사하는가?	
	F-3 활기차 보이는가?	
	F-4 복장은 청결한가?	
	F-5 고객이 무언가 묻고 싶을 때에는 곧 대응할 수 있도록 하고 있는가?	
	F-6 손님을 기다리게 할 때에는 "잠깐 기다려 주십시오!"라고 말하고, 사정을 설명하는 등 고객이 기분 좋게 느낄 수 있도록 대응하는가?	
	F-7 고객이 볼 수 있는 범위에 판매원이 1인 이상 있는가?	
	F-8 단품이 있는 장소를 즉시 답할 수 있는가?	
	F-9 고객에 대해 차별을 두지 않고 대하고 있는가?	
	F-10 상품을 사지 않은 손님에게도 "감사합니다!" 라고 기분 좋게 인사하고 있는가?	
	F-11 고객에게 특전이 되는 것(바겐세일, 포인트 카드, 크레디트 카드 등)을 권하고 있는가?	
	F-12 고객에게 접근하는 타이밍은 적절한가?	
	F-13 고객의 이야기를 충분히 듣고 있는가?	
	F-14 고객의 이야기를 들은 후 "알겠습니다!" 라고 하는가?	
	F-15 고객이 원하는 상품을 제시하고 있는가?	
	F-16 상품을 다루는데 있어 정중한가?	
	F-17 포장은 신속하고 아름답게 하는가?	
	F-18 상품을 들기 쉽고, 운반하기 쉽게 포장하는가?	
	F-19 고객의 용도, 목적에 맞는 포장인가?	
	F-20 계산대에서 상품과 가격을 읽어주면서(확인하면서) 계산하고 있는가?	
	F-21 계산한 금액과 받은 금액, 거스름돈을 말로 확인하고 있는가?	
	F-22 고객의 손에 닿을 정도로 정중하게 거스름돈을 전하는가?	
	F-23 전화에서는 친절한 어조로 대응하고 있는가?	
	F-24 전화음 5회 내에 전화를 받고 있는가? 6회 이상이었을 때는 "기다리게 해서 죄송합니다!" 라고 하는가?	
	F-25 전화에서 회사(점포)명을 1회에 알아들을 수 있도록 하는가?	
	F-26 영업시간외에 부재중 전화번호 등 무엇인가 대응하고 있는가?	

[표 11-7] 점포진단 체크리스트 G

	진단항목	평가
G 단품정산 설비 등	G-1 계산대의 위치 표시는 있는가?	
	G-2 계산대의 줄 표시는 있는가?	
	G-3 영수증을 고객에게 전하고 있는가?	
	G-4 계산대에서 기다리는 고객이 3명 이하인가?	
	G-5 보증서를 발행하고 있는가?	
	G-6 계산대 주변에 크레디트 카드 특전 표시가 있는가?	
	G-7 계산대 주변이 밝고 청결한가?	
	G-8 삿카 공간은 혼잡하지 않은가?	
	G-9 셀로테이프, 비닐봉투는 보충되어 있는가?	
	G-10 빈바구니, 빈카트가 삿카 위에 방치되어 있지 않는가?	

[표 11-8] 점포진단 체크리스트 H

	진단항목	평가
H 단품플로우 설비 등	H-1 화장실의 장소 표시는 있는가?	
	H-2 화장실이 밝고 청결한가?	
	H-3 화장실의 휴지는 보충되고 있는가?	
	H-4 화장실에 수화물을 놓을 설비가 있는가?	
	H-5 휴식장소가 있는가?	
	H-6 흡연장소가 있는가?	
	H-7 흡연장소의 재떨이에 담배재가 지나치게 쌓여있지 않는가?	
	H-8 (공중)전화가 있는가?	
	H-9 비상구가 명시되어 있는가?	
	H-10 시계가 있는가?	
	H-11 서비스(안내) 카운터가 있는가?	

[표 11-9] 점포진단 체크리스트 I

	진단항목	평가
I 사용가치 확인	I-1 고객의 불평(불만)에 대해 즉시 대응하고 있는가?	
	I-2 반품의 처리 표시는 있는가?	
	I-3 배송 서비스와 요금표시는 있는가?	
	I-4 고객 카드를 발행하고 있는가?	
	I-5 POP에 지역의 고객에게서 얻은 상품정보를 활용하고 있는가?	

제 2 절 쇼핑사이클별 고객만족도평가

아래 표는 득점별에 따른 점포의 타입과 고객이 어떻게 느끼고 있는가를 정리한 것입니다.

당신의 점포는 어느 타입인지요. 아마 점포의 점수가 80점 이상이라면, 성공점포일 것입니다. 물론 40점 미만의 점포도 있습니다. 우선 득점에서 당신의 점포의 위치를 확인해 주십시오.

계속해서 그것을 쇼핑 사이클별로 알아보겠습니다. 다음의 표에 각각 득점을 기입해 주십시오.

체크한 항목수 : 미체크 항목수 :

체크한 항목수 중에서 : O 항목수 : × 항목수 :

달성율 :

$$\frac{\text{O 항목수}}{\text{체크한 항목수}} \times 100$$

평가 :

쇼핑 사이클별 달성도

쇼핑 사이클	이루어지고 있는 항목	달 성 도
A 전단, DM	/ 12	%
B 간판, 주차장	/ 13	%
C 점포입구	/ 14	%
D 매장	/ 14	%
E 부문집기 전개	/ 23	%
F 인적 서비스	/ 26	%
G 정산 설비 등	/ 10	%
H 플로우 설비 등	/ 11	%
I 사용가치 확인	/ 5	%

쇼핑 사이클별 달성표

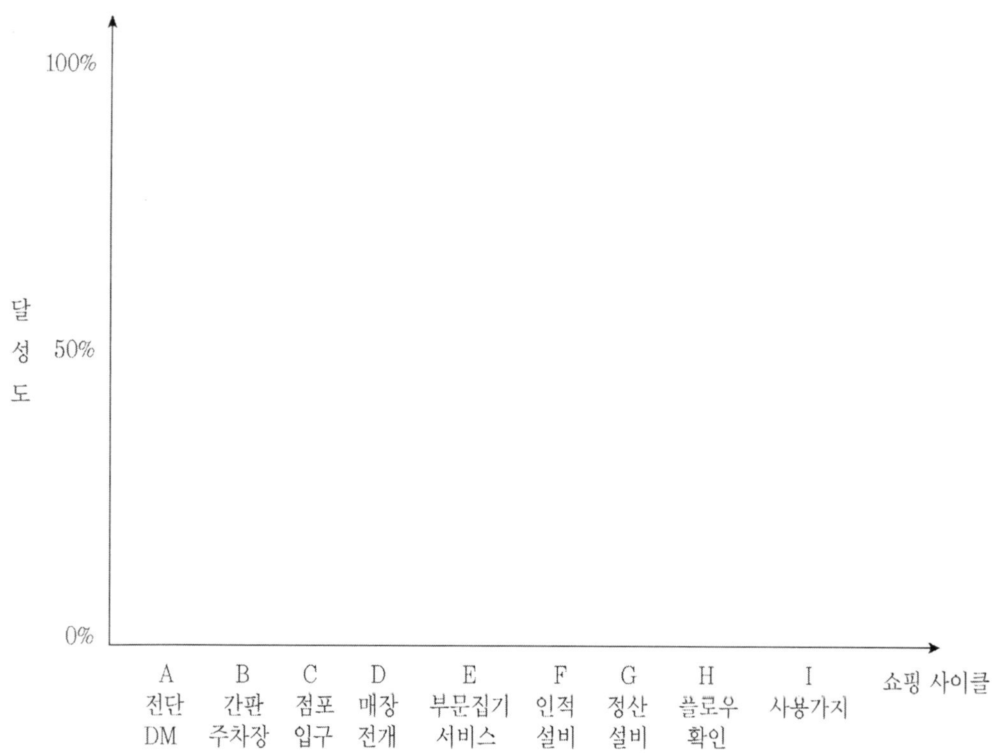

득점별에 따른 점포 타입

득점	고객은 이렇게 느끼고 있다
80-100	"와 좋다. 쾌적한 점포. 만족!" 계속해서 활약을…………
70-79	"좋은 점포. 조금 더 쾌적하게 되었으면……..!" 한 숨 돌림. 분발해 보시지 않겠습니까?
60-69	"쓸모는 충분한 점포이지만……..." 온순한 고객만 있다면 좋겠지만……
50-59	"여기밖에 점포가 없는 줄 아나!" 고객에게 가까이 다가서고 있습니까?
40-49	"쓸쓸한 점포. 들어가기가 어쩐지….!" 고객을 깔보아서는 안됩니다.
40미만	"여기가 점포???????" 고객이 보이지 않습니다.

제 3 절 매장점검 체크리스트

[표 11-10] 점포진열체크

원 칙	체크 포인트	YES	NO
제 1 원칙 보기좋게 진열	물리적으로 쉬운 진열인가? • 유효 진열의 범위를 살려서 진열 • 상품의 크기와 성격에 따라 보기 쉬운 높이에 진열 • 상품의 특성 및 성격을 알기 쉽고 바로 볼 수 있게 진열 • 포인트를 만들고 유사상품과 비교하기 쉽게 진열 • 관련상품 진열로 연상효과를 높여 진열 심리적으로 보기 쉬운 진열인가? • 사지 않는 고객에게도 부담감이나 저항감을 주지 않는다. • 변화 있는 연출기술로 아름답게 보이도록 한다. • 소도구 보조기구를 활용하여 가치를 높여 보이도록 한다. 보기 쉬운 진열 방법인가? • 상품형태가 큰 것은 뒤쪽, 작은 것은 앞쪽에 진열 • 가격이 비싼 것은 뒤쪽, 싼 것은 앞쪽에 진열 • 색채가 밝은 것은 뒤쪽, 어두운 것은 앞쪽에 진열		
제 2 원칙 만지기 쉽게 진열	• 고객이 만지기 쉽고 본래대로 돌려놓기 쉬운가? • 허물어지기 쉽게 진열되지 않았는가? • 무거운 용량이 높은 곳에 위치하고 있지는 않은가? 상품을 손으로 잡기 쉽게 하는 것이 핵심이다.		
제 3 원칙 구분하기 쉽게 진열	• 비슷한 상품끼리 연결 진열이 되어 있는가? • 선입선출진열이 잘 되어 있는가? • 상품별로 명확하게 구분이 되는가?		
제 4 원칙 생동감 있게 진열	• 주력상품과 신상품은 적절하게 두드러져 있는가? • 입체감과 생동감이 있는가? • 품목별 제품은 풍족하게 진열되어 있는가?		
제 5 원칙 청결하게 진열	• 제품이나 진열대에 먼지나 얼룩 등이 없는가? • 제품, 포장, 라벨 등에 손상이나 때가 있지 않은가? • POP 등의 인쇄 판촉물이 청결하게 진열되어 있는가?		

[표 11-11] **점포 외관 체크리스트**

No.1 체크 항목			담당	점장
주변도로 상황	1	점포 주변도로 상황은 양호한가.		
	2	점포 주변에 휴지 등이 떨어져 있지 않은가		
	3	자전거가 고객의 통행을 방해하지는 않은가		
	4	자동판매기 부근의 안전성은 완벽한가.		
	5	운반차가 고객의 통행을 방해하지는 않은가		
	6	유모차가 점포내로 쉽게 들어올 수 있는가		
	7	입구 경사면에서 미끄러질 위험은 없는가.		
	8	계단에 미끄럼 방지가 제대로 되었는가		
	9	비오는 날, 주변도로에 물웅덩이는 없는가.		
	10	식품 슈퍼마켓다운 분위기를 갖추고 있는가.		

No.2 체크 항목			담당	점장
점포명 표시간판	1	점포명 표시간판이 눈에 잘 보이는가.		
	2	간판의 칠이 벗겨지거나 더럽지는 않은가		
	3	간판의 부속물은 튼튼하게 부착되어 있는가.		
	4	시계가 있는 경우, 시각은 정확한가.		
	5	게시판, 알림판은 깨끗한가.		
	6	야간 조명의 밝기는 적절한가.		
	7	흔들리거나 빛이 약한 전구는 없는가.		
	8	휴일이나 영업시간 표시가 눈에 잘 띄는가.		
	9	차양이 더럽지는 않은가		
	10	개점 전(폐점 후)셔터가 더럽지는 않는가.		

No.3 체크 항목			담당	점장
전면운반 출구	1	도로에서 정면 출입구까지 노면은 깨끗한가.		
	2	출입구 매트(신발 털이용)는 깨끗한가.		
	3	정면 유리는 깨끗한가.		
	4	상품 등으로 출입구가 비좁지는 않은가		
	5	자동문 조정은 완료되었는가.		
	6	상품 반입을 위한 통로가 확보되어 있는가.		
	7	작업장 쓰레기 처리는 충분히 되어 있는가.		
	8	골판지 등 처리는 충분히 되어 있는가.		
	9	집기, 비품에 빗물이 들이치지 않는가.		
	10	운반차 소음이 귀에 거슬리지는 않는가.		

No.4 체크 항목			담당	점장
주차장	1	주차장에 휴지가 떨어져 있지는 않은가		
	2	적당한 장소에 휴지통이 설치되어 있는가.		
	3	유리, 자갈 등이 떨어져 있지는 않은가		
	4	간판 표시가 선명한가.		
	5	주차선 등이 분명하게 그려져 있는가.		
	6	통행금지 표시가 분명하게 그려져 있는가.		
	7	야간 조명이 설치되어 있는가.		
	8	매장 출입이 용이한가.		
	9	방범시설이 잘 되어 있는가.		
	10	환기가 잘 되는가		

[표 11-12] **점포내 환경**

No.1 체크 항목			담당	점장
천정	1	점포내 조명은 적절한가.		
	2	불이 들어오지 않는 형광등은 없는가.		
	3	스폿 전구의 갓이 더럽지는 않는가.		
	4	분류표시 간판이 더럽지는 않는가.		
	5	스프링클러 등에 오염물질이 묻어 있지는 않는가.		
	6	농축수산 식품 케이스 위가 청결한가.		
	7	방범용 거울은 깨끗하게 닦여 있는가.		
	8	방화용 칸막이, 창문 유리는 깨끗한가.		
	9	대면용 사방 유리는 깨끗한가.		
	10	천장에 더러운 물건이 매달려 있지 않는가.		

No.2 체크 항목			담당	점장
바닥	1	각 플로어 모두 청결하게 유지되어 있는가.		
	2	냉장·냉동 케이스에서 물이 새나오지 않는가.		
	3	통로에 상품이 방치되어 있지 않는가.		
	4	쇼핑 카트를 끌고 점포 내를 돌아다닐 수 있는가		
	5	타일이 떨어져 나간 곳은 없는가.		
	6	진열시에도 비어있는 곳은 골판지 등에 주의를 기울이는가.		
	7	섬진열, 돌출진열이 많지 않은가		
	8	고객용 화장실은 청결한가.		
	9	계단에 물건을 방치해 두지 않는가.		
	10	엔드 진열이 튀어 나와 있지 않는가.		

		No.3 체크 항목	담당	점장
POS·카운터주변	1	체커대 밑은 깨끗한가		
	2	체커용 가격 표시판은 선명한가		
	3	레지스터 번호 표시판은 선명한가		
	4	영수증이 여기 저기 버려져 있지 않은가		
	5	천장에서 내려온 배선 코드가 튼튼하게 죄어져 있는가.		
	6	각 레지스터 사이는 깨끗한가 한가		
	7	클레임 처리시 필요한 매뉴얼이 있는가.		
	8	항상 고객을 맞을 준비가 되어 있는가.		
	9	명절 및 특수용 가이드북이 있는가.		
	10	버스, 지하철 등 시각표가 있는가.		

		No.4 체크 항목	담당	점장
POP 광고	1	계절이 지난 것은 없는가.		
	2	더럽지는 않는가.		
	3	오자·탈자는 없는가. 읽기 쉬운 글자인가		
	4	상품에 어울리는 크기가 정해져 있는가.		
	5	아이 캐치에 관한 연구가 이루어지고 있는가.		
	6	분류표시간판이 올바른 위치에 있는가.		
	7	프라이스 카드가 올바른 위치에 있는가.		
	8	천장에 매단 광고물이 너무 많지는 않는가.		
	9	POP광고가 확실하게 붙어 있는가.		
	10	점포내 안내판은 제대로 정리되어 있는가.		

[표 11-13] **작업장**

No.1 체크 항목			담당	점장
설비관리	1	작업대는 사용하기 편리하게 만들어져 있는가.		
	2	조명은 작업하기 편리하게 밝은가		
	3	바닥이 미끄럽지 않은가		
	4	바닥청소가 제대로 되어 있는가.		
	5	냉염수 처리장치는 제대로 작동되는가.		
	6	슬라이서의 날은 잘 드는가.		
	7	반출입용 카트는 제대로 준비되어 있는가.		
	8	세탁기, 건조기는 제대로 준비되어 있는가.		
	9	저울은 잘 준비되어 있는가.		
	10	전반적으로 작업장으로서 준비가 되어 있는가.		

No.2 체크 항목			담당	점장
비품관리	1	트레이, 랩이 쓰기 편리하게 준비되어 있는가.		
	2	테이프, 고무줄이 쓰기 편리하게 준비되어 있는가.		
	3	시일(Seal), 가격표가 쓰기 쉽게 준비되어 있는가.		
	4	비닐봉지는 쓰기 쉽게 준비되어 있는가.		
	5	숫돌은 종류별로 갖추어져 있는가.		
	6	행주는 필요한 만큼 준비되어 있고 깨끗한가.		
	7	식칼은 종류별로 준비되어 있고 깨끗한가.		
	8	주방 가운은 필요한 수만큼 준비되어 있고 깨끗한가.		
	9	마스크, 모자, 삼각건은 어떠한가.		
	10	비품관리 전반에 관한 배려를 하고 있는가.		

No.3 체크 항목			담당	점장
안전성	1	콘센트, 스위치의 안전성은 어떠한가.		
	2	상품을 접어 올리는 법을 교육하고 있는가.		
	3	소화기가 지정된 장소에 놓여 있는가.		
	4	슬라이서의 사용법이 정해져 있는가.		
	5	프라이어의 사용법이 정해져 있는가.		
	6	식칼의 사용법이 정해져 있는가.		
	7	그라인더의 사용법이 정해져 있는가.		
	8	작업하기 좋은 밝기인가		
	9	작업원의 복장은 규정 복장인가		
	10	전반적으로 안전성에 관한 배려를 하고 있는가.		

No.4 체크 항목			담당	점장
위생	1	작업장이나 냉장고 문이 깨끗한가.		
	2	천장이 깨끗한가.		
	3	벽이 깨끗한가.		
	4	바닥이 깨끗한가.		
	5	식칼의 보관 장소가 깨끗한가.		
	6	점심 후 휴식 시간 동안 도마, 행주는 깨끗한가.		
	7	점심 후 휴식 시간 동안 슬라이서는 깨끗한가.		
	8	점시 후 휴식 시간 동안 작업대는 깨끗한가.		
	9	작업원 복장이 위생적으로 디자인되어 있는가.		
	10	누가, 언제 청소하는지가 정해져 있는가.		

[표 11-14] POS 부분

No.1 체크 항목			담당	점장
POS 주변	1	계산대는 깨끗한가.		
	2	포장용 비닐은 정리되어 있는가.		
	3	계산대 사이는 깨끗한가.		
	4	포장대는 깨끗한가.		
	5	포장용 테이프는 준비되어 있는가.		
	6	바닥에 휴지가 떨어져 있지는 않은가		
	7	쓰레기통은 제대로 관리하고 있는가.		
	8	바구니는 항상 청결하게 정리되어 있는가.		
	9	천장 형광등은 깨끗한가.		
	10	레지스터 표시판은 깨끗한가.		

No.2 체크 항목			담당	점장
단정한 복장	1	정해진 복장을 입고 있는가.		
	2	두발은 정해진 모양인가		
	3	화장은 허용된 범위인가		
	4	명찰은 눈에 띄는 곳에 부착했는가.		
	5	지각, 조퇴, 휴가 신청을 내었는가.		
	6	외출 규정을 엄수하고 있는가.		
	7	담당구역을 떠날 때 규정을 엄수하고 있는가.		
	8	쇼핑규정을 지키고 있는가.		
	9	지시에 대한 보고가 있었는가.		
	10	휴식, 식사에 대한 규정을 지키고 있는가.		

No.3 체크 항목			담당	점장
접객 서비스	1	고객을 기다리는 자세가 올바른가		
	2	고객을 맞는 자세가 올바른가.		
	3	접객용어를 올바르게 사용하고 있는가.		
	4	인사는 3인 이상에게 들리는가.		
	5	표정은 밝은가		
	6	불공평한 접객을 하고 있지는 않은가		
	7	가격확인은 정해진 대로 하고 있는가.		
	8	인사는 정해진 형태로 하고 있는가.		
	9	인사는 고객을 보면서 하고 있는가.		
	10	접객 전반에 관한 배려가 있는가.		

No.4 체크 항목			담당	점장
등록	1	등록하는 자세는 올바른가.		
	2	소리를 내어 읽으면서 등록을 하고 있는가.		
	3	상품 이동을 올바르게 하고 있는가.		
	4	금전 수수는 올바른가.		
	5	지폐는 항상 지폐 넣는 곳에 넣고 있는가.		
	6	고객보다 능숙하게 물건을 넣을 수 있는가		
	7	물건 넣은 것을 올바르게 하고 있는가.		
	8	포장용 비닐의 크기는 적절한가.		
	9	상품을 건널 때 요령에 관한 연구를 하고 있는가.		
	10	감사하는 마음으로 고객을 보내고 있는가.		

[표 11-15] 그로서리 상품관리

No.1 체크 항목			담당	점장
일반식품	1	선입선출이 지켜지고 있는가.		
	2	제조년월일이 오래된 것은 없는가.		
	3	상품에 먼지가 쌓여 있지는 않는가.		
	4	더러워진 가격표가 늘어서 있지는 않은가		
	5	계절이 지난 상품이 진열되어 있지는 않은가		
	6	칸막이의 판이 더럽지는 않은가		
	7	상품포장이 손상된 것은 없는가.		
	8	선반은 더러운 곳이 없는가.		
	9	상품을 그대로 바닥에 두지는 않았는가.		
	10	매장 전체적으로 상품관리에 배려가 되어 있는가.		

No.2 체크 항목			담당	점장
일일배달식품	1	선입선출이 지켜지고 있는가.		
	2	일일배달 식품의 날짜관리를 하고 있는가.		
	3	요냉식품을 제대로 취급하고 있는가.		
	4	케이스 온도는 정해진 대로 있는가.		
	5	케이스의 통풍구가 막혀 있지는 않은가		
	6	케이스, 선반은 깨끗한가.		
	7	칸막이 판이 더럽지는 않는가.		
	8	더러워진 가격표가 늘어서 있지는 않은가		
	9	상품을 그대로 바닥에 두지는 않았는가.		
	10	매장 전체적으로 상품관리에 배려가 되어 있는가.		

No.3 체크 항목			담당	점장
과자·빵	1	선입선출이 지켜지고 있는가.		
	2	제조년월일이 오래된 상품은 없는가.		
	3	생과자의 판매기간이 정해져 있는가.		
	4	빵 진열 케이스는 언제나 깨끗한가.		
	5	포장이 손상된 상품이 진열되어 있지는 않은가		
	6	냉동케잌은 진열 한계선을 넘지 않는가.		
	7	칸막이 판은 깨끗한가.		
	8	더러운 가격표가 늘어서 있지는 않은가		
	9	계절이 지난 상품이 놓여 있지는 않은가		
	10	매장 전체적으로 상품관리에 배려가 되어 있는가.		

No.4 체크 항목			담당	점장
잡화	1	선입선출이 지켜지고 있는가.		
	2	위생·규격 등 품질체크기준이 있는가.		
	3	상품에 먼지가 쌓여 있지는 않는가.		
	4	상품포장이 손상된 것은 없는가.		
	5	칸막이 판은 깨끗한가.		
	6	케이스의 선반은 깨끗한가.		
	7	계절이 지난 상품이 놓여 있지 않는가.		
	8	상품을 그대로 바닥에 두지는 않았는가.		
	9	더러운 POP 광고나 계절이 지난 것은 없는가.		
	10	매장 전체적으로 상품관리에 배려가 되어 있는가.		

[표 11-16] 그로서리 진열

No.1 체크 항목			담당	점장
보기에 편리한 진열	1	상품을 선반 앞쪽부터 진열하고 있는가.		
	2	상품라벨이 정면을 향해 있는가.		
	3	전진입체진열인가		
	4	곤돌라의 뒷판이 보이지 않도록 연구를 하고 있는가.		
	5	칸막이 판은 깨끗한가.		
	6	선반은 깨끗한가.		
	7	진열이 안정감이 있는가.		
	8	건조 식품류 등이 가로, 세로 반듯하게 진열되어 있는가.		
	9	트레이 진열에 대한 연구를 하고 있는가.		
	10	선입선출이 지켜지고 있는가.		

No.2 체크 항목			담당	점장
선택하기 쉬운 진열	1	재해방지관리체계가 이루어져 있는가.		
	2	통로에 물이나 야채잎 따위가 떨어져 있지는 않은가		
	3	진열대에서 튀어나온 위험물은 없는가.		
	4	엔드 진열은 안정되어 있는가.		
	5	상품보충시 빈 골판지 처리가 올바른가.		
	6	상품보충용 카트가 제자리에 있는가.		
	7	통로에 상품을 방치해 두지는 않았는가.		
	8	쇼핑 카트의 안전성은 양호한가.		
	9	계단의 손잡이, 바닥이 안전한가.		
	10	점포 출입구에 위험물은 없는가.		

No.3 체크 항목			담당	점장
즐거움이 있는 진열	1	엔드 진열에 대한 연구를 하고 있는가.		
	2	정보를 제공할 수 있는 POP광고가 되어 있는가.		
	3	컬러 컨트롤에 대한 연구를 하고 있는가.		
	4	기둥 주변을 효과적으로 활용하고 있는가.		
	5	스트로트 진열에 대한 연구를 하고 있는가.		
	6	훅 진열을 잘 이용하고 있는가.		
	7	레지스터 앞 진열에 대한 연구를 하고 있는가.		
	8	천장까지의 공간을 잘 이용하고 있는가.		
	9	계절감을 제대로 연출하고 있는가.		
	10	시식판매가 강제성을 띄지는 않는가.		

[표 11-17] **관리 업무**

No.1 체크 항목			담당	점장
근무규정	1	타임 카드 체크시 복장은 단정한가.		
	2	결근 등 신고 형식은 정해진 대로인가		
	3	담당구역을 이탈할 때 룰은 지키고 있는가.		
	4	지시, 명령에 대한 보고를 하고 있는가.		
	5	출장시 보고서를 제출하는가.		
	6	업자와 타협 룰을 지키고 있는가.		
	7	사내에서 쇼핑 규정을 지키고 있는가.		
	8	점심식사 등 휴식 룰은 지키고 있는가.		
	9	조기출근, 잔업 룰을 지키고 있는가.		
	10	건강진단을 받고 있는가.		

No.2 체크 항목			담당	점장
고객의 안전성	1	재해방지관리체계가 이루어져 있는가.		
	2	통로에 물이나 야채잎 따위가 떨어져 있지는 않은가		
	3	진열대에서 튀어나온 위험물은 없는가.		
	4	엔드 진열은 안정되어 있는가.		
	5	상품보충시 빈 골판지 처리가 올바른가.		
	6	상품보충용 카트가 제자리에 있는가.		
	7	통로에 상품을 방치해 두지는 않았는가.		
	8	쇼핑 카트의 안전성은 양호한가.		
	9	계단의 손잡이, 바닥은 안전한가.		
	10	점포 출입구에 위험물은 없는가.		

No.3 체크 항목			담당	점장
종업원의 안전성	1	상품취급에 무리가 없는가.		
	2	각 부문마다 손전등이 준비되어 있는가.		
	3	가스기기의 취급법은 올바른가.		
	4	프라이어의 취급법은 올바른가.		
	5	로스터의 취급법은 올바른가.		
	6	그라인터의 취급 법은 올바른가.		
	7	커터의 취급법은 올바른가.		
	8	케이스의 어스(earth)는 유효한가.		
	9	작업장 바닥이 미끄럽지 않은가		
	10	식칼을 올바르게 사용하고 있는가.		

제11장

정성 성과분석 연습문제

01. 고객관점 매장평가에 대하여 설명 하시오.

세상에는 평가 리스트라고 불리는 것이 많이 있습니다. 경영의 관점에서 만들어 진 것, 업무 내용의 관점이라고 하는 것을 목표로 하여 만들어 진 것 등 여러 가지가 있습니다.

그 가운데서 본서에서 제시하는 고객관점 평가 리스트는 철저한 고객지향을 기초하여, 고객의 눈에 비쳐지는 자신의 점포의 강점과 약점을 명확히 하고, 거기서 부터 매출을 높이는 방법을 이끌어 내려고 하는 것입니다.

소매업은 점포가 들여온 상품을, 파는 사람이 현금을 받고 교환하는 것으로 성립된 것입니다. 따라서 물건을 파는 점포 측 보다는 돈을 지불하는 고객 측에 주도권이 있습니다. 점포의 평가를 결정하는 것은 고객입니다. 고객이 돈을 지불한다고 하는 것은 그 점포와 상품을 지지한다고 하는 것과 다름이 없습니다.

이제부터 유통업, 서비스업에 있어서 중요한 것은 〈고객의 지지를 얼마만큼 받을 수 있는가〉 하는 것에 달려 있습니다. 고객의 지지를 얻기 위해서는 구매결정의 현장에 있는 점포를 어떻게 보고 있는가를 알 필요가 있습니다. 어느 부분이 지지를 받고 있고, 어느 부분이 지지 받지 못하고 있는지를 아는 것입니다. 그래서 지지 받고 있는 부분은 더욱 강화시키고, 지지 받지 못하는 부분은 우선순위를 붙이면서, 힘 균형의 원리에 의해 효율적으로 개선해 갑니다. 그러면 고객의 지지를 지금 이상으로 얻고, 매출을 늘릴 수 있게 됩니다. 자기점포의 현상을 아는 것에는 〈점포〉와 〈고객의 눈〉의 2가지가 필요합니다.

따라서 고객관점 평가는 〈고객의 눈으로 본 자신의 점포의 모습〉을 명확히 밝히는 것입니다.

02. 경쟁 점포를 방문하여 체크리스트로 고객관점으로 평가해본다.

Chapter 12 정량 성과분석

제 1 절 유통 계수관리

1. 목표관리

계수 관리는 경영활동을 계수를 근거로 데이터에 의해서 관리하는 것을 말한다. 경영활동의 실체를 나타내는 계수를 파악하고 이것을 계수의 분석과의 비교에 의해서 경영활동의 실체를 분석적으로 관찰하고, 파악된 계수를 활용해서 경영활동의 합리적이고 효율적인 관리를 말한다.

1) 목표 및 달성율 관리

(1) 목표관리란?

조직전체의 목표와 개인의 목표를 관련시켜 , 목표달성이 동시에 인간으로서의 흥미나 욕구를 만족시키는 방법이다. 목표의 설정은 각종 환경 분석을 철저히 하여 목표에 도달할 수 있는 의욕이 생기도록 적정하게 부여하여야 한다.

(2) 목표설정의 방법

① 사전분석 의견수렴

목표를 정하고 목표를 부여 할 때는 분석을 철저히 하고 , 산출된 목표에 대해서 설명해주고 목표를 부여하되, 최종목표에 대해서는 의견을 수렴하여 설정하는 것이 바람직하다.

② 목표수립 시 사전확인

판매목표는 소내점 내. 외부 각종정보를 바당으로 싱품특싱, 드렌드를 빈영하여 실시하고 사전에 확인을 통하여 객관적으로 설정하여야 한다.

㉠ 객관적인 자료의 수집과 분석에 의하여 목표를 설정해야 한다.

㉡ 전년도 실적과 최근 3개월 실적 그리고 3-5년 정도의 실적 반영하여 수립한다.
㉢ 상권의 특성, 경쟁사의 영향요인을 반영하여 수립한다.
㉣ 계절특성, 행사계획을 반영하여 수립한다.
㉤ 매입/재고계획과 연동하여 수립한다.

③ 일별/월별/연간계획의 연동

소매점에서는 1일 실적이 1주 실적이 되고 주간실적이 월간실적이 되고 월간실적이 연간목표가 됨으로 모든 실적의 출발은 일별계획에서 시작된다.

월별계획은 먼저 계절별 매출계획을 수립 후 월별계획을 수립하는 것이 합리적이다. 즉 월별매출계획은 연간계획에 의거 반기, 계절별, 월간매출구성비의 기준에 따라 배분하는 것이 필요하다. 예상되는 월별매출구성비를 과거실적을 기준으로 추정 후 내, 외부 환경요인의 고려를 통하여 조정하여 결정한다.

[표 12-1] **일별매출계획**

일별(요일)	금년목표	실적	전년실적	달성율	신장률
1					
2					
합계					

[표 12-2] **월별매출계획**

구분	1분기	2분기	3분기	4분기	합계	분기 평균
13년						
14년						
15년						
평균						
평균 지수						

㉠ 3개년의 분기(월)별 실적을 활용하여 16년 연간 매출계획 수립
㉡ 3개 연간 분기(월) 평균매출을 구한다.
㉢ 16년 전체매출과 분기(월)매출 추정한다.
㉣ 추석/설날 등의 환경감안 매출 추정한다.

④ 위임가능한 권한은 대폭위양

상호합의에 의해 목표가 부여되면 목표달성을 위해서 수행하는 방법에 대한 권한은 대폭 위임하는 것이 좋다.

⑤ 결과분석

결과에 대해서는 반드시 분석검토하고 목표에 대한 성과에 대해서는 반드시 결과를 분석하여 차기 목표수립 시 반영한다.

(3) 달성율 관리

설정된 목표에 대한 달성도를 율(%)로 관리하는 대표적인 관리방법이다. 나타난 수치가 높을수록 좋은 실적을 나타낸 것으로 평가된다. 나타난 수치가 너무 높은 경우는 목표설정을 잘못한 것으로 평가 될 때도 있다. 매출실적은 소매점에서 가장 중요한 수익의 원천으로 영업활동의 평가에 활용된다.

목표달성율 : 매출실적/목표 X 100

예 매출목표 200, 실적 180
180/200 X 100=90%

매출액은 총매출액에서 매출할인 등을 차감한 금액으로 표시된다.

총매출액 = 고객의 지불금액 +에누리
순매출액 = 총매출액-부가세-에누리+기타수익

(4) 영업 환경 분석

매출에 영향을 미치는 내적/외적 환경요인을 고려해서 합리적인 영업 분석이 되도록 해야 한다.

① 외부환경

㉠ 국내외 경제동향과 업계의 동향

㉡ 점포의 상권변화, 신규아파트 입주 등 인구 증감변화

㉢ 신규경쟁 점의 출현

㉣ 경쟁사의 매출파악(M/S 파악: 특정시장에서 자사 소매점의 시장점유율 파악하여 관리 하는 것이 필요하다)

② 내부 환경

㉠ 면적의 증감

㉡ 영업시간, 주차공간의 변화

㉢ 영업행사의 변화

[표 12-3] **환경 분석**

항목	내용	영향금액	영향율
내용	• 행사(전년미실시)(사은행사) • 면적증감 • 영업일수 • 연장영업 • 요일지수(전년대비 주말일수등) • 기타(신규점 영향/신규아파트 입주)		
합계			

2. 신장률 관리

신장률은 전년(전월,전분기) 대비 금년(당월, 현분기)의 실적 증감률을 나타내는 지수로 성장세를 가늠할 수 있는 대표적인 지수이다.

1) 소매점에서 관리하는 신장율의 종류

• 누계 신장률: 영업일수 및 영업환경을 무시한 절대 계수 신장비율

• 일평균 신장률: 매출액을 영업일수로 나누어 일평균 실적 신장비율

• 감안 신장률: 영업환경이 다를 경우 감안하여 신장비교

신장률 : 금년실적/전년실적 × 100-100

예 금년실적 180, 전년실적 160

180/160*100-100=12.5% 신장

• 일평균 신장률 : 금년실적/전년실적/금년영업일수 × 전년영업일수 × 100-100

2) 감안신장분석

영업환경은 언제나 똑같을 수가 없다. 영업일수가 다를 수 있고, 행사가 다를 수 있기 때문에 이런 감안요소를 분석한 후 반영하는 방법이 감안 분석이다.

3. 평효율 관리

평효율은 단위면적당 매출액, 이익액등 영업효율을 나타내는 지표임

1) 소매점에서 관리하는 평효율

- 평당 매출액 (활동성분석): 총 매출액/영업면적
- 평당 이익액(생산성분석): 총 이익액/영업면적
- 평효율 : 매출액 (이익액)/면적

2) 면적 산출기준

[표 12-4] 면적 산출기준]

<table>
<tr><th colspan="2"></th><th>산출기준</th><th>적용기준</th></tr>
<tr><td colspan="2">총면적</td><td>- 최종 건축허가 도면 기준</td><td>- 건축도면에 나타나는 건축연면적</td></tr>
<tr><td rowspan="3">매장면적</td><td>매장면적</td><td>= 총면적-시설면적-공용면적
= 매장실면적 + 공유면적
= 영업면적 + 임대갑면적</td><td>- 매출발생에 직접적으로 관련되는 면적</td></tr>
<tr><td>매장실면적</td><td>= 매장면적-공유면적</td><td>- 매장의 순수면적</td></tr>
<tr><td>공유면적</td><td>- 해당면적을 CAD산출
*매장공유비 = 매장면적/매장실면적</td><td>- 영업활동 및 매출발생에 직접 지원되고 공동으로 사용되는 면적
예: 고객동선/사무실/휴게실/창고/고객화장실</td></tr>
<tr><td colspan="2">영업면적</td><td>= 매장실면적 * 공유비
= 매장실면적 + 공유면적
= 매장면적 - 임대갑매장</td><td>- 평효율 산출면적</td></tr>
<tr><td colspan="2">공용면적</td><td>= 총면적 - 매장면적 - 시설면적</td><td>- 영업을 간접적으로 지원면적
예: E/V.</td></tr>
<tr><td colspan="2">시설면적</td><td>= 총면적 - 매장면적 - 공용면적</td><td>- 영업활동 및 매출에 직접적으로 관련 없는 면적
예: 기계실/화장실</td></tr>
</table>

4. 재고회전율 관리

재고회전율은 상품에 투자된 자금의 회전속도를 말한다. 즉 상품이 일정 기간 중 몇 번 당좌자산으로 전환하였는가를 나타내는 지표로 자금을 신속하게 회수하여 재투자 했는가를 측정하는 것이다. 판매동향, 적정재고수준, 적정발주량 등을 파악하는데 이용한다.

1) 회전율

- 재고의 종류: 기말재고, 기초재고, 평균재고(기말재고 +기초재고 /2)
- 재고 증감률: 금년 재고액/ 전년 재고액 × 100-100
- 회전율 : 매출액/ 평균재고 의 개념은 1년 단위 기준으로 월간단위는 12를 일수를 기준으로 할 때는 360일을 기준으로 한다.

5. 이익률 관리

기업의 최대목표는 이익창출이다. 이익률관리란 매출액과 매출이익의 비율로 보는 지표이다. 소매점에서는 이동평균법을 사용하여 계산한다.

이익률 : 이익액/ 매출액 × 100
(에누리제외) (에누리제외 순매출액)

1) 이익률 산출방법

(1) 계산방법

① 원가계 (VAT제외)= 전월재고(원가)+당월매입(원가)+원가산입(원가)
② 매가계(VAT제외)= 전월재고(매가)+ 당월매입(매가)
③ 점출차익액 = 매가계-원가계
④ 점출차익율 = 점출차익액 × 매가계 × 100
⑤ 에누리포함 매출이익액 = 점출차익율 × 순매출액(VAT제외 총매출액)
⑥ 에누리제외매출 이익액 = 에누리포함 매출이익액-매출에누리액
⑦ 에누리제외순매출액(실제순매출액) = 순매출액-매출에누리액
⑧ 이익률 = 에누리제외매출이익액 × 에누리제외순매출액 × 100

2) 매출가격 환원법

매출가격환원법은 회계기간 중에는 매출가격으로 관리하다 기말재고의 매출가격에 원가율을 곱하여 기말재고자산의 원가를 계산하는 방법으로 매가환원법이라 한다.

3) GP율

총익액 = 이익액 + 인센티브

6. 구매율 객단가 관리

입점 고객에 대한 구매고객동향을 파악하여 고객의 니즈를 파악하는데 목적이 있다.

1) 구매율 : 구매고객수 /입점고객수 × 100

2) 객단가 : 매출액 /구매고객수

제2절 투자 평가

투자를 결정하기 위해서는 현금흐름을 추정하고 현금흐름을 바탕으로 평가를 해야 한다. 투자평가는 경제성분석으로 이루어진다. 이러한 경제성분석을 위해서는 먼저 현금흐름을 고려하고 화폐의 시간적 가치를 반영하여 기업의 가치를 극대화 시키는 방안을 분석하는 것이다. 투자안의 선택 방법으로 투자회수 기간 분석, 이익률 분석, 순 현재가치 법, 내부 수익률 법 등이 있다. 본장에서는 기초적이고 단순한 회수기간 법과 이익분석을 중심으로 설명한다.

1. 투자회수 기간

1) 투자회수 기간

회수 기간이란 투자에 소요되는 비용을 회수하는데 걸리는 기간을 말하며 보통 연간단위로 표시한다. 투자결정시 경제성을 평가하기 위해서 현금흐름의 추정은 기본적인 사항이다. 현금흐름은 = 현금유입 − 현금 유출로 계산하는데 투자금액이 투자시점에서 투자금액을 현금지출로 계산된다. 현금흐름상에서 유입과 유출로 단순계산으로 투자에 소요된 비용을 회수하는데 걸리는 기간을 연단위로 나타내는 지표이다(표 12-5).

$$회수기간 = \frac{투자금액}{현금유입액}$$

[표 12-5] **투자 회수기간**

항목		투자 안 A	투자 안 B
회수기간		4	4
투자금액		1억	1억
현금유입	1년	30,000,000	15,000,000
	2년	20,000,000	20,000,000
	3년	40,000.000	35,000,000
	4년	20,000,000	40,000,000
	합계	110,000,000	110,000,000

투자안 A안과 B안 모두 회수기간은 4년으로 동일하다. 하지만 대안 투자 결정시 투자자는 초기 많은 현금유입이 있는 B안을 선호한다 할 수 있다.

2) 회수 기간 평가 장·단점

(1) 유용성

① 계산방법이 간단하여 이해하기 쉽다. 그러나 투자 안에서 단순하게 계산과 이해하기 쉽다고 회수기간법만을 고려하여 투자 안을 결정해서는 안 된다.
② 운영자에게 투자위험에 대한 정보를 제공한다는 점이다.
③ 수익성이 점포의 가치에 관계되는 것이지만 더욱 중요한 점은 현금보유를 중심으로 한 유동성이다. 회수기간법은 유동성을 간접적으로 보여준다는 점에서 유용하다. 투자 대안 중에서 회수기간이 짧을수록 투자점포의유동성을 높이는 것이다.
④ 현금이 부족한 기업의 입장에서는 회수기간이 빠른 것이 가장 중요함으로 회수기간법이 유용한 방법이다.

(2) 단점

① 회수 기간법은 회수 기간 이후의 현금흐름을 고려하지 않고 있다.
② 화폐의 투입 시 가치와 회수 시 가치가 다른데 고려하지 않고 계산한다는데 문

제점이 있다.

③ 목표 회수 기간의 선정이 자의적이다. 얼마정도의 회수기간을 고려하여 투자결정을 해야 하는지 객관적이고 합리적인 기준의 수립이 어렵다.

3) 할인 회수 기간법

회수 기간법이 가지고 있는 현금흐름의 시간적 가치를 고려하지 못한 점을 보완하여 각 기간에 발생하는 현금흐름을 할인하여 현재가치를 계산하여 현재가치의 합이 투자금과 동일해지는 기간과 비교하여 짧으면 투자가치가 있다고 평가하는 것이다. 할인회수 기간은 당초회수기간보다는 현재가치 할인으로 더 길어진다.

2. 회계적 이익률법(Accounting Rate of Return: ARR)

1) 회계적 이익률법

이익률에 의한 투자평가 방법은 평균이익율법 이라고도 한다. 투자결정으로 발생하는 연평균 순이익을 연평균 투자액으로 나누어 평균 이익률을 계산하여 투자 안을 평가 하는 방법이다.

$$\text{ARR} = \frac{\text{연평균 순이익}}{\text{연평균 투자액}}$$

$$*\text{연평균 순이익} = \frac{\text{순이익의 합}}{\text{내용연수}}$$

$$*\text{연평균 투자액} = \frac{\text{총투자액} + \text{잔존가치}}{2}$$

이익률 법은 잔존가치가 있는 경우에 계산 할 수 있다는 장점이 있으며 투자의 수익성을 추정하는데 유용성이 있다.

2) 장·단점

(1) 이해하기 쉽고 계산에 필요한 자료를 재무제표로 부터 쉽게 구할 수 있다.

(2) 회수기간법과는 다르게 수익성을 고려하고 있다.

(3) 화폐의 시간적 가치를 고려하지 않고 있다.

(4) 현금흐름이 일정하지 않을 경우 잘못된 의사결정을 할 수 있다.

3. 손익추정

1) 수익률(ROI, Return on Investment)

자본이란 경영을 하기 위하여 투자된 자본으로서 대차대조표의 차변의 합계, 즉 총자산 또는 대변의 부채 및 자본의 합계가 이에 해당된다. 경영활동은 자본이익률을 통해서 수익을 예상 할 수 있다. 자본 이익률이란 투자 안으로 인하여 증가하는 연평균 이익을 최초투자액 또는 평균 투자액으로 나눈 값이다. 이러한 ROI기법은 듀퐁사에서 개발하여 1930년대부터 사용되기 시작하였고 기업의 목표를 투자수익률로 하여 이를 결정하는 재무요인을 체계적으로 관리하는 방법이다.

$$\text{총자본이익율} = \frac{\text{이익}}{\text{총자본}} \times 100$$

수익률(ROI)분석은 총자본 회전율과 수익성 비율인 매출 순이익률을 결합한 것으로 기업의 활동성과 수익성을 분석 할 수 있으며 여러 재무요인을 분석함으로써 기업의 성과를 종합적으로 평가 할 수 있다.

2) 필요경비에 의한 이익 추정

경영상의 필요경비에 의한 이익을 추정하는 방법이 있다. 이 방법에 의한 이익은 다음과 같은 산식으로 계산한다.

$$\text{목표이익(세금공제전)} = \frac{(\text{배당금} + \text{임원상여금} + \text{내부유보})}{(1 - \text{세율})}$$

배당금, 임원상여금은 과거의 실적추이나 업계수준, 혹은 경영자의 방침 등을 감안하여 산정한다. 내부유보는 장래의 투자에 대비한 기대이익, 재무구조의 개선을 위한 정책으로 확보해야 할 이익, 혹은 장기차입금의 상환원금으로 산정한다.

3) 이익추정의 유용성

투자결정시 이익산정을 통한 의사결정은 투자대상의 이익이 기준으로 설정한 이익률보다 높으면 투자 결정을 하는 방법이다.

(1) 간단하고 이해하기 쉬운 방법으로 투자 안을 분석하는 방법이다.

(2) 장부상의 자료를 쉽게 구하여 그대로 사용한다는 장점이 있지만 화폐의 시간적 가치를 고려하지 않고 있다는 단점이 있다.

4) 손익분기점 추정

영업활동에 손익분기점을 파악하는 것이 영업활동의 이익을 계상하는 실질적인 방안이 될 수 있다. 여기서는 손익분기점의 실제적인 계산의 예를 통하여 이익을 추정한다.

우선영업을 하는데 필요로 하는 경비 중에는 매출의 증감에는 관계없이 일정하게 나가는 비용이 있다. 인건비, 월세 등으로 이를 고정비라 한다. 에에 반해 매출의 증감에 비례하여 증감되는 비용이 있다. 매출원가나 포장비, 발송비 같은 것으로 변동비라 한다.

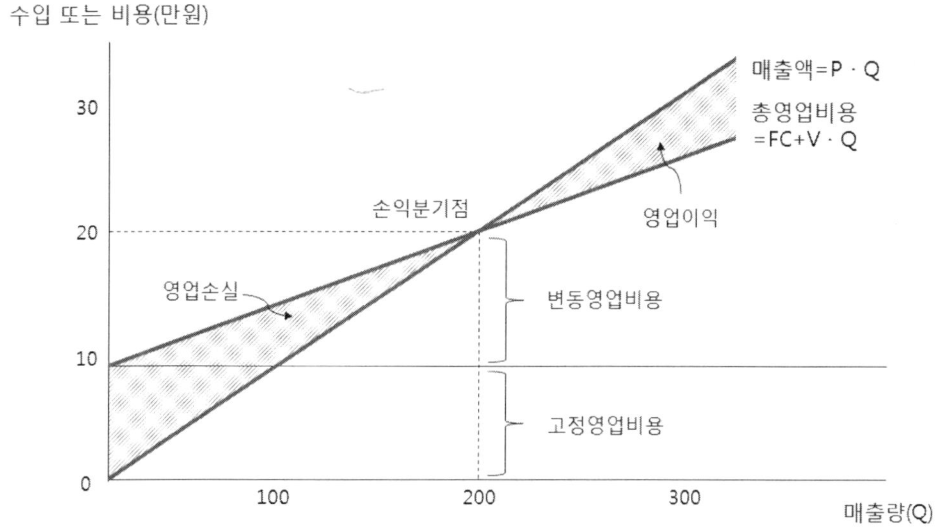

[그림 12-1] **손익분기점**

손익분기점을 결정하는데 있어서는 무엇보다도 이 고정비와 변동비를 찾아내어 분류하는 것이 중요하다. 고정비와 변동비가 결정되면 분익분기점을 추정 할 수 있다.

손익분기점을 찾아내는 방법을 먼저 도표로 보면 [그림 12-1]과 같다

$$\text{손익분기점매출액} = \frac{\text{고정비}}{(1 - \text{변동비}/\text{매출액})}$$

각 항목의 실제의 금액이 다음 표와 같다고 할 때 그 수치를 활용하면 손익분기점은

$$\frac{8000\text{만원}}{1 - 0.79(\text{변동비율})} = 38,000(\text{만원})$$

[표 12-6] 손익 계산서

(단위: 천원)

항목	금액	비고
매출액 매출원가 총이익	100,000 70,000 30,000	
고정비 변동비	16,000 79,000	변동비율 79%
이익	5,000	

적어도 38,000(천원)이상은 실현 해야만 되는 것이다.

손익분기점을 이용하여 목표하는 이익을 달성하기 위해 필요한 매출 목표를 구할 수 있다.

$$\frac{\text{고정비} + \text{목표이익}}{1 - \text{변동비율}}$$

목표하고자 하는 이익이 5,000천원을 목표이익이라 한다면

$$\frac{16,000(\text{천원}) + 5,000(\text{천원})}{1 - 0.79} = 100,000(\text{천원})\text{이 된다.}$$

제 3 절 점포 효율 및 손익

1. 재무 분석

1) 재무제표(financial statement)

(1) 회계실체의 일정기간(회계기간) 동안의 경제적 사건과 그 기간 말에 있어서의 경제적 상태를 나타내기 위한 일련의 회계보고서이다. 회계는 회계실체의 이해관계자에게 회계실체에 관련된 유용한 재무적 정보를 제공하는 수단으로서 회계보고서를 작성·보고하는 것으로서, 재무제표는 이러한 회계보고서의 가장 중심적이고 종합적 체계를 이루고 있다.

(2) 회계실체의 외부에 있는 이해관계자는 그 실체에 관한 정보를 얻을 수 있는 기회가 극히 제한되어 있기 때문에 이들 외부 이해관계자에게 있어서 재무제표는 매우 중요하다. 따라서 이해관계자가 광범위하게 존재하는 기업이나 그 밖의 사회적 조직에 대하여는 재무제표 작성 및 보고가 법령으로 의무화되어 있으며, 또 그 작성 및 보고 방법에 관하여도 규제가 가해지는 것이 일반적이다.

(3) 한국의 '기업회계원칙(증권관리위원회 제정)'은 재무제표 작성에 관하여 회계기간 동안의 사건을 나타내 주는 손익계산서(損益計算書), 재무상태변동표(財務狀態變動表) 및 제조원가명세서(製造原價明細書), 기말(期末)의 상태를 나타내주는 재무상태표(財務狀態表), 이익잉여금처분계산서(利益剩餘金處分計算書), 결손금처리계산서(缺損金處理計算書) 등을 필수적인 것으로 정하고 있다.

(4) 그러나 이렇게 정형화된 양식에 따라서 작성된 재무제표가 때로는 정보이용자의 필요를 충분히 또는 적절하게 충족시켜 주지 못하는 경우도 있다. 따라서 이러한 경우에는 정해진 양식에 구애받지 않고 추가적인 내용을 보충하여 보고함으로써 정보이용자가 잘못 판단하는 오류를 방지하도록 요구되는데, 이때의 보충 설명자료를 주기(註記:foot note)와 부속명세서(附屬明細書:supporting and supplementary schedule)라고 한다.

(5) 재무제표는 기본적으로 회계실체의 경영자 또는 그 지배를 받는 사람에 의하여 작성되며 그 정보는 회계실체의 경영자를 포함한 여러 이해관계자의 이해관계에 직접·간접으로 영향을 준다. 따라서 경영자는 자신에게 유리한 방향으로 재무제표를 작성·보고할 가능성이 있다. 그러므로 이러한 문제점을 방지하기 위하여 오늘의 경제사회에서는 회계실체와 직접적 이해관계가 없는 독립적인 전문가에 의하여 그 정보의 타당성에 관한 감사(監査: audit)를 받고, 감사인(auditor)의 감사의견을 첨부하여 보고하는 경우가 있다.

2) 재무상태표(대차대조표, Balance sheet)

(1) 회사의 자금이 어떻게 조달되었고 어디에 사용되고 있는지를 나타내준다. 대차(貸借)란 왼쪽, 오른쪽을 나타내는 것으로서 왼쪽이 차를, 오른쪽이 대를 가리키는 말이다 즉, 오른쪽에는 회사운영에 필요한 자금이 어떻게 조달되었는지를 나타내게 되는데 은행 등 외부에서 빌린 돈이나 갚지 않은 돈은 부채로 표시하고, 주주들로부터 거둔 자금은 자본으로 표시하는 것이다.

(2) 한편 왼쪽에는 이렇게 조달된 자금이 현재 어떤 형태의 자산에 운용되고 있는지를 보여주는 것이므로 재무상태표는 결산일 현재의 재무 상태를 나타내며 재무상태표의 구성 내용은 다음과 같다.

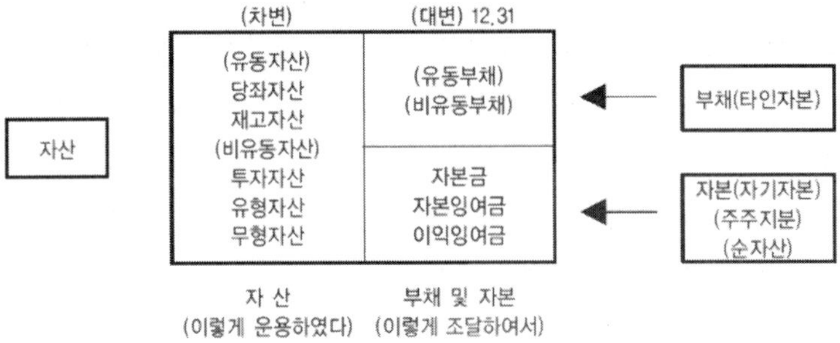

[그림 12-2] **재무상태표**

3) 손익계산서(Income statement)

(1) 손익계산서는 기업의 경영성과를 밝히기 위하여 일정기간 내에 발생한 모든 수익과 비용을 대비시켜 당해 기간의 순이익을 계산·확정하는 보고서를 말한다.

(2) 손익계산서에 기재되는 계정과목은 수익이나 비용을 발생하게 한 이유·원인을 나타내는 것으로서, 매출액·수입이자(受入利子) 등은 기업의 가치를 증가시킨 원인이며 반대로 매입비·급료·잡비 등은 기업의 가치를 감소시킨 원인이다.

(3) 손익계산서에서는 수익과 비용의 과목을 대응·비교시켜 손익을 표시하므로, 그 기능은 순손익액을 명백히 할 뿐만 아니라 손익발생의 과정을 분석적으로 추적할 수 있도록 하여 영업의 수행과정까지 알려준다.

(4) 손익계산서는 기업의 목적달성 정도를 측정하는 기준이며 경영정책의 수립과 방향 설정에 있어 가장 중요한 자료가 된다. 양식에는 계정식(計定式)과 보고식이 있는데, 기업회계기준에서는 보고식을 원칙으로 하고 있다. 계정식은 총계정원장의 차변과 대변을 그대로 옮겨놓은 형식으로, 총비용과 총수익의 대조에 편리한 방식이나, 일반의 이해관계자가 이해하기 쉽고 편리한 형식을 채용하기 위해 보고식을 택하고 있다.

(5) 손익계산서 산식

① 매출총이익 = 매출액 - 매출원가

② 영업이익 = 매출총이익 - 판매비와 일반관리비

③ 법인세비용차감전 순이익 = 영업이익 + 영업외 수익 - 영업외 비용

④ 당기순이익 = 법인세비용차감전 순이익 - 법인세비용

4) 현금흐름표(Statement of cash flow)

(1) 현금흐름표는 일정기간 동안의 기업의 현금흐름을 나타내는 표이다. 즉 현금의 변동내용을 명확하게 보고하기 위하여 당해 회계기간에 속하는 현금의 유입과 유출내용을 적정하게 표시한 표이다.

(2) 현금이 어떻게 창출되어 어디에 얼마만큼 쓰였는가를 보여주는 표라고 할 수 있다. 현금흐름표는 재무상태표, 손익계산서, 자본변동표, 이익잉여금처분계산서와 함께 주요 재무제표의 하나이다.

(3) 현금흐름표는 일정기간 동안의 현금흐름을 나타내는 보고서이므로 유량(flow) 개념이고 동적 재무제표이다. 재무상태표가 기초에서 기말로 변천해 간 과정을 현금흐름의 측면에서 관찰한 것이 현금흐름표라고 할 수 있다.

5) 손익분기점(Break Even Point : BEP)

(1) 손익분기점이란 한 기간의 매출액이 당해 기간의 총비용과 일치하는 점을 말한다. 즉, 이익도 손실도 생기지 않는 매출액을 말한다. 따라서 일정기간의 매출액이 그 분기점을 넘어 증가하면 이익이 발생하지만, 매출액이 감소하여 그 분기점을 밑돌면 손실이 발생한다.

(2) 매출액이 그 이하로 감소하면 손실이 나며 그 이상으로 증대하면 이익을 가져오는 기점을 가리킨다.

(3) 손익분기점 분석에서는 보통 비용을 고정비와 변동비(또는 비례비)로 분해하여 매출액과의 관계를 검토한다. 매출액은 매출수량과 매출단가의 관계로 대치되므로 판매계획의 입안에 있어서 이 분석방법은 중요한 실마리가 된다. 또한 그들 상호의 인과관계를 추구하는 것에 의하여 생산계획, 조업도(操業度)정책, 제품결정 등 각 분야에 걸쳐 다각적으로 이용된다.

(4) 손익분기점 공식

① 손익분기점(채산점)을 산출하는 공식

손익분기점 매출액=고정비÷[1-(변동비/매출액)]

② 손익분기점 판매량

손익분기점 판매량 = 총고정비/(단위당 판매가 - 단위당 변동비)

③ 어떤 일정한 매출을 하였을 때에 발생하는 손익액을 산출하는 공식

손익액=매출액×[1-(변동비/매출액)-고정비]

④ 특정의 목표이익을 얻기 위하여 필요로 하는 매출액을 산출하는 공식

필요매출액=(고정비+목표이익)÷[1-(변동비/매출액)]

(5) 고정비와 변동비

① 손익 구조의 변화는 매출액의 증감에 의한 영향보다는 오히려 비용증감에 크게 영향을 받는다. 비용에는 매출액의 증감에 거의 관계없이 지출되는 비용과 매출액의 증감에 따라 변화하는 비용이 있다. 전자를 고정비라 하고, 후자를 변동비라고 한다.

② 고정비에는 판매원의 급료, 복리후생비, 차량연료비, 여비교통비, 통신비, 소모품비, 수도·광열비, 광고·선전비, 감가상각비, 수선비, 토지·건물 임차료, 교제비 등이 있다.

③ 변동비에는 매출원가, 지급운임, 지급하역비, 포장재료비, 지급보관료 등이 있다.

6) 원가계산

(1) 개념

원가란 경영활동을 하기 위하여 필요한 자금을 말한다. 좁은 의미로는 물건을 만들거나, 공급하는 물건을 사는데 필요한 자금을 뜻하지만 넓은 의미로는 물건을 만들어 판매하고 그 대금을 회수하는 때까지 직접·간접으로 들어가는 모든 자금을 뜻한다.

(2) 원가 구성

제품의 원가를 구성하는 원가요소는 다음과 같은 단계를 거쳐 판매가격을 구성한다.

① 직접원가 = 직접재료비 +직접노무비 + 직접제조경비

② 제조원가 = 직접원가 + 제조간접비(간접재료비 + 간접노무비 + 간접제조경비)

③ 판매원가 = 제조원가 + 판매비와 관리비

④ 판매가격 = 판매원가 + 이익

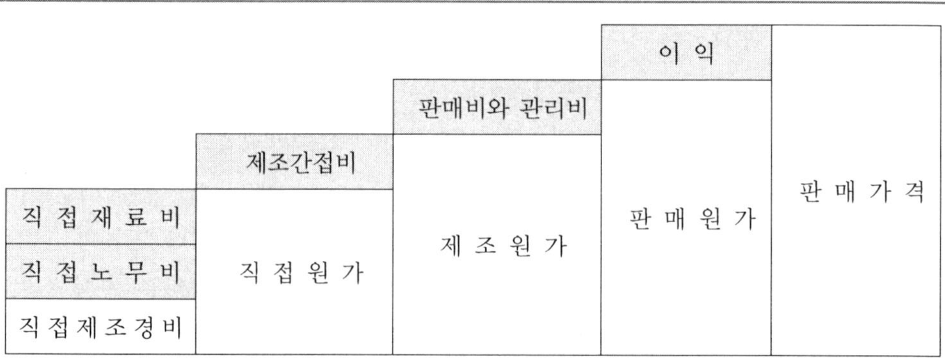

[그림 12-3] **원가구성**

(3) 제조원가(manufacturing costs)

① 제조원가란, 제품을 생산하는 과정에서 발생하는 모든 경제적 가치의 소비액을 말한다.
② 재료비: 제품의 제조를 위한 재료의 소비액. 예 가구 제작업의 목재 등
③ 노무비: 제품의 제조를 위해 투입된 인간의 노동력에 대한 대가.
예 임금, 급료, 상여수당 등
④ 제조경비: 재료비와 노무비를 제외한 기타의 모든 원가 요소. 예 전력비 등

[표 12-7] **제조원가 구성**

①	재 료 비	직 접 재 료 비	주요재료비, 부품비
		간 접 재 료 비	보조재료비, 소모공구기구비품비
②	노 무 비	직 접 노 무 비	완성직공에 대한 임금
		간 접 노 무 비	검사공임금, 수선공임금, 공장감독자 급여 등
③	제조경비	직접제조경비	외주가공비, 특허권사용료, 설계비
		간접제조경비	전력비, 가스수도비 등.

7) 기업경영분석

(1) 기업경영분석이란 기업의 대차대조표, 손익계산서 등 재무제표나 각종 경영 관련 자료를 종합하여 기업의 재무 상태나 경영성과를 종합적으로 분석하는 것이며 재무제표를 이용한 비율분석이 중심을 이루고 있어 기업경영분석을 재무제표분석(financial statement analysis) 또는 재무 분석(financial analysis)이라고도 한다.
(2) 기업경영분석을 하는 목적은 기업내외의 이해관계자, 즉 경영분석을 실시하는 주체에 따라 다르며 주주, 채권자, 경영자, 종업원, 납품업자, 경쟁기업, 소비자, 정부 등 재무제표에 대한 각 수요자의 입장에 따라 분석 목적이 다르다.
(3) 주요 경영분석 지표

[표 12-8] 경영분석 지표

부문	항목	산식	표준
안전성분석	유동비율	유동자산/유동부채×100	200%이상
	당좌비율	당좌자산/유동부채×100	100%이상
	부채비율	부채/자기자본×100	200%이하
	자기자본비율	자기자본/총자본×100	50%이상
수익성분석	매출액 순이익률	당기순이익/매출액×100	높을수록 양호
	총자산 세전이익률	세전이익/총자산×100	높을수록 양호
	자기자본 세전이익률	세전이익/자기자본×100	높을수록 양호
활동성분석	총자산 회전율	매출액/총자산	높을수록 양호
	매출채권 회전율	매출액/매출채권	높을수록 양호
	재고자산 회전율	매출액/재고자산	높을수록 양호
성장성분석	매출액 증가율	당기매출액/전기매출액×100	높을수록 양호
	총자산 증가율	당기말총자산/전기말총자산×100－100	높을수록 양호
	자기자본 증가율	당기말자기자본/전기말자기자본×100－100	높을수록 양호
생산성분석	종업원1인당부가가치증가율	당기종업원1인당부가가치/전기종업원1인당 부가가치×100－100	높을수록 양호
	종업원1인당 매출액증가율	당기종업원1인당매출액/전기종업원1인당매출액×100－100	높을수록 양호
	총자본투자효율	부가가치/총자본×100	높을수록 양호

2. 균형성과표(Balanced Score Card)

균형성과표(Balanced Score Card)는 성과평가 시스템으로 데이비드 노턴(David. P Norton)박사와 로버트 캐플린(Robert S. Kaplan)교수가 공동으로 개발하였다. 균형성과 표는 성과평가를 기존방식인 재무적 관점에서 탈피하여 기업의 미래성과를 창출하는 측정지표로 재무, 고객, 내부프로세스, 학습과 성장 등 네 가지 관점으로 구분하여 개별기업 특성에 맞게 구체적인 KPI(Key Performance Index)를 설정하여 평가를 실시해 기업의 전략을 달성하려는 성과관리 도구이다(그림 12-4 참조).

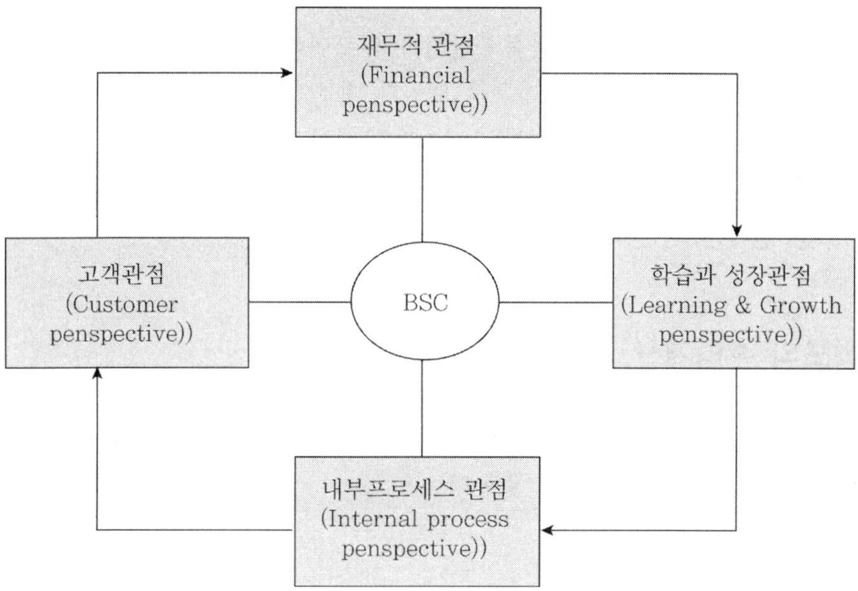

자료: 김영수외(2010)

[그림 12-4] BSC

재무적 관점은 기업가치 향상을 위한 중요한 재무목표에 대한 관심으로 투자 자본에 대해 높은 수익을 얻기 위한 평가 관점이다. 고객관점은 평가 대상이 되는 목표고객을 명확하게 설정하고 그 고객이 중요시하는 가치가 무엇인가로 성과를 평가하는 것이다. 내부프로세스 관점은 주주와 고객만족을 위하여 내부프로세스 개선을 통하여 가치를 창출 할 수 있는 혁신프로세스를 말한다. 학습과 성장관점은 재무, 고객, 내부프로세스 개선을 통하여 조직이 지속적으로 성장 할 수 있는 기반에 대한 평가이다(표 12-9 참조).

[표 12-9] BSC평가지표 사례

관점	평가지표	비고
재무관점	투자수익률(ROI),수익성	
고객관점	시장점유율, 고객확보/유지율	
내부 프로세스 관점	프로세스 시간, 품질, 원가	
학습과 성장관점	개선, 학습능력	

균형성과 표는 단기적인 목표 달성지표가 아니라 미래에 대한 투자의 중요성을 강조한다. 기존의 재무적관점이 재목목표달성과 외부이해관계자에 대한 초점을 통하여 관리 되었다면 균형성과 표는 비 재무적 요인과 내부 고객의 역량을 반영하여 기업의 비전과 전략을 달성하려는 미래지향적인 평가 방식이라 할 수 있다. 네 가지 다른 관점의 목표를 측정지표로 설정하고 기업의 특성에 맞게 가중치를 두고 통합하여 평가하는 새로운 관리시스템이다.

3. 점포의 손익계산

점포의 경영성과를 보기위하여 특정한 기간에 발생한 수익과 비용을 대비시켜 기간의 순이익을 계산. 확정하는 것을 말한다.

1) 수익

자산의 유입이나 증가 도는 부채의 감소에 따라 자본의 증가를 초래하는 특정 회계기간 동안에 발생한 경제적 효익의 증가

2) 비용

자산의 유출이나 소멸 또는 부채의 증가에 따라 자본의 감소를 초래하는 특정 회계기간 동안에 발생한 경제적 효익의 감소

3) 손익 기준

(1) 거래접근법

이익은 경제적 사건의 결과로 기업에서 발생한 거래 중 일정기간의 수익거래와 비용거래를 가려내고, 이를 측정하여 수익총액에서 비용총액을 차감하여 얻는다.

기간이익= 수익-비용

(2) 발생기준

거래나 그 밖의 사건의 영향을 현금이나 현금성 자산의 수취나 지급시점이 아니라 당해거래 또는 사건이 발생한 기간에 인식하며 해당 기간의 장부에 기록하고 재무제표에 표시하는 것

(3) 포괄주의

일정기간동안 모든 거래나 사건에서 인식한 자본의 변동을 손익계산서에 포함

시켜야 한다. 즉, 포괄손익계산서에 경상적 반복적 항목, 비경상적 비반복적 항목을 막론하고 특정 기간 중에 발생한 모든 수익과 비용을 포함시켜야 한다.

4) 손익계산서

(1) 매출액= 매출원가+매출총이익
(2) 매출총이익=판매관리비+영업이익
(3) 영업이익=영업외수지+법인세
(4) 법인세 차감 전 순익= 법인세+ 당기순익

매출액
매출원가 + 매출 총이익
판매관리비 + 영업이익
영업외수지 + 세전 손익
법인세 + 당기 순이익

[그림 12-5] 손익계산서 구조

5) 점포 손익 추정 사례

(1) 조건(100평 기준 /일 9 백만 원)

[표 12-10] 점포 손익추정 사례

(단위: 천원)

구분		금액		비고
		금액	구성비	
매출액		270,000	100	
매출 이익	상품 이익	56,700	21%	
	장려금	13,500	5%	
	소계	70,200	26%	
판매 관리 비용	인건비	13,500	5%	9명 기준(P/T 5)
	복리비	1,350	0.5%	
	임차료	13,500	5%	관리비 포함
	세금	270	0.1%	
	수도광열비	2,700	1%	
	통신비	540	0.2%	
	보험료	270	0.1%	
	용역비	540	0.2%	재고조사/POS보수료
	지급수수료	3,510	1.3%	카드 수수료
	광고판촉비	5,400	2%	
	수선비	270	0.1%	
	감가상각비	2,700	1%	5년 정액법
	소모품비	1,350	0.5%	
	기타	2,700	1%	
	영업외 비용	4,050	1.5%	재고로스 등
	이자비용	2,700	1%	
	소계	55,350	20.5%	
영업이익		14,850	5.5%	

*임대료/매출수준/투자비용에 따른 탄력적용

4. 관리용 손익계산서

1) 손익계산서

[표 12-11] 손익계산서

(단위: 천원)

구분		00년		00년		00년		전년대비		
		금액	구성비	금액	구성비	금액	구성비	증감액	증감률	구성비차
매출액										
매출원가										
매출총이익										
판매관리비	판매관리비 소계									
	인건비									
	감가상각비									
	기타									
영업이익										
영업외수익	소계									
	수입이자									
영업외비용	소계									
	지급이자									
경상이익										

2) 판매관리비

판매관리비는 상품의 판매 또는 관리를 위하여 사용되는 비용을 말한다.

[표 12-12] **판매관리비**

항목	내용
급여	임직원에게 지급하는 기본급, 제수당, 상여금 등. 일용직근로자에게 지급하는 급여는 일반적으로 잡급으로 처리한다.
복리후생비	종업원의 복리후생을 위하여 지출하는 비용으로 생산성향상을 위하여 간접적으로 부담하는 시설, 비용을 말한다.
임차료	부동산 또는 동산의 임대차 계약에 따라 지급하는 비용을 말한다.
접대비	일반적으로 기업의 영업과 관련하여 타인에게 금전을 제외한 재화나 기타 서비스를 제공하는데 소요되는 비용을 말한다.
세금과 공과	기업에 대하여 국가 또는 지방자치단체가 부과하는 조세와 공공적 목적으로 상공회의소 등의 각종 공공단체가 부과하는 부과금 및 벌금, 과료, 과태료 등의 특정행위의 제재를 목적으로 하는 과징금을 처리하는 계정과목이다.
광고선전비	재화 또는 용역의 판매촉진이나 기업이미지 개선 등을 위하여 불특정 다수를 대상으로 지출하는 비용을 말한다.
여비교통비	판매 및 관리업무에 종사하는 종업원 및 임원에 관한 여비 및 교통비를 말한다.
차량유지비	법인차량의 유류대, 수선비, 통행료 등
통신비	전화료, 우편료 등
교육훈련비	교육을 위하여 지출한 비용
수선비	유형자산의 원상회복을 위하거나 기능유지를 위하여 지출한 비용을 말한다.
수도광열비	수도, 전기, 가스료 등
도서인쇄비	신문구독료, 명함인쇄 비용 등
포장비	상품포장과정에서 발생하는 비용
소모품 비	복사기, 팩스 부품 교체 비용
지급수수료	용역을 제공받고 지불하는 비용
보험료	산재보험, 자동차보험
운반비	운송비용 등
잡비	오물 수거비 등과 같이 빈번하지 않고 금액이 크지 않은 비용을 처리하는 계정이다.

제12장 정량 성과분석 연습문제

01. 손익분기점에 대하여 설명하시오.

① 손익분기점이란 한 기간의 매출액이 당해 기간의 총비용과 일치하는 점을 말한다. 즉, 이익도 손실도 생기지 않는 매출액을 말한다. 따라서 일정기간의 매출액이 그 분기점을 넘어 증가하면 이익이 발생하지만, 매출액이 감소하여 그 분기점을 밑돌면 손실이 발생한다.

② 매출액이 그 이하로 감소하면 손실이 나며 그 이상으로 증대하면 이익을 가져오는 기점을 가리킨다.

③ 손익분기점 분석에서는 보통 비용을 고정비와 변동비(또는 비례비)로 분해하여 매출액과의 관계를 검토한다. 매출액은 매출수량과 매출단가의 관계로 대치되므로 판매계획의 입안에 있어서 이 분석방법은 중요한 실마리가 된다. 또한 그들 상호의 인과관계를 추구하는 것에 의하여 생산계획, 조업도(操業度)정책, 제품결정 등 각 분야에 걸쳐 다각적으로 이용된다.

02. 용어설명

- 투자회수기간
- BSC
- 손익분기점
- 회계적 이익률법

용선론

참고문헌

〈국내 참고문헌〉

강병수(1984), "소비자의 공간선호 행태와 구매결정에 관한 연구" 석사학위논문. 서울대학교 환경대학원.

강원철 외(2004), 「부동산학개론」, 서울: 부동산114.

권구혁 · 신진교(역)(2000), 「전략경영과 경쟁우위」, 서울: 시그마프레스.

김경태(2016), 「경영 빅데이터 분석사」, 서울: ㈜시대고시기획.

김낙회(2012), 「쇼퍼 마케팅」, 서울: ㈜재일기획.

김성배 · 노은정 · 김규동(2010), 「머천다이징」, 서울: 광선출판사.

김승욱 · 강기두(2009), 「고객관계관리 원론」, 파주: 법문사.

김영수 · 이영진(2010), 「경영전략」,파주: 학현사.

김진서(2001), 「다국적기업요론」, 서울: 법서출판사.

류인철 · 최용석 · 강한수 · 김선구(2013), "대형 유통업체와 중소상인 상생방안 연구", 산업경제연구, 26(1).

리테일메거진(2005년~2015년 각월호), 한국체인스토어 협회.

박문각 부동산연구소(2014), 「부동산학 개론」, 서울: 박문각.

박영봉 · 이윤재 · 이경탁(2015), 「소비자 행동론」, 파주: 학현사

박정식 · 박종원 · 조재호(2007), 「현대재무관리」, 서울: 다산출판사.

박재홍(2007), "국내할인점 분석을 통한 대형슈퍼마켓의 유통부문 발전전략에 대한 실증연구" 건국대학교 대학원 벤처전문기술학과 석사학위논문.

박철주 · 고윤배 · 윤명길 · 김원겸(2006), "대형백화점 신규출점에 따른 예상매출액추정" 한국유통과학회 유통과학연구4권 제2호 12월.

박한혁(2012), "대형마트/SSM 출점 및 영업규제 대응에 따른 상생모델방안", 프랜차이즈경영연구, 3(2).

박한혁 · 이상윤(2016), 「소매점창업론」, 서울 도서출판 두남.

반병길 · 이인세 · 김성영(2001), 「다국적기업 전략과 관리」, 서울 박영시.

서용구 · 임승희(2006), "소매점 브랜드가치 구성요소와 선호도, 만족도, 재구매의도와의 관계에 관한 연구", 유통연구, 11(4).

설영기(2001), 「다국적기업과 글로벌전략」, 서울사 상조사.

소상공인시장진흥공단(2013), 「경영관리 가이드 」,리더스경영건설팅(주)

신영식 · 차경천(2011), "브랜드 통합포인트 카드의 이용형태와 통합효과", 상품학연구, 29(4).

신재호(2008), "서울시 대형할인점 입지유형 및 특성에 관한 연구" 석사학위논문, 한양대학교 도시대학원.

안영일 · 김호남 · 전재완(2015), 「유통관리사2급」, 서울 (주)시대고시기획.

유통업체연감(2005년호-2014년호), 한국체인스토어 협회.

유동근(2010), 「마케팅 조사론」, 서울: 두양사.

윤경구 · 신건철(2012), "로열티프로그램이 고객참여와 소비자-브랜드 관계에 기초한 관계형 시장 행동에 미치는 영향", 유봉연구, 17(2).

윤명길 · 박종찬 · 남궁석(2007), "국내 대형점의 매출추정 모델 설정방안 연구" 한국산업경제학회 춘계학술대회 논문지 6월.

이광종(1995), "슈퍼마켓 경영기술 I " 한국슈퍼체인협회 출판부.

이동일 · 현근식 · 이지현 · 이혜준(2014), "편의점 성장 시뮬레이션을 통한 편의점 운영효율화 정책", 유통연구, 19(4).

이상규(2004), "대형할인점의 매출액 결정에 있어서 입지요인의 영향에 관한 연구"인하대학교 경제학과 석사과정.

이상윤(1998), "한국 편의점 체인본부의 운영시스템에 대한 연구", 한국유통정보학회.

______(1999), "체인스토어의 시스템적 운영향상을 위한 교육점포활용에 관한연구", 명지대학교.

______(2010), 「유통영업관리론」, 도서출판 두남.

______(2005), "프랜차이즈본부의 균형성과평가지표개발에 관한연구", 유통과학연구, 제3권제1호, (사)한국유통과학회.

______(2005), "중국의 유통경로구조와 정책에 관한 연구", 유통과학연구, 3(2), (사)한국유통과학회.

______(2006), "글로벌 다국적 소매기업의 해외진출 전략에 관한 연구" 2006동계정기학술대회, 명지대유통경영대학원창립10주년기념, (사)한국유통과학회.

______(1995), 「CVS는 시스템이다」, 세시.

______(1997), 「점포경영진단지도매뉴얼」, 중소기업청.

______(2000), 「가전제품 머천다이징」, 한국체인스토어협회 출판부.

______(2000), 「고객관리」, 상업계 고등학교 교과서, 서울보건대.

______(2001), 「신 유통경영 전략」, 한국생산성본부.

______(2001), 「무재고 유통관리시스템」, 한국생산성본부.

______(2001), 「CRM과 유통정보」, 한국생산성본부.

______(2001), 「이익지향 계수평가 모델」, 한국생산성본부.

______(2001), 「전략적 마케팅관리」, 한국생산성본부.

______(2001), 「유통관리 실무」, 한국능률협회.

______(2005), 「신 마케팅론」, 도서출판 두남.

______(2005), 「유통실무사」대학교재, 도서출판 두남.

______(2006), 「유통관리사 2급」, 한국체인스토어협회 출판부.

______(2009), 「상권분석론」, 도서출판 두남.

______(2009), 「유통학 개론」, 도서출판 두남.

______(2010), 「유통영업관리론」, 도서출판 두남.

______(2010), 「매장관리론」, 도서출판 두남.

______(2013), 「최신 유통관리론,」도서출판 두남.

이상윤 · 박한혁(2015), 「판매관리론」, 도서출판 두남.

이세웅(2001), 「글로벌경영과 전략」, 서울 도서출판 두남.

이영민(2006), "대형할인점 입지 전.후 소규모 상점 분포의 공간적 변화에 대한 실증연구" 석사학위논문, 서울대학교.

이영우(2011),「재무관리」, 서울: ㈜웅진패스원.

이용익 · 홍성언 · 김정엽 · 박수홍(2006), "공간연관규칙을 이용한 대형할인점의 입지분석" 대한지리학회지 제41권 제3호.

이종원 · 정홍열(역)(1999), 「국제통합의 경제학」, 서울: 도서출판 해남.

이호병(2005), 「부동산입지론 」,서울 형설출판사.

장세진(2003), 「글로벌경쟁시대의 경영전략」, 「제3판」, 서울: 박영사.

추호정 · 문희강 · 전대근역(2012). 「2012유통트랜드」, 서울: 한국체인스토어협회.

최열 · 석혜주(2004), "대형할인점의 입지적 특성 및 선호요인 분석" 도시계획학회학술저널, 국토계획 제39권 제5호 10월.

최인식 · 유종필 · 이동한(2013), "DEA 모형을 이용한 프랜차이즈 기업의 상대적 효율성분석", 중소기업연구, 35(2).
표강근(2004), "구매자 매장선택행위가 대형할인매장 상권에 미치는 영향분석" 연세대학교 대학원 도시공학과 석사학위논문.
한동철·성희승(2003), 「소매관리」, 서울: 우용출판사.
한상린·홍성태, 이성호(2012), "자아이미지 일치성이 소매점자산과 고객의 재이용의도에 미치는 영향", 유통연구, 17(2).
황승구 외(2013), 「빅데이터 플랫폼 전략」, 서울: 전자신문사.

〈일본 참고문헌〉

渡辺高哉 2002.1.21 勝ち組 メーカーに學ぶ サービス 事業戰略 (PHP 研究所)
石田勝啓 2002.2.5 小さな會社の 勝ち殘る 事務マニユアル(實業之日本社)
川井十郎 2001.8.30 繁盛する 飮食店は ここが 違う (經林書房)
石田均 2002.2.20 小賣店『好感度&賣上げ アシプ』(經林書房)
渡形克彦 2000.8.30 小賣業の『情報 システム』活用の 具體策 (經林書房) 小林勇治
診斷士物流硏究會 2001.8.25『物流·ロジステイクス』200X 年
渡形克彦 2001.9.25 小賣業の『21世紀型』革新戰略 (經林書房)
渡形克彦 2001.10.30 都賣業の『21世紀型』革新戰略 (經林書房)
會田玲二 平成12년 8월20 チェーソストアの 實務原則·シリース 立地調査 (實務敎育出版)
田村正紀 2001.10.1 流通原理 (千倉書房)
流通科學大學 2000.11.24 中國流通調査 (流通科學大學 出版) 長江流域調査隊
横塚由光 2001.11.28 圖解えでよくわかる 流通の しくみ (明日香出版社)
渥美俊一 1962.12.1 チェイソストア 能力開發の 原則 (實務敎育出版)
內田一廣, 渡辺哲 1993.7.15 流通業 營業 マネジヤイの 實務 (經營實務出版)
城戸崎雅崇 1996.1.31 目標營利の ぢり方が 面白いほどわかる 本 (中經出版)
築山明德 昭和58.7.1 賣場づくり (實務敎育出版)
渥美俊一 昭和58.1.10 商品構成 (實務敎育出版)
外益三 昭和59.7.25 流通サバイバル 戰略 (マネジメント社)
波形克彦 1994.9.25『小型店』こうすれば 勝ち殘れる (經林書房)
鹽澤茂 1991.7.25 イトーヨーカ堂 店長會議 (豊國印刷 株式會社)
波形克彦 1994.11.15 價格破壞時代の 都賣業 小賣業の 業革 (産能大學出版部)
外益三 昭和60.9.25 流通 サバイハル 戰略 成熟社會の イス 取り 合戰 (マネジメント社)
國友隆一 1994.11.1 セブンーイレブンの 高收益 システム (ぱる出版)
山田理英 1994.9.25 價格·流通 激變期の ヒツト 商品學 (産能大學出版部)
長谷川慶太郎 1994.10.25『超』價格破壞の 時代 (東洋經濟新報社)
波形克彦 平成4.8.1 都賣業の ための 多品種少量物流 システム讀本 (ビジネス 社)
內川淸雄 1993.9.9 斜めに 讀むだけで『經營分析』が しつかりわかる本 (ぱる出版)
波頭亮 平成7.11.24 戰略策定槪念 企業戰略立案の 理論と 實際 (産能大學出版部)
國友隆一 1993.7.1 セブンーイレブン 驚異の 收益システム (ぱる出版)
國友隆一 1993.7.25 セブンーイレブンの 情報革命 (ぱる出版)
小林裕 1994.2.4『圖解』リエンジニアリング (中經 出版)
上保陽三 平成8.3.15 (完全体系) 商品と 賣場の 計數 (株式會社 商業界)
森田松太郎 1994.4.28 ビジネス·ゼヨナール 新版 經營分析入門 (日本經濟新聞社)
宇角英樹 1992.11.27 高利益戰略 100圖表 (經林書房)
田島義博 1991.11.22 變革期の 流通 新時代への 戰略的 課題 (日本經濟新聞社)

井上崇通 1996.4.10 マーケティング 戦略と 診斷『現代商業診斷 基礎講座』(同友館)
宮下淳, 江原淳 1994.3.31 販賣·流通情報 システムと 診斷『現代商業診斷 基礎講座』(同友館)
高井一 2000.10.19 米國 E 流通革命 (東洋經濟新報社)
月泉博 2001.3.20 流通激震! これからの『勝ち組』戰略 (日本實業出版社)
湯淺和夫 平成6.9.20 物流 革命 (ビジネス社)
風問吉郎 1995.2.25 ストアマネジヤーの 仕事と 役割 (經營實務出版)
天明茂 1995.4.8 赤子會社を 黑字にする法 (中經 出版)
風問吉郎 1996.3.25 賣場主任の 仕事と 役割 (經營實務出版)
角田正博 2001.5.29 アメリカ 小賣業の すべて (ぱる 出版)
水尾順一 1996.5.15 流通業·サービス業の 市長豫測·調査 (同友館)

〈영문 참고문헌〉

Alexander, Nicholas(1997), International retailing, Blackwell.

Alexander, N., & Myers, H.(2000), "The retail internationalization process", International Marketing Review, Vol. 17, No. 4/5, pp.334-353.

Anderson, E., and Gatignon, H.(1986), "Modes of foreign entry: A transaction cost analysis and propositions," Journal of international business studies, vol.17, No.3.

Avijit Ghosh(1994), Retail management 2th, Dryden press.

Barney, J.B., Gaining and sustaining competitive advantage, Second Edition, Prentice Hall, 2002.

Benito, G.R.G., and Gripsrude G.(1992), "The expansion of foreign direct investments: Discrete rational location choices or a cultural learning process?" Journal of international business studies, Third quarter.

Brown, Stephen(1989), "Retail location theory: the legacy of Harold Hotelling," Journal of retailing, vol.65, No.4:450, p470.

Bucklin, L.P.(1967), "The concept of mass in intra-urban shopping," Journal of Marketing, vol.31.

Burt, Steve(1993), "The Carrefour group: the First 25 years,"International journal of retailing.

Clarke Ian, Horita Masahide and Mackaness William(2000),"The spatial knowledge of retail decision makers: capturing and interpreting group insight using a composite cognitive map," Int. Rev. of Retail, Distribution and Consumer Research, vol.10, No.3, July:265-285.

Davies, R.L. and Rogers, D.S.(1984), Store location and store assessment research, John Wiley and Sons Ltd.

Dawson, J.A.(1984),"Structural-spatial relationships in the spread of hypermarket retailing,"Kaynak, E., and Savitt, R. (eds.), Comparative marketing systems, pp.156-182, New York:Praeger.

Dawson, John A.(2001), "Toward a model of impacts of retail internationalization", Discussion Paper of Asian Retail and Distribution Workshop at University of Marketing and Distribution Sciences, pp.1-19.

Dunning, J. H.(1998), "The electic paradigm of international production : A restatement and dome possible extensions", Journal of International Business Studies, Vol. 19, pp.1-31.

Evans, J., Treadgold, A., & Mavondo, F. T.(2000), "Psychic distance and the performance of international retailers", International Marketing Review, Vol. 17, No. 4/5, pp. 373-381.

Ghosh, A., and McLafferty, Sara L.(1987), Location strategies for retail and service firms, Leyington Books D.C. Heath and Company.

Hollander S. C.(2000), "Distinguished retrospective viewpoint : Study retailing and see the world", International Marketing Review, Vol. 17, No.4/5, PP.327-333.

James F. Engel, David T. Kollat and Roger D. Blackwell and Paul W. Miniard(1986) Consumer Behavior 5th, Illinois: The dryden press.

John H. Dunning(1992), Multinational Enterprises and the Global Economy, Addison-Wesley Publishing Company, UK.

Kacker, Madhav(1985), Transatlantic trends in retailing: Takeovers and flow of know-how, Quorum books.

Kent B Monroe(2003), Pricing 3rd, New York: McGraw-Hill company.

Lusch, Robert F.,Patrick Dunne and Randall Gebhardt(1993), Retailing makketing 2nd, South-Western Publishing Co.

Michael Levy and Barton A. Weitz(2009), Retailing Management 7th, NewYork:McGraw-Hill Higher education.

Peter T.L. Popkowski Leszczyc, Ashish Sinha, and Anna Sahgal(2004), "The effect of multipurpose shopping on pricing and location strategy for grocery stores," Journal of retailing, vol.80.

Porter, M.E.(1994), "The role of location in competition," Journal of the economics of business, Vol.1, No.1.

Roger A. Kerin, P. Rajan Varadarajan & Robert A. Peterson(1992), "First447Mover Advantage: A Synthesis, Conceptual Framework, and Research Propositions, " Journal of Marketing, Vol.56.

Salmon, W. J., & Tardjaman, A.(1989), "The international of retailing", International Journal Retailing, Vol.4, No.2, pp. 3-16.

Sternquist, B.(1997), "International expansion of US Retailers", International Journal of Retail & Distribution Management, Vol.25, No.8, pp. 262-268.

Thomas L. Harris (1993), The marketer's guide to public relations, New York: John Wiley & Sons, Inc.

Vida, I., and Fairhurst, A.,"International expansion of retail firms: A theoretical approach for future investigations," Journal of retailing and consumer services, Vol.5, No.3, pp.143-151.

찾아보기

■ 저자약력

해항 (海沆) 이 상 윤(李相允)

- 훈포상 경력
  - 2008년도 미국 훼이스신학대학원 최우수 박사졸업논문상 수상
  - 2010년도 서울신문 VISION 2010 경영혁신 대상 수상(유통산업)
  - 2011년도 세종사이버대 강의제작부문 최우수상(BTA)-매장관리론-수상
  - 2011년도 한국유통과학회 공로상 수상: (2004공로상, 2005최우수논문상 수상)
  - 2012년도 국제하계통합학술대회 준비위원장 공로-감사패 수상
  - 2012/3년 한국프랜차이즈경영학회 최우수논문상, 우수논문상 수상
  - 2014년도 한국유통과학회 하계 및 동계 국제학술대회 최우수논문상 수상
  - 2014년도 스포츠동아 선정 대한민국 대표 아름다운 교육인 대상 수상
- 학 력
  - 연세대 사회과학대학 졸업(행정학, 사회복지학 전공)
  - 명지대 유통대학원 유통학과 졸업(경영학석사-MBA-소매점관리전공)
  - 일본 유통과학대학 일본유통세미나과정,일본프랜차이즈세미나과정 수료
  - 명지대 일반대학원 박사과정 졸업(경영학박사-Ph.D-국제유통전공)
  - 미국 훼이스신학대학원(뉴욕캠퍼스) 박사과정 졸업(철학박사-Ph.D-셀조직학)
- 경 력
  - 태인샤니그룹 과장/진로그룹 팀장 겸 그룹 유통부문 사내교수(12년)
  - 한국능률협회그룹(KMA) 수석전문위원 /경영 컨설턴트(1995-2007)
  - 한국능률협회컨설팅 프랜차이즈 최고경영자과정 주임교수(2001-2007)
  - 한국체인스토어협회 한국유통연수원 교수(1995-2008)
  - 한국유통과학회 명예회장(2011), 회장(2009), 고문(2010), 학술위원장, 산학연구위원장, 유통인조찬포럼위원장, 한국유통사편찬위원장, 프랜차이즈연구회회장(2004-2011)
  - 중소기업청 시장경영진흥원 자문위원/교수(2009/2011)
  - 명지대 유통경영대학원 유통학과 주임교수(2002-2011)
  - 명지대 경영대학원 유통물류학과 객원교수(2014-2015)
  - 세종대 경영대학 경영학과/경영전문대학원 교수(2011-2014)
  - 한국프랜차이즈경영학회 부회장/운영위원장(2011-2014)
- 현 재

  가천대 경영대학원 경영학과 교수
  겸 미국 훼이스 신학대학교 뉴욕캠퍼스 신학과 교수
  겸 세종사이버대 유통물류학과 외래교수
  겸 RMI 컨설팅/대표, 연구소 유통21/소장
  겸 한국세일즈협회 회장
  겸 한국유통과학회 전 회장/고문/유통학정의위원장/유통과학대상위원장
  겸 동아시아경상학회 회장
  겸 국제융합경영학회 고문
  겸 한국영업관리학회 부회장
  겸 한국생산성본부 경영지도위원/유통, 영업, 마케팅, CEO부문 교수
  겸 한국경제신문사 한경아카데미 전문위원/교수
  겸 중소기업진흥공단 중소기업연수원 마케팅/유통/영업/CEO부문 교수
  겸 중소기업유통센터 전문위원
- 저 서

  -[상권분석론](2009), 도서출판 두남

-[유통학개론](2009), 도서출판 두남
-[유통영업관리론](2010), 도서출판 두남
-[매장관리론](2010), 도서출판 두남
-[최신유통관리론](2013), 도서출판 두남
-[종합물류관리론](2014),도서출판 두남
-[판매관리론](2015), 도서출판 두남
-[최신유통관리론](2015)개정판, 도서출판 두남
-[소매점창업론](2016), 도서출판 두남
-[상권분석론](2016)개정판, 도서출판 두남
-[유통영업관리론](2016)개정판, 도서출판 두남
-[매장관리론](2016)개정판, 도서출판 두남 외 다수

• 국가 공공기관 학술용역프로젝트
-국립국어원-유통분야 전문용어 관리실태현황조사, 책임연구원(총괄), 2013. 5-12.
-서울신용보증재단-서울시 소기업 소상공인 창업성공실패요인 조사분석. 책임연구원(총괄), 2014.11-2015.1
-서울산업진흥원-국내 유통마케팅 기반조성 육성 고객 '중소유통(벤더)사'현황조사, 책임연구원(총괄)2015.7-9

• 외 다수 발표논문 : 아래 홈페이지에서 검색

■ e-mail : rmi21lee@hanmail.net ■ Homepage: www.rmi21.co.kr

박 한 혁(朴 漢 爀)

• 학 력
-서강 대학교 졸업 (경영학과, 1987)
-서강 대학교 언론대학원 (언론학석사, 광고전공,2003)
-세종 대학교 일반대학원 박사과정 졸업(경영학박사, 마케팅전공, 2014)

• 경 력
-대농그룹 미도파 백화점 13년 근무(1987-1999)
-롯데백화점 본점 영업총괄팀장, 본점 식품팀장 역임
-롯데슈퍼 지원팀장, 가맹사업팀장, 오픈지원팀장 역임
-롯데쇼핑 17년 근무 (1999-)
--우송정보대학 겸임교수(2008-2010)

• 현 재
-롯데쇼핑 슈퍼사업본부 수석 재직
-(사)한국유통과학회 이사
-한국세일즈협회 부회장

• 저 서
-[판매관리론](2015), 도서출판 두남
-[소매점창업론](2016), 도서출판 두남

• 발표논문
-대형 유통점 영업규제에 대한 소비자 평가와 쇼핑행동수정 (유통연구/2015.07)
-대형마트.SSM 영업규제에 따른 소비자 쇼핑행동수정에 관한연구 (박사/2014)
-한국 슈퍼마켓 동반성장을 위한 상생방안(유통과학회/2014.03)
-대형마트/SSM 출점 및 영업규제 대응에 따른 상생모델방안 (프랜차이즈경영연구/2012.12)

■ e-mail :race811245@hanmail.net

유통시장조사론

초　판 1쇄 인쇄 —— 2016년　8월 10일
초　판 1쇄 발행 —— 2016년　8월 15일
지은이 —— 이 상 윤·박 한 혁
펴낸이 —— 전 두 표
펴낸곳 —— 도서출판 **두남**
서울시 강동구 성내로6길 34-16 두남빌딩
신 고 : 제25100-1988-9호
TEL : 0ㅋ2) 478-2065, 2066, 2067, 2311
FAX : 02) 478-2068
E-mail : dunam1@unitel.co.kr
http://www.dunam.co.kr

정가 27,000원

ISBN 978-89-6414-689-7　93320